팔레스타인의 저항

이스라엘과 제국주의에 맞서 해방은 어떻게 가능한가

팔레스타인의 저항

이스라엘과 제국주의에 맞서 해방은 어떻게 가능한가

필립 마플릿 지음 | 이정구 옮김

책갈피

차례

차례

한눈에 보는
서방과 이스라엘의 팔레스타인 억압 역사

1917년 제1차세계대전(1914~1918년) 중 영국은 오스만 제국의 지배를 받는 팔레스타인인들에게 독립을 약속하며 반란을 고무했다. 그러나 1917년 말, 영국은 시온주의자들에게 팔레스타인에 시온주의 국가를 건설하도록 돕겠다고도 약속했다(밸푸어 선언).

1939~1945년 제2차세계대전 기간에 많은 유럽 유대인들이 팔레스타인 이주를 택했다. 원래 유대인들이 가장 선호한 목적지는 영국이었지만 시온주의자들의 강요와 서방 국가들의 공모 속에 중동으로 간 것이다.

1947년 유엔이 팔레스타인 영토의 55퍼센트를 유대인 몫으로 인정한다는 분할안을 발표했다. 당시 팔레스타인의 유대인 인구는 전체의 3분의 1이었다.

1948년 유엔 분할안과 서방의 후원에 고무된 시온주의 민병대가 팔레스타인인 수만 명을 학살하며 분할안보다 더 넓은 영토를 차지하고 이스라엘을 건국했다. 팔레스타인인 85만 명이 고향에서 쫓겨났다. 이 와중에 요르단과 이집트는 팔레스타인 일부 영토를 점령했다. 예루살렘은 동서로 나뉘어 동예루살렘은 요르단, 서예루살렘은 이스라엘이 차지했다.

1959년 민족주의 성향의 팔레스타인 저항 세력인 '파타'가 결성됐다. 파타는 1960~1970년대 팔레스타인 저항을 이끈 주요 그룹이 된다.

1967년 이스라엘이 이집트·시리아·요르단을 상대로 기습 공격을 감행했다. 이로써 이집트 시나이반도, 시리아 골란 고원, 동예루살렘 등 나머지 팔레스타인 영토를 차지했다. 가자 지구, 요르단강 서안 지구에 사는 팔레스타인 사람들은 이스라엘의 가혹한 통치 아래 놓이게 됐다. 이 전쟁으로 이스라엘은 중동 지역 패권을 지키는 데 자신이 유용함을 서방 제국주의에 각인시켰다.

1978년 미국의 중재로 이집트가 이스라엘과 평화협정을 맺고 친미 국가로 돌아섰다(캠프 데이비드 협정). 이스라엘 국가를 인정하지 않는다는 아랍 국가들의 합의가 깨졌다.

1982년 이스라엘 군대가 당시 침공 중이던 레바논에서 약 36시간 동안 팔레스타인 난민 수천 명을 학살했다(사브라·샤틸라 난민촌 학살).

1987년 팔레스타인에서 이스라엘에 저항하는 대중 항쟁이 분출했다(1차 인티파다). 이집트, 터키, 쿠웨이트, 시리아, 튀니지 등지에서 현지 지배자들에 대한 불만과 결합돼 연대 시위가 확산됐다. 그러나 파타는 아랍 지배자들을 우군으로 추켜세우며 운동이 이 지배자들을 위협하는 것을 단속했다. 이때 이슬람주의를 따르는 팔레스타인 저항 세력인 '하마스'가 결성돼, 주요한 팔레스타인 저항 세력으로 부상했다.

1993년 미국의 개입으로 파타는 이스라엘을 인정하는 대신 이스라엘의 점령 아래 자치 정부를 꾸리기로 합의했다(오슬로 협정). 팔레스타인 자치 정부가 세워지지만, 팔레스타인 난민의 귀환은 사실상 포기해야 했고 동예루살렘 지위(누구의 영토로 할 것인지) 문제는 추후 논의로 미뤄진다.

1995년 미국 의회가 주이스라엘 대사관을 예루살렘으로 옮기는 법을 통과시켰다. 예루살렘 전역이 모두 이스라엘의 수도라고 선언한 것이다. 그런데 미국 정부는 실제로 대사관을 이전하는 것은 계속 미뤘다.

2000년 오슬로 협정 이후에도 계속되는 이스라엘의 영토 확장과 이를 사실상 옹호하는 팔레스타인 자치 정부에 대한 분노가 폭발해 팔레스타인에서 2차 인티파다가 분출했다.

2006년 팔레스타인 자치 정부 선거에서 하마스가 승리했다. 이스라엘은 하마스의 세가 강한 가자 지구를 봉쇄했다. 그리고 또 다른 이슬람주의 단체 헤즈볼라를 격퇴하고자 레바논을 침공했지만 실패했다.

2007년 미국과 이스라엘은 하마스를 제거하려고 파타의 쿠데타를 사주하지만 쿠데타는 실패했다. 이후 가자 지구는 하마스가, 서안 지역은 파타가 지배하게 된다.

2009년 이스라엘이 하마스 격멸을 내걸고 가자 지구를 침공하지만, 성공하지 못하고 곧 퇴각한다.

2010~2011년 아랍 혁명으로 미국과 이스라엘의 핵심 우방이던 이집트의 무바라크 정권이 붕괴했다.

2012년 이스라엘은 가자 지구 폭격에 나서지만 혁명적 민심을 우려한 미국과 주변국 지배자들의 만류 속에 8일 만에 꼬리를 내렸다.

2013년 7월 이집트에서 군부의 반혁명으로 압둘팟타흐 시시가 집권했다.

2014년 이스라엘이 가자 지구를 또 폭격했다. 아랍 혁명의 퇴조 속에 이스라엘은 50일 넘게 가자 지구를 마음껏 유린하지만 하마스를 뿌리 뽑지는 못했다.

2017년 10월 이스라엘의 가자 지구 봉쇄가 10년째 이어지고 하마스가 고립된 가운데, 이집트의 중재로 하마스가 파타에게 가자 지구를 넘기는 협약을 체결했다. 그러나 하마스가 무장을 포기하기를 거부해 이듬해 1월 협약이 깨졌다.

2017년 12월 미국 트럼프 정부가 '예루살렘은 이스라엘 수도'라고 선언하며 주이스라엘 대사관을 예루살렘으로 옮기겠다고 발표했다.

2018년 3월 가자 지구 국경 지대에서 '귀환 대행진' 시위가 시작됐다. 매주 열린 이 시위는 많게는 수만 명이 참가했으며 이듬해 12월까지 이어졌다. 시위대는 가자 지구 봉쇄를 끝내고 이스라엘 건국 때 쫓겨난 사람들이 돌아갈 권리를 인정하라고 요구했다.

2018년 7월 이스라엘을 유대인들의 배타적 국가로 명시한 '민족국가법'이 통과됐다.

2019년 11월 미국 트럼프 정부가 팔레스타인 땅의 유대인 정착촌은 불법이 아니라고 선언했다.

2020년 1월 트럼프 정부가 이스라엘의 무단 점령지와 유대인 정착촌 상당 부분을 이스라엘의 공식 영토로 인정하는 '중동 평화 구상'을 발표했다. 트럼프는 이란 견제를 위해 이스라엘과 걸프 국가들을 묶는 데 장애가 되는 팔레스타인 문제를 치워 버리려 했다. 걸프 국가들은 이미 이스라엘과 관계를 개선해 왔으나 여전히 팔레스타인 연대 전통이 우세한 자국 대중의 반발을 의식해 트럼프의 구상을 선뜻 지지하지는 못했다. 한편, 트럼프의 이런 행보는 이스라엘 정착촌 건설을 더 가속시켰다.

2020년 7월 이스라엘 정부가 서안 지구 합병 계획을 발표했지만 그 파장을 우려한 서방 국가들의 압력으로 시행을 연기했다. 11월에는 동예루살렘 정착촌 확대 계획을 발표했다.

2020년 8월 대표적 걸프 국가의 하나인 아랍에미리트가 이스라엘과의 관계를 공식적으로 정상화했다.

2021년 1월 이스라엘이 가자 지구에 대한 백신 공급을 가로막았다. 이스라엘은 이를 하마스에게서 양보를 얻어 내는 카드로 활용하려 했다.

2021년 5월 11일 동예루살렘에서 팔레스타인인들을 내쫓으려는 시도에 맞선 팔레스타인인들의 저항이 심화하는 가운데 이스라엘이 가자 지구를 폭격했다.

2021년 5월 21일 휴전 선언으로 이스라엘의 공격이 공식 중단됐다.

팔레스타인 영토 변화

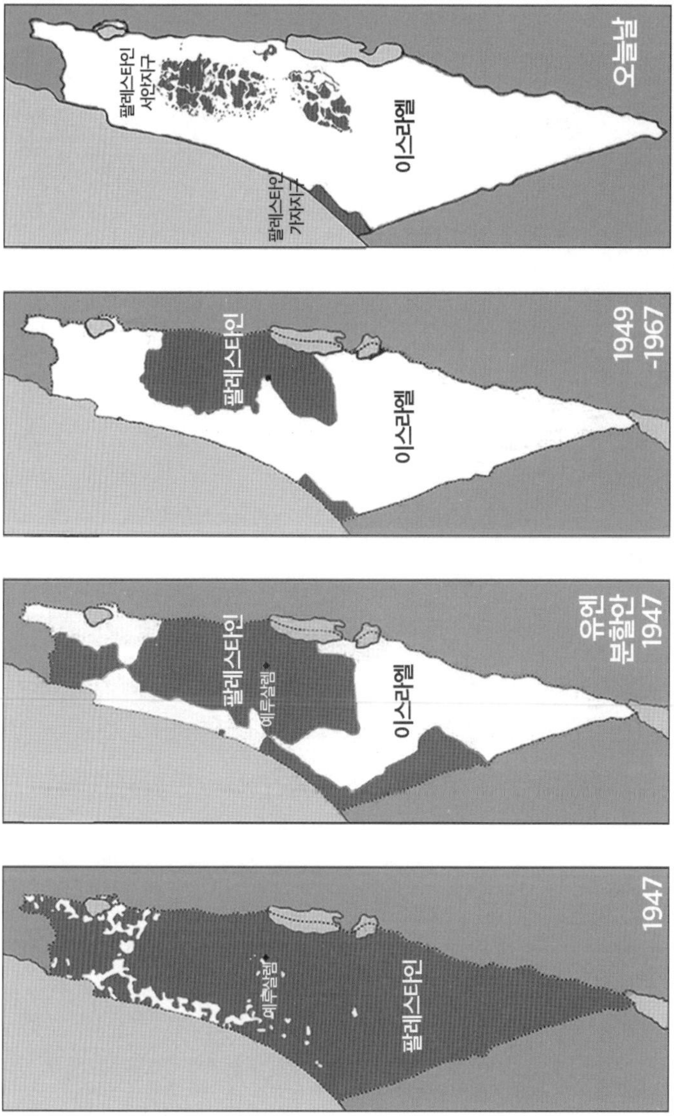

출처: 팔레스타인이스라엘행동그룹 PIAG

일러두기

1. 인명과 지명 등의 외래어는 최대한 외래어 표기법에 맞춰 표기했다.
2. 《 》 부호는 책과 잡지를 나타내고, 〈 〉 부호는 신문, 온라인 신문, 주간지를 나타낸다. 논문은 " "로 나타냈다.
3. 본문에서 [ ]는 옮긴이나 편집자가 독자의 이해를 돕거나 문맥을 매끄럽게 하려고 덧붙인 것이다. 인용문에서 지은이가 덧붙인 것은 [— 지은이]로 표기했다.
4. 본문의 각주는 옮긴이나 편집자가 넣은 것이다.
5. 원문에서 이탤릭체로 강조한 부분은 고딕체로 나타냈다.

들어가며

1987년 12월에 시작된 인티파다[아랍어로 봉기, 반란을 뜻한다]는 전 세계 수백만 명의 지지를 받았다. 반제국주의 투쟁에 공감하는 모든 사람들은 이스라엘의 지배를 받는 팔레스타인인들이 일으킨 이 새로운 대중운동이 다음과 같은 사실을 확실히 보여 줬다고 생각했다. 즉, 경제적·군사적 지배가 정치적 통제를 보증하지는 못한다는 것, 부나 권력만으로 집단적인 저항 의지를 분쇄하기에는 충분치 않다는 것을 말이다.

팔레스타인인이 시온주의자와 서방의 시온주의 지지자에 대항해 싸운 지 70년이 흘렀다. 이제 그들의 투쟁은 새로운 수준에 도달했다. 이스라엘은 수세에 몰렸고, 팔레스타인해방기구PLO는 전례 없는 지지를 받았으며, 이스라엘 점령지에서 선포된 팔레스타인 국가는 수십 개국의 환영을 받았다. 세계 전역에 흩어져 있던 팔레스타인인들은 아우다, 즉 고국 귀환이라는 꿈이 실현될 것이라는 말을 주고받았다.

많은 팔레스타인인이 독립국가 수립을 확신했다. 그들은 독립국가가 투쟁을 통해 탄생할 것이라고 주장했다. 이스라엘의 군사력도 인티파다의 파업과 시위를 막지 못했다. 봉기를 분쇄하기 위한 구타, 저격, 대량 구속, 추방, '철권' 통치 등 이스라엘의 탄압 정책에도 [요르단강] 서안과 가자 지구의 주민들은 겁을 먹지 않았다. 팔레스타인인들은 '돌들의 혁명'이 마침내 형세를 역전시켜 이스라엘을 눌렀다고 주장했다.

그러나 팔레스타인 독립국가는 아직도 염원에 불과하다. 팔레스타인인들의 용기와 단호함 때문에 그 문제가 현안으로 떠오르기는 했지만, 그것이 실현되려면 아직은 한참 멀었다. 이스라엘 총리 이츠하크 샤미르는 다음과 같이 말했다. "팔레스타인 국가는 생겨나지도 않을 것이고 그렇게 되도록 놔두지도 않겠다."[1] 1989년 5월에 샤미르는 '평화 협상'과 함께 탄압도 강화될 것이라고 장담했다. 그는 다음과 같이 선언했다. "[평화] 협상을 주도한다고 해서 인티파다를 탄압하지 않겠다는 것은 아니다. 우리는 한편으로는 평화를 확대하겠지만 다른 한편으로는 가차 없이 폭도를 공격할 것이다."[2]

팔레스타인 '소국가', 즉 팔레스타인 영토를 이스라엘과 공유한다는 생각이 실현될 수 있을까? 설사 그렇게 된다 하더라도, 그런 국가가 시온주의의 지배에서 해방되기를 바라는 팔레스타인인들의 오랜 염원을 만족시킬 수 있을까?

많은 팔레스타인인들, 특히 서안과 가자 주민들은 그럴 수 있다고 생각한다. 그들의 주장에 따르면, 인티파다 기간 중에 팔레스타인인들의 조직화 수준이 매우 높아졌기 때문에 이스라엘이 다시는 점령지를 전면 통제하지 못할 것이며, 봉기를 지도했던 위원회들의 연결망이 새로운 민주 국가의 기초가 될 것이라고 한다. 그러나 다음과 같은 의문을 제기하는 사람들도 있다. 이스라엘이 영토를 양보하도록 강제할 만큼 인티파다가 충분히 강력했는가? 서방에 있는 이스라엘의 우방들이 과연 시온주의 국가에 양보하라고 압력을 넣을까? 아랍의 각국 정부가 팔레스타인 독립국을 허용할까?

이 책은 이런 몇몇 질문들에 대답하고자 쓴 것이다. 이 책의 전제는 제국주의의 역사라는 맥락 속에서만 팔레스타인 문제를 이해할 수 있다는 것이다. 시온주의는 바로 그 제국주의라는 사회적 힘에서 출현했으며 제국주의에 봉사해 왔다. 이 책에서는 시온주의의 기원을 고찰하고, 팔레스타인에 정착촌을 건설하려는 시온주의자들의 노력과 이에 대한 팔레스타인인들의 초기 대응을 살펴본다. 이 책은 또한 이스라엘을 지지하는 주요 서방 국가인 미국과 이스라엘의 관계가 어떻게 발전했는지를 검토하고, 현대 팔레스타인 민족주의 운동의 출현과 팔레스타인해방기구가 추구해 온 전략들도 살펴본다. 그리고 인티파다의 성과와 한계, 그리고 독립국가를 향한 열망도 고찰한다.

마지막으로 팔레스타인 운동이 직면한 최대의 장애물, 즉 아랍 세계의 광범한 대중투쟁으로부터의 고립이라는 문제도 살펴본다.

1장

인티파다

1987년 12월 8일, 이스라엘에서 하루 일을 마치고 가자로 돌아오던 팔레스타인인 수백 명은 끔찍한 살인 광경을 목격했다. 이스라엘 군대의 탱크 운반 크레인이 아랍 노동자들을 태우고 가던 자동차 대열을 덮쳐 승객 네 명이 사망하고 일곱 명이 중상을 입었다. 죽은 사람 가운데 세 명은 인근 자발랴 난민촌에 살던 사람들이었다. 그날 밤에 열린 장례식은 난민촌 거주민 1만 명이 참여한 시위로 발전했다. 인티파다가 시작된 것이다.

그다음 날 자발랴에서 열린 또 다른 시위를 이스라엘 군대가 공격해 20세 청년 한 명이 사망했다. 그의 장례식도 이스라엘의 점령에 항의하는 시위로 발전했다. 몇 시간 안에 가자 전역에서 시위 행렬과 이스라엘 군대가 충돌했고 사망과 시위가 되풀이됐다. 분노의 물결이 그 지역을 휩쓸었다. 수만 명이 시위에 참여해 그동안 금지됐던 팔레스타인 국기를 흔들면서 민족주의적인 구호들을 외쳤다. 이스라엘군은 난민촌에 통행금지령을 선포하고 학교를 폐쇄했다. 어린 학생들도 거리로 쏟아져 나와 바리케이드를 세우고 이스라엘군을 향해 돌과 병을 집어던졌다.

봉기가 일어난 지 이틀 뒤에 국제 구호단체에서 일하던 한 노동자는 가자의 상황을 다음과 같이 묘사했다.

> 가자는 전면 봉쇄됐다. 도로도 봉쇄됐고 거리에는 온통 돌이 널려 있다. 타이어 태우는 검은 연기가 도시를 뒤덮고 있다.[1]

가자 전역에서 시위대는 이스라엘 군대에 저항했다. 길모퉁이에 십대들이 모여서 시위 행진을 조직했고, 난민촌에는 거대한 시위대가 모여들었다. 20년간의 실업, 과밀 인구, 빈곤, 억압에서 비롯된 좌절과 고통이 이스라엘의 점령에 맞선 집단적 저항으로 폭발하고 있었다. 도처에서 가자 시민들은 이스라엘 군대 철수, 팔레스타인인들의 권리 보장, 민족 독립을 요구했다. 어떤 젊은 활동가는 시위대가 느끼는 분노와 희망이 뒤섞인 감정을 다음과 같이 표현했다. "우리는 이런 봉기를 기다려 왔다. 여기 있는 사람은 모두 자기 마음 속에 시위를 간직하고 있다."[2]

인티파다는 놀랄 만큼 빠르게 확산됐다. 가자에서 100마일 떨어진 곳인 서안의 나블루스 인근 발라타 난민촌에서 벌어진 시위를 이스라엘 군대가 공격해, 팔레스타인의 십대 네 명이 사망하고 30명이 부상당했다. 이제 항의 시위와 장례식, 살인과 또 다른 시위가 되풀이되면서 서안을 휩쓸기 시작했다. 가자의 팔레스타인적신월사赤新月社(이슬람 국가에서 적십자사에 해당하는 기구)는 사상자를 취합했는데, 그 기구의 총재였던 하이다르 압델샤피는 "지금은 아주 가벼운 불씨도 큰 불이 되고 있다"고 지적하면서, 점령지에서는 "연쇄 충돌"이 시작됐다고 말했다.[3]

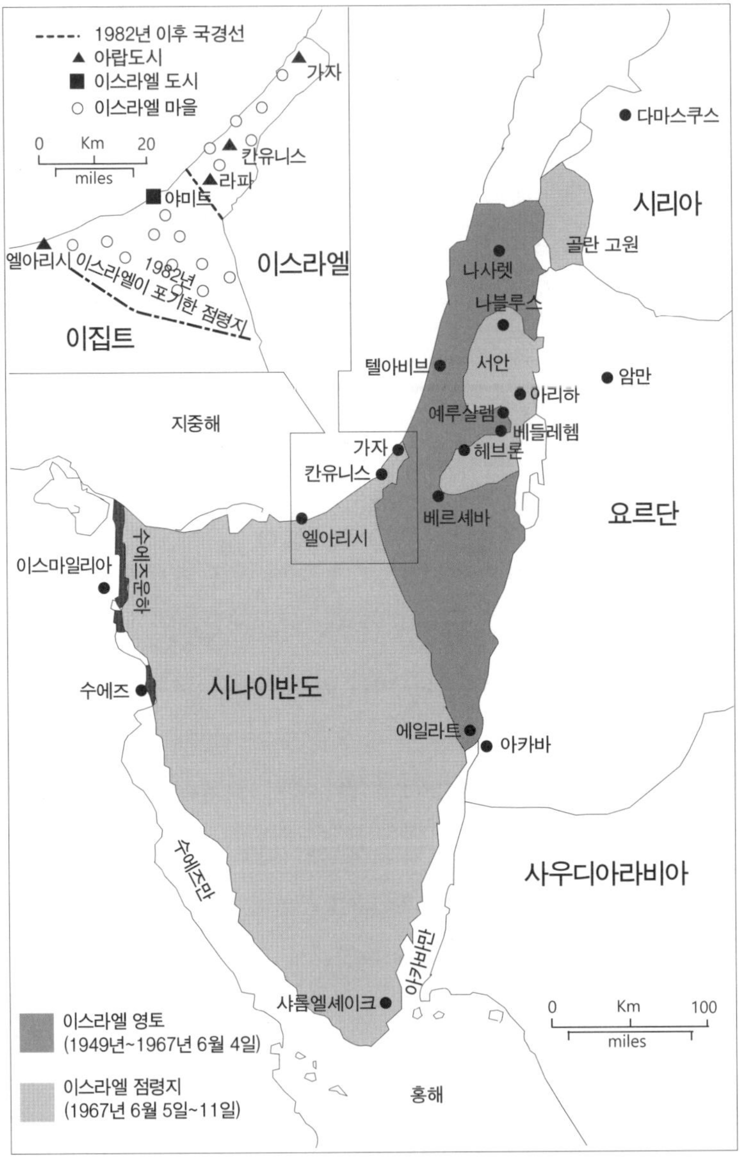

[지도 1] 1967년 이후 이스라엘과 점령지 지도.

철권 통치

이스라엘 정부는 항의 시위를 "점령지 주민 대다수의 생활 방식과 평화를 교란하려는" 극소수의 행위라고 봤다.[4] 국방부 장관 이츠하크 라빈은 이란·이라크·시리아·팔레스타인해방기구가 그 운동을 부추기고 있다고 잘라 말했다. 그는 가자와 서안에 병력을 증파하면서 이스라엘이 모든 수단을 동원해 교란 요인을 분쇄하겠다고 장담했다. 봉기가 시작된 지 열흘 만에 팔레스타인인 27명이 사망했고 250명 이상이 부상당했다.

그러나 이미 봉기는 더는 그런 조치로 중단시킬 수 없을 만큼 강력한 힘을 얻고 있었다. 12월 21일에 이스라엘의 팔레스타인계 아랍인들이 점령지 주민들에 대한 연대의 표시로 총파업에 돌입했다. 이스라엘인들은 소스라치게 놀랐다. 1930년대 이후 처음으로 팔레스타인의 아랍인들이 모두 나서서 그들의 민족적 권리를 지지한 것이다. 야파·아크레·로드 등지의 도시에서는 아랍계 이스라엘인들이 시위 기간 동안 경찰과 싸웠다. 이로써 40년에 걸친 시온주의의 억압도 팔레스타인인들의 정체성을 파괴하지는 못했다는 사실이 드러났다.

가자와 서안에서 일어난 운동이 분명히 자생적이었다는 것과 아랍계 '이스라엘인'들이 팔레스타인인으로서 정체성을 재확인한 것은 (이스라엘 정부가) 처음으로 공식적인 우려를 표명하는 계기가 됐다. 이스라엘 정부는 팔레스타인해방기구가 이미 끝났다고 여기고 있었다. 1982년에 이스라엘이 레바논을 침공해 베이루트에서 팔레스타인 게릴라를 쫓아냈을 때 팔레스타인해방기구는 분쇄됐다고 생각했던 것이다. 그런데 이제 새로운 민족주의 운동의 물결이 팔레스타인해방기구를 되살리고 이스라엘의 점령지 통치를 위협할 수 있는 것처럼 보였다. 이스라엘의 국방부 장관 이츠하크 라빈은 다음과 같이 말했다.

> 가자와 헤브론, 라말라와 나블루스[모두 점령지 안에 있는 도시 — 지은이]는 베이루트, 시돈, 티레[레바논에 있는 팔레스타인해방기구의 옛 근거지 — 지은이]가 아니고 결코 그렇게 되지도 않을 것이며 … 여기서 우리는 총력을 다해 싸울 것이다. 폭력 수단을 사용해 유대, 사마리아, 가자에 대한 우리의 통제력을 잠식하려는 모든 세력에 맞서서 우리가 가진 위대한 힘을 죄다 사용할 것이다.[5]

라빈은 점령지에 대한 억압을 더욱 강화하겠다고 선언했다. 레바논 침공 때 보여 줬던 것과 비슷한 '철권' 정책을 가자와 서안에서도 펴겠다는 것이다. 그래서 이스라엘 군대는 시위대를 상대로 '무력, 힘, 주먹'을 사용했다. 라빈은 다음과 같이 주장했다. "우리는 누가 점령지를 통치하고 있는지 분명히 알게 해 줄 것이다. 우리가 단호하게 말할 수 있는 것은 폭력으로는 정치적 목적을 달성하지 못한다는 것이다."[6]

그러나 '철권' 통치가 직면한 저항은 이스라엘 군대로 거의 대처할 수 없는 수준이었다. 이스라엘 군대는 인접 아랍 국가들의 군대나 팔레스타인해방기구의 게릴라 전사들을 상대로 한 '재래식' 전쟁에 대비한 훈련을 받아 왔기 때문에, 오직 돌만으로 무장한 젊은이들이 군용 차량과 이스라엘 버스를 갑자기 공격하거나 대중 시위가 벌어지면 이를 통제할 수 없었다. 1988년 1월이 되자 이스라엘의 언론은 군대가 아무 효과도 없었음을 시인해야 했다. 〈예루살렘 포스트〉는 다음과 같이 보도했다.

> 가자, 서안, 동예루살렘의 거리는 젊은이들이 실질적으로 통제하고 있는 상황이다. 우리의 이십대가 저들의 이십대와 전투를 벌이고 있다. 우리 젊은이들은 장갑차와 헬기와 총으로 무장하고 있는 반면에, 저들은 몽둥이와 돌과 조잡한 화염병을 들고 싸운다.[7]

이스라엘 지도자들은 새로운 전술을 구사했다. 가자의 팔레스타인인들이 굴복할 때까지 그들을 굶기는 것이었다. 1월 중순부터 가자에 있는 난민촌 여덟 곳에 통행금지령이 떨어졌다. 밤에는 병사들이 출입구를 막고 난민촌을 순찰했다. 아무도 밖으로 나갈 수 없었다. 식량과 물을 구하기가 힘들어졌고, 이스라엘 군대는 가택을 수색하고, 주민을 폭행하고, 가정집에 최루가스를 발사하고, 헬기에서 최루탄을 투하하는 등 팔레스타인인들을 더욱 거세게 억눌렀다. 부상당한 팔레스타인인들이 병원에 실려 오면 이스라엘 군인들이 쫓아와서 병상에 누워 있는 환자를 끌고 가기 일쑤였다. 또 수천 명의 팔레스타인인들을 감금했다.

사망자가 급격하게 늘었다. 1월 중순이 되자 총에 맞거나 아주 가까운 거리에서 쏜 최루탄에 맞아 죽은 팔레스타인인이 적어도 50명은 됐다.[8] 그러나 봉기는 분쇄되지 않았다. 팔레스타인해방기구 지도자 야세르 아라파트는 그 운동에 '돌들의 혁명'이라는 별명을 붙였다. 거리에서 벌어진 전투에서 돌이 헬기와 총을 이겼다. 한 세대 만에 처음으로 팔레스타인인이 형세를 역전해 시온주의자를 이긴 것이다.

이스라엘의 '반투스탄'*

이스라엘 군대에 맞서 싸운 젊은이들은 점령된 팔레스타인에서 나고 자랐다. 1967년에 이스라엘은 동예루살렘을 포함한 서안과 가자를 점령했다. 당시 이스라엘은 인접 아랍국들과 전쟁을 벌여 그 두 지역을 각각 요르단과 이집트한테서 빼앗았다. 그러나 두 지역 다 아랍 국가의 영토는 아니었다. 그 둘은 역사적으로 팔레스타인의 일부였다. 팔레스타인은 북쪽으로는 레바논, 남쪽으로는 시나이사막, 서쪽으로는 지중해, 동쪽으로는 요르단강과 맞닿아 있는 나라였다. 이 나라가 분할된 것은 1948년에 유대인 정착민들로 이뤄진 시온주의 민병대가 팔레스타인 영토의 대부분을 차지하면서부터였다. 이때 아랍 국가들의 군대는 겉으로는 팔레스타인인을 위해 싸우는 척하면서 서안과 가자를 점령했다.

1967년 전쟁 때 이스라엘은 이들 영토를 점령하면서 귀중한 자원

* 반투스탄 남아프리카공화국에서 아파르트헤이트 정책의 하나로 설치된 흑인 거주 구역.

을 획득했다. 그 두 지역은 전략적 요충지였다. 이스라엘의 군사 전략가들은 그 지역을 앞으로 벌어질 아랍 국가들과의 전쟁에서 방패막이 역할을 할 수 있는 완충지대로 여겼다. 게다가 그 지역은 시온주의 운동이 오랫동안 원했던 정착지로 쓸 수 있는 땅이었고 이스라엘은 그곳의 수자원도 끌어다 쓸 수 있었다. 서안과 가자에는 인적 자원도 있었다. 1967년 당시 서안에는 82만 명, 동예루살렘에는 8만 명, 가자에는 45만 명이 거주하고 있었다.[9] 이스라엘의 지배에서 벗어나기 위해 도망친 사람이 수만 명이나 됐지만, 주민의 대다수는 여전히 남아 있었다. 그들은 시온주의 국가의 산업 발전에 동원할 수 있는 거대한 노동력이었으며 이스라엘의 상품을 소비하는 귀중한 시장이기도 했다.

이스라엘은 점령지들을 약탈했다. 이스라엘은 서안에서 물을 퍼내 자국의 농장과 도시에 공급하면서 그 지역의 수자원을 대거 고갈시켰다. 농업 위주의 전통적인 경제는 커다란 타격을 받았다. 일부 지역에서는 이스라엘의 수도로 물을 빼앗기거나 이스라엘 당국이 펌프를 막아 버려 지역 주민이 모두 죽기도 했다.

토지 강탈 정책 때문에 팔레스타인인 농민과 노동자 수만 명이 조상 대대로 살던 땅에서 떠나야 했다. 점령지를 '유대인화'하려는 노력의 일환으로 이스라엘 지도자들은 새로운 식민정책을 추구했다. 점령지의 일부나 전부를 궁극적으로는 이스라엘 국가로 통합하려는 목적으로 서안과 가자 전역에 정착촌을 건설했다. 1988년이 되자 서안 지역 토지의 55퍼센트, 가자 지역 토지의 30퍼센트가 이스라엘 사람들의 수중에 들어갔다.[10]

이런 정책들 때문에 서안과 가자에서는 실업자가 크게 증가했다. 1948년에 시온주의 민병대에 점령된 지역에서 집을 빼앗긴 팔레스타인인들은 점령지에서 난민촌을 형성했고 대부분 그 후 20년 동안 실업자로 살았다. 1967년 이후 실업률은 급격하게 상승했다. 이스라엘의 고용주들은 언제라도 착취할 수 있는 거대한 노동력의 저수지를 갖게 됐다. 머지않아 팔레스타인인들은 이스라엘의 공업과 농업에 고용되긴 했지만, 임금은 쥐꼬리만 하고 지위는 가장 낮은 직종에 종사했다. 점령지에 거주하는 노동자들은 이스라엘 노동조합의 보호를 받지 못했고, 점령지에서 조직된 노동조합은 이스라엘에서 인정되지 않았다. 이런 고용상의 아파르트헤이트(인종 분리) 때문에 1977년까지도 서안과 가자 노동자의 평균 임금은 이스라엘 노동자 임금의 40퍼센트에 불과했다.[11] 1987년에 이스라엘의 평균 소득은 가자보다는 10배, 서안보다는 4배 많았다.[12]

그것은 이스라엘 경제에는 엄청난 이득이었다. 팔레스타인인 노동자들은 이스라엘의 산업 발전에 필요한 연료나 다름없었다. 1981년에는 11만 명이 넘는 점령지의 노동자들이 일을 하기 위해 날마다 이스라엘로 출퇴근했는데, 서안과 가자의 수많은 실업자들이 그 노동자들의 임금을 낮추는 구실을 했다.

한편 서안과 가자는 이스라엘에 긴요한 상품 시장이기도 했다. 130만 명의 팔레스타인인들은 구매력이 형편없었지만, 그래도 이스라엘의 취약한 경제를 부양하는 데 많은 도움이 됐다. 1986년에 점령지는 이스라엘의 둘째로 큰 '수출' 시장이었다.[13]

점령 세대

점령지 생활은 이스라엘이 팔레스타인인의 정체성을 말살하는 데 여념이 없다는 사실을 끊임없이 일깨워 줬다. 이스라엘 군대가 점령지 출입을 통제했고 난민촌과 마을을 순찰했다. 이스라엘 관리들이 교육기관과 사법기관도 관장했다. 독립적인 팔레스타인 조직은 금지됐다. 팔레스타인 국기를 내거는 것도, '불온' 서적을 읽는 것도, 허가 없이 기자회견을 하는 것도 모두 불법이었다.

1977~1987년에 팔레스타인의 항의 시위 건수는 연평균 500건이었다. 1982~1987년에는 연평균 3700건이나 됐다.[14] 그런 시위는 무자비하게 진압됐다. 중·고등학교와 대학 캠퍼스가 주요 전쟁터였다. 많은 학생들이 이스라엘 군대에 살해되거나 중상을 입었다. 수천 명의 시위대가 체포되거나 구타당했고 수백 명이 행정처분만으로 구금됐으며(재판도 없이 투옥됐다) 수십 명이 추방당했다. 1985~1987년에만 팔레스타인 활동가들의 집이 100채 넘게 파괴됐다.[15]

특히 가자의 상황은 참을 수 없을 정도였다. 가자는 이스라엘의 공업 중심지에서 가까워, 공장·호텔·레스토랑이나 고도로 집중화된 이스라엘의 농업지대에 값싼 노동력을 공급하는 지역으로 손꼽혔다. 1980년대 초에 가자에 거주하는 노동자의 43퍼센트가 이스라엘에서 일했다. [인종 분리 정책에 따라 엄격한 통행법을 시행한] 남아프리카공화국과 마찬가지로 가자 지역 노동자들은 이스라엘에서 밤새 체류하는 것이 금지돼 있었기 때문에 수만 명이 날마다 가자 외곽의 이스라엘 검문소를 통과해서 멀리 떨어진 직장으로 출퇴근했다.

가자에 거주하는 대다수 청년들은 정상적 노동이 어떻게 이뤄지는지 알지 못했다. 어떤 이스라엘 조직은 가자가 "텔아비브에 노동력을 공급하는 수용소[이자] … 이스라엘판 소웨토[남아프리카공화국의 흑인 밀집 거주 지역]"라고 묘사했다.[16]

그러나 이스라엘에서 구할 수 있는 직업은 대부분 임시직이었고 많은 가자 주민들은 여전히 실업 상태였다. 그 결과 대다수 가정, 특히 새로 꾸려진 가정에는 실제로 돈을 버는 사람이 없었다. 인구 증가율은 높았다. 1980년대 중반에는 가자 주민이 52만 5000명이었고, 해마다 5000가구가 새로 생겼다. 그렇지만 그중 대다수는 일가친척의 도움에 의지하면서 가난하게 살아야 했다.[17] 취업자든 실업자든 똑같이 지독하게 비좁은 데서 생활했다. 가자 주민들은 가로 28마일[약 45킬로미터], 세로 5마일[약 8킬로미터] 정도 되는 지역에 빼곡히 들어차 살고 있었고 인구밀도는 제곱마일당 3754명[제곱킬로미터당 약 1449명]으로 홍콩과 같은 수준이었다.[18] 이스라엘은 그 지역을 통제해 얻는 이익이 상당하더라도, 의료·교육·주거 등 가장 기본적인 생활 조건 외에는 어떤 것도 제공할 마음이 없었다. 해마다 늘어나는 신규 가구 중 집을 장만한 경우는 40퍼센트도 안 됐다.[19]

가자에 정착촌을 건설하는 이스라엘의 정책은 팔레스타인인들의 분노를 키웠다. 1987년에 서안과 가자에 정착한 유대계 이스라엘인은 각각 6만 5000명, 2500명이었다. 즉, 가자 그 지역 주민 가운데 유대인이 차지하는 비율은 0.4퍼센트에 불과했다. 그러나 유대인 정착민들은 1인당 2.6에이커의 토지를 보유했다. 그 주변에 사는 팔레스타인인들이 보유한 토지는 평균 0.006에이커에 불과했다. 그리고 특수 설계된 숙소에 거주하면서 이스라엘 정부가 제공하는 혜택을 받고 있던 유대인 정착민들은 팔레스타인 난민촌의 빈민보다 평균 19배나 많은 수돗물을 소비했다. 팔레스타인 난민 대다수는 제대로 된 상하수도 시설을 이용할 수 없었다.[20]

정착촌 건설 정책은 가자의 실업·주택·교육·복지 문제 등을 끔찍하게 악화시키면서 팔레스타인인의 삶을 유린했다. 그러나 이에 대항할 방법은 가로막혀 있었다. 독립적 노동조합과 학생 조직, 그리고 무엇보다도 독자적인 정당을 결성하려는 시도는 모두 협박과 폭력에 직면했다. 이스라엘은 강박적으로 대응했다. 팔레스타인인의 권리를 옹호하면서도 점령군의 통치를 수용하는 종교 지도자나 지역 사회의 지도자들조차 의심했다.

이스라엘의 전략은 쓰라린 결과를 가져왔다. 1986년에 저항의 수준이 상승함에 따라 새롭게 저항 정신이 발전하고 있다는 사실이 분명해졌다. 시위대를 체포·구타·감금하는 이스라엘군의 정책은 점점 더 효과가 없어졌다. 1986년 12월에 하이다르 압델샤피는 젊은이들이 더는 이스라엘 군대 앞에서 물러서지 않는다고 말했다. "젊은이들의 생각은 달라지고 있다. 그들은 점점 대담해지고 이제는 도망가지 않는다."[21] 1987년 12월에 인티파다가 터져 나오자, 이스라엘의 폭력에 맞서 단호하게 싸워서 압제에서 벗어나려는 젊은 활동가들의 존재가 분명하게 드러났다.

'점령 세대'는 이스라엘의 지배를 받으면서 자라났다. 1987년이 되자 그들이 가자 주민 중 다수가 됐다. 25~34세 청년의 수가 10년 사이에 두 배로 늘었고, 14세 이하 청소년이 전체 주민의 절반 가까이 차지했다.[22] 대다수 젊은이들은 자신의 부모를 물러서게 만들었던 이스라엘 당국을 두려워하지 않았다. 시온주의의 압제에 단련되고 더는 잃을 것도 없는 '샤바브'(녀석들 또는 젊은이들)는 이스라엘 군대 앞에서 물러서지 않았다. 어떤 중년 여성의 말마따나, "우리 세대는 실패했다. 그런데 바로 자녀들이 우리에게 어떻게 싸워야 할지 보여 주고 있다."[23]

봉기가 일어난 지 두 달 만에 일부 이스라엘 사람들은 변화한 상황의 심각성을 어렴풋하게 깨닫기 시작했다. 〈예루살렘 포스트〉는 처음에는 가자에서, 그다음에는 서안에서 새로운 팔레스타인 해방 운동이 출현했다는 사실을 시인했다. 이 운동은 "젊고 열정적인 팔레스타인 현지 지도부"가 이끌고 있으며, 그 지도부는 "거의 믿기 어려울 만큼 큰 성공"을 거두고 있다는 것이다.[24] 그 신문 기사는 다음과 같이 이어졌다.

> 지금 우리를 상대로 싸우고 있는 팔레스타인인들은 우리가 20년 전에 상대했던 팔레스타인인들이 아니다. 저들은 이집트와 요르단이 지배하는 20년 동안 겪었던 피난 생활에 겁을 먹지도 않고 1967년에 아랍 연합군이 이스라엘 군대에 패배한 것에 굴욕감을 느끼지도 않는다. … 그들은 이스라엘 점령 치하에서 성장한 세대다.[25]

자유를 위한 파업

1988년 2월이 되면서 젊은 활동가들은 운동을 고무하는 데 성공했고, 운동은 점령지 주민을 모두 끌어들일 만큼 성장했다. 투쟁의 무기는 (영국의 식민 지배와 시온주의 운동에 맞서 거대한 파업이 벌어진 1936년 이래로) 팔레스타인인들이 본 적 없는 것, 즉 파업이었다. 정해진 날에 가자와 서안의 노동자들 대부분이 출근하지 않았다. 새로 등장한 산업 노동계급은 팔레스타인이 이스라엘 경제에 충격을 줄 수 있음을 보여 줬다. 점령지의 일부 지역 노동자들이 몇 주 동안 출근하지 않자, 이스라엘의 고용주들은 호텔과 레스토랑을 운영하고 수확한 과일을 저장할 수 있도록 노동력을 확보해 달라고 정부에 호소해야 했다.

이런 조직적인 행동은, 아래로부터 자생적으로 시작된 운동이 공식적인 지도부를 재빨리 탄생시킬 수 있다는 것을 보여 줬다. 지도자의 대다수는 젊은 활동가였고, 일부는 이스라엘의 탄압을 받으면서도 근근이 활동을 한 경험 많은 민족주의자였다. 서안과 가자 전역에서 통합봉기사령부로 조직된 지역 위원회들은 팔레스타인해방기구에 충성하겠다는 의사를 곧장 표명했다. 점령지에서 팔레스타인해방기구의 직접적인 영향력을 깨끗이 제거했다고 믿었던 이스라엘 지도자들은 이제 민족주의 운동이 대규모로 부활했다는 사실을 깨달았다.

통합봉기사령부는 주민 전체가 참가하는 파업과 철시와 불매운동을 조직했다. 상점들은 이스라엘 당국에 항의하며 문을 닫고, 미리 정한 시간에만 열어 생필품을 공급했다. 팔레스타인인들이 현지 제품을 찾게 되자 많은 상점에서 이스라엘산 제품들이 사라졌다. 가장 많이 팔리던 이스라엘산 담배의 소비량이 1988년의 첫 8개월 동안 80퍼센트나 감소했고, 이스라엘산 직물은 주로 서안에서 생산된 직물로 바뀌었다.[26] 팔레스타인산 과일, 야채, 낙농 제품의 소비량이 급격하게 늘었다. 불매운동의 일환으로, 또 통행금지령과 이스라엘의 봉쇄에서 팔레스타인인들이 살아남을 방안으로 팔레스타인의 자급자족 캠페인이 점령지 전역을 휩쓸었다. 어떤 목격자는 그 영향력을 다음과 같이 묘사했다.

> 그 운동은 … 모든 팔레스타인인들에게 할 일을 부여했다. 상점 주인은 이스라엘산 제품과 팔레스타인산 제품을 구분했고, 상인은 전국 지도부의 철시 일정을 지켰으며, 젊은이들은 자기 집이나 이웃집 채소밭에서 일을 했고, 여성들은 직접 거둔 채소를 절였다. 이렇게 다양한 투쟁 방식 덕분에 생활의 아주 일상적인 모습까지도 정치화했고, 공식적인 정치 조직이나 투석전에 직접 참여하는 사람들 외에도 인티파다에 적극적으로 참여하는 사람이 엄청나게 늘어났다.[27]

한편, 이스라엘에 세금을 내지 말자거나 경찰직과 지역 관리직을 사퇴하자는 호소는 놀랄 만한 성공을 거뒀다.

점령지 주민들이 점령군에 맞서 떨쳐 일어섰다. 1988년 중반에는 서안의 아주 외진 마을에서까지도 운동이 벌어졌고 도처에서 팔레스타인 젊은이들이 이스라엘 군대와 잇달아 충돌했다. 이스라엘 '정예' 군대가 가장 완강한 반대파를 상대했다. 이스라엘군이 난민촌과 마을을 [시위대에] 빼앗겼다가 재탈환하는 일이 흔했는데, 어떤 곳에서는 이런 일이 여러 차례 반복됐고 이를 위해 군인 수백 명이 동원되기도 했다. 서안의 이스라엘군 사령관 암람 미츠나 소장은 1988년 5월에 "소위 '해방촌'이 아직도 있느냐?" 하는 질문을 받고서, "해방됐다고는 부르고 싶지 않지만 군대가 진입하기 힘든 마을이 몇 개" 있다고 대답했다.[28]

저항이 시작된 지 12개월이 지난 1988년 12월에 이스라엘군 부참모총장 에후드 바라크 장군은 인티파다를 진압하기 위해 서안과 가자에 하루 평균 1만 명의 군인을 파견했고 총 350만 노동일을 '투자' 했다고 밝혔다.[29] 이스라엘군은 인티파다를 진압하지는 못했지만 점령지에서 수많은 사람들을 죽였다. 1988년 12월 봉기 1주년 기념일에 이스라엘군은 적어도 3만 명의 팔레스타인인을 감금하고 있었다. 붙잡혀 있는 동안 많은 사람들이 구타당했고 수백 명이 고문당했으며 일부는 처형됐다.[30] 1989년 2월까지 이스라엘군에게 살해된 사람은 450명이나 됐다. 서안과 가자에서 3300명당 1명꼴로 살해된 것이다.

시험대에 오른 이스라엘

1982년에 이스라엘이 레바논의 팔레스타인 운동을 공격한 것은 주로 점령지에서 팔레스타인해방기구의 영향력을 분쇄하려는 의도에서였다. 하지만 점령지 주민을 통제하려는 시도는 격렬한 저항에 부딪혔다. 베이루트에서 팔레스타인해방기구를 쫓아낸 뒤에 많은 이스라엘 사람들은 팔레스타인인의 운동이 치명적인 타격을 입었으며 이제 서안과 가자를 합병할 가능성이 커졌다고 생각했다. 그 결과 점령지에서는 토지 강탈이 늘어났고 이스라엘인 정착촌 건설 속도도 빨라졌다.

1987년 봉기는 팔레스타인 민족주의가 결코 죽지 않았다는 것을 보여 줬다. 점령지에서 이스라엘의 팽창 정책을 지속하기가 불가능하다는 것도 보여 줬다. 인티파다가 일어난 지 3개월 뒤인 1988년 2월에 이스라엘 역사가 슐로모 아비네리는 상황이 심각하다는 것을 강조했다. 그는 〈뉴욕 타임스〉에 다음과 같이 말했다.

> 1967년에 이스라엘군이 서안과 가자를 점령하는 데는 5일도 걸리지 않았다. 1987년과 1988년에는 군대가 훨씬 더 강력해졌는데도 돌을 던지는 난폭한 젊은이들을 상대로 질서를 회복할 수 없게 됐다. 유대인에게 대大이스라엘은 더 안전하기는커녕 오히려 더 불안하다.[31]

아비네리는 이스라엘의 식민지화 전략에 담긴 진정한 모순을 지적했다. 이스라엘이 서안과 가자를 무력으로 점령하긴 했지만, 그 지역의 대중을 통제할 수는 없었던 것이다. '난폭한 젊은이들'은 점령지도 포함하는 '대이스라엘'을 이스라엘 자체에 대한 위협으로 만들어 버렸다. 4개월 뒤에 〈예루살렘 포스트〉의 경제부장 슐로모 마오스는 똑같은 경고를 반복했다. 그는 "적은 비용으로 에레츠 이스라엘[대이스라엘 — 지은이]을 만든다는 꿈은 산산조각 나 버렸다"고 썼다.[32] 이스라엘이 서안과 가자를 점령하기 위해서는 커다란 대가를 치러야만 했던 것이다.

자유주의적인 시온주의자들은 서안과 가자의 주민들을 두들겨

패서 굴복시킬 수는 없으므로 이제는 점령지에서 철수해야 한다고 주장했다. 군 정보기관의 책임자를 지냈던 예호샤팟 하르카비는 다음과 같이 경고했다. "우리는 다른 주민들을 장기간 지배하면서 그 점령지를 병합할 수는 없다. 문제는 우리가 아파르트헤이트 국가가 되는 게 아니라 되지 못할 것이라는 점이다."[33]

점령지의 군사전략을 비판하는 이스라엘 사람들이 늘어나면서, 팔레스타인 내 시온주의자들의 토지 소유권의 근거 자체가 도마에 올랐다. 부총리 다비드 레비는 이런 비판을 그 논리적 결론까지 살펴봤다. 그는 서안과 가자에서 팔레스타인인들의 압력에 밀려 양보한다면 이스라엘이 지배하고 있는 모든 토지의 권리가 문제될 것이라고 주장했다. "만약 [1948년에 시온주의 운동이 점령한 지역인 — 지은이] 갈릴리의 아랍인들이 소요를 일으킨다면, 갈릴리 역시 포기해야 한다고 주장할 텐가? 도대체 넘지 말아야 하는 선은 어디인가?"[34]

이스라엘 안에서 정치적 견해가 양극화하기 시작했다. 소수는 팔레스타인인들을 받아들이자고 주장한 반면, 대다수는 정부의 '철권' 통치 방식을 지지했다. 팔레스타인 시위대를 다루는 [야만적인] 방식에 대경실색한 사람들 중에는 점령지에서 복무하도록 소집된 예비군들도 있었다. 1982년에 이스라엘의 레바논 침공을 반대하는 병사들이 '예시 그불Yesh Gvul'('한계는 있다')을 결성하고, 병사 2000명에게 군 복무를 하지 말라고 호소했다.[35] 1988년에 그 조직은 새로운 행동을 주도했다. 그들이 만든 청원서는 다음과 같이 선언했다.

> 팔레스타인인들은 이스라엘의 점령에 대항해 봉기하고 있다. 20년 넘

게 계속된 점령과 억압도 팔레스타인인의 민족 해방 투쟁을 막지는 못했다. 점령지에서 일어난 봉기와 이스라엘군의 야만적인 탄압은 계속된 점령과 정치적 해결책 부재의 끔찍한 대가가 무엇인지를 분명히 드러내 보였다. 우리 이스라엘 예비군들은 이 도덕적·정치적 퇴보의 책임과 그런 퇴보에 협력했다는 부담을 더는 함께 질 수 없다고 선언한다. 이로써 우리는 점령지의 봉기를 탄압하는 데 참여하지 않겠다는 뜻을 분명히 선언한다.[36]

몇 주 만에 600명이 청원서에 서명했다. 1988년 9월까지 '예시 그불'의 회원 37명이 서안과 가자에서 복무하기를 거부했다는 이유로 투옥됐다.[37]

그러나 대다수 이스라엘 사람들은 정부 편이었고 반反팔레스타인 분위기 속에서 극우 정당들이 새로운 청중을 얻고 있었다. 카흐와 '에레츠 이스라엘' 같은 극렬 인종차별주의 조직들이 모든 점령지에서 팔레스타인인들을 쫓아내야 한다고 주장해 점령지 정착민들 사이에서 특히 인기를 끌었다. '에레츠 이스라엘'의 활동가 지비 실로아는 텔아비브의 한 모임에서 팔레스타인인들을 '이전'시켜야 이스라엘의 '아랍 문제'가 끝날 것이라고 말했다. 그는 "[그렇게 되면] 우리가 아침에 일어나서 밤새 아랍인이 몇 명이나 태어났는지 물어보지 않아도 될 것"이라고 말했다.[38] 1988년 11월에 실시된 총선에서 우익 정당인 리쿠드당이 다시 지배적인 영향력을 획득했다.

이스라엘 사람들은 점점 더 봉기에 대한 걱정을 떨쳐 낼 수 없었다. 봉기 때문에 국방 예산을 지출해야 했고, 경기가 침체했으며, 정치체제가 불안정해졌던 것이다. 그러나 더 커다란 타격을 입은 쪽은 해외의 시온주의 운동이었다. 해외, 특히 북아메리카의 시온주의 지지자들은 이스라엘을 안정된 민주주의 국가로 여기고 있었다. 즉, '유대인의 민족해방운동'이 구현된 것으로 봤다. 이스라엘이 인티파다를 탄압하는 장면을 텔레비전 뉴스에서 본 뒤 그들의 관점은 급속하게 바뀌었다. 이스라엘군이 비무장의 팔레스타인인들을 구타하고 총으로 쏘는 장면이 날마다 텔레비전에서 방영되자 이스라엘을 아주 충실하게 후원해 온 사람들조차 일부는 분노에 떨면서 울부짖었다. 한 이스라엘 신문의 워싱턴 특파원은 독자들에게 다음과 같이 전했다.

> 텔레비전에 나오는 점령지의 모습은 처참하고 황폐했다. 이스라엘은 그 과정에서 커다란 고통을 겪었다. … 이스라엘의 대변인들과 미국에서 그들을 옹호하는 유대인들은 점령지의 상황이 내전의 지경에 이르렀다는 것(이것은 분명히 사실이다)을 인정하지 않고 손쉽게도 이 나쁜 소식을 전달한 사람들을 욕한다. 그러나 온전히 진심은 아니다. 마음 속 깊은 곳에서는 그들도 진실을 알고 있다.[39]

40년 동안 이스라엘은 서방 정부들과 시온주의 조직, 특히 미국 정부와 미국에 있는 시온주의 조직의 대규모 재정 지원에 의존해 왔다. 서방 열강과 이스라엘을 연결하는 끈이 끊어지지는 않겠지만, 친이스라엘 조직들의 재정 지원은 줄어들지도 몰랐다. 사태의 심각성을 처음으로 깨달은 사람 중에는 미국의 전 국무부 장관 헨리 키신저도 있었다. 이스라엘의 오랜 친구인 그는 1988년 3월에 미국 내 유대인 지도자들의 모임에서 다음과 같이 말했다.

> [점령지에서 일어난 — 지은이] 반란을 즉시 진압해야 하며, 그 첫째 조치로 남아프리카공화국에서 했던 것처럼 텔레비전 방송을 중단해야 한다. 팔레스타인 봉기를 무자비하고 재빠르게 진압해야 한다.[40]

이스라엘의 지도자들은 키신저와 견해가 같았다. 이스라엘의 이미지가 손상됐고 그 결과로 이스라엘로의 달러 유입이나 유대인 이주가 줄어들었을 텐데도, 탄압은 계속됐고 점점 속도가 붙었다. 군대도 더 많이 동원됐다. 1988년 중반에 점령지에서 복무하던 이스라엘군은 예비군까지 합치면 이스라엘 전체 병력의 20퍼센트에 달한 것으로 추산됐다.[41] 군 지휘관들은 이스라엘 유대인 남성 대다수의 예비군 의무 복무 기간을 30일에서 62일로 두 배 늘렸다. 예비군 복무를 거부한 이스라엘 남성도 일부 있었지만, 대다수는 부대에 들어가서 정부의 강경 정책을 계속 실행했다. 이스라엘의 유대인이 모두 봉기 진압에 동원되고 있었다.[42] 1989년 4월까지 서안과 가자에서 살해된 팔레스타인인은 500명이 넘었고, 7월에는 600명을 넘었다.

인티파다와 '소국가'

25년 동안 팔레스타인해방기구는 이스라엘 국가의 합법성을 부정해 왔다. 팔레스타인해방기구 내부의 집단마다 팔레스타인 해방 전략은 서로 달랐지만, 이스라엘이 팔레스타인의 영토를 점령하는 데는 모두 반대했다. 팔레스타인해방기구의 궁극적인 목표가 팔레스타인 전체를 포괄하는 국가를 수립해 아랍인과 유대인이 평등하게 살 수 있도록 하는 것이라는 데도 모두 동의했다. 그런데 봉기 때문에 이런 방향이 바뀌었다. 서안과 가자의 주민들은 이스라엘군 철수와 팔레스타인인의 권리 인정을 요구했다. 요컨대, 점령지에서 팔레스타인 국가를 즉시 수립해야 한다고 요구했다.

인티파다의 요구는 팔레스타인해방기구에 반영됐다. 팔레스타인해방기구는 점령지에서 '소국가'를 건설하자는 요구로 단결했다. 인티파다가 일어난 지 거의 1년 만인 1988년 11월 11일에 알제에서 열린 팔레스타인민족회의PNC는 봉기 덕분에 팔레스타인의 민족적 염원을 공식화할 기초가 마련됐다고 주장했다.

> 팔레스타인 점령지에서 벌어지며 범위와 힘이 더욱 커지고 있는 대규모 민족 봉기, 즉 인티파다는 조국 밖 난민촌에서 일어나는 불굴의 저항과 함께, 팔레스타인의 진실과 권리에 대한 자각을 훨씬 더 높은 수준의 이해와 실현 가능성의 영역으로 끌어올리고 있다. … 인티파다는 이스라엘의 공식 정신, 즉 아주 오랫동안 오직 거짓된 믿음과 테러에 의존하면서 팔레스타인인의 존재를 깡그리 부인해 온 정신을 포위했다. 그 결과 인티파다와 그 돌이킬 수 없는 혁명적 충격으로 팔레스타인의 역사는 결정적 국면에 이르렀다. … 팔레스타인민족회의는 신의 이름으로, 그리고 팔레스타인 민중의 이름으로 우리 팔레스타인 영토 위에 예루살렘을 수도로 하는 팔레스타인 국가의 수립을 선포한다.[43]

팔레스타인해방기구의 결단은 그 효과를 극대화할 시점을 노린 것이었다. 서안과 가자의 운동은 강력했고, 이스라엘은 점령지 정책 때문에 점점 더 국제적인 비난의 대상이 됐다. 팔레스타인해방기구는 중동의 안정에 가장 민감한 이해관계가 있는 국가들이 이스라엘에 압력을 넣어 팔레스타인의 자결권 협상에 나서도록 만들어 주기를 바랐다. 무엇보다도 팔레스타인해방기구가 원했던 것은 이스라엘의 주요 후원국인 미국이 이스라엘 정부에 서안과 가자를 더는 지배할 수 없다는 사실을 일깨워 주는 것이었다. 그리고 봉기를 끝낼 유일한 방법은 팔레스타인의 자치를 받아들이는 것이라는 점도 알게 해 주기를 바랐다.

그래서 팔레스타인의 독립선언은 팔레스타인 민족주의 운동이 '역사적 팔레스타인'의 일부만을 영토로 하는 국가를 받아들일 태세가 돼 있다는 점을 분명히 보여 줬다. 사실상 팔레스타인해방기구는 점령지 전체를 해방시킨다는 목표를 제쳐 놓고 이제는 팔레스타인 문제의 해결책으로 '두 국가' 정책을 옹호했다.

2주 만에 60개국이 새로운 팔레스타인 국가를 승인했다.[44] 그러나 팔레스타인해방기구가 승인받으려고 가장 애쓴 나라들은 미온적인 반응만 보였다. 미국에서 팔레스타인 관리들은 더 전향적인 조치가 필요하다는 대답을 들었다. 미국이 팔레스타인 운동과 공식적인 협상을 하기 위해서는 팔레스타인해방기구가 먼저 공식적으로 이스라엘을 승인해야 하며 테러리즘을 포기해야 한다는 것이었다. 그래서 팔레스타인 지도부는 커다란 양보를 했다. 야세르 아라파트는 이스라엘의 합법적인 지위를 인정했고 '모든 형태의' 테러리즘을 규탄한다고 유엔에서 선언했다. 이제 미국 당국은 이스라엘의 격렬한 반대를 무릅쓰고 기꺼이 협상을 시작한다고 선언했다.

팔레스타인해방기구 지도부는 돌파구가 마련됐다고 발표했다. 그들은 인티파다의 힘이 유지된다면 이스라엘은 계속 수세에 몰릴 것이고, 서방에 있는 이스라엘의 우방들이 압력을 가해 시온주의 국가는 양보할 수밖에 없을 것이라고 기대했다. 팔레스타인의 주요 학자 살림 타마리는 팔레스타인해방기구의 기대를 다음과 같이 요약했다.

> [팔레스타인해방기구는] 미국 의회가 이스라엘과 전 세계의 분위기에 영향을 받아서 팔레스타인인이 원하는 바가 무엇인지를 더 현실적으로 평가하기를 원했다.[45]

미국과 팔레스타인해방기구의 관계자들이 협상을 계속했지만, 미국이 그런 새로운 평가를 하거나 이스라엘을 압박할 조짐은 전혀 없었다. 이스라엘 지도자들은 서안과 가자에 '제한적 자치'를 허용하는 안을 검토하긴 했지만, 팔레스타인해방기구는 제외할 것이며 특히 점령지에서 팔레스타인 국가를 결코 허용하지 않을 것이라고 잘라 말했다. 총리 이츠하크 샤미르는 다음과 같이 주장했다. "아랍인에게는 단 1센티미터의 땅도 줄 수 없다."[46] 한편 통상산업부 장관 아리엘 샤론은 불과 몇 주 전에 신생 팔레스타인 국가의 수반으로 선출된 야세르 아라파트를 "제거해야" 한다고 주장했다.[47]

탄압이 다시 강화됐다. 1989년 7월 이스라엘군이 점령지를 싹쓸

이하고 인티파다 지역위원으로 알려진 팔레스타인인 수백 명을 투옥했다. 국방부 장관 이츠하크 라빈은 점령지에서 1만 3000명 이상을 구금했다고 보고했다. 서안과 가자 주민 100명당 1명꼴이었다.[48]

이스라엘이 인티파다를 극복한 것처럼 보였다. 이스라엘 경제가 타격을 입었고, 군사작전에 많은 비용이 들었으며, 정책을 둘러싼 불협화음이 있었고, 이스라엘의 대외 이미지가 점점 악화되긴 했지만, 이스라엘의 지도자들은 팔레스타인인에게 양보하려 하지 않았다. 1989년 7월 4일 이스라엘군 참모총장 단 쇼므론은 새로운 명령을 발표했다. 이제부터 전통 머리 장식 쿠피야를 쓰고 얼굴을 가린 팔레스타인인이 눈에 띄면 총으로 쏴 버리라는 것이었다. 봉기의 상징 자체가 탄압의 대상이 됐다.

인티파다가 시작된 지 20개월 뒤에도 점령지 주민들은 초기의 힘과 단호함을 여전히 보여 주고 있었다. 그러나 그들이 세우고자 했던 독립국가는 아직도 멀리 있었다. 점령군이 가자의 난민촌과 서안의 마을들을 통제하고 있었다. 통행금지령이 되풀이됐고 가옥이 파괴됐으며 활동가들이 쫓겨났다. 외국에서 팔레스타인 연대 운동이 나타나 현실에 만족하는 아랍 지배자들을 흔들고 있었다. 그래서 아랍의 일부 지배자들은 팔레스타인 문제가 자국 정권에 대항하는 대중투쟁을 자극하지 않을까 두려워했다. 그러나 여전히 이스라엘의 동맹국들은 이스라엘의 양보를 이끌어 낼 압력을 행사하려는 조짐을 보이지 않았다.

어떻게 해야 봉기가 전진할 수 있을까? 활동가들이 장기간의 지구전에 돌입해야 할까? 미국이 이스라엘에 양보하라고 강제할까? 만

약 그게 아니라면, 미국은 왜 팔레스타인해방기구와 협상하기 시작했을까? '소국가' 전망은 현실적인 것일까? 그리고 그런 '국가'가 팔레스타인 대중의 염원을 만족시킬 수 있을까? 그게 아니라면, 어떤 전략을 채택해야 할까? 봉기가 3년째에 접어들면서 바로 이런 문제들이 부각되기 시작했다.

2장

제국주의 커넥션

인티파다는 지난 70년 동안 팔레스타인 민중을 괴롭혀 온 문제들을 모두 보여 줬다. 팔레스타인인들은 처음에는 영국과 시온주의 운동의 지배에서, 나중에는 이스라엘과 아랍 정권들의 지배에서 벗어나기 위해 계속 투쟁했다. 그때마다 압도적인 군사력이 그들의 투쟁을 분쇄했다. 그러나 이번 봉기에서는 그 전에는 결코 찾아볼 수 없던 힘과 단호함이 드러났다. 그리고 처음으로 야만적인 군사력도 운동을 파괴하지 못했다. 어떻게 해야 이런 추진력을 밀고 나아갈 수 있을까?

인티파다 당시 드러난 [해방] 전략의 문제들을 해결하기 위해서는 오래전의 사건들을 되짚어 볼 필요가 있다. 팔레스타인 운동의 미래를 이해하기 위해서는 그 과거를 알아야 한다. 그리고 무엇보다 팔레스타인 민중, 시온주의 운동, 현대의 중동을 지배해 온 서방 제국주의, 이 셋 사이의 관계를 고찰해야 한다.

팔레스타인의 운명은 제국주의의 이해관계와 떼어 놓고 볼 수 없다. 팔레스타인을 점령하려는 시온주의 운동의 야망은 제국주의적 식민지 점령에 그 기원을 두고 있다. 시온주의 운동이 팔레스타인에 정착민 공동체를 이식하는 데 성공한 것은 그 지역을 점령하고 있던 강대국들과 맺은 관계와 강대국들의 후원 덕분이었다. 시온주의 운동이 이스라엘 국가 건설에 성공하고 아랍 국가들과 잇달아 벌인 전쟁에서 이길 수 있었던 것도 서방 지배계급과의 연계 덕분이었다.

따라서 팔레스타인인들의 곤경은 팔레스타인이 식민지로 됐기 때문이었다. 제국주의는 시온주의 운동을 무장시켰지만 팔레스타인인들은 무장해제시켰다. 그 결과 중동 내 제국주의 시스템의 심장부에서 적개심이 자라났다. 독자적인 정체성을 확인하려는 팔레스타인인의 투쟁은 그 지역 정치에서 중심적인 특징이 됐다. 동시에 그 투쟁 또한 제국주의 구조의 영향을 크게 받았다. 운동이 의존했던 민족주의적·공산주의적 전통이 제국주의 열강과의 관계에서 고유한 모순이 있었기 때문이다.

팔레스타인인들의 투쟁은 언제나 제국주의가 심어 놓은 구조들과 충돌했다. 그중에서 가장 중요한 것은 바로 시온주의 운동이다.

시온주의와 제국주의

시온주의 운동은 19세기 유럽 자본주의 위기의 산물이었다. 유대민족주의에 뿌리를 둔 시온주의 운동은, 1880년대까지 급격하게 변하고 있던 동유럽에서 지배계급이 유대인에게 강요한 [열악한] 조건에 대한 반작용으로 생겨났다.

프랑스와 영국 같은 서유럽 선진국에서 유대인은 그곳의 경제적·정치적 생활에 많이 동화됐지만, 러시아 제국과 오스트리아-헝가리 제국 같은 훨씬 더 후진적인 곳에서는 여전히 비주류였다. 자본주의가 동유럽으로 침투함에 따라, 봉건적 경제구조에서 일정한 구실을 하며 생계를 유지하던 유대인의 삶은 위협을 받았다. 그와 동시에 자본주의가 위기로 빠져들자 각 지역의 지배 집단들은 실업, 물자 부족, 정치적 억압에 대한 대중의 분노를 딴 데로 돌리기 위해 유대인들을 계속해서 인종차별적 공격의 표적으로 삼았다.[1]

유대 민족주의는 이런 사회의 불안정성과 불확실성에 대한 반작용이기도 했고, 이런 사회를 반영하는 거울이기도 했다. 그래서 유대 민족주의자들은 유대인 집단을 방어하려 했음에도, 사회와 유대인의 분리를 강조하게 됐고 그 지도자들은 유대인만의 독자적 조직이 필요하다고 강조했다.[2] 이런 사상을 가장 완전하게 표현한 것이 바로 정치적 시온주의였다. 정치적 시온주의는 유대인과 비유대인이 양립할 수 없다고 주장했다. 유대인이 비유대인 사이에서 소수로 남아 있으면 언제나 박해를 받을 것이므로 이방인(비유대인) 사회에서 빠져나와야 한다는 것이었다. 유대인은 배타적인 유대 국가를 건설할 수 있는 지역으로 대거 이주해야 하고, 오직 거기서만 박해를 벗어나 안전하게 될 것이라고 주장했다.

1896년에 테오도어 헤르츨이 팸플릿 《유대인 국가》에서 시온주의적 견해를 구체화했다. 그는 배타적인 유대인 국가를 유럽 바깥의 '저개발' 국가에 건설하면 유대인들이 방해받지 않고 이주할 수 있다고 주장했다. 또, 그는 시온주의 운동의 주요 목표가 세계 체제를 지배하는 거대 열강의 승인을 받는 것이어야 한다고 주장했다. 그런 지원을 받지 못하면 새로운 국가를 창건하는 데 필요한 영토를 구할 수 없었기 때문이다. 헤르츨의 계획은 일단 제국주의 열강의 승인을 얻고 그다음에 시온주의 국가가 직접 다른 제국주의 국가처럼 식민지 사업을 벌이는 것이었다. 그래서 영국의 식민지 기구인 동인도회사를 본떠 '유대 회사'를 건설해야 한다고 주장했다. 이것은 정착촌을 개척하고 새로운 국가를 건설하는 기초가 될 것이었다. 헤르츨은 이런 계획에 내포된 의미를 매우 잘 알고 있었다. 그는 시온주의가 '식민주의 사상'이라고 잘라 말했다.[3]

헤르츨의 관점은 유럽의 다른 민족주의와 일치했다. 유럽의 제국주의 열강이 아프리카·아시아·중동의 광대한 지역에서 식민지 쟁탈전을 벌이고 있던 시기에, 점령을 통해 새로운 국가를 수립하겠다는 생각은 시온주의자와 그 잠재적 지지자들에게 아무 문제도 되지 않았다. 사실 시온주의 국가는 다른 모든 국가들과 완전히 다른 국가가 될 터였지만, 헤르츨은 유럽에서 등장하던 국가들과 시온주의 국가의 유사성을 강조했다. 그는 새로운 국가가 "아시아에 대항하는 유럽의 일부"가 돼야 한다고 주장했다.[4] 그것은 "야만주의에 대항하는 문명의 전초기지"여야 했다.[5] 또, 배타적인 유대 국가이지만 동시에 '유럽의' 국가가 될 것이었다. 그 국가의 창건자들이 유럽의 인종차별주의를 거부하긴 하지만 그들의 새로운 조국이 유럽의 다른 특징들은 닮아야 한다고 생각했기 때문이다.

헤르츨은 새로운 국가를 건설할 지역을 구체적으로 정하지는 않았다. 오랫동안 팔레스타인을 영적인 고향이라고 여기던 일부 유대교 인사들과는 달리 헤르츨은 시온주의 운동이 제국주의 열강의 후원을 받는 것에 관심이 더 많았으며 열강이 내주는 '임자 없는' 땅이라면 어디라도 좋다고 생각했다. 그래서 1890년대에 그는 아르

헨티나, 우간다, 심지어는 마다가스카르로 이주하는 방안까지 검토했다.[6] 그러나 헤르츨은 독실한 유대인이 느끼는 감정의 강도를 과소평가한 듯하다. 시온주의 운동에 미친 그들의 영향력은 마침내 그 방향을 팔레스타인으로 향하게 했다. 그곳은 성서에 나오는 '약속의 땅'이었다. 1897년에 열린 시온주의자 대회에서는 시온주의 운동의 첫째 목표가 "팔레스타인에 유대인의 조국을 창설"하는 것이라는 결정이 내려졌다.[7]

팔레스타인을 선택했다고 해서 영토 확보 방법이 달라지지는 않았다. 일단 위치를 정하자 시온주의 운동은 제국주의 열강의 후원을 얻기 위해 총력을 기울였다. 헤르츨의 절친한 동료였던 막스 노르다우는 다음과 같이 말했다. "나침반의 바늘이 북쪽을 가리키듯이 우리의 열망도 팔레스타인을 향하고 있기 때문에 우리는 팔레스타인에 영향을 미칠 수 있는 열강[독일과 터키 — 지은이]에 초점을 둬야 한다."[8]

헤르츨은 처음에 오스만 제국의 지배자인 터키의 술탄에게 호소했다. 주되게는 돈을 미끼로[9] 술탄을 설득하려다 실패한 헤르츨은 방향을 바꿔 독일에 호소했다. 독일은 술탄과 관계가 돈독했으며 터키에서 무역으로 이익을 얻고 있었다.[10] 1904년에 헤르츨이 사망하자 이런 노력들은 잠시 중단됐다. 그러나 그 후로도 80년 동안 변하지 않을 전략이 이미 수립돼 있었다. 유럽 사회의 위기에 대한 반응으로 출현했던 시온주의 운동이 반유대주의에 대한 해결책으로 정교하게 마련한 방안에는 바로 그 유럽 사회의 특징이 모두 들어 있었다. 즉, 그것은 매우 보수적이고 배타적이며 식민주의적이었다. 그리고 무엇보다 제국주의 열강에 [자신의] 미래가 달려 있다는 생각에 집착적이었다.

바이츠만의 전략

시온주의 운동은 미래가 제국주의 열강에 달려 있다는 것에는 동의했지만, 어떤 강대국이 팔레스타인 문제의 열쇠를 쥐고 있는지에 대해서는 의견이 갈렸다. 그래서 프랑스, 독일, 영국, 미국, 심지어는 터키를 선호하는 분파들로 나뉘어 있었다. 분파들은 각자 선호하는 정부와 긴밀한 협력 관계를 구축했다. 각국 정부는 시온주의 운동을 후원하겠다고 약속하면서 유대인들이 자국 정부를 지지하면 팔레스타인에 정착하게 해 주겠다고 약속했다. 그러나 머지않아 제1차 세계대전이 터지고 영국이 팔레스타인을 점령하자 선택의 폭이 좁아졌다. 시온주의 운동의 미래를 영국이 결정할 가능성이 점점 더 커졌다.

저명한 시온주의 지도자이자 영국 정부에서 근무하던 과학자 하임 바이츠만은 전쟁 초기에 다음과 같이 주장했다.

> 팔레스타인은 영국의 영향력 아래 놓일 것이다. … 우리는 향후 50~60년 동안 100만 명의 유대인을 팔레스타인으로 쉽게 이주시킬 수 있을 것이다. 영국은 매우 효과적이고 강력한 장벽을 갖게 될 것이며 우리는 국가를 갖게 될 것이다.[11]

전쟁이 진행됨에 따라 바이츠만은 중동에서 영국의 이익을 확보하고 안정적인 제국주의 지배를 도와줄 동맹국이 필요하다는 확신을 갖게 됐다. 그는 영국이 팔레스타인을 보호령으로 선언하고 유럽의 유대인들이 그곳에 정착할 수 있게 해 줘야 한다고 주장했다. 그러면 유대인들은 영국의 이익을 헌신적으로 방어하는 집단을 형성할 것이다. 바이츠만은 팔레스타인의 전략적 위치와 국가 건설을 향한 유대인들의 시온주의적 열정은 역사적으로 한 번뿐인 기회를 제공할 것이라고 확신했다. 그는 영국 정부의 각료인 로버트 세실에게 "팔레스타인에 건설하게 될 유대 국가는 영국에게, 특히 수에즈운하와 관련해 방어막 역할을 할 것"이라고 말했다.[12] 또, "영국과 유대인의 이해관계가 절묘하게 맞아떨어진 데"서 두 정당[보수당과 노동당] 모두 이익을 얻을 수 있다고도 했다.[13] 바이츠만은 시온주의와 제국주의의 상호 보완 관계를 이해하지 못하는 영국의 정치가들이 매우 답답했다. 그는 동료 시온주의 지도자에게 다음과 같이 말했다. "영국은 대영제국의 약점을 보완하는 법을 배워야 한다."[14]

전쟁으로 바이츠만의 말에 귀를 기울이는 청중이 늘어날 수 있는 조건이 형성됐다. 전략적으로 보면 영국은 팔레스타인에 있는 소규모 유대인, 북아메리카에 있는 훨씬 더 많은 유대인, 그리고 특히 동유럽에 있는 유대인들의 지지를 얻어야 했다. 독일은 [러시아] 차르의 지배에서 유대인들을 해방시키고 있다고 선언하면서 시온주의 운동과 관계를 맺었다. 시온주의 운동의 일부 요소들이 독일의 목표와 맞아떨어졌던 것이다.

그러나 영국의 관심사는 달랐는데, 이것이 장기적으로 더 중요한 것으로 판명됐다. 전쟁 중에 지중해 동부가 전략적으로 중요해졌다. 그 지역은 인도, 동남아시아, 동아프리카 등 대영제국의 주요 속령으로 가는 해로에 위치했으며 새로 개발된 페르시아의 유전 지대와 가까웠다. 이 유전 지대는 연합국의 전쟁 경제에 엄청나게 중요하다는 사실이 입증됐다.[15] 또, 지중해 동부는 수에즈운하가 있는 이집트와 가까웠는데 이집트에서는 이미 영국의 통제를 벗어난 민족주의 운동이 활발하게 벌어지고 있었다.[16] 더욱이 프랑스가 시리아를 장악하고 있었기 때문에 영국으로서는 제국주의 라이벌인 프랑스가 세력을 더 넓히지 못하게 할 자신만의 지역 거점이 필요했다.

[따라서] 지중해 동부를 반드시 제국주의적 구상의 일부로 삼아야 했다. 영국의 전략가들은 '간접 통치' 방식, 즉 일부 토착민을 이용해 대중을 통제하는 방식을 선호했다. 꼭두각시 정부(언제나 야만적인 군대로 뒷받침됐다)를 세우는 것은 제국의 모든 속령에서 이미 써 보고 검증한 방식이었다. 중동에서는 시리아나 팔레스타인이나 아라비아 북부 지역에 오스만 제국한테서는 독립적이고 영국과는 긴밀하게 연결된 아랍 정부를 수립할 수 있었다. T E 로런스('아라비아의 로런스'로 불렸다) 같은 영국 정보기관 요원들은 아랍의 군대를 구성하는 데 핵심적 구실을 했는데, 그 군대는 국왕 파이살이 통치하는 아라비아의 기반이 됐다. 외무부의 친아랍파 중에는 영국이 시온주의 편을 들면 아랍 세계와 영국의 관계가 손상되지 않을까 우려하는 사람도 있었다. 그러나 바이츠만의 제안, 즉 영국에 크게 의존하는 유대인 정부를 팔레스타인에 수립한다는 계획이 영국의 정책 결정자들에게 먹혀들기 시작했다.

바이츠만은 시온주의 운동이 영국을 돕도록 쉽게 이끌 수는 없었다. 그는 '팔레스타인 시온주의자 집행위원회'의 지도자인 나훔 소콜로프 같은 사람들에 맞서서 자신의 주장을 관철시켜야 했다. 소콜로프는 팔레스타인 문제를 프랑스와 협상해야 한다고 주장했다. 그러나 바이츠만의 주장에 점차 이끌린 영국이 바이츠만에게 힘을 실어 줬고, 1917년이 되자 그는 미국과 러시아의 시온주의자들이 "궁극적으로 대영제국이 결정하는 정책"을 지지하게 만들었다.[17]

바이츠만은 이제 사실상 영국 정부가 선택한 시온주의 운동의 '영국 측' 대표자가 됐다. 그리고 공식적으로 "영국령 팔레스타인에 근무하는" 정부 과학자로 발령받았다.[18] 그는 영국의 목적에 너무나 깊숙이 관여한 나머지 "시온주의 지도자로서 바이츠만이 펼친 활동과 영국의 외교 술책이 하나가 돼 버렸다."[19] 그의 전기 작가도 다음과 같이 말했다. "바이츠만이 영국의 충복으로서 수행한 기능은 마침내 그 자신의 목적과 엉켜 버렸다."[20]

그러나 [1917년에] 러시아에서 일어난 혁명적 변화로 바이츠만의 주장에 결정적인 힘이 실리기 전까지 바이츠만은 영국 정부의 전폭적인 지지를 받지는 못했다. 1917년 2월 [러시아] 혁명은 유럽에서 혁명적 운동이 확산되지 않을까 하는 영국의 두려움을 증폭시켰고, 마르크스주의를 단호하게 반대하는 시온주의자들을 후원하는 것은 혁명을 억누르는 한 가지 방법처럼 보였다.

1917년 11월* 러시아에서 볼셰비키 혁명이 일어나기 직전에 바이

* 구력(율리우스력)으로는 10월이었다.

츠만은 영국 내각을 설득해, 시온주의자들의 팔레스타인 정착에 조심스러운 지지를 보내야 한다는 것에 동의하게 만들었다. 1917년 11월 2일에 영국의 외무부 장관 아서 밸푸어는 시온주의연맹에 보내는 성명서를 발표했다. 이 성명서는 다음과 같이 선언했다. "영국 정부는 팔레스타인에 유대인의 민족적 고향을 건설하는 것을 긍정적으로 생각하면서, 그들이 이 목적을 달성할 수 있도록 최선을 다해 도울 것이다."

식민지화 과정

밸푸어 선언은 시온주의 역사에서 하나의 전환점이었다. 이것으로 유대 국가가 수립되지는 않았지만(영국은 여전히 여지를 남겨 두고 있었다) 시온주의 운동을 고무해 '민족적 고향'인 팔레스타인에 유대 국가를 세울 수 있다고 믿게 만들었다. 그리고 밸푸어 선언은 시온주의자들의 정착에 대한 영국의 지지를 밝히면서 팔레스타인 식민지화를 정당화했다. 그 뒤 20년 동안 정착민 마을, 즉 이슈브는 장차 이스라엘 국가가 건설될 수 있는 기초를 놓았다.

제1차세계대전 종전 뒤에 팔레스타인에 도착한 정착민들은 시온주의 지도자들이 말했던 '임자 없는 땅'과는 영 딴판인 나라를 발견했다.[21] 그곳에는 50만 명이 넘는 아랍인 주민들이 살고 있었고 인구 밀도는 지중해 동부에서 제일 높았다.[22]

또한 팔레스타인에는 5만~6만 명의 유대인이 이미 살고 있었다. 수백 년 동안 살아남은 소규모 마을의 주민이 조금 있었고, 30년 전

부터 유럽에서 이주해 와 선구적으로 시온주의 정착촌을 건설한 사람들도 있었다.[23]

밸푸어 선언 뒤에 유대인의 이주 속도가 무척 빨라졌다. 1919~1923년에 3만 4000명이 이슈브에 합류했고, 1925년에는 3만 4000명이 더 이주했다. 1927년에는 유대인 정착민의 규모가 15만 명이나 됐다. 이는 100만 명에 달하는 팔레스타인 주민의 약 16퍼센트에 해당하는 수였다.[24]

이 기간 동안 유대인 마을을 강화시킨 몇 가지 요인들이 있었다. 첫째, 유대인들은 팔레스타인의 부재지주들한테서 토지를 대거 매입해 안정적인 기반을 구축했다. 시온주의의 모험적인 사업을 수행하고 초기 정착민들의 열망을 충족시키기 위해서는 토지를 획득할 필요가 늘 있었다. 밸푸어 선언의 결과로 토지를 얻기가 훨씬 더 쉬워졌다. 1920년에 팔레스타인 담당 영국 고등판무관이 처음으로 임명됐다. 그는 허버트 새뮤얼로, 시온주의자였고 밸푸어 선언을 기초한 사람 중 한 명이었다. 그는 곧바로 일련의 포고령을 발표해 시온주의 조직들을 승인했고, 식민지화 과정을 공식화했다. 아랍인이 유대인과 토지 거래를 하도록 촉진시킨 것이 그런 예다.[25] 그 덕분에 유대민족기금 같은 조직은 토지를 시온주의자들의 통제 아래 둘 수 있었다. 그 결과, 1922년까지 30년 동안 시온주의적 식민지화를 통해 유대인 농업 정착촌이 장악한 토지는 59만 4000두남(1두남은 약 0.25에이커[약 1000제곱미터])이었지만 1931년에는 105만 8500두남이나 됐다.[26]

둘째 요인은 시온주의자들이 유대인들만의 '고립' 경제를 구축했

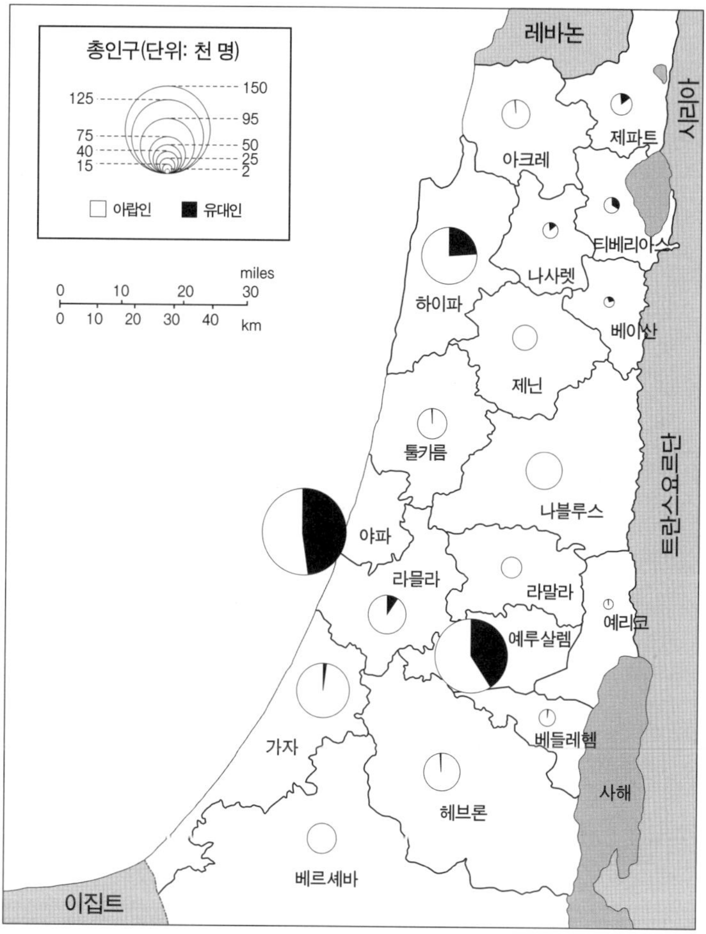

[지도 2] 1931년의 유대인과 아랍인 인구.

다는 것이다. 이런 고립 경제는 팔레스타인 히브리노동자총연맹, 즉 히스타드루트를 중심으로 이루어졌다. 이 조직은 노동조합이라기보다는 유대인 정착민들의 생활 전반을 관장하는 기구였다. 그 조직에는 두 가지의 주요 원칙이 있었다. 하나는 오직 유대인 노동자만 정착민 마을에서 일을 할 수 있다는 '유대인 노동의 원칙'이었고, 다른 하나는 모든 아랍 상품에 대한 불매를 뜻하는 '유대인 생산물 원칙'이었다. 유대인과 아랍인을 명백하게 분열시키는 이런 토대 위에서 히스타드루트는 유대인 정착민과 다수의 아랍인들을 분리시키면서 비교적 독자적인 경제구조를 만들어 냈다.

이런 성장 덕분에 1920년대 동안 이슈브는 급격한 이민 감소로 그 존재 자체가 위협받는 상황에서도 살아남을 수 있었다. 이런 고립 경제 추구는 정착민 마을의 경제 위기와 급증하는 유대인 실업에 대한 대응이었다. 1927년이 되면서 순유입은 정체했고 모든 시온주의 기업의 전망이 불투명해졌다.[27] 그러나 1920년대 초중반의 급속한 발전 덕분에 생긴 이슈브의 성장세는 어느 정도 이어졌다. 그것은 모든 식민지 모험 사업의 특징이었다. 토지 획득이 계속됐고 인종차별적인 경제가 강화됐다. 이슈브는 끈질기게 살아남았고 몇 년 뒤에는 다시 한 번 두드러지게 성장했다.

1930년대 중반에는 이주민 수가 급격하게 늘어나서, 그 10년 전보다 거의 3배로 증가한 44만 3000명이 됐다.[28] 새로운 이민 물결은 세계 자본주의의 위기와 파시즘의 발흥 때문이었다.[29] 유럽에서는 파시스트가 통치하거나 파시즘의 영향을 받는 나라들에서 엄청나게 많은 유대인들이 빠져나갔다. 1933년 히틀러가 집권하고 나서 2년 동안 15만 명의 유대인이 독일, 폴란드, 중부 유럽을 떠나서 팔레스타인으로 이주했다.[30] 나치의 압박은 계속됐고 체계적인 유대인 제거 정책 때문에 유대인들의 삶은 완전히 망가졌다. 그 뒤 8년 동안 250만 명의 유대인이 독일과 그 인접 국가들을 떠났다.

미국이나 영국의 인종차별 정책 때문에 극소수의 유대인들만 미국이나 영국으로 이주할 수 있었다.[31] 유대인 이주민의 대부분(약 75퍼센트)은 러시아로 갔다. 유대인들이 유럽을 떠나 팔레스타인으로 이주해 오기를 열망한 시온주의 지도자들이 온 힘을 다했지만, 팔레스타인으로 이주한 유대인은 소수로 전체 이주민의 8.5퍼센트에 불과했다.[32] 그러나 그것만으로도 이슈브의 사정은 크게 바뀌었다.[33]

새로운 이주민들은 초기의 정착민과 성격이 달랐다. 초기 정착민은 대부분 프티부르주아 출신이었고 주로 시온주의 이상에 헌신하려는 동기로 이주했다. 그런데 새로운 이주 물결 속에는 대규모 자본을 동원할 수 있는 부르주아와 전문가들이 많았다. 1925~1929년에 팔레스타인에 투자된 유대인 자본은 100만 팔레스타인파운드였지만 1933~1939년에는 700만 팔레스타인파운드로 치솟았다.[34] 동시에 팔레스타인 외부의 시온주의 조직들이 거액의 자금을 조성해 대부분을 토지 매입에 사용했다. 1930년대 말에 정착민 마을은 10년 전보다 훨씬 더 강력해졌다. 인구는 급격히 늘어났고 불안정한 경제는 든든해졌으며 훨씬 더 많은 토지를 보유하게 됐다.

이런 발전으로 시온주의 정착촌은 안정됐지만, 그 존속을 보장하기에는 아직도 불충분했다. 이 때문에 영국의 승인이 필수적이었다.

이간질로 각개격파

제1차세계대전 기간에 아랍 민족주의가 중동을 휩쓸었다. 이집트·시리아·이라크에서는 독립을 요구하는 대중적인 반反식민지 운동이 일어났다. 팔레스타인에도 비슷한 경향의 운동이 일어났고 그 세력은 시리아와 통합을 원했다. 그러나 팔레스타인의 반제국주의 운동은 하위 식민지 세력, 즉 정착민들과 충돌하고 있었다.

1920년에 벌어진 민족주의 시위들은 유대인과의 전투로 이어지곤 했다. 아랍 민족주의의 요구들을 배척했던 영국은 이런 시위들을 진압했다. 이듬해 영국 정부의 각료 윈스턴 처칠이 팔레스타인을 방문했을 때 아랍인들이 벌인 시위는 또다시 유대인과의 전투로 끝났으며 마찬가지로 영국군에게 분쇄됐다. 하나의 패턴이 발전하고 있었다. 반제국주의 운동인 아랍 민족주의가 시온주의 세력의 존재에 반대하는 면에서 가장 두드러지게 드러난 것이다.

영국 관리들은 겉으로는 팔레스타인 사태에 '공명정대한' 태도를 취했다. 예컨대 그들은 두 집단 간 충돌에 양 진영 모두 책임이 있다고 선언했고, 조사 위원들은 아랍인들이 토지 상실을 우려하고 있으며 더 많은 자치를 염원하고 있다는 사실을 인정했다. 그래서 아랍인의 토지 일부를 보호하고 시온주의적인 이주를 제한하는 조치들을 제안하기도 했다. 그러나 영국은 시온주의자들의 토지 매입을 계속 촉진하면서 시온주의 민병대의 창설을 도와주고 유대인의 분리주의를 인정하면서 유대인과 아랍인들을 차별 대우했다. 예컨대 똑같은 일을 하는데도 아랍인보다 유대인에게 더 많은 임금을 지급하는 식이었다.[35]

식민지 행정부 내에서는 정책을 둘러싸고 일부 의견 차이가 있었다. 영국의 전략가들이 모두 시온주의 국가라는 구상에 끌린 것은 아니었다. 어떤 사람들은 그런 계획이 아랍 국가들과의 관계를 손상시킬 것이라면서 완고하게 반대하기도 했다. 그들은 대부분 비교적 자율적인 아랍인과 유대인들의 국가를 영국이 지배하는 방식을 선호했다. 그러나 정착촌 건설 과정 자체에 문제를 제기하는 사람은 거의 없었다. 왜냐하면 유대인의 '민족적 고향' 건설을 지지하는 것이 여전히 영국 정부의 정책이었기 때문이다. 이런 태도가 위험하다고 여긴 관리들은 제거됐다. 팔레스타인 총독이었던 로널드 스토스는 다음과 같이 말했다. "우리들 가운데 영국 정부가 천명한 정책에 노골적으로 반대하는 고위직 관리 두세 명이 있었다는 사실을 부인할 수는 없다. 오래지 않아 그들은 제거됐다."[36]

두 집단의 정치적 지도자들을 대하는 영국 정부의 태도는 완전히 달랐다. 유대인에 대해서는, 시온주의 식민지의 전국적·지역적 대표들과 공식적인 관계를 계속 유지했다.[37] 아랍인에 대해서는, 아랍 사회의 가장 후진적인 부류를 끌어들이고 가장 반동적인 인물들을 공식적인 지도자들로 승인했다. 영국 관리들은 이들을 이용해 대중의 분노가 영국의 정책을 비껴가 정착민들에게 향하도록 하면서, 토지도 없고 일자리도 얻지 못한 아랍인들의 정당한 분노를 더욱 심화시켰다. 예컨대, 영국 관리들은 1921년에 '선거'를 통해 아민 알후세이니를 예루살렘의 무프티[개인이나 재판관이 제기한 질문에 대해 공식적으로 법적 견해를 밝히는 이슬람교의 법률 권위자]로 만들어서 사실상 팔레스타인 아랍인들의 지도자가 되게 했다.[38] 알후세이니는 지주이자 우파 민족주의자였다. 영국은 그에게 기대서, 대중의 반제국주의 감정이 유대인에 대한 분노로 흐르도록 할 수 있었다. 그런 분열 지배 전략은 영국 제국의 속령 전역에서 아주 효과적이었으며 스토스 같은 경험 많은 관리들에게는 제2의 천성이었다.

그러는 동안에 팔레스타인의 농촌 지역이 바뀌고 있었다. 시온주의자들이 10년 동안 토지를 매입한 결과 수만 명의 팔레스타인 농민들이 토지에서 쫓겨났다. 영국의 어떤 보고서는 전체 촌락 가운데 10퍼센트에서 가구의 3분의 1은 보유한 토지가 전혀 없으며 40퍼센트의 가구는 보유한 토지가 있어도 입에 풀칠하기도 힘든 지경이라고 결론지었다.[39] 상황이 이러니, 농민의 저항, 또 점점 증가하는 도시·농촌 실업자의 대중적 저항은 피할 수 없었다. 1929년에 충돌이 다시 벌어지자 유대인들이 표적이 됐다.

영국은 다시 한 번 아랍인들의 우려를 인정한다고 천명했지만, 계속해서 시온주의자들에게 양보했다.[40] 그와 동시에 유대인들의 이주는 꾸준히 증가했다. 유럽을 배회하는 나치즘의 유령 때문에 해마다 수만 명의 이주민들이 팔레스타인으로 유입됐다. 이런 끊임없는 압력은 팔레스타인인들의 새로운 대응을 낳았다. 장기간에 걸친 파업과 시위들이 시작됐는데, 이번에는 주로 영국을 겨냥하고 있었다. 이 파업과 시위는 1920년대보다 훨씬 더 수준이 높고 효과적이었다. 그것은 아랍 사회가 더 발전한 결과였다.

반란

1935년이 되자 팔레스타인은 격랑에 빠졌다. 제 잇속만 챙기는 식민지 정부와 무능한 아랍인 지도자들 수중에서 좌절의 나날을 보내던 아랍인들의 분노가 표출됐다. 인근 시리아와 이집트에서 일어난 새로운 민족주의의 물결이 그런 분노를 자극하기도 했다. 시리아에서는 총파업이 벌어져 프랑스를 궁지로 몰아넣었고, 이집트에서는 영국이 와프드당['독립'이라는 뜻의 민족주의 정당]에 밀려 양보 조치를 내놓았다.[41] 아래로부터 엄청난 압력을 받은 팔레스타인인 지도자들은 1936년 4월에 마지못해 총파업을 호소했다. 그들의 요구는 유대인의 이주를 중단하고, 유대인에게 토지를 판매하지 못하게 금지하며, 영국의 위임통치 대신 주민 다수의 지지를 받은 정부가 통치할 수 있게 하라는 것이었다.

그 '파업'(실제로는 영국과 시온주의자들에게 협조하지 않는 대중운동)은 여섯 달 동안 계속됐다. 파업에는 노동자, 농민, 도시 프티부르주아지, 심지어 상인과 지주도 참여했다. 지주와 상인들은 한동안 활동가들에게 돈을 대줬다. 영국의 대응은 엄청나게 야만적이었다. 파업 첫날부터 영국은 계엄령을 선포하고 연좌제를 적용해 사람들을 구금했다. 도시 곳곳이 파괴됐으며[42] 촌락들이 쑥대밭으로 변했다. 파업 말미에 영국이 투입한 군대는 3만 명이나 됐다. 아랍인 주민 30명당 군인이 1명인 셈이었다.[43]

1936년 10월에 민족주의 지도자들은 항복했다. 하지만 파업은 끝났어도 팔레스타인인의 저항은 끝나지 않았다. 활동가들은 도주해서 게릴라전을 수행했고 한동안 팔레스타인이 영국의 통제에서 벗어난 듯했다. 그러나 군사적 탄압과 기존 팔레스타인인 지도자들의 무능함 때문에 영국이 다시 군사 통치를 복원할 수 있었다. 아랍인들의 저항이 치른 대가는 컸다. 영국 공군기들은 저공비행하며 총알과 폭탄을 퍼부었고, 붙잡힌 게릴라들은 처형됐으며, 반란을 일으킨 마을들은 대거 파괴됐다.

1936~1939년에 정착민 공동체는 상당한 이득을 얻었다. 아랍인들의 경제가 마비되자 유대인 회사들은 영업 범위를 넓혀서 그동안 손이 미치지 못했던 지역에까지 침투했다. 특히 식민지 정부와 대규모로 주둔하던 영국군에 물품을 공급하는 일을 확보했다. 영국군 당국이 수많은 유대인을 고용해서 심각한 유대인 실업 문제도 부분적으로 해결됐다.[44] 이슈브의 사회 기반 시설은 강화됐다. 더 많은 정착촌이 들어섰고[45] 도로와 항구도 건설됐다.

팔레스타인의 법무부 장관이기도 했던 시온주의 지도자 노먼 벤트위치는 정착민들이 총파업의 결과를 어떻게 이용했는지 다음과 같이 묘사했다.

> 1936년에 야파[팔레스타인의 두 주요 항구 중 하나]의 아랍인 뱃사공, 하역 인부, 짐꾼들이 반란에 가담했을 때, 텔아비브의 젖줄이랄 수 있는 수출입이 한동안 완전히 중단됐다. 그래서 텔아비브 시민들은 직접 항구로 가서 손수 물건들을 들고 와야 했다. 몇 주가 지나자 사람들은 나무로 부두를 만들어 그것을 이용해 뱃짐을 부렸다. 시간이 지나면서 그들은 나무 부두를 영구적으로 쓸 수 있는 철제 부두로 교체하고 방파제도 갖췄다. … 그러자 정부는 그 항구에서 물건뿐 아니라 승객과 이주민도 내리도록 하는 데 동의했다.[46]

반란 기간 동안 계속된 이런 경제활동으로, 식민지 당국과 연계된 정착민 마을들은 크게 튼튼해졌다. 하지만 시온주의의 관점에서 볼 때 더욱 중요한 것은 영국에 군사적으로 복무할 기회가 생긴 것이었다.

영국의 관리들은 오래전부터 정착민들로 이뤄진 민병대, 즉 하가나를 장려했고, 1920년대 초부터는 하가나의 무장을 도와줬다.[47] 영국의 관리들은 1936년 파업 기간에 공개적으로 하가나를 이용하는 것은 너무 도발적이라고 판단하고는, 유대인정착촌경찰을 구성했다. 1939년에 유대인정착촌경찰은 2만 1000명이었는데, 이는 유대인 20명당 1명꼴이었다.[48] 영국은 또한 몰래 시온주의 민병대를 모집해 다양한 특수 경찰 부대를 만들었다. 하가나와 극우파 민병대 '이르군 즈바이 레우미'[히브리어로 '민족 군사 조직'이라는 뜻]는 이런저런 방식으로 공식적인 지원을 받았고, 뒤엣것은 나중에 그 조직의 트레이드 마크가 된 테러 전술을 익힐 기회를 얻었다.[49] 게다가 영국군 장교 찰스 오르드 윈게이트는 야간특수부대를 조직했다. 이 유대-영국 공동 순찰대는 아랍인 게릴라를 공격하고 전략적 시설물, 특히 이라크의 키르쿠크에서 팔레스타인의 하이파 항구에 이르는 철로와 극히 중요한 송유관 같은 시설을 보호했다.[50]

반란 기간 동안 윈게이트가 한 구실은 영국과 시온주의자들의 진정한 관계를 아주 잘 보여 줬다. 윈게이트는 유대인정착촌경찰을 영국의 반란 진압 작전에 포함시키기 위해 파견된 정보 장교로서 시온주의의 대의를 열렬히 지지하는 사람이었다. 그는 민병대 훈련을 받고 있던 장교들에게 다음과 같이 말했다. "우리는 지금 여기서 시온의 군대를 건설하고 있는 것이다."[51] 모리스 에덜먼에 따르면, 그는 "정태적이고 방어적인 세력에 불과했던 하가나를 침략자를 색출해

처치할 수 있는 조직으로 탈바꿈시켰다."[52] 물론 "침략자"는 영국 점령군에 대항해 싸우는 팔레스타인인이었다.

영국이 민병대를 훈련시키는 동안 정착민들은 무기를 비축했다. 1937년에 유럽에 있는 시온주의 지지자들은 소총 2750정, 기관총 225정, 수류탄 1만 개, 폭탄 약 700톤을 정착민 마을들로 몰래 보냈다. 한편, 정착민이 소유한 공장과 작업장에서도 무기와 탄약 생산이 계속됐다.[53]

반란이 끝날 무렵, 인구가 45만 명도 안 되는[54] 정착민들은 엄청나게 강력해졌다. 이것은 [시온주의자들이] 팔레스타인 아랍인의 반식민지 운동을 진압하면서 영국에 봉사했기 때문에 가능했다. 시온주의자들은 이중의 혜택을 얻었다. 그들은 새로운 힘을 얻었을 뿐 아니라, 반제국주의 세력을 쳐부수는 전쟁에 참가할 수 있었다. 팔레스타인 아랍인들의 경제는 황폐해졌고, 그 정치 구조는 파탄 났으며 최고의 활동가들이 처형되거나 투옥됐다. 아랍인 사회는 너무 큰 피해를 입은 나머지, 점점 더 자신감을 얻어 가는 정착민 운동의 압력에 도저히 저항할 수 없게 됐다.

팔레스타인에 유대인 정착촌을 건설하려는 바이츠만의 전략에 찬성하지 않았던 영국의 시온주의자 이즈리얼 쟁윌은 1921년에 다음과 같이 신랄한 비난을 퍼부었다.

> 우리는 이상한 현상을 … 보고 있다. 인도인·이집트인·아일랜드인들은 앞다퉈 영국이 씌운 멍에를 뿌리치고 있는 이 순간에, 유대인들은 자기 목을 그 멍에 속으로 집어넣으면서 열광하고 있다. 유대인들은 바다에

버려진 조난자 같아서, 심지어 노예 상인이 와서 그들을 [팔아 먹으려고] 끌어 올린다 해도 기뻐할 듯하다.[55]

1930년대 말이 되자 바이츠만과 시온주의 주류파는 쟁월에게 할 말이 있게 됐다. 그들이 이끌던 그 운동은 실제로 제국주의라는 멍에 속으로 자기 목을 집어넣었다. 그러나 그 덕분에 팔레스타인에서 20년 전에는 결코 생각할 수도 없었던 강력한 지위를 얻게 됐다. 제국주의와의 공생 관계 덕분에 결국은 유대 국가 수립을 의제로 상정할 수 있게 된 것이다.

이슈브의 강화

1936년 총파업 뒤에 영국 정부의 필 위원회는 팔레스타인 분할안을 내놓았다. 이 안은 아랍인과 유대인의 차이를 강조하면서, 예루살렘과 그 주변 지역은 영국이 계속 지배하는 채로 팔레스타인을 분할하자는 내용이었다. 그렇게 되면 아랍인들은 수십 개의 마을과 광대한 토지를 잃게 될 것이기 때문에 아랍인들에게는 혐오스런 발상이었다. 팔레스타인 전역을 아우르는 국가를 건설하려는 시온주의자들에게도 그 분할안은 만족스럽지 않았다. 시온주의 운동 전체로 보면 이것이 독립적인 정착민의 존재를 승인하는 한 발자국 전진이었음에도 말이다.

필 위원회의 분할안은 개정돼서 1939년 영국 정부의 백서에 다시 나타났다. 이 분할안에는 필 위원회의 안과 달리 영국 정부가 아랍인들에게 부분적으로 양보하는 내용이 담겼는데, 이것은 정책의 방향 전환을 반영한 것이었다. 즉, 영국은 반란을 진압하려면 더 많은 노력이 필요하다는 것을 인정하고, 유럽에서 다시 전쟁이 시작되려고 하는 판에 팔레스타인 같은 지역에서 분쟁이 일어나면 제국의 이익이 손상될까 봐 두려워했다.

중요한 경제적 고려 두 가지가 있었다. 첫째, 영국은 수에즈운하를 확실히 통제하길 갈망했다. 동양과의 무역이 대부분 수에즈운하를 통해 이뤄지고 있었고, 다시 세계대전이 일어나면 수에즈운하가 전략적으로 엄청나게 중요해질 것이었다. 둘째, 영국은 페르시아만의 유전 지대를 안전하게 보호하려 했다. 이 지역은 점점 더 중요해지고 있었는데, 이란에서 원유가 발견된 뒤 이라크와 아라비아반도에서도 원유가 발견됐기 때문이다. 1921년에 중동의 석유 생산량은 연간 1680만 배럴이었는데 1939년이 되자 1억 1400만 배럴까지 늘어났다.[56]

이 지역에 유입되는 투자는 대부분 영국 정부가 대주주로 있는 앵글로이라니언오일컴퍼니(나중에 브리티시페트롤리엄BP이 됐다)를 통해 이뤄졌지만,[57] 미국도 가세해 캘리포니아스탠더드오일이 사우디아라비아에서 석유를 발견했다.[58] 송유관은 이미 이라크의 유전 지대부터 시리아·레바논·팔레스타인의 지중해 연안에 이르기까지 그 지역을 이리저리 가로지르고 있었다.[59]

백서에는 그 지역의 상황을 '동결'시키고자 하는 영국의 희망도 반영돼 있었다. 영국은 전쟁의 영향이 자국의 이익을 위협할 새로운 민족운동을 자극할까 봐 두려워했다. 제1차세계대전이 끝난 뒤 이

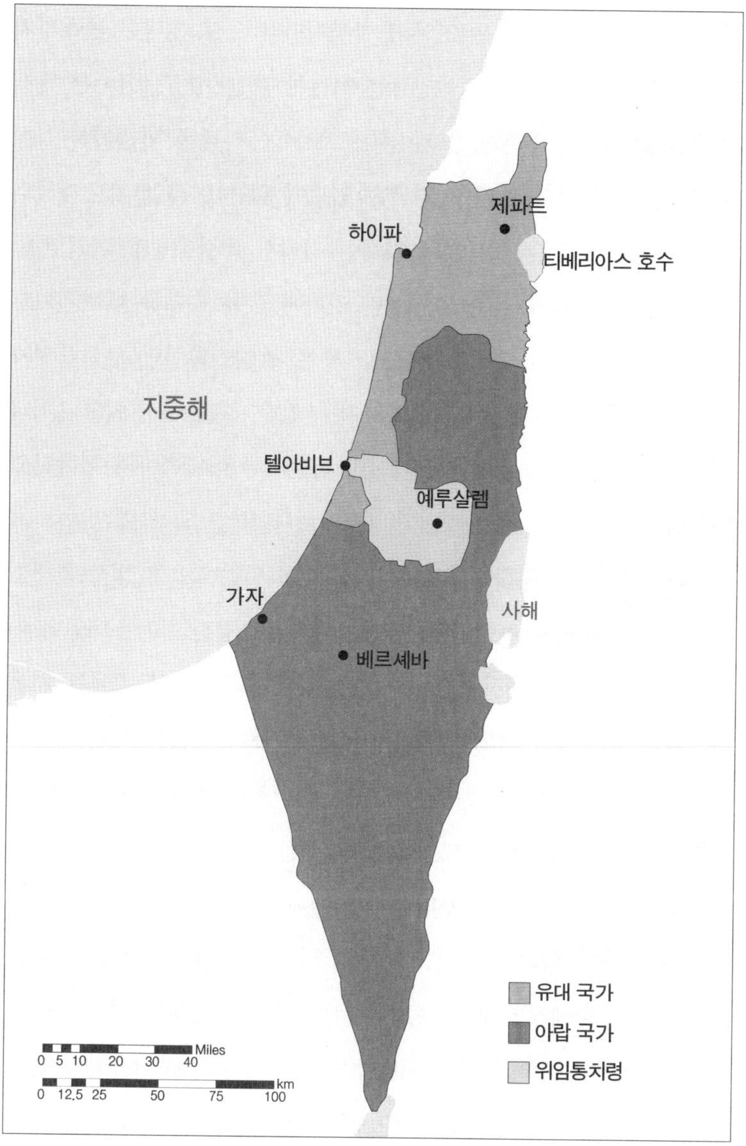

[지도 3] 1937년 필 위원회 분할안.

집트의 민족주의 운동은 영국의 골칫거리가 됐고 영국은 준準자치를 허용해야 했다. 그러나 이집트는 여전히 불안정했고, 영국은 팔레스타인에서 더 큰 어려움을 낳을지도 모르는 사태를 되풀이하고 싶지 않았다. 더 멀리 보자면 영국은 인도에 있는 이슬람 지도자들의 심기를 거스르고 싶지 않았다. 그들은 강력한 독립운동을 이끌고 있었고, 팔레스타인에 있는 무슬림의 권리에 대한 우려를 내비치기도 했었다. 마지막으로 영국은 원한을 품은 팔레스타인인들이 독일과 이탈리아의 품에 안기는 것을 바라지 않았다. 하지 아민 알후세이니 같은 팔레스타인인 지도자들은 이미 독일이나 이탈리아와 접촉하고 있었다.

그래서 백서는 형식적으로나마 팔레스타인인에게 전향적인 태도를 보였다. 백서는 10년 안에 팔레스타인을 독립시키고 유대인의 이주와 토지 매입을 제한할 것을 요구했다. 그러나 그 독립에는 시온주의자들의 동의가 있어야 한다는 조건이 붙어 있었던 데다가 유대인 정착민들은 아랍인들이 머릿수로 밀어붙여 독립국을 통치하게 될까 봐 격렬하게 반대했다. 시온주의자들은 영국이 불과 2년 전에 필 위원회가 제시했던 것보다 정착민에게 덜 우호적인 견해로 바뀐 것에 분노했다. 유대인의 대규모 항의 시위와 파업이 벌어졌고, 테러 집단이 영국군에 대항해 활동하기 시작했다. 그럼에도 영국과의 제휴 전략이 성공했다고 여긴 시온주의 지도자들은 바이츠만의 다음과 같은 말을 빌려 영국 당국을 안심시켰다. "우리는 … 크고 작은 문제에서 영국 정부의 지도를 받을 것이다."[60]

1939년 9월에 영국과 독일이 전쟁을 선포하자 영국을 지지한다는 시온주의자들의 성명서는 더 많아졌고 심지어 극우파인 이르군도 영국 편에 붙었다.[61] 영국은 백서에서 제안한 대로 유대인의 이주와 토지 매입을 제한했지만, 경제적·군사적 협력은 급속하게 진척됐다. 팔레스타인은 막대한 예산이 들어가는 거대한 군사기지가 됐다. 1939~1944년에 영국은 1억 1300만 파운드로 추산되는 군비를 이 지역 경제에 대거 투입했다. 주요 건설 사업이나 군사 업무, 공공사업은 아랍인·유대인 실업자를 많이 흡수했다. 게다가 이 지역 농업을 위한 대규모 경기 부양책이 있었고, 이 덕분에 아랍인과 유대인이 모두 혜택을 봤다.

그러나 공업에서 앞서 나간 것은 유대인 경제였다. 유대인 공업 생산물의 가치는 1937년 900만 팔레스타인파운드에서 1942년에는 2050만 팔레스타인파운드로 뛰었다. 100만 파운드를 밑돌던 수출은 450만 파운드까지 상승했다.[62] 1940~1943년에 유대인 기업가들은 새로운 공장과 작업장을 세우고 이주민들 중에서 숙련 노동자들을 고용했다. 유대인 기업가 소유의 공장 중에는 비교적 선진적인 기술을 갖춘 공장이 많았다. 55곳은 금속 가공업체였고, 78곳은 섬유업체였으며, 48곳은 화학 공장이었다.[63] 벤트위치는 다음과 같이 말했다. "물병에서 정밀기계, 트럭, 무기 부품에 이르기까지 모든 물품이 군용이었다. 하이파에서는 군함을 수리했고, 방적 공장들은 군복 제조소가 됐다. 피혁 공장들은 매달 10만 켤레의 군화를 생산했다."[64] 이집트를 제외하면 중동 어디서도 그렇게 급속하게 공업이 성장한 곳은 없었다.

전쟁 덕택에 중동에서 유대 자본의 중요성이 커졌다. 그러나 유대

자본은 다른 자본과 달리 단지 순환하거나 소수의 소비에 쓰이기만 했던 것은 아니다. 일부 자본은 시온주의 사업 운영으로 흘러 들어갔다. 그래서 전쟁이 시작되고 나서 첫 3년 동안 팔레스타인에 투자된 것으로 추산되는 유대 자본 1500만 파운드 가운데 3분의 1이 민족 기금과 공공 기금으로 들어갔다.[65]

전쟁이 군사력에 미친 영향은 훨씬 더 극적이었다. 1939년의 백서에 어떤 유보 조항이 있었다 해도, 영국은 시온주의자들의 군사적 자원을 자국의 전쟁 노력에 이용할 태세가 돼 있었다. 하가나 부대는 머지않아 영국에 의해 군사훈련을 받은 다음 시리아를, 이어서 프랑스의 비시 정부를 공격했다. 1942년에는 유대인 4만 3000명이 자원입대했고, 1944년에는 하가나가 "잠재적으로 10만 명에 달하는 남녀 병력을 보유하고 있고, 그중에 2만 5000명은 무장한 채 전선에 배치된 부대"인 것으로 추산됐다.[66]

전쟁이 끝날 무렵에는 정착촌 전체가 시온주의 군사 조직에 속해 있었다. 영미조사위원회가 1946년에 작성한 보고서에 따르면, 이슈브의 전체 유대인 59만 명 중에 약 12만 명, 그러니까 20퍼센트가 전투 훈련을 받고 있었다. 그들은 경·중화기를 모두 다룰 수 있었고 심지어 소형 항공기도 조종할 수 있었다.[67] 이와 대조적으로 팔레스타인 아랍인들은 무장해제 상태로 정치적으로 마비돼 있었고 지도적인 인물 대다수가 살해되거나 투옥됐다. 제2차세계대전의 영향에 관해서 나탕 와인스톡은 다음과 같이 말한다.

> 경제 호황은 … 팔레스타인에 유대인의 경제 기반을 구축하는 과정을

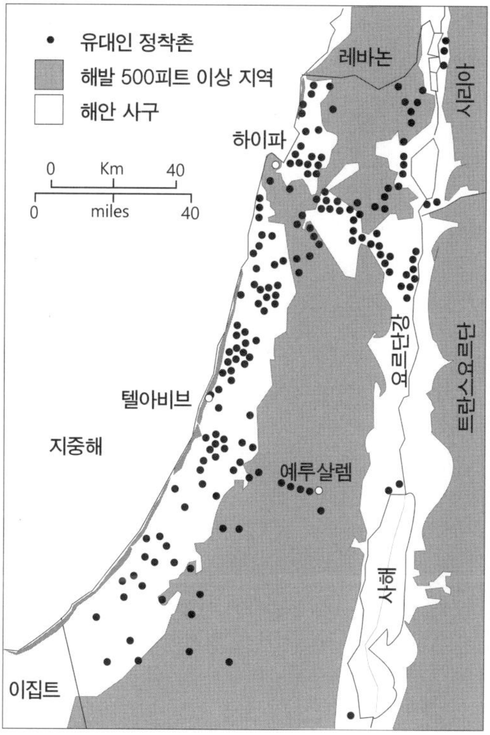

[지도 4] 영국 위임통치 시기 시온주의 정착지.

촉진했다. 유대인의 공업, 농업, 언어, 사회·문화 제도와 함께 이슈브는 이제 명백한 민족적·국가적 특징을 보유하게 됐다. 전시에 팔레스타인 유대인들이 축적한 군사적 경험은 그들의 민족의식에 영향을 미쳤고 자신감을 강화했다. 바로 그때부터 영국의 후원은 족쇄가 됐다. 이제 팔레스타인의 히브리 공동체는 그 전까지 자기를 보호해 주던 세력과 충돌하게 됐다.[68]

3장

이스라엘 국가를 향하여

시온주의 운동은 밸푸어 선언 이후 약 30년 동안 엄청나게 강력해졌다. 중동에 대한 영국의 이해관계라는 선을 벗어나지 않음으로써 시온주의는 토지와 경제적·군사적 기반을 획득했다. 이슈브는 성공적인 식민지였다. 그것은 여전히 경제적으로 낙후된 지역에 서방 자본주의가 낳은 부산물이었다. 그렇지만 시온주의가 모든 세부적인 것까지 제국주의의 이해관계를 따른 것은 아니었다. 시온주의 운동이 더 강력해지고 자신만만해질수록 영국과의 관계에서 비롯하는 긴장도 더 분명해졌다. 시온주의자들은 팔레스타인에 독자적인 유대 국가를 세우려 하는 반면, 영국은 중동 전역에서 자국의 이익을 보호하려는 데서 긴장이 빚어졌다.

1940년대 중반이 되면 이런 긴장이 시온주의 운동과 영국의 관계를 지배했다. 팔레스타인 문제의 해결책을 권고하기 위해 1946년에 영미조사위원회의 일원으로 임명된 리처드 크로스먼은 영국의 관점에서 이 긴장을 포착했다. 그는 팔레스타인에서 시온주의 문제를 관장하는 유대인기구에 대해 다음과 같이 말했다. "그것은 독자적 예산, 비밀 내각, 군대, 그리고 무엇보다 독자적 정보기관을 가진, 국가 안의 국가다. 또, 지금껏 내가 본 것 중에 가장 효율적이고 역동적이며 강력한 조직이고, 우리[영국 — 지은이]를 전혀 두려워하지 않는다."[1]

시온주의 운동이 영국을 '두려워하지' 않은 한 가지 이유는 그 지도자들 중 일부가 전 세계와 지역 정치에서 일어나고 있었던 근본적인 변화를 이해하고 있었기 때문이다. 그중에 가장 중요했던 것은 제국주의 열강의 세력균형 변화였다. 세계 차원에서 영국은 그 지배적인 위치를 포기했다. 전시에 미국 제국주의가, 특히 아시아에서 그 영향력을 상당히 확장했다.

영국령 인도는 붕괴 직전이었고 이것은 영국의 다른 식민지들에 엄청난 영향을 끼쳤다. 제국주의의 주요 무역로였던 중동에서 특히 그랬다. 유럽의 다른 제국주의 국가들도 중동에서 후퇴하고 있었다. 프랑스는 1946년에 시리아와 레바논에서 철수했다. 팔레스타인의 인접국인 이집트에서 영국은 다시 거대한 반식민지 운동의 압력을 받고 있었고, 이란에서는 혁명적 잠재력이 있는 노동계급 운동이 전국을 휩쓸고 있었다.[2]

유럽이 퇴각했다고 해서 그 지역이 진공 상태가 된 것은 아니었다. 영국과 프랑스가 철수할 준비를 하자, 미국이 개입 수준을 높였다. 미국의 주요 관심사는 석유였다. 아라비아반도에서 석유가 발견되자 미국은 지대한 관심을 보였고, 1945년에 미국 국무부는 사우디아라비아의 유전 지대를 "세계 역사상 가장 큰 횡재 가운데 하나"라고 묘사했다.[3] 이란을 기반으로 한 영국의 석유업자들과 반식민지 운동이라는 훨씬 더 심각한 위험, 이 두 가지 모두가 자국에 위협이 된다는 것을 깨달은 미국은 어떤 희생을 치르더라도 사우디아라비아를 확보하기로 작정했다. 미국 대통령 루스벨트는 "사우디아라비

아를 방어하는 것이 곧 미국을 방어하는 것이다" 하고 선언했다.[4]

미국은 사우디의 국왕 압둘아지즈에게 거액을 지불함으로써 사실상 사우디를 미국의 종속국으로 만들었다. 이는 미국이 얼마나 진지하게 이 일에 뛰어들었는지 보여 주는 사건이었다.[5] 이것으로 일부 시온주의 지도자들의 믿음, 즉 이제 영국의 협소한 제국주의적 이익으로는 자신들의 야망을 달성할 수 없으며 미국이 새로운 기회를 제공하고 있다는 생각이 확인됐다. 시온주의 운동은 팔레스타인에 영향력을 끼칠 강대국에 붙어야 한다는 '노르다우의 원칙'에 기초해, 미국 쪽으로 방향을 돌려야 한다고 주장했다.

그러나 미국 자본의 진출만이 시온주의 지도자들에게 영향을 미친 유일한 요인은 아니었다. 시온주의 운동 내부의 변화, 특히 북아메리카에서 있었던 변화도 영향을 미쳤다.

1890년대 이래로 미국은 러시아와 동유럽에서 탈출해 피난처를 찾는 유대인들이 향하는 주요 목적지였다.[6] 1930년대 말 미국에는 450만 명의 유대인이 있었다. 뉴욕에만 팔레스타인의 유대인보다 네 배나 많은 200만 명이 있었다.[7] 미국 유대인의 구성은 매우 다양해서 시온주의 경향은 호소력이 적었는데, 바로 1930년대부터 시온주의가 세를 넓히기 시작했다. 그 요인 중 하나는 1924년에 인종차별적 이민할당법이 시행된 것이었다. 이 법은 동유럽 출신 이주민보다 '앵글로색슨계' 이주민을 우대했고, 그 때문에 미국으로 이주하는 유대인이 크게 줄어들었다. 인종차별의 제도화는 대공황기에 뚜렷해졌는데, 바로 그때 유럽에서는 파시즘이 발흥하고 있었다. 파시스트가 통치하는 나라에서 유대인들은 끔찍한 상황에 처했다. 미국으로 이

주가 금지된 유럽 유대인들 사이에서는 팔레스타인을 피난처로 삼아야 한다는 시온주의자의 주장이 폭넓은 지지를 얻었다.

이런 논리가 점점 더 설득력을 얻자 시온주의 경향은 강력해졌다. 1930년대 중반에 [미국의] 시온주의자들은 유대계 미국인 조직 내에서 요직을 대부분 차지하는 한편, 유럽의 유대인을 구제하고 팔레스타인에 정착촌을 건설하기 위한 모금 네트워크를 구축해 거액을 모았다.[8] 동시에 시온주의자들은 팔레스타인에 유대 국가를 건설한다는 목표를 미국이 지지하도록 만들기 위한 로비 단체를 결성해 미국 정치에 영향력을 행사하기 시작했다.[9]

미국의 유대인들 사이에서 시온주의의 비중이 커졌다는 것은 1942년에 세계시온주의기구WZO 대회를 뉴욕의 빌트모어 호텔에서 열기로 한 데서 잘 드러났다. 그 전까지 세계시온주의기구 대회는 유럽에서 열리는 것이 관례였다. 빌트모어 대회에서 대표들이 통과시킨 결의안은 대다수 미국 시온주의자들의 신념, 즉 영국과의 제휴는 이제 끝났다는 신념을 반영했다. 빌트모어 강령은 밸푸어 선언의 '원래 목표'를 이행하라고 요구하면서 영국의 1939년 백서를 거부했고 유대인들이 독자적인 군대를 건설해야 한다고 촉구했다.[10] 또, 다음과 같이 주장했다.

> 대회는 다음의 사항을 촉구한다. 팔레스타인 개방, 미점령지와 미경작지 개발을 포함해 그 지역을 유지하는 데 필요한 권위와 이민 통제권을 유대인기구에 부여할 것, 새로운 민주적 세계 체제에 통합된 유대 공화국을 팔레스타인에 건설할 것.[11]

그 뒤 2년 동안 세계시온주의기구는 미국 의회를 상대로 지속적이고 강도 높은 로비 활동을 전개했다. 1944년 1월에 미국 의회는 빌트모어 강령의 목표를 승인했다. 의회는 다음과 같이 선언했다. "유대인이 팔레스타인으로 자유롭게 들어갈 수 있도록 문을 개방하기 위해 미국은 적절한 부서와 적당한 수단을 이용해 끝까지 노력할 것이다. 그리고 식민지를 건설할 기회를 전면 보장해 궁극적으로 유대인이 팔레스타인을 자유롭고 민주적인 유대 공화국으로 재건할 수 있게 할 것이다."[12]

이것은 밸푸어 선언에 머물러 있던 시온주의 운동에 하나의 돌파구였다. 미국 정부가 의회의 결정을 따르기를 주저하고 있었기 때문에 우선 미국 정부의 지지를 얻어야 하긴 했지만, 어쨌든 서방에서 가장 강력한 국가인 미국에서 의회의 지지를 얻었고 미국이 중동 정치의 미래를 좌우할 것임도 분명한 사실이었다. 게다가 (팔레스타인 전체를 아우르는 유대 국가 건설을 뜻하는 용어인) '유대 공화국'을 약속받았다. 이런 대성공은 미래가 미국에 달려 있다고 선언한 시온주의 지도자들의 견해를 입증해 줬다. 그들은 이제 미국 정부가 의회에서 채택된 입장을 지지하게 만드는 데 전력을 쏟았다.[13]

그 뒤 10년 동안 시온주의 운동 내 세력균형은 팔레스타인에 독립국가를 수립해야 한다는 주장에 유리한 쪽으로 기울었다. 빌트모어 대회 이후 그들의 입지는 엄청나게 강력해졌다.

시온주의 운동 전체가 항상 팔레스타인에 유대인 정착촌을 건설하는 데 전념해 왔지만, 그 방안을 둘러싸고는 견해가 사뭇 다른 분파들이 서로 경쟁하고 있었다. 다른 분파들이 '파시스트'라고 부르던 제프 야보틴스키의 수정주의파는 아랍인과 결코 타협할 수 없다면서 독립국가를 건설하기 위해서는 아랍인을 팔레스타인에서 무력으로 쫓아내야 한다고 주장했다.[14] 그 반대편 끝에는 러핀과 매그네스 같은 2민족 1국가 체제론자들이 있었다. 그들은 유대인과 아랍인이 하나의 팔레스타인 국가에서 공존할 수 있도록 타협해야 한다고 주장했다.[15]

이런 양극단 사이에는 수많은 경향이 있었는데, 대부분은 독자적 유대 국가 건설을 선호하면서도 그 방법론이 각기 달랐다. 제1차세계대전 이래로 바이츠만은 영국과 긴밀한 관계를 맺는 것이 핵심이라고 확신했다. 1939년의 백서가 불러온 충격(이 때문에 많은 시온주의자들이 이제 영국이 주적이 됐다고 결론을 내렸다)에도 그는 흔들리지 않았다. 1942년에도 여전히 그는 다음과 같이 주장했다. "영국이 팔레스타인에서 토지 매입과 유대인 이주를 허용하는 정책을 펴는 한, 나는 무엇이든 참을 수 있다."[16] 그러나 다비드 벤구리온 같은 사람들은 유대 국가라는 사상에 전폭적으로 동의하는 사람들 위주로 운동을 재편해야 한다고 결론을 내렸다. 세계시온주의기구는 빌트모어 강령을 채택하면서 바이츠만의 주장을 배척하고 벤구리온 식의 전략을 받아들였다. 여전히 영국이나 아랍인과 직접 영토 협상을 하며 타협해야 한다는 주장을 고수하던 사람들은 시온주의 운동에서 주변부로 밀려났다.

북아메리카 시온주의자들의 정책 변화는 머지않아 팔레스타인에도 영향을 미쳤다. 시온주의 운동은 유대인 정착민들이 팔레스타인의 지속적인 식민지화를 시작한 바로 그때부터 팔레스타인 아랍인들과 충돌했다. 1940년대 초에 성공을 거두면서는 추진력을 더 얻었다. 그리고 이제 미국의 후원으로 한층 더 탄력을 받아 토착민들과의 격렬한 충돌을 향해 나아가고 있었다. 야보틴스키의 수정주의파는 오랫동안 그런 충돌을 기대했고 무장투쟁 승리를 통해 유대인이 자기 확신을 가져야 한다는 사상을 미화해 왔다. 그렇지만 시온주의 운동의 주류는 토지 획득과 이슈브 강화에 집중하는 전략을 추구했다. 그런데 1940년대 초에는 점진론적 견해를 가진 주요 간부들조차도 비유대인을 내쫓아야 한다는 생각을 받아들이게 됐다.[17] 1940년에 유대인기구의 식민과 책임자인 R 바이츠는 자신의 일기장에 다음과 같이 썼다.

> 우리는 두 민족이 한 나라에서 공존할 여지가 전혀 없다는 것이 분명하다고 생각한다. … 아랍인이 있는 한, 이 나라에서 독립적인 민족이 되겠다는 우리의 목표는 달성할 수 없을 것이다. 에레츠 이스라엘[대이스라엘 — 지은이]에서, 적어도 에레츠 이스라엘의 서부에서만이라도 아랍인이 없도록 하는 것이 유일한 해결책이다. … 아랍인을 주변 나라들로 방출하는 것, 즉 그들의 마을이나 부족을 하나도 남김없이 전부 방출하는 것 외에는 달리 방법이 없다. … 다른 대안은 결코 없다.[18]

시온주의 운동의 지도자들은 결국에는 아랍인과의 물리적 충돌이 불가피할 뿐 아니라 필수적이라는 것을 인정했다. 영국의 지원을 받아 확보한 군사적 자원 덕분에 이슈브는 팔레스타인인 '방출'을 실행할 수 있는 수단을 갖게 됐다. 이제 필요한 것은 국제적 지원을 더 폭넓게 얻어서 영국을 중립화시키는 것이었다. 그렇게 되면 영국의 군사적 개입 없이도 '방출'을 밀고 나갈 수 있을 것이고 장차 건설될 유대 국가에 대한 지지도 확보될 것이라는 계산이었다.

미국 정부는 주저했다. 전략적으로 중요한 지역인데도 안정적인 동맹국이 거의 없는 중동에 친서방 국가가 들어서는 것은 반가운 일이었다. 분명히 중동에는 서방 제국주의의 필요를 매우 잘 이해하는 국가가 하나도 없었다. 이런 필요를 매우 잘 이해한 것이 시온주의의 특징이었다. 게다가 전쟁이 끝나면 소련이 훨씬 더 큰 도전을 제기하지 않을까 하는 걱정, 소련과 연계된 공산당들이 중동에서, 특히 이란·이라크·이집트·시리아에서 빠르게 성장하고 있다는 사실에 대한 우려도 점점 커지고 있었다. 미국은 유대 국가가 균형추 구실을 할 수 있다고 생각했다.

그러나 미국 정부는 이런 장점이 아랍 국가들과의 관계에 끼칠지도 모르는 손해를 능가할 것인지는 확신할 수 없었다. 국무부는 미국이 유대 국가를 지지하면 아랍의 지배자들 사이에서 격렬한 분노를 불러일으킬 것이고 그러면 그들이 석유를 가지고 소련 편에 붙어 버릴지도 모른다고 판단했다. 국무부는 영국의 팔레스타인 위임통치를 계속 지지하는 것이 차라리 더 나을지 곰곰이 생각했다.[19] 그러나 홀로코스트 소식이 쏟아져 들어오자 미국 정치인들은 유럽에 남아 있는 유대인의 미래를 책임질 수 있는 존재처럼 보이고 싶어 했고, 따라서 미국의 정책은 바뀌기 시작했다. 1942년에 루스벨트 정부는 나치의 유대인 학살에 관한 사실들을 은폐했다.[20] 그런데 그 문제가 대통령 선거에 영향을 미칠 거라고 생각한 루스벨트는 1944년

에는 기회주의적으로 '팔레스타인에 민주적인 유대 공화국'을 세우는 계획을 승인해 버렸다.[21]

그 뒤 2년간 미국의 전략가들이 어떤 경로가 미국의 이익에 가장 유리할지 논의하는 동안에도 외교적 책략은 계속됐다. 영국이 유대인의 팔레스타인 이민 확대를 승인하지 않자, 트루먼의 새 정부는 영국과 함께 영미조사위원회를 구성했다. 이 위원회는 위임통치를 계속하려는 영국의 소망도 만족시키고 시온주의자와 아랍인을 모두 만족시키려는 미국의 의도도 반영하려 했다. 그 결과는 복잡한 모순 덩어리였다. 단일한 팔레스타인 국가를 건설하자는 주장을 배격하고 팔레스타인을 유엔 통치하에 두자고 제안한 것이다. 미국과 영국 사이에 더 많은 논의가 있었지만 여전히 모호하기는 마찬가지였다. 그러자 1947년에 영국은 그 문제를 유엔에 회부했다.

이제 미국은 시온주의자를 편들었다. 전후에 미국과 소련이라는 두 초강대국 사이의 경쟁이 격화됐고, 중동에서 영국은 미국과 어깨 겯고 중요한 구실을 할 역량이 없다는 사실이 분명해졌다. 팔레스타인 주둔 영국군이 늘어나기는 했지만(1946년에는 10만 명까지 늘어났다)[22] 그 지역에 대한 영국의 장악력이 떨어지고 있다는 조짐이 도처에서 나타났다. 페르시아만의 양쪽(이집트와 이란)에서 대중운동이 서방의 이익을 위협했다. 이라크에서는 새로운 반식민지 운동이 고조되고 있었다.

게다가 미국에서는 세계시온주의기구와 유대인의 로비가 점점 더 효과를 거두고 있었다. 미국과 이스라엘의 관계를 다룬 어떤 반半공식적인 역사책에 따르면, 트루먼은 냉혹하게도 "유럽의 유대인들을 도와주는 행동 방침을 채택함으로써 국내 정치에서 얻을 수 있는 이점이 뭔지를 계산하고 있었다."[23] 그는 시온주의자들을 선택했고, 유대 국가를 건설할 수 있게 해 줄 팔레스타인 분할안이 유엔의 표결을 통과할 수 있도록 열성적으로 활동했다. 비협조적인 국가에는 마셜 원조를 철회하겠다는 압력까지 넣으면서 미국이 로비를 벌이자[24] 유엔에서 미국의 입장이 관철됐다. 1947년 11월 유엔 총회에서 분할안에 대한 표결이 있었는데 결국 33대 13으로 가결됐다.[25] 소련은 팔레스타인에서 영국을 몰아낼 수 있겠다는 생각에, 그리고 (희망 사항에 불과했지만) 서방 자본주의의 중동 진출을 늦출 수도 있겠다는 생각에 분할안을 지지했다.[26]

유엔의 표결이 있기도 전에 영국은 위임통치가 끝나면 군대를 철수하겠다고 발표했다. 시온주의 운동은 "영국군이 쓸모없게 된다면, 팔레스타인의 유대인은 공공 안전을 지키기 위해 군인을 지체 없이 투입할 것"이라고 선언했다.[27] 1947년 말부터 1948년 초까지 팔레스타인의 아랍인과 유대인 집단은 점점 더 자주 충돌했다.[28]

그것은 불공평한 선투였다. 방향을 잘못 잡은 수천 명의 아랍인 자원병들이, 수년 동안 훈련을 받고 잘 무장한 시온주의 민병대와 맞붙었다. 영국은 발뺌하면서 이쪽저쪽을 오락가락했지만, 군대를 완전히 투입하지는 않았다. 그래서 시온주의 민병대가 재빨리 앞서 나갈 수 있었다. 하가나의 전략은 유엔에서 통과된 안에 따라 유대인에게 할당된 영토를 점령하고 도로에 폭격을 퍼부어 아랍인 지역을 고립시키는 것이었다. 그들은 신속하게 많은 마을을 점령하고 통신수단을 장악했다. 이 지역에 시온주의 국가기구가 설치됐고 5월

14일에 벤구리온은 시온주의자들이 장악한 지역에 이스라엘 국가가 수립됐다고 선포했다.

그로부터 정확히 11분 뒤에 미국 대통령 트루먼은 이 새로운 국가를 승인했다.

4장

팔레스타인인들의 저항

시온주의에 대한 아랍인들의 반응에는 팔레스타인 사회의 경제적·정치적 후진성이 반영돼 있었다. 시온주의 운동은 현대 제국주의의 특징을 띠고 있었던 반면, 팔레스타인 아랍인들의 정치는 그 사회의 [후진적] 구조, 즉 아직도 봉건제에서 덜 빠져 나온 데다 영국의 점령과 유대인 정착촌 건설의 경험에 크게 영향을 받은 구조를 반영했다.

제1차세계대전이 끝날 무렵에 팔레스타인은 지중해 동부에서 인구밀도가 가장 높았지만, 소수 가문이 막대한 토지를 소유한 곳이었다. 1920년에 실시된 조사에 따르면, 144개의 가문이 토지 310만 두남을 소유했다. 그중 일부는 수십만 두남을 소유했다. 250개의 가문이 소유한 토지가 농민 전체가 소유한 크기와 맞먹었다. 농민 가족의 평균 소유지는 0.46두남에 불과했다.[1] 65퍼센트의 농가가 토지를 약간 소유하기는 했지만 대부분은 생계를 유지하는 데 불충분했고, 거의 30퍼센트는 소작농이거나 농업 노동자 가족이었다.

가장 중요한 것은 전체 토지의 65퍼센트가 팔레스타인의 주요 도시에 사는 부재지주들의 소유라는 사실이었다. 비슷한 양상이 수백 년 동안 존속해 오기는 했지만, [동시에] 이것은 19세기 중반 이래로 자본주의가 그 지역 경제에 침투한 수준을 보여 준다. 소부르주아지의 부동산 투기는 거의 50년 동안 계속됐다. 거대한 국유지와 전통적으로 공동체가 경작해 온 마을 소유지는 새로운 토지법에 따라 거래돼 부재지주층의 소득원이 됐다. 그들은 농민들에게 신용 대출을 해 줘 그 지위가 더욱 높아졌다. 전통적인 거대 지주 가문들과 함께 이 부재지주층은 팔레스타인의 지배계급을 구성했다.[2]

예루살렘·하이파·야파·나블루스 같은 팔레스타인의 도시들은 기반이 탄탄했다. 이 도시들은 다른 도시와 마찬가지로 지중해와 중앙아시아를 연결하는 무역에 오랫동안 의존하면서, 상인·상점주·장인 등을 먹여 살렸다. 상층에 있는 바로 이런 계층이 부르주아지의 맹아였다. 그중에서 가장 번창했던 사람들은 토지 투기꾼이나 아랍인의 작은 공업 부문을 지배하는 기업가가 됐다. 하층에서는 장인, 노동자, 빈민 등이 출현했다.

영국의 점령과 시온주의 정착촌의 설립은 급격한 변화를 가져왔다. 현금 경제의 침투, 토지 사유화, 이농 과정이 가속됐는데, 이는 점점 더 집중화된 토지 소유와 농가 부채 때문이었다. 1920년대 초부터 시온주의 조직들이 팔레스타인의 지주(주로 부재지주)한테서 대규모로 토지를 매입한 결과, 팔레스타인 농민들이 토지에서 쫓겨났고 땅 없는 노동자들이 양산됐다. 이들은 도시로 흘러들었다. 그 결과 도시에 거주하는 아랍인은 1922년 19만 4000명에서 1936년 28만 9000명으로 늘어났다.[3]

'유대인 노동'과 '유대인 생산물' 원칙에 충실한 시온주의 조직이 만들어 낸 '이중 경제' 때문에 아랍인이 일자리를 찾기는 힘들었다.

주로 전통적 공업과 영국이 통제하는 공공 부문에서 아랍인 노동계급이 꾸준히 증가하기는 했지만 경제 전체의 변화 속도에 보조를 맞추지는 못했다. 장인과 숙련 노동자들도 전통 경제의 쇠퇴 때문에 고통을 겪었고 다수는 도시로 이주했다. 그 일부는 소규모 작업장을 세웠지만 대부분은 실업자 대열에 합류했다.

그러나 두 부문은 발전의 혜택을 누렸다. 아랍인 부르주아지와 새로운 전문직 종사자들이 그랬다. 유대 자본이 완전히 지배하지 못한 영역(특히 농산물 거래와 농업 관련 산업, 예컨대 관개 장비 제조업이나 포장·운송업)에서 아랍인 기업가들은 잘나가고 있었다. 섬유·식품·가구·비누 생산, 채석, 건설 같은 전통적 공업도 호황을 누렸다. 현대화는 전문직 계층(행정관, 교사, 변호사)의 성장도 자극했다. 그들 대부분은 기독교 신자(전체 인구의 10퍼센트였고 그중 75퍼센트는 도시에 거주했다)였다.[4]

1931년의 통계는 아랍 사회의 발전을 어렴풋하게나마 보여 준다. 이에 따르면, 아랍인의 60퍼센트는 여전히 농업에 종사하고 있었고 22퍼센트는 상업과 행정에, 18퍼센트는 건설업·광업·운송업에 종사하고 있었다.[5] 그러나 이 수치는 발전의 진정한 모습을 보여 주지 않는다. 특히 시온주의자들의 [유대인끼리만 거래하는] 배타적 경제가 왜곡적 영향력을 끼쳐 아랍인의 산업 발전 잠재력이 크게 축소됐는데, 이 수치는 그 점을 보여 주지 못한다. 심지어 전쟁이 경제 발전에 커다란 자극제 역할을 했던 1942년에도 아랍인이 소유한 산업 시설은 1558개에 불과했고 고작 8804명의 노동자가 고용돼 있었다. 경제 발전이 더 전통적인 패턴을 따라 이뤄지던 이웃 나라 시리아(당시에는 레바논을 포함하고 있었다)에서는 팔레스타인보다 약 두 배인 인구 중에 산업 노동자는 20만 명 이상이었다.[6]

저항의 정치학

정치 생활은 지주계급이 통제했다. 지배-예속 관계로 이뤄진 체제 덕분에 지주의 영향력은 개별 가구에까지 미쳤다. 주요 가문들이 이 체제 안에서 지도력을 확보하기 위해 서로 경쟁했다. 가장 강력한 지주 집단들의 사소한 관심사가 모든 곳에 반영됐다. 1920~1930년대 내내 두 주요 가문(후세이니 가문과 나샤시비 가문) 사이의 불화가 정치를 좌우했다. 한편 아랍인 부르주아지의 구실은 사소했다. 정착민 자본에 억눌린 그들은, 이웃 나라의 부르주아지와 달리 지주계급에 도전할 만한 정치적 영향력이 없었다.[7]

제1차세계대전 뒤에 민족주의자들은 팔레스타인을 독립 시리아에 통합시키자고 요구했다. 그렇지만 머지않아 이런 요구는 영국의 점령과 시온주의 정착촌이라는 독특한 문제들에 맞선 민족주의로 대체됐다. 이에 따라 새로 등장한 요구는 영국의 위임통치가 끝날 때까지 근본적으로 변하지 않았는데, 모든 주민(무슬림, 기독교도, 유대교도)을 대표하며 영국으로부터 독립적인 의회가 책임지는 국민 정부 구성, 팔레스타인에 유대인의 '민족적 고향'을 건설한다는 원칙 폐기, 독립국 정부가 이민 정책을 결정할 때까지 시온주의자들의 이주 중단 등이 바로 그런 요구였다. 이런 요구들은 폭넓은 지지를 받았다. 특히 시온주의 정착촌 때문에 토지를 빼앗긴 농민들 사이에서 그랬다. 농민들의 분노는 농촌의 불만을 분명하게 표현한 일련의 회의와 더 직접적으로는 이미 1921년에 시작된 시온주의 식민지들에 대한 공격에서 드러났다.

팔레스타인의 민족주의 지도자들은 허망하게도 타협해 버렸다. 지도자들 중에서 가장 부유한 사람들은 거대한 토지를 시온주의 조직들에 팔아 치웠다. 그래서 많은 아랍인들이 식민지 민병대에 의해 마을에서 쫓겨났다.[8] 동시에 이 부자들은 영향력 있는 지위를 바라면서 영국의 인정을 받기 위해 서로 경쟁했고, 주요 가문들은 민족주의 운동을 이용해 자기 가문의 봉토를 넓혔다.[9] 영국과 정착민들에 맞선 저항이 취약하고 잘 조직되지 않았던 것은 민족주의 운동에 엄청난 장애물이었다. 주요 가문 출신자로 구성된 팔레스타인 아랍인대회의 집행위원회(이하 아랍인 집행위원회)는 영국에 탄원하며 대표를 파견하거나 쓸데없는 로비를 벌이는 데 만족했다. 아랍인 대중 사이에는 좌절감만 퍼져 나갔다. 그들은 추방당하고 집을 빼앗겼으며 영국군의 일상적인 괴롭힘에 시달렸다. 영국은 항의 시위를 벌이고 정착민 공동체를 공격하는 아랍인 대중을 무자비하게 짓밟았다.

그 결과 좌절감을 느낀 활동가들이 1929년에 최초의 팔레스타인 게릴라 부대인 알카프 알카드라를 결성했다. 이 조직은 북부의 산악 지대에서 활동했는데, 1년이 채 못 돼 대규모 영국 경찰과 군대에 분쇄됐다. 그러나 2년 뒤에 잇즈 알딘 알캇삼이 이크완 알캇삼, 즉 캇삼 형제단을 결성해 시온주의 정착촌에 대한 더 체계적인 게릴라 공격을 시작했다.

1930년대 초에는 전국에서 소요가 일어났다. 파업과 시위는 아랍인 집행위원회에 압력을 넣었다. 아랍인 집행위원회는 회의를 열어 영국에 협력하지 않겠다는 신중한 계획에 동의했다. 그러나 아랍인 집행위원회는 아래로부터의 운동을 억누를 수 없었다. 대중의 압력을 받은 아랍인 집행위원회는 영국의 금지 조치를 어기고 정착민들과 충돌한 시위, 특히 아랍 노동자 고용과 아랍 제품 사용에 반대하는 유대인 시위대와의 충돌을 지지했다. 반복된 충돌은 이제 상황이 아랍인 집행위원회의 통제를 벗어났다는 것을 보여 줬고 1934년에 아랍인 집행위원회는 해체됐다.

기존 지도자들은 운동을 통제하려는 새로운 노력의 일환으로 민족주의 정당들을 결성했다. 그 정당들은 기존 지배계급 내의 경쟁을 반영했다. 후세이니 가문은 팔레스타인아랍당을 결성했고 나샤시비 가문은 민족수호당을 결성했다. 그 두 정당은 각각 양대 가문에게서 소작지를 받거나, 지역 관직을 받거나, 그 밖의 여러 계기로 충성과 지지를 보내는 부족과 가문들을 끌어들였다.

이런 조직들, 그리고 이와 비슷한 노선에 따라 조직된 다른 소규모 정당 몇몇을 제외하면, 이스티클랄당(독립당)이 주목할 만했다. 이 당은 부르주아지와 새로운 전문직 계층을 끌어들였다. 그러다 보니 팔레스타인 외부의 아랍 지역에서 발전하고 있던 민족주의 조직들, 예컨대 이집트의 와프드당에 훨씬 더 가까웠다. 하지만, 그 영향력은 전통적인 팔레스타인 지도자들에는 훨씬 못 미쳤다.

몇 달 동안 논쟁을 벌인 뒤에 그런 정당들(책략과는 거리를 두고 있었던 이스티클랄당을 제외하고)은 또다시 요구 사항을 영국에 전달했다가 되짜만 맞았다.

상황은 이제 그들의 통제를 벗어나고 있었다. 알캇삼의 추종자들은 시온주의 정착촌을 겨냥한 게릴라전에 착수했다. 방향을 잘못 잡고서 산적이나 다름없는 공격 작전을 펼쳤던 자생적 집단 알카프 알카드라와는 달리 이크완 알캇삼은 주로 이슬람 사상에 기초한 이데올로기를 갖고 있었다. 1920년대 말에 알캇삼은 하이파무슬림협회의 회장이 됐고 자기 직위를 이용해 도시 주변의 땅 없는 농민 상당수와 교육받은 청년들을 조직했다. 그는 농민 반란을 지도할 간부들을 훈련시킬 비밀 조직 설립을 주장했다.[10] 알캇삼의 활동은 며칠 못 가 끝났다. 1935년 11월에 그는 영국 경찰과 총격전을 벌이다 사망했다. 그러나 그의 추종자들은 계속 조직했고 1936년 4월에 일단의 유대인들을 공격했는데, 시온주의자들이 보복 살해와 도발적인 시위로 대응하자 아랍인들이 움직이기 시작하더니 이내 총파업이 벌어졌다.[11]

총파업

'총파업'(식민지 당국에 맞선 대규모 민족 동원) 계획은 그 직전에 7주 동안 시리아에서 벌어진 대중투쟁이 프랑스에게 양보를 강제한 것과 이집트에서 와프드당이 거둔 비슷한 성공에 자극받은 것이었다. 야파와 나블루스의 젊은 활동가들이 총파업 계획을 받아들여 파업을 호소하자 곧 팔레스타인의 거의 모든 도시가 호응했다. 그리고 전국에서 '민족위원회'가 꾸려져 투쟁을 조율했다. 모든 영향력을 상실할까 봐 우려한 전통적인 지도자들은 처음으로 빠르게 움직였다. 그들은 하지 아민 알후세이니를 리더로 한 아랍고등위원회를 구성해 초기에 주도력을 발휘한 지역 조직들의 연합체를 조율하려 시도했다.

노동조합, 무슬림 단체와 기독교 단체, 여성위원회, 보이스카웃 단체와 온갖 종류의 문화 단체들이 민족위원회 산하에서 투쟁을 조직했다. 이들은 함께 모여 시민 불복종, 납세 거부, 자치 정부 활동 중단 등의 강령에 합의했다. 아랍인 기업 대부분과 아랍인이 운영하는 거의 모든 운송 수단이 멈췄다.

농촌과 도시의 주민을 모두 먹여 살리기 위해서 농사는 계속됐고 도시에서는 식량 분배 센터가 구성됐다. 도시 부르주아지, 지주, 와크프(종교 재단)가 모든 돈을 대줬다. 당시 식민지 당국에서 근무한 영국 관리 토머스 호지킨은 그 운동을 다음과 같이 묘사했다.

> 파업은 자생적인 운동이었고 거의 모든 부문의 아랍인들한테서 지지를 받고 있었다. 그 투쟁은 또한 독립을 원하는 아랍인들의 평화적인 노력을 끊임없이 좌절시킨 [영국 — 지은이] 정부에 대한 자연스런 반응이었다. 파업의 성격은 그 기원을 보면 분명히 알 수 있다. 파업은 위로부터가 아니라 아래로부터의 운동으로 시작됐고, 아래로부터 나오는 압력이 파업의 활력을 유지해 줬다.[12]

영국은 야파의 주요 구역을 파괴하고 연좌제를 적용해 처벌하고 수많은 아랍인들을 재판 없이 구금하는 것으로 대응했다.

그러자 아랍인들은 수백 명씩 떼 지어서 게릴라 부대에 가담했고 산을 타고 다니면서 영국군에 대한 유격전을 시작했다. 영국고등판무관은 팔레스타인의 "상황이 주요 도시, 간선 도로, 철로 밖에서는 무법자들을 통제할 수도 없고 치안이 거의 보장되지도 않는 혁명 초기"라고 묘사했다.[13]

8월에 시리아의 민족주의자 파우지 알카우크지가 팔레스타인으로 들어가서 시리아·이라크·팔레스타인인으로 이뤄진 부대를 지휘해 북부 지역에서 영국군을 상대로 전투를 벌였다.[14] 당시 그 산악 지대에는 게릴라 5000명이 있었던 것으로 추산된다. 그들은 철로를 파괴하고 도로를 폭파했으며 이라크석유회사의 송유관을 파괴하고 영국군 호송 부대를 급습하고 유대인 정착촌을 공격했다.[15]

영국은 탄압의 강도를 높였지만 파업을 끝장낼 수는 없었다. 결국 아랍고등위원회가 나서서 문제를 덜어 줬다. 10월에 아랍고등위원회는 이웃 나라의 지배자들에게 자기들이 운동을 통제하는 데 도움이 될 성명서를 발표해 달라고 했다. 국왕들은 이를 받아들였고 위원회는 "폐하들의 고귀하신 뜻을 받들어" 투쟁을 중단한다고 선언했다.[16] 전사들은 뿔뿔이 흩어져 고향으로 돌아갔다.

민족운동은 계급 노선에 따라 분열했다. 소득 상실(특히 감귤류 수확 저조), 정부의 보상이나 특권의 상실을 두려워한 지배 가문들은 초기부터 운동을 억제했다. 게다가 노동자와 농민들이 아랍고등위원회로부터 독립적으로 조직화하는 데 성공하자, 이 투쟁은 영국뿐 아니라 팔레스타인의 전통적인 지도자들에게도 위협이 됐다. 하지 아민 알후세이니는 무장투쟁에 대해 이중적 태도를 취했고, 나샤시비 가문은 무장투쟁이 자기 자신을 겨냥할 수도 있다는 이유로 지지하지 않았다.

아랍의 역사가 조지 안토니우스에 따르면, 그 두려움은 충분히 근거가 있었다. 투쟁에 참여한 대중은 자신의 운동이 지주계급의 부패와 위선에도 도전하는 것이라고 여겼기 때문이다.

> [전통적] 지도자들이 반란을 꾀하기는커녕, 반란 자체가 그들의 권위에 대한 명백한 도전이었고 그들의 방식에 대한 기소장이었다. 반란군 지도부는 토지를 팔아 치운 아랍인 지주들 때문에 지금 농민들이 곤경에 처하게 됐다고 비난했고 [전통적] 지도자들이 [토지] 판매를 막지 못한 태만죄를 저질렀다고 비난했다. … 그리고 반란군의 분노와 폭력은 토지 거래가 이뤄지도록 도운 식민지 당국뿐 아니라 그런 거래를 조장한 아랍인 중개상과 지주도 겨냥했다.[17]

전통적 지도자들의 행태를 목격한 호지킨은 다음과 같이 썼다.

> 고등위원회의 구성원을 공평무사한 천사라고 여기는 것은 바보 같은 짓이다. 그들 중 몇몇은 기회만 있었다면 십중팔구 파업을 배반하고 지지자들을 배신하며 기꺼이 정부와 타협했을 것이다. 대다수 지역 지도자들도 마찬가지다. 그러나 그들에게는 기회가 없었다. 그래서 이제 분노한 아랍 민중에게 등 떠밀려 움직이고 있다. 아랍 민중은 [영국] 정부에게서 만족할 만한 양보를 얻어 내거나 아니면 정부가 분쇄될 때까지 이 투쟁을 끝까지 밀고 나가기로 결심했다.[18]

주로 이스티클랄당을 통해 표현된 부르주아지와 전문직 계층의 열정은, 운동이 그들의 손아귀를 벗어나게 되자 사그라졌다. 대다수 노동자들은 파업 투쟁에 계속 참여했고 농민들은 시골에서 싸우고 있었다. 그들은 투쟁을 계속하고 싶었지만 효과적인 정치 조직이 없었다. 그래서 지도자들에 맞설 안정적인 정치 세력이 없는 운동에서 으레 그렇듯 다시 기존 지도자들이 통제력을 회복했다.

계속되는 반란

그러나 파업이 끝났다고 해서 반란 자체가 끝난 것은 아니었다. 1937년 7월에 영국이 분할안을 발표하자, 아랍 민중은 분노했다. 아랍고등위원회의 구성원은 추방당했고, 공식 지도부가 없는 상황에서 활동가들은 다시 독자적으로 해결책을 추구했다. 게릴라 공격이 재개됐고 머지않아 시골은 무장 집단들이 통제하게 됐다. 파업이 벌어져 라말라·베들레헴·나블루스 등 주요 도시들을 폐쇄했다. 영국은 베르셰바에서 철수했고 고도古都 예루살렘을 탈환하기 위해 5일 동안 전투를 치러야 했다.

팔레스타인 주둔 영국군 사령관은 "상황이 너무 심각해서 민간 정부의 전국적 통제력은 사실상 존재하지 않는다"고 보고했다.[19] 운동은 민족적 요구의 수준을 훨씬 뛰어넘는 동력을 다시 발전시켰다. 지주들은 무장한 농민들을 보고 겁에 질렸고 시온주의자들이나 영국과 가까운 유명 인사들은 암살당했다. 바우어에 따르면, 봉건 사회의 거물들이 대거 도주해 "사실상 하나의 계급이 해체됐다."[20]

영국은 팔레스타인 주둔군을 3만 명으로 증강했다. 영국군은 다시 탄압 물결을 일으켜, 게릴라 전사들을 교수형에 처하고 수백 명을 재판도 거치지 않은 채 수용소에 감금했으며 집단적 처벌을 내리고 반란을 일으킨 마을을 폭격했다. 그래도 여전히 운동을 분쇄할 수는 없었기 때문에, 공식·비공식 시온주의 민병대에 점점 더 의존하게 됐다.[21] 1938년 여름에는 팔레스타인인 3000~5000명이 살해됐고 수천 명이 부상당했다.

강도 높은 군사적 탄압에 직면하고 독자적 정치 조직이 전혀 없는 상황에서 운동은 점차 사그라졌다.

1939년에는 다시 영국이 팔레스타인을 전면 통제했고 식민지 당국은 전통적인 지도자들과의 관계를 복원했다. 후세이니·나샤시비 가문(봉토를 갱신하고 전국적 정치를 다시 장악하게 됐다)은 공식 지도자의 지위를 차지했다. 반면에 기층 활동가 수백 명은 계속 감옥에 갇혀 있었다. 영국과 시온주의자들의 활동이 결합해 반식민지 운동을 분쇄한 것이다.

지도력의 문제

1936~1939년의 반란은 제국주의 세력과 정착민 공동체 둘 다와 충돌하는 어려움에 직면했다. 경제 발전의 양상 때문에 부르주아 민족주의는 취약했고 민족 독립 요구를 분명하게 내세울 수조차 없는 지주계급이 [운동에서] 득세했다. 지주 가문들은 시골 깊숙이까지 영향을 미치고 있었다. 그들 간의 분쟁은 지방 수준에도 반영돼 이미

파편화된 농민 사회를 더욱 취약하게 만들었다. 아랍인 노동계급은 소수였고 더 발전된 시온주의 산업부문의 그늘 아래 있었다.

그러나 도시와 농촌 모두에서 인상적인 저항이 벌어졌다. 그런데 왜 거기서 전통적인 지도부나 부르주아 민족주의와는 다른 대안을 제공할 정치적 경향이 생겨나지 못했을까?

한 가지 요인은 좌파의 지도력에서 찾아볼 수 있다. 국제주의적 원칙, 즉 아랍인과 유대인을 모두 조직한다는 원칙을 형식적으로나마 표방한 유일한 조직은 팔레스타인공산당PCP이었다. 그 정당은 시온주의 좌파 성향의 유대사회주의노동자당(히브리어 머리글자를 따서 MOPSI로 알려졌다)에서 떨어져 나와 1923년에 창설됐다. 팔레스타인공산당 당원은 유대인뿐이었다.[22] 1924년에 공산주의인터내셔널(코민테른)은 팔레스타인공산당을 승인해 줬다.

1920년대 중반에 팔레스타인공산당은 거의 유대인들 사이에서만 활동했다. 그 지도자들은 팔레스타인 자본주의가 정착민 공동체에서 가장 빠르게 발전하고 있으며 변화 가능성은 주로 유대인 노동자들에게 달려 있다고 주장했다. 팔레스타인공산당이 비록 공식적으로는 제국주의를 주적으로 인정했지만, 영국의 점령 경험과 시온주의의 식민주의적 성격으로 말미암아 아랍 민족주의 대중운동이 벌어질 것이라는 코민테른의 조언을 사실상 무시했다.

팔레스타인공산당은 코민테른이 1920년에 채택한 반식민지 투쟁에 대한 태도를 받아들이지 않았다. 레닌의 '민족·식민지 문제에 관한 테제'는 제국주의 열강이 지배하는 나라들에서 투쟁이 끊임없이 일어날 것이라고 예상했다. 그런 나라들에서는 반식민지 운동이 나타날 것이고, 그 운동이 부르주아나 프티부르주아 사상의 영향을 받긴 하겠지만 제국주의의 지배를 위협하고 더 넓게는 제국주의 체제를 불안정하게 만들 잠재력이 있다고 레닌은 주장했다. 한편, 마르크스주의자들은 그런 운동을 지지해야 하지만, 그것에 '빨간 칠'을 해서는 안 되고 노동계급 운동과 공산주의 조직의 독립성을 포기해서는 안 된다고 주장했다.[23]

코민테른 집행위원회가 팔레스타인공산당에 "유대인의 게토에서 나와서" 아랍인을 조직하라고 1920년대 내내 강하게 촉구했는데도 팔레스타인공산당은 잘 움직이지 않았다. 1929년에 아랍어로 된 정규 발간물을 처음 발간했을 때도 팔레스타인공산당의 아랍인 당원은 극소수였다.[24]

1929년에 아랍인의 저항운동이 나타나기 시작했을 때 팔레스타인공산당은 이에 대처할 준비가 돼 있지 않았다. 지도부는 갈팡질팡했다. 한편으로는 파업과 시위를 "아랍인 일반의 분출"이자 심지어 "봉기에 맞먹는 운동"이라고 하고, 다른 한편으로는 유대인에 대항한 지하드(성전)를 주장하는 반동적인 아랍인 지도자들이 조장한 "학살"이라고 선언했다.[25] 코민테른은 팔레스타인공산당의 관점이 혼란스럽다고 비판하면서 투쟁의 성격을 "반제국주의적 농민 혁명"이라고 규정했다.[26]

그러나 곧 스탈린주의의 지배를 받게 된 코민테른은 사태의 진정한 성격을 심하게 곡해해서 보는 지경에 빠졌다. 이른바 '제3기' 코민테른은 혁명적 가능성을 어마어마하게 과대평가하며 갑자기 전세계 공산주의자에게 소련의 입장을 따르지 않는 모든 정치 세력을 공격하라고 지시했다. 코민테른은 1920년에 채택했던 입장을 번복하면서, 더는 부르주아가 지도하는 민족 혁명을 지지할 수 없다고 선언했다. 오히려 혁명가들은 소비에트 권력을 수립할 준비를 해야 한다는 것이었다. 팔레스타인공산당은 아랍 민족주의 지도부에 대항해 투쟁하고 '노동자·농민의 정부'를 주장하라는 지령을 받았다. 코민테른은 팔레스타인공산당 지도부를 새로 임명했고 "당을 철두철미하게 아랍인화하라"고 지시했다.[27]

그래서 팔레스타인공산당은 전통적인 아랍인 지도자들에 맞서는 투쟁을 외곬으로 전개했다. 팔레스타인공산당은 아랍인 집행위원회가 "배신적인 길로 들어서서 영국 제국주의한테서 인정받기 위해 시온주의자들과 경쟁하고 있다"고 비난했다.[28] 또, 이스티클랄당 주변에 포진한 부르주아와 프티부르주아들이 '반혁명과 투항' 쪽으로 선회했다고도 주장했다.[29]

1933년의 파업과 시위는 팔레스타인공산당의 주장을 입증하는 듯했다. 아랍인 노동계급은 성장해 더욱더 투쟁적으로 변하고 있었으며 전통적인 지도자들은 더는 통제력을 발휘할 수 없었다. 그러나 팔레스타인공산당은 가능성을 과대평가하며 코민테른의 견해에 따라 당시 상황을 '혁명적 위기'로 규정했다.[30] 동시에 팔레스타인공산당은 이스티클랄당에 대한 태도를 수정해, 이스티클랄당의 급진파 중에는 '진정한 반제국주의자'가 있다면서 그 조직이 "더 혁명적으로 변했다"고 칭찬했다. 아랍인 집행위원회가 형식적으로나마 영국에 반대해야만 하는 상황이 펼쳐진 것이 팔레스타인공산당의 그런 태도를 더욱 강화했을지 모른다. 그것은 더 커다란 변화를 암시했다.

팔레스타인공산당은 노동자·농민의 정부에 대한 요구를 내버리고 아랍 민족주의 투쟁을 더 크게 강조하기 시작했다.

코민테른이 지시한 더 커다란 방향 전환도 있었는데, 이 탓에 팔레스타인공산당은 아랍인 지도자들을 무비판적으로 지지하게 됐다. 그 전환은 1935년 코민테른 7차 대회가 '노동자·농민의 혁명'과 '소비에트 정부'라는 구호는 '초좌파적'이었다고 선언한 것이었다.[31] 그 대안으로 코민테른은 공산주의자들이 단계론을 채택해야 한다고 주장했다. '민족 해방'을 위해서는 '민족 부르주아지'라는 '진보적인' 부류와 반제국주의 '민중전선'을 구성해야 한다는 것이었다.[32]

팔레스타인공산당은 이 전환에 따라서 방향을 확 바꿨다. '계급투쟁적 정책을 포기'해야 한다고 주장하고, 유대인 노동자들을 조직하려는 노력은 유지하면서 영국과 시온주의자들에 맞서는 민족운동을 지도해야 한다고 강조했다.[33]

팔레스타인공산당은 이슈브가 아랍 민족주의 운동의 발전을 저지하려는 제국주의자들의 음모 안에서 '파시스트' 같은 역할을 한다고 선언했다. 또, 아랍인들이 "시온주의에 허용된 특권에 맞서 투쟁하기 위해 위원회와 협회"를 구성해야 한다면서[34] "모든 애국적 집단들"의 참여를 요청했다. 그런 집단들로는 "상인과 장인, 상점주와 공장 소유자, 은행가와 전문직 종사자"도 있었다.[35] 팔레스타인공산당은 아랍인 당원들에게 아랍 민족주의자들과의 차이점은 잊고 함께 활동하라고 촉구했다. 중요한 것은 팔레스타인공산당과 민족주의자의 공통점이지 차이점이 아니라고 지도부는 주장했다.

1936년 총파업이 시작될 때쯤에 팔레스타인공산당은 전통적인 아랍인 지도자들의 뒤를 받치고 있는 상태였다. 하지 아민 알후세이니 같은 인물들에게 관심이 모였다. 아랍고등위원회가 동요하면서 제멋대로 행동하는데도 팔레스타인공산당은 그 위원회를 반란의 정당한 지도부라고 여겼다. 민족운동에 외곬으로 반대하는 견해에서 돌아서서 이제는 그 운동의 가장 반동적인 인사까지도 무비판적으로 지지하게 된 것이다.

그러나 또 다른 동요가 다가오고 있었다. 1936년 10월에 아랍고등위원회가 파업을 취소하자 팔레스타인공산당은 위원회가 후퇴했다고 선언하며 '부끄러운 배신'이라고 비난했다.[36] 그러나 이미 때는 너무 늦었다. 팔레스타인공산당은 적어도 지도부 차원에서는 붕괴해 공식적인 아랍인 지도자들 속으로 용해돼 버린 상태였다.

총파업 동안 아랍인 당원들은 아랍인 지도자들을 지지하며 단결하라는 지시를 받았다. 유대인 당원들은 아랍인의 요구를 지지하고 파업에서 이익을 얻으려는 시온주의자들에게 반대하라는 지시를 받았다. 이것은 원칙적인 입장이었지만, 팔레스타인공산당 지도부는 유대인 당원들을 설득하기가 대체로 어렵다는 사실을 깨달았다. 몇 년 동안 당 지도부는 시온주의 좌파와 절연하려는 투쟁에서 성공하지 못했는데, 이제 민족문제와 민중전선에 관한 혼란이 문제를 더욱 복잡하게 만들었다.

반란의 압력이 아주 크다는 것이 드러났다. 대다수 유대인 당원들은 유대인 정착촌을 겨냥한 무장투쟁을 지지하지 않았고 몇몇은 당에서 축출됐다. 1937년에 팔레스타인공산당 지도부는 유대인의 별도 조직을 만들면서 표면적으로는 정착민 공동체의 독특한 상황에 대처하기 위해서라는 이유를 내세웠다. 그러나 사실 그 조치는 시온주의 좌파를 받아들인 결과였는데, 이는 그 조직이 시온주의에도 '진보적인' 요소가 있다고 주장하면서 시온주의 조직에 '침투'하는 정책에 동의한 데서 드러났다. 이 유대인 조직은 정착민 공동체에 완전히 흡수된 시온주의 좌파 조직 안에서 활동하는 로비 단체가 됐다. 시온주의 운동의 일부가 돼 버린 그 당원들은 아랍인의 토지를 획득하고 경제활동에서 토착민을 배제함으로써 얻는 이익을 공유했다.[37]

팔레스타인공산당이 그런 흐름을 지향하기 시작하자 그들은 머지않아 그것에 흡수돼 버렸다. 1938년에 유대인 조직은 팔레스타인공산당과의 연계를 끊었다. 국제주의가 사멸한 것이다. 팔레스타인공산당은 결코 다시 살아나지 못했다.[38]

팔레스타인공산당은 소규모 조직이었다. 당원 수는 결코 1000명을 넘지 못했고 대다수가 유대인이었다.[39] 그럼에도 그 당은 대중투쟁의 시기에 활동했고 더 중요한 구실을 하리라는 기대를 받았다. 그러지 못했다는 것은 정착민 내 시온주의 세력의 압력이 컸고 아랍인에 대한 유대인 당원들의 의심이 뿌리 깊었다는 것을 보여 준다. 그렇지만 그것은 또한 스탈린주의를 따른 왜곡과 동요가 표현된 것이기도 했다. 스탈린주의는 반식민지 투쟁이 절정에 이른 결정적인 순간에 팔레스타인공산당을 무장해제시켰던 것이다.

민족문제가 팔레스타인의 정치를 지배하게 된 바로 그 순간에 마르크스주의적 이해를 포기한 것은 재앙이었다. 그래서 아랍인과 유대인 당원 모두 전통적인 아랍인 지도자들 속에 용해됐고 정당한 민족적 요구들을 지지하는 활동을 하지 못했다. 그 결과로 방향감각을 상실한 팔레스타인공산당은 급진화하는 수많은 아랍 노동자·농민·빈민을 전혀 지도할 수 없었다. 대중은 지배적인 가문과의 협력도, 이스티클랄당의 소심한 저항도 거부했다. 설상가상으로 팔레스타인공산당이 분열하자 시온주의와 아랍인 지배계급에 반대하는 마르크스주의적 분석은 완전히 믿을 수 없는 것이 돼 버렸다. 스탈린주의는 운동을 패배로 이끌었다. 팔레스타인인들 사이에서 급진적인 움직임이 다시 나타나기까지는 30년이 넘게 걸렸다.[40]

재앙을 향해

저항운동은 1938~1939년에 영국과 시온주의자들의 결정타를 맞고 쓰러지고는 회복하지 못했다. 비록 1939년의 백서에서 영국은 시온주의의 지배에 대한 팔레스타인인의 우려를 인정하긴 했지만(이는 반란의 힘과 단호함이 반영된 결과였다), 영국의 주요 관심사는 전쟁의 발발 가능성을 고려할 때 팔레스타인의 상황을 진정시킬 수 있는 기반을 마련해야 한다는 것이었다. 영국이 팔레스타인의 정치를 '동결'시켰을 때는 시온주의자들이 유리한 조건이었다.

1939년까지 영국과 시온주의자들은 반식민지 운동을 분쇄하는 데 거의 5년을 썼다. 팔레스타인의 경제는 심각하게 악화했고 수백 개의 마을과 도시가 공격을 받았으며 수천 명의 활동가들이 투옥됐다.

반면에, 정착민들은 긍정적인 영향을 받았다. 이슈브는 경제적 이득을 얻었고 민병대는 강화됐으며 정치적 응집력은 좋아졌다. 제2차

세계대전은 시온주의의 경제적·군사적 능력을 한층 더 강화하면서 유대인과 아랍인 사이의 차이를 더욱 벌려 놨다. 중동에서 영국의 힘이 쇠퇴하고 있고 팔레스타인 점유를 둘러싼 새로운 전투가 벌어질 것이라는 점이 분명해진 1945년에 시온주의자들의 처지는 엄청나게 유리했다.

1948년 4월에 시온주의 민병대는 팔레스타인에서 아랍인을 대거 몰아내려는 공격 계획을 실행에 옮기기 시작했다. 신중하게 마련된 13단계의 '데일럿 플랜'은 1947년 유엔 분할안에서 아랍인에게 할당된 도시와 마을을 점령하는 것을 목표로 삼았다. 분할안에서 제시된 팔레스타인 아랍인의 국가를 세우지 못하게 하고 유대 국가를 확대하며 최대한 많은 지역에서 아랍인을 쫓아내려는 것이었다.[41]

이 계획의 성공 여부는 잘 무장하고 훈련된 시온주의 군대가 팔레스타인인들을 얼마나 신속하게 공격하느냐에 달려 있었다. 기획자들은 테러를 이용하면 많은 팔레스타인 주민들을 쫓아낼 수 있을 것이라고 기대했다. 1948년 4월 10일 이르군과 슈테른의 연합군이 예루살렘 근처 데이르 야신이라는 마을에 쳐들어가 주민 400명 중 3분의 2를 학살했다. 다른 마을에서도 하가나의 일반 부대가 비슷한 공격을 감행했다. 이런 곳에서는 대량 학살로 사람들이 매우 큰 충격을 받았을 것이다.[42] 폭격이나 직접적인 공격을 당해서, 또는 학살의 두려움 때문에 수십만 명의 팔레스타인인이 고향을 떠났다.

점령하려는 지역을 '청소하는' 시온주의자의 전략이[43] 성공할 수 있었던 것은 응집력 있는 아랍인 조직이 전무했기 때문이기도 하다. 영국의 탄압 때문에 팔레스타인에서 힘 있는 아랍인 세력은 단

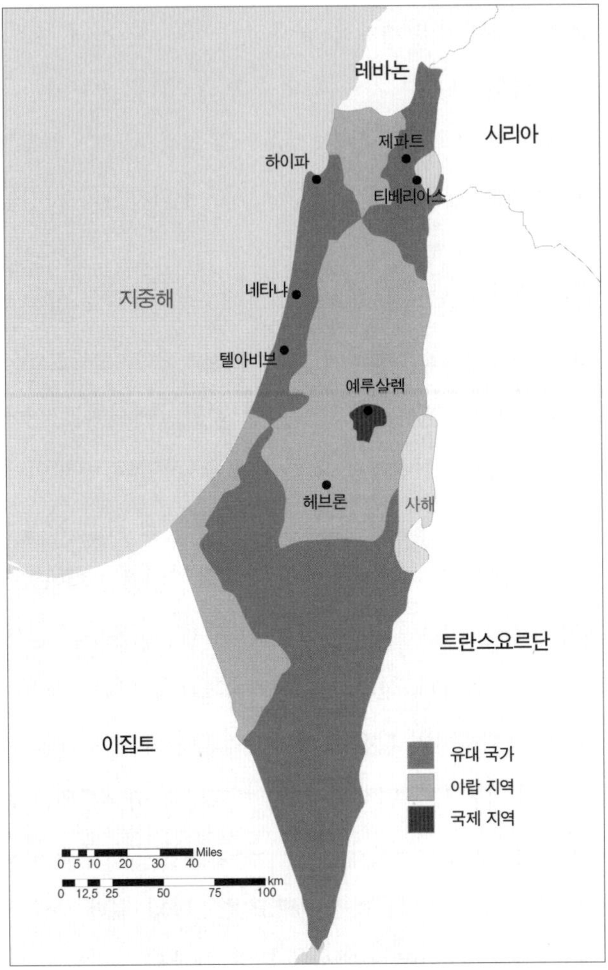

[지도 5] 1947년 유엔 분할안

하나도 없었고 효과적인 군대도, 대중적 저항의 정치도 전혀 없었다. 1948년 당시 활동하고 있던 팔레스타인의 유일한 군대는 무프티가 그 몇 달 전에 조직한 '자이시 알지하드 알무캇다스'(성전의 전위군)뿐이었다. 그 군대의 병사는 약 5000명이었는데, 이는 시온주의

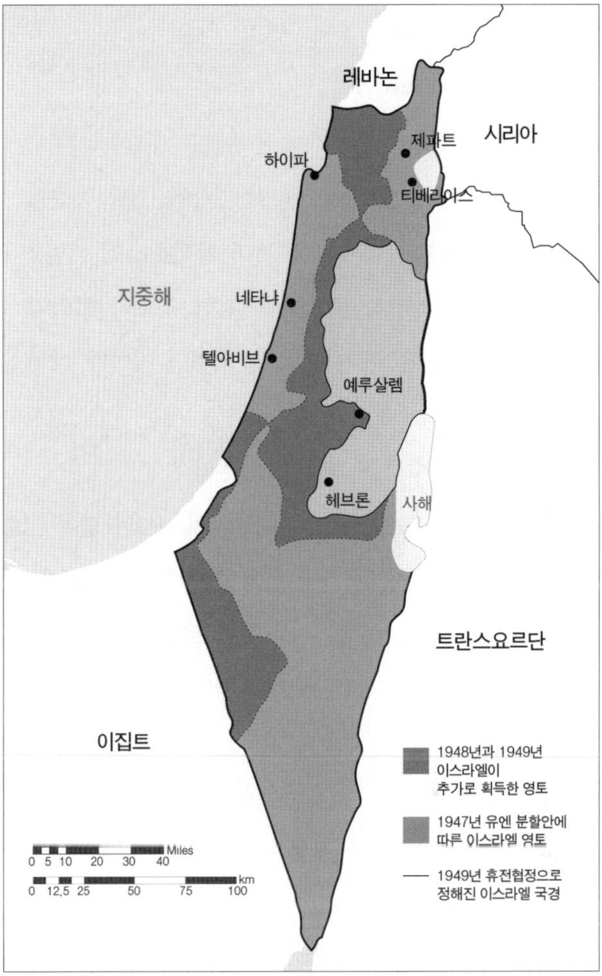

[지도 6] 1948년 전쟁 이후 이스라엘 영토.

민병대가 동원한 병력의 약 4퍼센트에 불과했고, 현대식 무기도 거의 없었다.[44] 아랍 민족주의자들이 다마스쿠스에서 만든 두 번째 군대는 '자이시 알인카드'(아랍해방군)였는데, 3000~4000명의 병력을 보유하고 있었고 그중에서 1500명은 팔레스타인인이었다. 이 부대

역시 무기와 훈련 상태가 보잘것없었고, 시온주의자들의 공격에 맞서는 것에는 대개 소극적이었다.[45]

이것이 시온주의자들의 공세기에 존재했던 유일한 아랍 군대였다. 영국이 팔레스타인에서 철수하고 나서 1948년 5월 중순에 아랍의 5개국에서 1만 5000명의 병사들을 보내 팔레스타인 아랍인의 주권을 수호하려 했다.[46] 그러나 이 군대는 전혀 쓸모가 없었다. 대다수 지역에서 팔레스타인인은 이미 '청소'된 뒤였던 것이다. 예루살렘·가자·서안을 제외한 해안 평야와 갈리리 동·서부 등의 모든 도시가 모두 시온주의자들의 수중에 들어가 있었다.

팔레스타인 아랍인 130만 명 중에서 거의 100만 명이 고향을 떠났다. 대부분 서안과 가자 등 시온주의 민병대가 점령하지 않은 지역에서 피난처를 찾았다. 레바논, 시리아, 트란스요르단으로 도망친 사람도 있었다. 시온주의자들이 점령한 지역에 남아 있는 사람은 약 6만 명이었다.

유엔의 분할안에서 시온주의자에게 할당된 팔레스타인 영토는 57퍼센트였지만, 1949년 초에 전쟁이 끝났을 때 시온주의자는 국토의 77퍼센트를 점령하고 있었다.[47] 그들은 무기와 전술이 압도적으로 우세한 덕에 승리할 수 있었다. 또한 30년간의 식민 지배로 토착민들이 취약해진 결과이기도 했다. 1948년에 획득한 영토까지 합쳐서 이스라엘이 건설됐다. 그러나 시온주의의 승리는 이미 그 몇 년 전부터 기반이 닦여 왔고, 그것은 무엇보다 반식민지 운동이 파괴된 덕분이었다.

5장

1948년 이후 이스라엘과 미국

팔레스타인에서 시온주의 운동은 식민지화 과정을 뒷받침하는 대규모 자본 유입에 언제나 의존했다. 이스라엘 국가는 그런 자원 유입에 훨씬 더 의존했다. 1948년 이후 이스라엘 경제에는 영국군의 대규모 주둔이 더는 이득이 아니었고, 이스라엘 제조업은 영국의 영향력 아래 놓인 주변 나라들로 수출하는 데 의존할 수 없게 됐다. 사실상 모든 아랍 국가가 이스라엘산 제품의 수입을 거부했기 때문이다. 그래서 이 신생 국가는 해외로부터의 새로운 지원이 필요했는데, [미국의 지원이 늘어나면서] 전례 없는 수준으로 얻게 됐다.

1949~1965년에 이스라엘 경제의 순저축률은 평균 0퍼센트였지만, 같은 기간 동안 투자율은 20퍼센트였다. 막대한 금액이 해외에서 유입돼 경제성장을 떠받치고 있었다. 이스라엘 정부의 자문이었던 미국의 경제학자 오스카 개스가 1969년에 추산한 바에 따르면, 1948~1968년에 이스라엘은 75억 달러 이상의 수입 초과를 기록했다.[1] 그 21년 동안 이스라엘에 살고 있는 모든 사람들에게 해마다 2650달러 이상을 제공한 것이나 마찬가지였다.[2] 이스라엘로 들어온 돈 가운데 배당금·이자·자본으로 지출해야 한다는 조건이 붙은 것은 약 30퍼센트에 불과했다. 개스는 "이와 견줄 만한 조건은 어디서

도 찾아볼 수 없다"고 논평했다.[3]

이스라엘의 엄청난 적자 중 70퍼센트는 '일방적인 자본 순이전'으로 때워졌다. 이것은 '미국 유대인의 호소'라는 단체가 모금해 보내 준 기부금, 제2차세계대전 때 유대인이 당한 범죄에 대한 독일 정부의 배상금, 미국 정부의 보조금으로 이뤄져 있었다. 나머지 30퍼센트는 장기 자본 이전, 즉 이스라엘 정부의 채권, 다른 정부의 차관, 자본가들의 투자 등으로 이뤄져 있었다. [자본 순이전] 총액의 60퍼센트는 전 세계의 유대인이 보내 준 것이었고 28퍼센트는 독일 정부, 7.4퍼센트는 미국 정부가 보내 준 것이었다. 장기 자본 이전의 68.7퍼센트는 전 세계의 유대인이, 20.5퍼센트는 미국 정부가 보내 준 것이었고, 11퍼센트는 다른 재원에서 나온 것이었다.[4]

이런 패턴은 시온주의 운동이 건설한 기반, 특히 자금원의 대부분을 차지한 북아메리카에서의 기반이 얼마나 강력한지를 밝혀 보여 줬다. 미국 정부는 시온주의 조직들의 활동을 직접 지원하지는 않았지만 기부자에게 세금 감면으로 도움을 줬다. 이스라엘에 돈을 보내는 것은 '자선'으로 규정됐다. 개인이나 조직들이 이스라엘을 원조하게 함으로써 미국은 사실상 시온주의 국가를 후원했다. 1950~1960년대에 이런 식으로 모금한 돈은 이스라엘에 투자돼, 이스라엘은 수십만 명의 새로운 이주민을 받아들이고[5] 정부 예산의 50퍼센트를 무기 구입에 지출(세계 최고 수준이었다)할 수 있었다.[6] 이스라엘은 여전히 제국주의의 부산물이었고, 서방에서 나오는 돈으로 유지됐다.

그러나 시온주의 지도자들은 이스라엘이 살아남기 위해서는 서방과 더 공식적인 관계를 수립하는 것이 필수적이라는 사실을 깨달았다. 그런 관계를 발전시키기 위해서는 자신들이 서방 제국주의의 대對중동 전략에서 빼놓을 수 없는 일부가 돼야 하고 새로운 국가[이스라엘]의 효용성을 미국에게 입증해 보여야 한다는 사실을 이스라엘의 지배자들은 알고 있었다. 이 과제를 완수하는 데 거의 20년이 걸렸다.

이스라엘과 냉전

1948년 [시온주의 민병대의 팔레스타인 점령] 이후 한동안 미국은 팔레스타인 문제에서 태도를 확실히 정하지 못했다. 미국은 영국의 전략가들 사이에서 제1차세계대전 종전 뒤에 벌어진 논쟁을 되풀이했다. 그리고 그 지역에서 반서방 정서를 불러일으키더라도, 즉 아랍 국가들 사이에서 반감이 확산될 수도 있고 그러면 미국의 석유 이익을 침해할 가능성이 있더라도 믿을 만한 동맹국을 두는 게 유용할지 아닐지를 계속 저울질했다.

제2차세계대전 동안 중동 지역에 걸린 미국의 이해관계는 더 커졌다. 미국의 주요 목표는 사우디아라비아에서 자국의 이익을 보호하는 것이었다. "[미국은] 사우디의 풍부한 석유 자원에 계속 접근할 수 있게, 영국 제국은 그것에 손을 대지 못하게 보장하는 것"이[7] 목표였다. 페르시아만(걸프) 지역이 서방에 필요한 석유 자원을 대량으로 보유하고 있음은 분명했다. 그 지역은 동방이든 서방이든 미국의 경쟁자가 갖도록 놔둬서는 안 되는 금광과 같았다.

1945년에 미 국무부는 그 지역이 정치적 진공 상태에 있으며 "만약 미국이 이 진공을 메우지 못한다면 … 소련이 들어와서 패권을 장악할 것"이라고 선언했다.[8] 소련이 중동을 장악하는 것은 "미국에게는 참을 수 없는 일일 것이다. 왜냐하면 그 지역의 광물자원과 운송 교통로는 미국 국민의 지속적인 경제적·사회적 이익에 사활적이기 때문이다."[9]

지역적·국제적 사태 전개는 걸프 지역을 확보하겠다는 미국 정부의 결심을 더욱 굳혀 줬다. 걸프 지역의 석유 생산량이 극적으로 늘어났다. 쿠웨이트의 석유 생산량은 1946년 80만 톤에서 1950년 1720만 톤으로 늘어났다. 같은 기간 사우디아라비아의 석유 생산량은 810만 톤에서 2610만 톤으로 늘어났다.[10] 미국의 석유 회사들은 엄청난 이익을 올리고 있었고, 유전 지대가 전후 경제 호황을 촉진하는 데 중요한 구실을 하고 있었다.

한편 미국의 전략가들은 소련의 위협이 커지고 있다고 봤다. 그들이 보기에 소련은 서쪽에서는 그리스, 발칸 반도, 터키를 통해, 동

[표 1] 걸프 지역의 석유 생산량(단위: 백만 톤).
미국은 이 '수지맞는' 지역을 놓치지 않으려 했다.

	바레인	이란	이라크	쿠웨이트	카타르	사우디 아라비아
1938년	1.1	10.4	4.4	–	–	0.1
1946년	1.1	19.5	4.7	0.8	–	8.1
1950년	1.5	32.2	6.4	17.2	1.6	26.1
1953년	1.5	1.2	27.6	43.0	4.0	40.5
1955년	1.5	16.2	33.6	54.8	5.4	47.5

쪽에서는 이란(노동자 운동이 친소련 성향인 투데당의 강력한 영향을 받고 있었다)에 대한 영향력 확대를 통해 걸프 지역에 침투할 작정이었다.[11] 이런 두 가지 우려 때문에 [미국은] 그 지역 전역의 지배집단을 동맹으로 만들려고 일관되게 애썼다. "중동에서 미국의 정치적·전략적 이익을 증진시킬 목적으로" 설립된 기금 수억 달러를 뿌려 댔다.[12] 예컨대 사우디아라비아의 국왕 이븐 사우드는 해마다 1000만 달러씩 받았다.[13]

이런 맥락에서 이스라엘은 동맹국으로 여겨졌다. 그러나 중동의 잠재적인 여러 미국 지지 세력 중 하나일 뿐이었고 아직은 이스라엘과 어떤 관계를 맺을지 결정되지 않은 상태였다. 그래서 미국의 지원은 1949년 1월에 미국수출입은행의 대출 1억 달러로 시작됐다. 머지않아 원조액은 더 많아졌다. 냉전이 격화되는 정세, 그리고 자국의 이익에 대한 위협 증대(특히 이집트와 이란에서)를 두려워한 미국의 우려가 반영된 것이었다. 1949~1952년에 이스라엘은 8650만 달러의 경제원조(주로 마셜 원조에 따른 것)를 받았고 1억 3500만 달러의 차관을 얻었다.[14] 이는 미국의 기준으로 보면 크지 않은 금액이었지만 이스라엘과 같은 신생 소국에게는 거액이었다. 이스라엘의 인구는 1952년에도 겨우 140만 명에 불과했다.[15]

그러나 미국은 아직도 이스라엘에 무기를 공급하는 도박을 할 태세는 아니었다. 그때까지 이스라엘은 동구권, 그중에서도 체코슬로바키아한테서 무기를 대부분 구입해 왔다.[16] 그러므로 미국과 이스라엘의 관계는 우호적이긴 했지만 아직 긴밀하지는 않았다. 이스라엘의 지도자들은 이것으로는 충분하지 않다고 생각했다. 그들의 생존 전략에 따르면, 이스라엘이 경제 안정을 달성하고 주변 지역을 군사적으로 지배하기 위해서는 서방과 유기적인 연계를 맺을 필요가 있었다.

1950년대 초에 중동에서 격변기가 시작됐고 이는 이스라엘의 효용성을 서방에 입증할 기회가 됐다.

1951년에 무함마드 모사데크가 이끄는 부르주아 민족주의 정부가 이란에서 집권했다. 이 정부는 이란의 석유 자원을 국유화하겠다는 공약을 내걸었다. 그들이 앵글로이라니언오일컴퍼니를 이란에서 내쫓은 것은 "영국의 위신에 결정타"를 먹였다.[17] 값싼 석유를 거의 무제한으로 쓰던 영국은 40년 만에 처음으로 그럴 수 없게 됐다. 앵글로이라니언오일컴퍼니("해외에서 가장 큰 영국 기업"[18])는 가동이 중단됐다. 미국은 영국의 곤경을 자국에 유리하게 이용할 수 있다고 생각했다. 그럼에도 미국은 페르시아만 건너편[에 있는 사우디아라비아]에 있는 미국의 석유 회사에도 비슷한 사태가 일어날까 봐 간담이 서늘해졌다. 국유화의 함의가 분명히 드러나자 서방 자본들은 일종의 공포감에 사로잡혔다. 이스라엘의 지도자들은 자신에게 찾아온 기회를 재빨리 붙잡았다. 이란 사태가 절정에 이르렀을 때 신문 〈하아레츠〉(정부와 긴밀하게 연결돼 있었다)는 이스라엘과 서방의 협력을 희망한다고 토로했다.

> 서방은 중동의 국가들과 그다지 좋은 관계가 아니다. 중동의 봉건적 정권들은 민족주의 운동에 크게 양보해야 한다. 그런 민족주의 운동은 가끔은 사회주의·좌파적 색채를 뚜렷하게 드러낸다. 그래서 자신들의

천연자원과 군사기지를 영국과 미국에 제공하는 것을 점점 더 망설이게 된다. … 그러므로 이스라엘의 힘을 키워 주는 것은 서방 열강이 중동에서 균형과 안정을 유지하는 데 도움이 된다. 이스라엘은 경비견이 될 수 있다. 아랍 국가들이 미국과 영국의 기대를 명백히 거스를 때 이스라엘이 아랍 국가들에게 공격적인 정책을 취할 것임은 조금도 의심할 필요가 없다. 그러나 어떤 이유로 서방 열강이 직접 처리하기는 곤란한 일이 있을 때, 서방에 대한 무례함이 도를 지나친 이웃 나라 한둘을 처벌하는 데 이스라엘을 이용할 수 있을 것이다.[19]

시온주의 운동은 그렇게 노골적으로 말한 적이 거의 없었다. 자신들의 국가를 수립하면서 자신감을 얻어 시온주의 운동은 더 대담해졌다. 그런 자기 확신은 몇 달 안에 중동에서 더 커다란 격변이 일어나자 더욱 강화됐다.

1952년 7월에 이집트에서는 가말 압델 나세르와 자유장교단이 군사 쿠데타를 벌여 집권했다. 새 정부의 정치적 성향은 처음에는 불분명했지만, 머지않아 영국의 점령군을 쫓아내고 '아랍 사회주의' 개혁 강령을 채택했다. 서방은 아랍 세계에서 주요 기반을 잃을까 봐 두려워했다. 수에즈운하 통제권도 마찬가지였다.[20]

이런 상황에서 이스라엘은 서서히 서방의 핵심 관심사로 떠올랐다. 이스라엘에 대한 미국의 원조는 증가했다. 1951년에 이스라엘은 단지 10만 달러의 보조금을 받았는데 이집트에서 쿠데타가 일어난 그다음 해에 보조금은 8640만 달러로 치솟았다.[21]

그러나 이스라엘은 아직도 그 지역에서 경비견이 될 수 있음을 미국에게 확신시키지 못했다. 미국 정부는 반反소련 군사협정 체결을 선호했다. 이 협정에 끌어들인 국가들을 전략적으로 배치해 소련의 팽창 의도에 대항하려는 생각이었다. 1954년에 미국은 '북부 지대' 국가들(소련과 국경을 맞대고 있는 국가들)을 연결하는 조약 체결을 주도했고, [그 결과] 파키스탄과 터키가 상호 협력 협정에 서명했다. [마찬가지로] 1955년에 터키와 이라크가 바그다드 조약을 체결했고 나중에 영국, 파키스탄, 이란이 여기에 가세했다.[22] 이스라엘은 여기에 초대받지 못했다.

그러나 이스라엘은 여전히 군사적 역량을 입증하고 싶어 안달이었고 1956년의 수에즈 위기에서 기회를 찾아냈다. 이집트가 수에즈 운하를 국유화하겠다고 했고, 유럽은 격렬히 반발했다. 영국 총리 앤서니 이든은 새로운 아랍 혁명이 일어나 "이집트가 주도하고 소련이 관리하는 통일된 아라비아가 석유 자원을 통제할 것"이라고 두려움을 피력했다.[23] 이스라엘은 영국과 프랑스를 설득해 공동 군사작전에 끌어들일 수 있었다. 이스라엘군은 재빨리 시나이반도와 가자를 침공해 이집트 군대를 물리쳤다. 영국과 프랑스의 폭격기는 이집트의 도시들을 폭격했고 공수부대는 수에즈운하를 장악했다.

미국은 이것이 너무 지나치다고 생각했다. 이 모든 일이 아랍 국가들에 대한 도발이며 민족주의 운동을 자극할 수 있다고 여긴 것이다. 게다가 중동에서 자국의 영향력을 축소시킬 수도 있기 때문에 이런 사태 전개가 당혹스러웠다. 미국은 세 침략국을 설득해 철수하게 만들었다. 영국과 프랑스는 모양이 빠지게 됐지만 이스라엘의 몸값은 올라갔다. 이스라엘은 원하던 것을 모두 얻지는 못했지만 아랍 군대를 물리칠 수 있다는 것을 다시 보여 줬다. 서방으로부터 더 독자적으로 행동하려는 국가의 '무례함'을 처벌한 것이다.

이스라엘군 총사령관 모셰 다얀은 나중에 수에즈 위기의 결과를 다음과 같이 요약했다. "이스라엘이 바다에서 자국의 권리를, 육지에서 자국의 안전을 지키기 위해 언제라도 칼을 뽑을 만반의 준비가 돼 있으며 이집트군을 물리칠 능력이 있다는 사실 때문에 아랍의 지배자들은 겁을 먹고 그 뒤 몇 년 동안 죽어지내야 했다."[24]

수에즈 위기는 시온주의 자체의 동학이 어떤 것인지도 보여 줬다. 비록 시온주의 운동이 여전히 서방 국가들과의 긴밀한 관계에 의존하긴 했지만, 단지 미국의 정책적 도구에 불과한 것은 아니었다. 사실 미국 정부는 이스라엘이 1956년에 [수에즈 위기 때] 감행한 모험을 심각한 실수라고 여겼다. 영국이 알아챘던 것처럼 시온주의는 제국주의의 산물이었고 제국주의의 보호 아래 크게 성장했다. 그렇지만 시온주의 운동은 이전 제국주의 시대의 식민지 모국에서 흔히 나타났던 것과 같은 충동을 발전시켰다. 더 넓은 영토, 더 커다란 지역적 통제력, 그 동맹국들이 적당하다고 여기는 수준보다 더 큰 독립성을 추구했던 것이다.

민족주의에 맞선 방파제

미국 등 서방은 이제 아랍 민족주의의 성장(수에즈 위기로 대중의 지지를 받았다)과 그 지역에서 소련이 거둔 성공을 경계했다. 1955년에 이집트는 체코슬로바키아와 무기 협정을 체결함으로써 아랍 국가들에 대한 서방의 무기 공급 독점을 깨뜨렸다. 수에즈 위기 이후 이집트는 소련에 접근해 잇달아 경제적·군사적 협정을 체결했다. 미국은 아이젠하워 독트린으로 대응했다. 미국 대통령은 소련이 중동에 개입하면 미국은 무력을 써서라도 대응할 것이라고 선언했다. 이스라엘은 이제 미국에게 무기를 달라고 강력하게 촉구했고 미국은 무기를 직접 공급하는 데는 동의하지 않았지만 영국과 프랑스가 이스라엘에 무기를 판매하는 것을 허용했다. 1959년에 미국은 처음으로 이스라엘에 군사용 차관을 제공했다.

중동에서 미국의 새로운 전략은 곧 시험대에 올랐다. 1958년에 이집트와 시리아는 아랍연합공화국을 결성해 나세르가 바라던 '범아랍연합'을 향한 최초의 움직임을 보여 줬다.[25] 몇 달 뒤에 이라크의 민족주의 정권이 친영국적인 왕정을 타도했다. 바로 그때 레바논의 무슬림 아랍 민족주의자들은 우파적이고 친서방적인 기독교인 대통령 카밀 샤문에 대항하는 투쟁을 이끌었다.[26] 예상했던 대로 민족주의의 물결이 중동을 소용돌이로 몰아넣는 것처럼 보였다.

미국은 이제 모든 민족주의 운동의 신선 뒤에는 소련 정부의 손이 숨어 있다고 봤다. 무엇보다도 걸프의 유전 지대를 빼앗길까 우려한 미국은 1만 4000명 규모의 해병대를 보내 레바논을 침공하고 핵 경계 경보를 발령했으며, 대규모 공습을 감행해 그 지역 전역에 개입할 준비를 했다. 미군 정보장교 중 한 명이었던 조지프 처바에 따르면,

[이라크의 — 지은이] 전광석화 같은 쿠데타는 이집트와 소련의 음모로

서 요르단의 쿠데타에 견줄 만한 위협의 시작이고 그 결과 소련이 중동을 지배하게 될 것이라고 보는 관측이 적지 않았다. 아이젠하워 독트린을 인용하면서 레바논[의 대통령 샤문 — 지은이]은 미국의 개입을 요청했다. 그래서 지역의 균형을 유지하기 위해 미국의 해병대가 처음으로 베이루트 해안에 상륙했고, 아무런 방해도 받지 않았다. 동시에 [태평양의 — 지은이] 오키나와에서 출발한 해병대 전투부대가 페르시아만으로 이동했다. 독일 공수부대와 미국의 혼합공습부대CASF가 터키의 아다나에 도착했다. 전략공군사령부는 경계 수위를 높였고 제6함대가 지중해 동부로 몰려들었다. 이와 함께 터키 군대가 이라크와의 접경지대로 집중하기 시작했고 이틀 뒤인 7월 17일에 영국의 공수부대가 요르단 국왕 후세인의 요청에 따라 요르단에 도착했다.[27]

그런 개입은 레바논에서 민족주의 운동의 전진을 막는 데 성공했고, 미국과 영국은 비슷한 작전을 이라크에서도 벌일까 고려하고 있었다. 하지만 그들은 또 다른 침공을 감행하지는 못했다. 훨씬 더 높은 수준의 개입이 오히려 민족주의자들과 소련에 도움이 될 것이라는 두려움이 반영된 결과였다. 미국의 냉전 전략가 중 한 명인 처바는 나중에 다음과 같이 선언했다. "아랍인들을 반공 진영으로 결속하려던 미국의 노력은 이라크 왕정 타도와 함께 끝장났다."[28]

미국의 전략은 이제 또 다른 변화를 겪고 있었다. 아랍에서 초강대국 간의 경쟁은 각자 우호국들을 이용해 떠받치는 경제적 경쟁의 형태로 전개될 것이었다. 처바의 말을 빌리면, "교전 수칙은 이제 무역 기구, 경제적·군사적 원조, 제한적 개입, 대리전 등을 통해 적의 기반을 잠식하는 간접적인 전략으로 바뀌었다."[29]

더 폭넓은 구실을 하려는 이스라엘의 야망은 이런 전략에 딱 들어맞았다. 이스라엘의 지도자들은 자국의 군사력이 성장한 것을 보여 주고 싶어 안달이 난 이스라엘이 서방의 대리인으로서 아랍 민족주의 정권들에 제동을 거는 구실을 할 것이라고 기대했다. 이스라엘의 구실에 관한 통찰력 있는 평가에는 다음과 같은 내용이 있다.

> 1960년대에 이스라엘은 이집트가 아라비아반도와 페르시아만에서 나세르 대통령의 팽창주의를 추구할 역량을 축소시켰다. 위협을 느낀 아랍의 일부 국가와 이란의 샤는 이 사실을 깨닫고 속으로는 중동에서 아랍 급진주의의 팽창을 억제하는 데 이스라엘이 믿을 만한 동맹국이라고 여겼다.[30]

이 기간 동안 이스라엘은 제3세계에서 서방, 특히 미국의 영향력을 행사하는 통로 노릇을 함으로써 자국을 지지하는 서방 국가들의 대리인 구실을 어느 정도 공공연하게 했다. 아널드 리프킨은 이스라엘의 구실을 다음과 같이 정확하게 규정했다.

> 아프리카로 보내는 원조를 늘리길 원하는 자유세계[서구권] 국가는 그 원조의 일부가 이스라엘을 통해 흘러 들어가도록 했다. 왜냐하면 이스라엘은 특별한 자질이 있고 아프리카의 많은 국가들에 접근할 수 있다는 점이 입증됐기 때문이다.[31]

이스라엘의 '접근 능력'은 그 국가가 동방과 서방 어느 쪽과도 제휴하지 않고 있다는 이미지가 제3세계에 퍼져 있는 것에서 나왔다. 그런 식으로 이스라엘은 군사적·경제적 원조를 제공했고 공동으로 산업 계획을 수립했으며, 가장 중요하게는, 서방 제국주의 국가들한테서 원조를 직접 얻기는 어려운 정권들에 원조가 돌아가게 만들었다. 1960~1967년에 이스라엘은 아프리카의 15개국과 긴밀한 관계를 발전시켰다. 그중에는 미국이 전략적으로 중요하다고 여긴 콩고·가나·나이지리아·케냐 같은 나라들이 있었다.[32] 게다가 이스라엘은 남아프리카공화국과 밀접한 관계를 구축해 나중에 (아파르트헤이트 시기에) 미국의 무기가 그곳으로 들어가게 만드는 데 도움을 줬다.[33]

끝내 '경비견'이 되다

그런 구실을 수행함으로써 이스라엘이 미국에게서 얻는 경제적·군사적 원조는 꾸준히 늘어났다. 1950년대에 미국의 원조는 연평균 5450만 달러였다.[34] 1960~1966년에 이 수치는 7000만 달러까지 증가했고, 그중에서 군사적 용도의 원조가 차지하는 비율이 점점 더 커졌다.[35] 1959년에 이스라엘에 제공된 군사 차관은 40만 달러였다. 1966년에는 그 액수가 9000만 달러까지 증가했다.[36] 이스라엘은 미국이 판매하는 무기 중에 가장 뛰어난 것들을 받았다. 호크 대공미사일이 그런 사례인데, 미국이 그 지역을 '공평무사'하게 대하고 있다고 주장했던 관리들은 이 미사일이 "순수 방어용 무기"라고 설명했다.[37] 그다음에는 패튼 탱크 등 미국의 다양한 기본 장비들이 뒤따랐다. 이런 무기들에 더해 영국·프랑스·캐나다가 제공한 꽤 많은 무기까지 이스라엘은 상당량의 무기를 비축할 수 있었다.

1960년대 중반에는 이스라엘의 군사력이 인근 아랍국들의 전력

[표 2] 미국의 이스라엘 원조액(단위: 백만 달러).

연도	미국의 총 대외 원조액	미국의 대이스라엘 원조액	연도	미국의 총 대외 원조액	미국의 대이스라엘 원조액
1948년	3,017	–	1966년	6,989	126.8
1949년	8,267	–	1967년	6,440	13.1
1950년	4,850	–	1968년	6,894	76.8
1951년	4,380	0.1	1969년	6,791	121.7
1952년	3,839	86.4	1970년	6,787	71.1
1953년	6,496	73.6	1971년	8,078	600.8
1954년	5,793	74.7	1972년	9,243	404.2
1955년	4,864	52.7	1973년	9,875	467.3
1956년	5,402	50.8	1974년	8,978	2,570.7
1957년	4,976	40.9	1975년	7,239	693.1
1958년	4,832	61.2	1976년	6,413	2,229.4
1959년	4,954	50.3	1977년	7,784	1,757.0
1960년	4,804	55.7	1978년	9,014	1,811.8
1961년	4,737	48.1	1979년	13,845	4,815.1
1962년	7,034	83.9	1980년	9,694	1,811.0
1963년	7,314	76.7	1981년	10,549	2,189.0
1964년	5,215	37.0	1982년	12,076	2,219.0
1965년	5,310	61.7	1983년	12,744	2,497.5

을 합친 것보다 월등해졌다. 그러나 여전히 이스라엘의 화력은 서방에 확신을 줄 만큼 완전한 시험대를 통과하지 못했다. 그 기회는 1967년에 찾아왔다.

1960년대 중반에 예멘의 반식민지 운동은 영국에게 커다란 골칫거리였고 시리아의 바트당* 정부는 석유를 국유화했다. 서방은 더 커다란 전략적 손실을 두려워했고 이스라엘은 아랍 전역에서 소련이 위협을 가하고 있다고 묘사함으로써 그런 우려를 더욱 증폭시켰다.[38] 이스라엘에 대한 미국의 무기 공급과 군사정보 교환은 더욱 늘어났다. 이스라엘은 이제 노골적으로 이집트에 도전했고 국경 충돌이 잇달아 일어났다. 1967년에 이스라엘과 이집트가 전쟁을 향해 가자 미국은 이스라엘이 자국의 정보 수집 기구를 마음대로 이용할 수 있게 했다.

미국 외교관 데이비드 네스에 따르면,

> 1967년 6월의 교전 행위가 일어나기 몇 달 전에 미국 정부가 중동의 미 대사관, 중앙정보국 지부, 군 정보 요원들한테서 얻은 군사정보는 거의 대부분 이스라엘의 필요에 따른 것이었지 미국의 이익을 위한 것이 아니었다.[39]

네스는 이런 상황이 "전례 없다"고 생각했다.[40]

1967년의 '6일 전쟁'은 시온주의 이스라엘이 거둔 또 하나의 압도

---

* 바트당에 대해서는 170, 171쪽 참고.

적인 승리였다. 이스라엘은 이집트·시리아·요르단 군대를 상대로 완벽하게 승리했다. 아랍 민족주의는 자존심을 구겼고 나세르는 이집트 대통령직에서 사퇴하기까지 했다(그는 곧 사퇴를 번복했다). 서방 국가들은 이것을 고맙게 여겼다. 수에즈 위기 때와 같은 이스라엘의 [군사] 행위에 대해, 이제는 어떤 유보 조건도 붙지 않았다. 영국의 〈이코노미스트〉는 다음과 같이 주장했다. "불 속에서 꺼낸 것은 이스라엘의 밤알만은 아니었다. 그것은 영국과 미국의 밤알이기도 하다."[41] 미국에서는 〈로스앤젤레스 타임스〉가 그런 분위기를 포착했다. 전쟁 특별호에서, 미국이 할 수 없는 일을 이스라엘이 해냈다며 다음과 같이 칭찬했다.

> 베트남 전쟁과 달리, 이스라엘은 단기간에 결정적인 전투를 훌륭하게 수행했다. 베트남 전쟁과 달리 이스라엘은 미국의 여론을 분열시키지도 않았고 수많은 미국인들을 정신적인 고통에 빠뜨리지도 않았다.[42]

베트남 전쟁 때문에 미국은 중동에 효과적으로 개입할 수 없었고, 영국이나 프랑스 같은 다른 열강들은 "개입하려는 열정도 없었다"고 〈로스앤젤레스 타임스〉는 주장했다.[43] 이런 상황에서 이스라엘은 미국의 이익을 가장 잘 대변하는 듯이 보였고, 나중에 대가를 치를 수도 있는 충돌에 미국을 끌어들이지 않은 채 군사적 성공을 거뒀다.

1950년대(한편으로는 아랍의 눈치를 보면서 미국이 대외 정책을 펴 나간 시기였다)의 미국 성명서에 나타났던 애매한 논조는 이제

사라졌다. 1969년에 당시 하원의 소수파 지도자였던 (그리고 나중에 대통령이 된) 제럴드 포드는 다음과 같이 선언했다. "나는 이스라엘의 운명이 미국의 국가 안보와 직결된다고 확신한다. 그러므로 나는 미국 정부가 이스라엘을 배신하고 나일강에 빠뜨리는 것을 도저히 상상할 수도 없다."[44]

이스라엘의 이익은 이제 미국의 이익으로 여겨졌다. 이스라엘은 '경비견'이 되는 데 성공했고, 엄청나게 많은 보상을 받았다.

미국은 이스라엘이 서안, 가자, 골란 고원을 점령한 것을 승인해 줬다. 이 지역들은 1967년 전쟁에서 각각 요르단, 이집트, 시리아 등으로부터 빼앗은 것이었다. 시나이반도에, 그리고 수에즈운하 근처에 이스라엘군이 주둔하는 것은 소련의 행동을 차단하는 데 유용하다고 여겨졌다. 소련의 선박이 지중해에서 수에즈운하를 통과해 인도양으로 빠져나가는 것을 이스라엘군이 막을 수 있기 때문이다. 게다가 이스라엘은 아랍 국가들로부터 소련의 군사 장비에 관한 정보를 얻어 미국에게 제공했고 소련군과 싸울 때 쓸 수 있는 전략과 전술에 관한 조언도 해 줬다.[45]

이스라엘이 미국의 대리인이 될 자격이 있는지를 시험할 또 다른 기회가 곧 찾아왔다. 1970년에 요르단의 국왕 후세인은 팔레스타인 민족운동이 자신을 타도할지도 모른다는 두려움에 사로잡혔다. 그는 미국을 통해서 미국·영국·이스라엘에 도움을 요청했다. 유럽 주둔 미군에게 경계경보가 떨어졌고 항공모함을 두 대에서 다섯 대로 늘린 지중해 함대가 레바논으로 향했다. 이스라엘과 미국은 시리아가 이전에 공언한 대로 군대를 보내 요르단의 팔레스타인인들을 도

우면 이스라엘이 "군사적으로 개입해 후세인 정권을 구출하기로" 합의했다.[46] 이스라엘의 국방부 장관 모셰 다얀은 나중에 이스라엘과 미국의 공동 행동이 요르단 정부를 보호하는 데 어떤 도움을 줬는지 다음과 같이 기록했다.

> 후세인은 미국에 도움을 요청했다. 미국은 이에 동의하고 신속하게 공군 82사단에 전면적인 경계경보를 발령함과 동시에 시리아에 경고를 보냈다. 이스라엘의 기갑부대도 전투 지역에서 가까운 북쪽 국경 지대로 이동했다. 그런 움직임을 시리아가 모를 리도 없었고, 그냥 놔둘 생각도 없었다. … 요르단 군대가 시리아 침략군을 공격해 다수의 사상자가 발생했고 시리아군은 본국으로 퇴각하지 않을 수 없었다.[47]

버나드 라이시는 다음과 같이 논평한다.

> 이스라엘은 미국이 정치적·군사적 제약 때문에 할 수 없었던 조치들을 취할 수 있었다. 그래서 미국을 대신해 후세인 국왕을 후원했다. … 워싱턴 주재 이스라엘 대사관과 백악관이 서로 긴밀하게 협력하는 등 [미국과 이스라엘은] 여러 층위, 여러 장소에서 협력을 도모했다. 이스라엘의 개입 가능성은 시리아가 요르단 영토에서 철수하는 한 요인이 됐다. 그 덕분에 후세인은 자신에 대한 위협에 효과적으로 대처할 수 있었고 자기 왕국에서 팔레스타인인의 [저항적] 구실을 끝장낼 수 있었다. 이스라엘은 자국과 미국의 이익에 모두 도움이 되는 구실을 수행했다.[48]

서방은 이제 이스라엘이 아랍에 있는 자기들의 대리인이라고 여기게 됐다. 처바와 같이 공격적인 미국의 전략가들이 보기에, 시온주의 국가 덕분에 서방은 아랍 정권들에 직접 대규모 군사개입을 하지 않고도 자기 동맹국들을 보호할 수 있었다. 처바는 다음과 같이 주장했다. "이스라엘은 국가 수립 이래로 산유국과 친서방 정권에 '피뢰침' 구실을 해 왔다. 아랍 급진주의자들의 힘과 주의를 딴 데로 빗나가게 만들었던 것이다."[49] 그 10년 전에 이런 견해는 미국 정보기관 내 소수와 이스라엘 전략가들의 의견에 불과했지만 이제는 서방 자본들 사이에서 정설이 됐다.

1960년대 말부터 이스라엘이 무기를 요청하면 미국은 무기를 대량 수출해 줬다. 군사 차관이 비약적으로 늘어났다. 1960년대에 [이스라엘이 제공받은] 군사 차관은 연평균 2200만 달러였지만 1970~1974년에는 4억 4500만 달러로 증가했다.[50] 이것은 군수조달법 덕분에 가능했는데, 그 법은 미국 대통령에게 '총액 제한 없이' 이스라엘에 군사 장비를 보낼 수 있는 권한을 부여했다. 미국의 어떤 주요 정치가는 다음과 같이 논평했다. "영국 제국이 히틀러와 가장 격렬한 전쟁을 치르고 있을 때조차도 결코 그런 백지수표는 받지 못했다."[51]

이스라엘은 최신 항공기를 포함해 가장 정교한 미국산 무기를 받기 시작했다. 북대서양조약기구NATO 회원국을 포함해 대다수 미국 동맹국들도 그런 무기를 보유하지는 못했다.[52] 미국은 핵무기를 사용하는 가장 좋은 방법에 관한 기술적·정치적 정보를 이스라엘에 제공했다. 1970년 12월에 미국의 신문 〈쥬이시 포스트〉는 다음과 같이 썼다. "6일 전쟁 전에는 인도가 다음 핵무기 보유국 대열에 들어설 것이라고 생각했던 전문가들이 이제는 이스라엘이 다음 차례가 될 것이라고 생각한다."[53]

1972년에는 이스라엘 총리 골다 메이어가 다음과 같이 말할 수 있었다. "우리는 지속적인 군사 장비 공급의 원칙, 특히 비행기 공급을 우리 두 나라의 관계에 항구적인 원칙이라고 생각할 만한 충분한 이유가 있다."[54] 1973년 10월 전쟁 직전에는 미국이 이스라엘군에게 무기를 공급하는 거의 유일한 나라가 됐다.

석유와 전쟁

미국의 전략가들은 여전히 중동을 골치 아프고 불안정한 지역이라고 여기고 있었다. 영국은 아라비아반도 서쪽 끝의 아덴에서 패배했고 무아마르 카다피가 이끄는 민족주의 정권이 리비아에서 권좌에 올랐다. 게다가 새로운 불안정 요인도 있었다. 팔레스타인인들이 정치 세력으로서 다시 등장한 것이다.

[서방의] 주요 관심사는 이런 국면이 석유에 미치는 영향이었다. 비록 미국에서 소비되는 중동산 석유는 소량이었지만, 미국의 동맹국 대다수가 걸프 지역의 석유에 의존하고 있었고, 중동에서 미국의 거대 석유 회사들은 엄청난 이윤을 얻고 있었다. 1970년에 잡지 〈비즈니스 위크〉는 다음과 같이 논평했다.

미국에서 소비되는 석유 중 중동산은 겨우 3퍼센트지만, 유럽과 극동 지역에 주둔하는 미군은 중동과 북아프리카의 석유 공급에 의존하고 있다. 그리고 석유 회사들이 해마다 중동에서 이윤을 10억 달러 이상 벌어들여 송금하는 덕에 미국의 국제수지 하락세가 완화될 수 있다. 자유세계[서구권]의 확정 원유 매장량 4800억 배럴 중에서 3330억 배럴, 즉 70퍼센트가 중동에 있다. 한편 리비아에도 350억 배럴이 매장돼 있는데, 이것은 알래스카를 포함한 미국 내 매장량 390억 배럴과 거의 맞먹는다.[55]

중동의 석유는 점점 더 중요해지고 있었다. 중동의 석유는 개발 비용이 비교적 저렴했다. 1971년에 중동의 유정에서 뽑아낸 석유는 하루 평균 4500배럴이었다. 반면에 미국에서는 평균 15배럴에 불과했다. 생산 원가는 걸프 지역에서는 배럴당 6센트였지만 미국에서는 평균 1달러 75센트였다.[56] 비용의 엄청난 차이(곧 이윤의 차이)는 부분적으로 중동의 석유가 개발하기 쉽다는 점에서 비롯했지만, 노동 비용의 차이도 반영됐다. [아랍의] 석유 노조는 1950년대에 분쇄됐고 아랍의 석유 노동자들이 받는 임금은 텍사스나 알래스카 석유 노동자들의 임금에 비하면 훨씬 적었다. 걸프의 석유 산업은 세계에서 가장 이윤이 많이 남았고 미국의 해외 소득에 가장 큰 기여를 하고 있었다.[57]

미국의 전략가들이 보기에 상황은 점점 더 복잡해지고 있었다. '급진적인' 산유국(리비아)과 걸프 지역의 국가들이 처음으로 동맹을 맺었고 1970년에는 리비아 정부가 석유수출국기구OPEC를 주도하면서 유가를 인상시키는 데 성공했다.[58] 일부 석유 회사들은 이스라엘

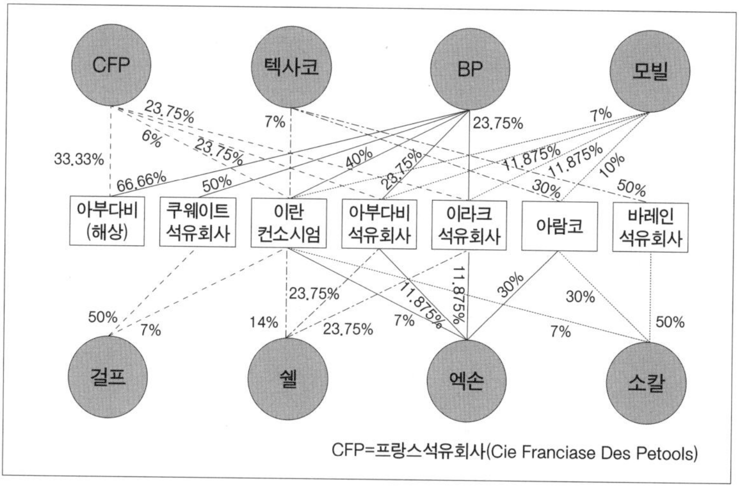

[그림 1] 1970년대 서구 석유 기업들의 중동산 석유 점유율.

에 대한 미국의 지원이 지나치게 많아서 점점 더 단호해지는 석유수출국기구 회원국들과 관계가 심각하게 손상될까 봐 걱정했다.[59]

그렇지만 미국의 전략가들은 석유에 걸린 이익을 보호하기 위해 강력한 지역 동맹국을 보유하는 것이 필수적이라고 주장했다. 이스라엘의 무장은 계속됐고 1973년에 새로운 단계에 도달했다. 1973년 10월 6일 이집트 군대가 수에즈운하를 건너 공격을 개시함으로써 이스라엘을 군사 위기로 몰아넣었다. 가장 가까운 동맹국이 위협에 직면하자 미국은 신속하게 대응했다. 10월 13일 미국 대통령 닉슨은 이스라엘을 돕기 위한 대규모 공수작전을 명령했다. 미국은 갖가지 정교한 무기를 보냈고 이는 이스라엘군이 재무장해 성공적인 반격을 하는 데 충분했다. 또, 22억 달러 상당의 군수품 공급 협정을 체결해 이스라엘에 필요한 모든 필수품을 공급했다.[60]

이스라엘은 1973년 전쟁으로 흔들리긴 했지만 미국의 지원에 힘입어 더욱 강력해졌고 중동 지역에서 미국의 '평화' 계획에 주요 구실을 할 준비를 갖췄다. 헨리 키신저가 입안한 이런 전략은 이스라엘을 중동에서 초강국으로 만들고 아랍 국가들을 고립시켜 그들로 하여금 이스라엘과의 평화 협상 테이블에 나오도록 강요하려는 것이었다. 1973년 전쟁 이후 몇 년 동안 이스라엘에 대한 미국의 지원은 또 극적으로 늘어났다. 1973년 미국의 원조 총액은 4억 6300만 달러였다. 이듬해에는 500퍼센트로 늘어나 25억 달러가 됐고, 그중에서 15억 달러는 군사 교부금이었다. 이것은 미국이 지금껏 동맹국에 제공한 원조 가운데 단연 최대 금액이었다.[61] 라이시에 따르면,

> [1973년] 10월 전쟁으로 이스라엘이 전쟁 물자를 미국에 의존하는 시기가 시작됐다. 엄청나게 많은 현대식 첨단 무기를 이스라엘에 제공할 수 있거나 그럴 각오가 된 나라는 미국밖에 없었다.[62]

동시에 이스라엘과 미국은 무기 생산에 협력하는 협정을 체결했다. 이 협정은 이스라엘의 무기 산업에 기초를 마련했다. 그 후 10년 안에 이스라엘은 제트기, 탱크, 군함, 미사일 등 여러 종류의 무기를 생산할 수 있게 됐다.[63]

이 시기에 이루어진 미국과 이스라엘의 거래는 또다시 이스라엘의 지위를 바꿔 놓았다. 이스라엘은 중동에서 초강국이 됐을 뿐 아니라 독자적인 주요 무기 생산국으로서 세계적인 구실을 하기 시작했다. 이스라엘은 칠레, 아르헨티나, 니카라과, 온두라스, 과테말라 등 라틴아메리카에 있는 미국의 동맹국들에게 무기를 대줬고 중동

에서는 이란과 긴밀한 관계를 구축했으며 레바논에서는 신나치 성향의 팔랑헤당이 이끄는 기독교 연합과 밀접한 관계를 맺었다. 이스라엘과 남아프리카공화국의 연계는 갈수록 유익하다는 사실이 드러났다. 남아공에 대한 무기 판매는 계속 늘어나, 1980년에는 이스라엘의 무기 수출 총액 중에 35퍼센트를 차지할 정도였다.[64] 이로 말미암아 이스라엘의 지배자들은 미국을 대신해 행동하며 양국에 모두 이익을 줄 수 있다는 자신감을 더욱 굳힐 수 있었다. 한 이스라엘 장관이 선언했듯이,

> 우리는 미국인들에게 다음과 같이 말할 것이다. 우리는 무기를 직접 판매할 수 있지만 미국은 공개적으로 작전을 펼칠 수 없는 대만, 남아공, 카리브해 지역이나 … 그 밖의 지역에서 우리와 경쟁하지 말자. 우리에게 기회를 달라. 탄약과 군사 장비 판매를 우리에게 믿고 맡겨라. 이스라엘이 미국의 대리인으로 활동할 수 있게 해 달라.[65]

테헤란에서 텔아비브로

1970년대 중반은 미국의 전략가들이 보기에 더 만족스런 시기였다. 레바논에서 위협적인 격변이 일어났음에도 핵심적인 지역들은 안정된 것처럼 보였다. 이집트에서는 나세르가 죽고 사다트가 친서방 '개방' 정책을 도입했다.[66] 걸프 지역에서는 석유 생산이 꾸준히 늘고 있었고 심지어 여러 차례 유가를 인상했던, 단호한 석유수출국기구조차도 그 부작용에 시달리고 있었다. 걸프 지역의 경제 발전이

급속하게 진전되면서 미국 회사들이 주로 이득을 봤다.

미국은 그 지역에 있는 더 작은 동맹국들에 대해서는 더욱 자신감을 얻었다. 미국은 이집트에서 새로 찾아낸 동맹과 오일달러가 흘러넘치는 걸프 지역의 정권들과 가장 중요하게는 무함마드 리자 샤 팔레비 치하의 오랜 동맹 이란에 기꺼이 무기를 공급했다. 1970년대 중반에 이란에 대한 무기 판매는 천문학적으로 급증했다. 1970년에 무기 판매액은 총 1억 1300만 달러였는데 1977년에는 58억 달러로 급증했다.[67] 미국은 이란을 '제2의 이스라엘', 즉 시온주의가 지중해 동부 지역을 단속했던 것과 마찬가지로 중동의 동쪽 지역을 단속할 수 있는 걸프의 경비견으로 키우기 위해 이란을 지원하고 있었다. 그러나 몇 년 뒤 팔레비 왕조가 무너지기 시작했고 1979년에는 끝장나 버렸다.

미국의 전략가들은 겁에 질렸다. 그들의 첫 번째 대응은 이스라엘에 대한 지원을 다시 강조하는 것이었다. 이란 왕조가 몰락하고 나서 몇 달 뒤에 로널드 레이건은 〈워싱턴 포스트〉에 다음과 같이 말했다.

> 이스라엘이 제공하는 정치적·군사적 자산이 없다면 우리 자신의 지위가 더 흔들릴 것이다. … 이란의 몰락[원문 그대로다 — 지은이]은 이스라엘의 가치를 높여 줬다. 이스라엘은 아마도 미국이 중동에서는 진정으로 의지할 수 있는, 유일하게 남은 전략적 자산일 것이다.[68]

이스라엘에 대한 [미국의] 군사 보조금은 1970년대 중반에는 5억 달러 수준을 유지했는데, 1979년에는 27억 달러로 치솟았다. 원조 총액은 1978년 18억 달러에서 이듬해에는 48억 달러로 늘어났다. 모든 원조는 현금 직접 이전 형태로 이뤄졌고 어떤 조건도 붙지 않았다. 이는 미국의 지원을 받는 다른 모든 나라와 달랐다.[69] 1979년에 이스라엘로 들어간 48억 달러 가운데 군사 교부금과 차관이 40억 달러나 됐다. 이스라엘은 빈틈없이 무장하고 있었다.[70]

1983년 미국 정부의 자체 통계도 놀랄 만한 사실을 보여 준다. 1948년 이후 미국 정부는 전 세계에 2580억 달러의 원조를 제공했다. 그중에서 250억 달러 이상(원조 총액의 거의 10퍼센트)이 이스라엘로 들어갔다.[71] 국제 시온주의 운동도 이스라엘을 지속적으로 지원했다. 이제는 미국의 직접 원조가 엄청 커져서 전 세계 시온주의 조직이 제공하는 금액이 비교적 적어 보이게 됐지만 말이다.[72] 원조의 60퍼센트 이상이 군사 교부금과 차관이었고 그 덕분에 이스라엘은 전 세계에서 가장 높은 수준의 군사력을 유지할 수 있었다.[73]

1976~1980년에 이스라엘의 1인당 군비 지출은 연평균 1223달러였다.[74] 이것은 소련의 거의 두 배였고 미국의 두 배 이상이며 영국의 3.5배, 이웃 나라인 이집트보다 25배나 많은 금액이었다.[75]

레바논 이후

1980년대 초에는 미국과 이스라엘의 중동 정책이 거의 구분되지 않았다. 1982년의 전격전에 가까운 레바논 침공은 이스라엘에서도 대규모 항의 시위를 불러일으켰는데, 그래도 미국 정부는 흔들리지 않았다. 이스라엘의 군사 문제 전문 기자인 제프 시프와 에후드 야

아리에 따르면, 이스라엘이 시리아와의 충돌을 무릅쓰고 레바논에 쳐들어가 팔레스타인 게릴라 부대를 파괴하려고 한다는 소식에 미국 정부는 그다지 신경 쓰지 않았다고 한다. 이스라엘 정부는 이것을 승인의 뜻으로 여겼다.[76] 사실, 시리아가 레바논에서 패배하고 팔레스타인의 운동이 더욱 주변화되면 미국으로서는 좋은 일이었다.[77]

사브라·샤틸라 난민촌에서 팔레스타인인들이 대량 학살된 뒤에야 미국에서 우려의 목소리가 나오기 시작했다. 그러자 미군이 레바논의 정치적 상황을 '진정시키고' 국가기구 재건을 돕는다는 미명 아래 레바논으로 들어갔다. 사실상 미군 주둔은 이스라엘이 레바논의 대부분을 점령한 것을 정당화하는 데 도움이 됐다. 1984년 2월에 북대서양조약기구 회원국이자 미국의 동맹인 이탈리아의 대통령 산드로 페르티니가 미국과 이스라엘의 철수를 요구했다. 그는 다음과 같이 말했다.

> 미 해병대는 이스라엘 정책의 볼모가 됐다. 미국이 유엔 결의안 508호와 509호에* 따라 이스라엘을 철수시킬 정치적 의사가 있다면 해병대는 결코 필요하지 않을 것이다. … 솔직하게 말해 보자. 미국이 레바논에 남아 있는 이유는 평화가 아니라 이스라엘을 보호하기 위해서다.[78]

미국이 결국 철수한 것은 레바논 게릴라의 대규모 폭격으로 사상

---

* 유엔 결의안 508, 509호 이스라엘이 레바논에서 빚고 있는 충돌을 멈추고 철수할 것을 요구했다.

자가 발생했기 때문이었다. 베트남 전쟁의 유령이 되살아나고 있었다. 해병대는 철수했고 레바논은 또다시 이스라엘의 두통거리가 됐다.

레바논 사태는 이스라엘이 독자적인 행동을 벌일 태세가 어느 정도나 되는지 보여 줬다. 레바논 침공은 중동에서 미국의 전반적인 외교정책의 필요에 완전히 부합했지만 그렇다고 해서 미국 정부에 이득을 안겨 주기 위해 계획된 것은 아니었다. 1956년의 수에즈 침공 당시 어려움을 겪은 뒤에 이스라엘은 미국과의 관계를 훼손하지 않으려고 조심했다. 그러나 중동에서 [수에즈 침공으로] 거침없는 공격을 감행하고 나서 25년이 흐른 1982년에 이스라엘 지배자들은 자신감이 넘쳐흘렀다. 미국은 중동에서 경비견을 찾아내는 데는 성공했지만 그 경비견은 목줄을 끊어 버릴 위험이 있었다.

그 결과 미국에서는 소수의 '친아랍' 로비스트들의 힘이 커지고 있었다. 이들은 점차 이스라엘의 행동이 아랍 세계, 특히 걸프 지역에서 미국의 경제적 이익을 위협하고 있다고 봤다.[79]

그러나 이스라엘에 대한 재정적·군사적 지원은 영향을 받지 않았다. 1983년에 미국 정부의 재정지출을 감독하는 회계감사원은 미국의 이스라엘 원조에 관한 보고서를 발간했다. 여기에는 미국의 원조, 특히 비군사적 지원이 계속돼야 한다는 내용이 들어 있었다.[80] 그래서 미국의 원조는 다시 늘어났다. 미국에 대한 이스라엘의 부채는 미국대외군사판매 프로그램에 따라 누적돼 왔는데, 1983년에 부채의 상당 부분이 교부금으로 소급 처리됐으며 그해에 생긴 부채의 거의 절반에 해당하는 17억 달러가 그냥 '탕감됐다.'[81]

1980년대 중반에 원조 액수는 믿을 수 없는 수준이었다. 1985년에 이스라엘은 1982년보다 30퍼센트나 많은 39억 달러의 교부금을 받았다. 〈크리스천 사이언스 모니터〉의 계산에 따르면, 미국의 모든 4인 가구가 연평균 50달러씩 세금을 통해 시온주의 이스라엘에 기부하고 있는 셈이었다. 미국의 인구는 2억 5000만 명 이상이었고 이스라엘의 인구는 아랍인을 포함해 400만 명에 불과했다.[82]

그런 거액의 지원은 이스라엘을 외부의 위협에서 살아남게 하려는 미국의 보증수표였다. 이스라엘의 생존을 보증하는 또 하나의 힘은 점령지에서 이스라엘의 지배에 문제를 제기하는 사람들을 공격할 수 있는 능력이었다. 서안과 가자를 점령한 1967년 이후 이스라엘은 팔레스타인인에게 자신의 뜻을 강요할 수 있는 새로운 수단을 얻었다. 그 뒤 20년 동안 이스라엘은 엄청나게 우월한 군사력을 이용해 점령지에서 저항운동을 탄압할 수 있었다. 미국은 이스라엘에게 아랍 세계를 지배할 수 있는 군사적 수단을 줬다. 미국은 또한 100만 명 이상의 점령지 주민들이 이스라엘의 지배를 받아들여야만 하는 구조도 만들어 줬다.

동일한 이해관계

1967년 이후 미국은 이스라엘을 무비판적으로 지지했다. 침략, 점령, 학살, 반복되는 전쟁 등 시온주의 이스라엘이 한 일 중에 그 관계에 문제가 된 것은 하나도 없었다. 심지어 1982년에 레바논을 침공했을 때나 팔레스타인의 인티파다가 절정에 이르러 이스라엘이 지독하게 탄압할 때조차도 미국의 원조는 변함없었다. 서안과 가자에서 봉기가 일어난 지 두 달 뒤인 1988년 1월에 〈예루살렘 포스트〉는 미국이 이스라엘에 대한 어떤 경제원조도 중단하지 않았으며 계획대로 12억 달러가 그해 원조 프로그램의 일부로 미국 정부로부터 이스라엘 정부의 계좌로 입금됐다고 말했다.[83]

그런 태도는 미국의 대외 관계에서 유례가 없었다. 성장하고 있는 친아랍 로비 단체가 미국 정부에 경고를 했지만 미국 정부는 시온주의 이스라엘에 대한 지대한 영향력을 이스라엘의 정책에 압력을 넣는 데 사용할 생각이 없었다. 30년 동안 미국 정부는 심지어 가장 가까운 동맹국에서조차 해외 원조를 위협 수단으로 삼아 그들을 길들여 왔다.[84] 이스라엘은 그런 위협을 당한 적이 없었고, 여전히 미국의 중동 정책에서 중추적인 존재였다. 라이시는 이스라엘이 미국의 중동 정책에서 차지하는 위치를 다음과 같이 요약했다.

> 우선순위에 대해서는 논쟁의 여지가 있긴 하지만, 중동에서 미국의 이해관계와 관심사의 목록이 다음과 같다는 데는 상당한 합의가 이뤄졌다. 소련의 지배(와 중동에서 소련의 힘과 영향력 증대)를 막는 것, 합리적인 가격으로 석유가 공급되도록 하는 것(특히 미국의 우방국과 동맹국에), 중동 국가들이 석유를 팔아 모은 오일달러를 순환시키기 위해 중동 시장에 접근하는 것. 그 중심에는 이스라엘의 안보와 번영이 놓여 있다는 것. … 이스라엘이 미국의 중요한 이익이며 중동의 다른 어떤 국가도 이스라엘을 대체할 수 없다는 것에 대해서는 일반적인 합의가 이뤄졌다.[85]

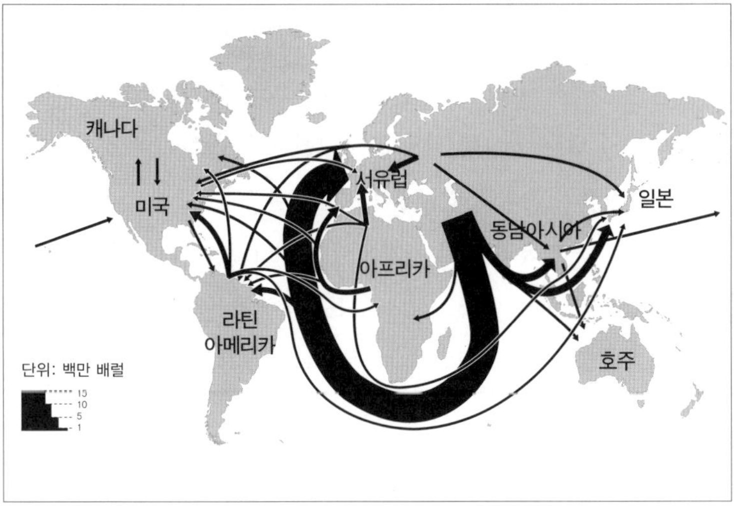

[그림 2] 1981년의 석유 이동.

이런 견해에 따르면 미국은 이스라엘에 투자되는 돈을 일일이 따질 필요가 없다. 중동의 다른 어떤 국가도 시온주의 이스라엘이 하는 구실을 대신할 수 없다. 반半봉건적 지배 집단과 군사독재가 중동의 대다수 국가를 지배하고 있는데, 이스라엘은 그중에서 안정적인 기둥 노릇을 하고 있다. 아랍의 정권들이 서방과의 관계를 위협하는 아래로부터의 운동에 시달리는 한, 이스라엘은 미국의 전략적 핵심으로 남아 있을 것이며 미국은 동맹국 이스라엘이 위협받는 것을 좌시하지 않을 것이다. 시온주의 국가에 대한 실질적인 도전은 다른 동맹국들과의 관계를 시험대에 오르게 만들 것이기 때문이다.

더 공격적인 냉전 전략가들이 보기에 이스라엘은 미국의 일부가 됐다. 이스라엘은 멀리 떨어진 적대 지역에 있는 서방의 연장 부분이었다. 처바는 다음과 같이 주장했다.

이런 세계 구조 속에서 이스라엘이 하는 구실은 단순하다. 그 구실은 이스라엘 사회의 독특한 성격, 그리고 이스라엘과 미국의 특별한 연계에서 비롯한다. 이 연계는 온갖 정치적·경제적 변화가 벌어지더라도 '유기적'인 것으로 여겨진다. 이스라엘이 서유럽과 일본 사이의 전 지역에서 유일하게 확실한 병참기지 노릇을 하는 한, 그 접근점 구실 때문에 이스라엘은 서방의 안보 구조를 굳건하게 유지하는 데 없어서는 안 되는 존재다. 이런 관점에서 보면 미국이 강력한 이스라엘을 지지하는 것은 '국익'의 차원에서 완전히 정당하다. 이 전제는 미국이 완전한 고립주의를 취하지만 않는다면 모든 상황에서 타당하다.[86]

중동의 광물자원이 계속 서방 제국주의의 관심을 끄는 한, 이스라엘은 미국의 중동 전략에서 핵심적인 요소로 남아 있을 것이며 미국의 동맹국들로 이뤄진 세계적 연결망 속에서 중요한 구실을 할 것이다. 이스라엘이 '경비견' 구실을 계속한다면 미래는 보장된다.

제국주의의 산물인 시온주의 이스라엘은 제국주의가 유지시키고 강화해 줬으며 제국주의의 전략적 계획 속에 필수적 일부가 됐다. 중동에서 변화를 추구하려면 바로 이 사실과 대결해야 한다. 이스라엘 국가에 도전하려면 제국주의와 대결해야 한다.

6장

팔레스타인인 디아스포라

팔레스타인 민족주의는 팔레스타인 아랍인 사회와 제국주의 간의 직접적인 충돌, 즉 영국과 시온주의 운동에 대항하는 투쟁의 산물이었다. 1948년 이후 그것은 매우 다른 경험, 즉 팔레스타인인 디아스포라* 안에서의 생활에 큰 영향을 받았다. 이 새로운 팔레스타인 민족주의는 아랍 자본과 충돌한 결과로 생겨났다.

1948년에 시온주의 군사 활동 때문에 팔레스타인인은 각지로 흩어졌다. 시온주의 민병대는 약 130만 명이었던 팔레스타인 아랍인[1] 중에서 거의 100만 명을 고향에서 쫓아냈다. 그들은 대부분 서안과 가자, 그리고 인근 아랍 나라(레바논·시리아·요르단·이집트)로 도망쳤다. 1952년에 취합된 통계에 따르면 각지로 흩어진 난민의 수는 다음과 같다.

요르단강 서안(1948년에 요르단에 합병됨)	36만 3689명
요르단강 동안(트란스요르단)	10만 981명

---

* 디아스포라 '분산'이라는 뜻으로 세계 각지에 흩어져 살던 유대인 공동체를 일컫는 말이지만, 여기서는 팔레스타인 난민이나 난민촌을 비유한다.

가자(1948년에 이집트에 합병됨)	20만 1173명
레바논	10만 642명
시리아	8만 2701명
등록된 난민 총계	**84만 9186명**

이집트와 이라크로 도망친 사람들의 수는 알려지지 않았다. 게다가 유엔의 난민 구호 기구인 유엔팔레스타인난민구호사업기구UNRWA에 등록하지 않은 사람도 많다.[2] 시온주의자들이 점령한 지역에도 약 6만 명이 남아 있었다.

1950년대 초에 팔레스타인 인구는 약 140만 명이었는데, 그중 거의 100만 명이 자기 집에서 쫓겨난 상태였다.[3] 난민들은 주로 인접한 나라에 있는 80개 이상의 난민촌에 거주했다. 거기서 그들은 유엔팔레스타인난민구호사업기구가 제공하는 식량과 피난처에 의지해 살았다. 이때 팔레스타인 문제는 복지 문제로 여겨졌고 난민들은 하나같이 빈곤에 쪼들린 대중으로 생각됐다. 특히 서방에서는 그렇게 이해되고 있었다.[4] 그러나 난민촌 주민은 대다수가 절망적인 가난을 겪었지만 디아스포라 전체로 보면 팔레스타인인도 계급으로 나뉘어 있었다. 디아스포라[의 계급 구조]는 1948년 이전 팔레스타인의 계급적 성격과 난민이 유입된 나라의 계급적 성격이 더해진 결과였다.

팔레스타인 아랍인 사회는 고도로 계층화된 사회였고 계급마다 추방의 경험에 대처하는 방식이 크게 달랐다. 지주들은 여러 재산을 갖고 있었다. 이스라엘은 거대한 토지를 몰수하고도 전혀 보상을 하지 않았다. 그래서 전 재산을 잃은 지주 가구도 많았다. 그렇지만 지주들은 대부분 이전할 수 있는 재산이 있었기 때문에 난민촌으로

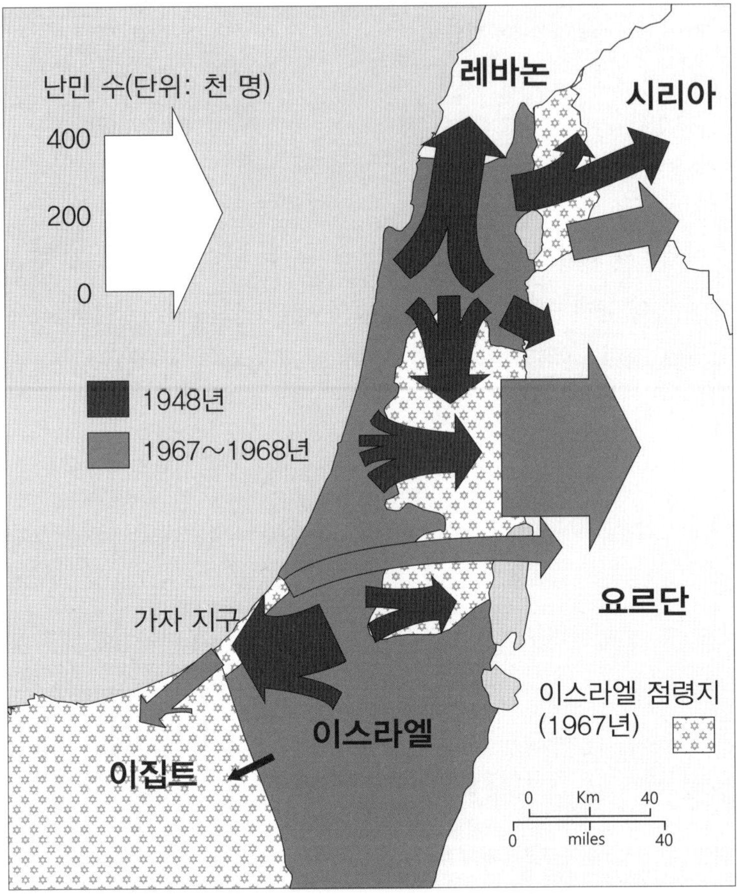

[그림 3] 1948년과 1967년 전쟁 이후 팔레스타인 난민의 이동.

는 거의 들어가지 않았다. 1948년에 요르단에 합병된 출신의 지주들은 자기 토지를 유지했고 추방으로 이득을 본 지주도 많았다. 가진 것 없는 사람들이 대거 유입돼 인건비가 떨어지자 이득을 봤고 부동산 투기 열풍 덕분에 돈을 번 것이다.[5]

부르주아지는 추방이 낳은 끔찍한 결과에 아무 영향도 받지 않았다. 팔레스타인의 상인·은행가·기업가들은 인접 나라들과의 연계가 탄탄했고 동산을 재빨리 이전했다. 1945년의 환율로 1900만 달러에 상당하는 약 4470만 팔레스타인파운드(팔레스타인 내 비유대인 자본의 약 16퍼센트)가 해외로 이전할 수 있는 자산의 형태를 띠고 있었다. 예컨대 요르단으로의 은행 송금액이 너무 많아서, 1950년대 초에 요르단의 통화 공급량이 두 배가 될 정도였다.[6] 자본 이전 능력 덕분에 팔레스타인의 기업가들은 시온주의자들의 마지막 공세가 시작되기 전에 아랍 국가들의 수도 근처에 집을 마련했고 곧 거기서 사업을 시작하기도 했다. 시온주의자들이 몰수한 은행에서 동결됐던 자본을 되찾는 데 성공한 것이 큰 도움이 됐다.[7]

1948년 이전의 팔레스타인에는 전문직 계층도 대거 등장했다. 이 새로운 프티부르주아지는 부르주아지보다 추방에 더 많은 영향을 받았고 결국 난민촌으로 들어간 사람들도 많았다. 그렇지만 대부분은 이주해 간 인접 나라에서 일자리를 찾거나 그들이 가진 기술을 필요로 하는 다른 아랍 나라들로 머지않아 옮겨 갈 수 있었다. 숙련 육체 노동자들도 난민촌에 들어왔지만 대다수는 곧 탈출구를 발견했다. 1940년대 말과 1950년대 초 그들은 걸프 지역 나라들에서 일자리를 얻었는데, 주로 석유 산업의 일자리였다.[8]

대부분의 주민들에게는 탈출구가 없었다. 유엔팔레스타인난민구호사업기구에 따르면, 등록 난민의 80퍼센트가 "농민, 미숙련 노동자와 그 가족"이었는데,[9] 그들은 난민촌 생활에서 벗어날 가망이 거의 없었다. 이웃 나라 지배자들은 다른 일에 몰두하느라 팔레스타인에서 벌어지는 충돌에 아주 심드렁했다. [1948년에] 시온주의자들이 공세를 벌이고 그 군대가 아랍인의 통제하에 있던 지역까지도 침범하고 점령하기 전까지 인근 아랍 나라 지배자들은 팔레스타인 주민들에게 아무 도움도 주지 않았다. 아비 플라스코프는 그들의 태도가 어땠는지, 그리고 그런 태도가 팔레스타인 대중에게 어떤 의미였는지 다음과 같이 정확하게 묘사했다.

> 공개·비공개 결의안이 숱하게 나왔지만, 아랍 나라들은 팔레스타인인에게 … 전쟁에서 중요한 역할을 맡기거나 팔레스타인의 정치적 운명에 관해 말할 기회를 결코 주려 하지 않았다. … 팔레스타인인들은 아랍 지배자들의 실용적 이익, 영국의 이익, 팔레스타인 내부의 분열과 약점, 전쟁의 결과에 짓눌려 분쇄될 운명이었다.[10]

아랍의 지배자들은 거의 80만 명이나 되는 팔레스타인 빈민들을 반갑지 않은 손님으로 여겼다. 각 정부의 주요 관심사는 자국 국민이 반식민지 운동과 팔레스타인 문제에 자극받아 격앙되지 않도록 단단히 제어하는 것이었다. 빈곤하고 비참해진 수많은 팔레스타인인의 존재는 위험스런 불안 요인으로 보였고 난민촌 거주자들도 그렇게 대우받았다.

팔레스타인인들은 처음부터 공식적·비공식적 차별을 받았다. 시리아에서 팔레스타인인은 시리아 국민과 동등한 권리를 인정받는다고 했지만, 현실에서는 일자리를 찾기도 어려웠고 임금과 노동조건이 언제나 시리아인보다 열악했다. 난민이 유입돼 거대한 실업 인력이 형성된 요르단에서는, 교육을 받았거나 기술을 가진 팔레스타인인은 정부 공무원이 될 수 있었지만 빈민들은 유엔팔레스타인난민구호사업기구가 제공하는 원조 외에는 소득도 직업도 없었다. 레바논에서는 차별이 공식적이었다. 팔레스타인인들은 모든 국가 공무원직과 사실상 대부분의 사기업에서 배제됐다.[11]

난민촌 거주민들은 정치적 탄압에도 시달렸다. 레바논에서는 악명 높은 '제2국'[레바논의 보안경찰]이 난민촌을 순찰했고, 요르단에서는 경찰과 군대가 난민촌을 밀착 감시했으며 불만에 찬 시위대를 무자비하게 진압했다.[12]

추방의 결과는 팔레스타인인 사이의 계급적 차이를 극명하게 보여 줬다. [같은 팔레스타인인이더라도] 자본가냐 토지 없는 농민이냐에 따라 1948년에 맞이한 운명은 사뭇 달랐다. 그 뒤로 이 차이는 경제적 차별과 정치적 억압의 불평등한 영향 때문에 더욱 첨예해졌다. 어떤 팔레스타인인도 완전한 권리를 누리지는 못했지만(시리아에서는 공식적으로는 예외였다), 자본이나 판매할 수 있는 기술을 가진 사람들은 난민촌에서 벗어날 수 있었고 최악의 차별을 피할 수 있었다. 부르주아지와 프티부르주아지는 아랍 경제권으로 급속하게 흡수됐다. 반면에 대다수 빈민들은 실업과 억압에 직면했고 그들의 미래는 분명히 절망적이었다.

새로운 부르주아지

그 뒤 20년 동안 아랍 세계의 경제 발전으로 팔레스타인인 이주 과정이 가속화했다. 이것이 바로 '제2차 디아스포라'였다. 1970년에 걸프 국가들과 리비아에 사는 팔레스타인인은 약 20만 명이었는데, 1980년에는 55만 4000명으로 늘어났다. 팔레스타인인이 가장 많이 몰린 곳은 쿠웨이트(27만 8000명)와 사우디아라비아(12만 7000명)였다. 1980년에 450만 명으로 추산된 전 세계 팔레스타인인 중에서 12.6퍼센트는 걸프와 북아프리카에서 살고 있었다.[13]

이런 이주민들은 거의 예외 없이 부르주아나 프티부르주아적인 성격을 띠고 있었다. 그렇지만 1950년대 초반 몇 년 동안 숙련 노동자와 일부 노동자들이 걸프 국가들에서 일자리를 구했다. 1953년에 사우디아라비아의 아라비아-아메리카석유회사(이하 아람코Aramco)에 고용된 팔레스타인인은 3000명이었고, 쿠웨이트와 카타르의 유전, 건설·운송 부문에서 일한 사람들도 많았다. 그들은 노동조합을 건설하는 데 중요한 구실을 했고 미국이 관리하는 아람코와 사우디에서 노동계급의 힘을 처음으로 보여 줬다. 여기에는 걸프 지역 노동계급의 급속한 성장과 팔레스타인 노동자들의 매우 정치적인 성격이 반영돼 있었다.

1953년에 팔레스타인인들은 아람코에서 중요한 파업을 지도하면서 노조 인정, 주거 환경 개선, 석유 판매 수익의 공정한 분배를 요구했다. 1만 3000명의 노동자들이 파업을 계속하자 정부는 군대를 보내 수백 명을 체포했다. 그러나 파업은 3주 동안 계속됐고 유전은 마비됐다. 비록 노조 인정을 성취하지는 못했지만 임금과 노동조건은 나아졌다. 1954년에 160명의 팔레스타인 투사들이 사우디아라비아에서 추방됐고 1955년에는 '비공인 정치 활동'을 했다는 이유로 또다시 100명이 추방됐다. 소규모 분쟁이 있었던 쿠웨이트, 바레인,

카타르에서도 [팔레스타인] 활동가들은 탄압받았다.[14]

사우디아라비아의 팔레스타인인들은 1956년에는 수에즈 침공에 항의하는 파업과 시위를 주도하기도 했다. 군대가 또다시 개입했고 많은 파업 노동자들이 체포됐으며 외국인 노동자들은 추방됐다. 그

[표 3] 1982년의 팔레스타인인 분포(단위: 명, 퍼센트).

지역	팔레스타인인 수	지역 인구 수 대비 비율	총 팔레스타인인 대비 비율
이스라엘과 점령지	1,834,800	47.0	41.2
이스라엘	550,800	14.0	–
서안	833,000	–	–
가자	451,000	–	–
요르단	1,148,334	53.3	25.8
레바논	358,207	11.5	8.0
시리아	222,525	2.5	5.0
이라크	20,604	0.2	0.5
이집트	45,605	0.1	1.0
리비아	23,759	0.7	0.5
사우디아라비아	136,779	1.6	3.0
쿠웨이트	299,710	22.0	6.7
아랍에미리트	36,504	3.5	0.8
바레인	2,100	0.6	–
카타르	24,223	9.7	0.5
오만	50,706	6.0	1.1
미국	104,856	–	2.3
기타	140,116	–	3.1
총합	4,448,838		

러자 모든 파업과 작업 중단을 금지하는 왕명이 떨어졌고 팔레스타인 노동자들은 걸프 국가들로 들어갈 수 없게 됐다.[15] 1950년대 말이 되자 자본이나 전문직 자격증을 가진 팔레스타인인만 걸프 국가로 들어갈 수 있게 됐다. 1970년대가 되어서야 팔레스타인 노동자들은 엄격한 통제 아래 다시 걸프 지역으로 들어갈 수 있게 됐다.[16]

1940년대 말부터 걸프 국가들에 자리잡은 팔레스타인인들은 주로 기업가·전문직·기술자·행정관이었다. 기업가들은 석유 덕분에 빠르게 성장하는 경제에서 한몫 잡으려 이주했고, 전문직·기술자·행정관 등은 각 나라 정권 밑에서 일했다. 팔레스타인 출신 부르주아지는 세상 물정에 밝아 쿠웨이트와 사우디아라비아 같은 국가에서 두드러진 지위를 차지할 수 있었다. 그런 나라들에서는 1970년대가 돼서야 상인 가문들의 연결망에 반대하면서 진정한 민족 부르주아 계급이 나타나기 시작했다. 팔레스타인 출신 부르주아지는 상업·건설·금융 부문에서 특히 활발했고 그중 많은 수가 1960년대에 석유 호황이 시작되자 엄청나게 부유해졌다. 팔레스타인인들에게 우호적인 어떤 언론인이 물었듯이,

> 걸프에 있는 팔레스타인 백만장자는 100명인가 아니면 300명인가? 추정치는 다양하지만, 대다수 전자 회사가 그들 소유이고, 상인, 기업가, 은행가, 세계적 자동차 딜러가 바로 그들이라는 사실은 의심의 여지가 없다.[17]

동시에 교육 수준이 높은 팔레스타인인들은 걸프 정권들에 거의

필수 불가결한 존재가 됐다. 식민 지배와 후진성에서 빠져나오고 있던 왕국과 에미리트[아랍의 족장 에미르의 관할 구역]에는 경제와 국가기구를 관리할 수 있는 전문직 계층이 존재하지 않았다. 더 발전한 아랍 국가 출신의 전문직 중에는 걸프의 황량한 도시로 자원해 가려는 사람은 거의 없었지만 팔레스타인인은 다른 대안이 거의 없었다. 팔레스타인인들은 영어를 할 줄 알았기 때문에 전에 영국의 식민지였던 곳에서 특히 적합하다고 여겨졌다.

사우디아라비아에서는 팔레스타인인들이 정부 부서 전체를 관리했고 몇 년 동안 해외의 사우디 대사관 직원으로 일했다. 쿠웨이트에서는 1982년에 전체 국가 공무원의 25퍼센트, 교사의 30퍼센트가 팔레스타인인이었다.[18] 심지어 팔레스타인인이 비교적 소규모였던 아랍에미리트에서도 전문 법조인과 언론의 상층부는 팔레스타인인이 지배했다.[19] 걸프 지역의 고용 구조에 관한 분석에 따르면, 1970년대 중반에도 "팔레스타인인을 쫓아낸다면 언론이 작동하지 않을 상황"이었다.[20]

이 새로운 프티부르주아지는 자기 손으로 사본을 축적했고, 원래는 자신의 교육 수준을 이용하기 위해 걸프로 이주했던 많은 팔레스타인인들은 그곳이나 가족들이 이주해 살고 있던 나라에서 회사를 세웠다. 이런 나라들에서도 경제가 성장하기 시작했다. 그것은 부분적으로는 석유 호황과 이주민, 특히 팔레스타인인의 자본 유입 덕분이었다.

1960년대에는 새로운 팔레스타인 자본가층이 아랍에서 나타나, 인구 수에 비해 훨씬 큰 구실을 했다. 팔레스타인인이 소유하거나 대주주로 있는 회사들은 아랍 전역에서 유명했다. 그중 일부는 가문의 이름을 딴 대기업이었다. 유수프 바이다스가 소유한 인트라은행은 레바논 최대의 금융기관이었고 런던, 파리, 뉴욕에 지점이 있었다.[21] 1930년대에 압둘하미드 슈만이 팔레스타인에서 창립한 아랍은행은 1948년에 가까스로 요르단으로 이전해 성장한 끝에 중동 최대의 금융기관 중 하나가 됐고, 유럽과 아프리카에서도 영업을 했다.

쿠웨이트에서는 알하니건설회사가 1960~1970년대의 건설 호황에 중요한 구실을 했다. '컨트랙팅 앤드 트레이딩 컴퍼니CAT'와 '컨솔리데이티드 컨트랙터스 컴퍼니CCC'도 걸프의 건설업에서 전문성을 쌓아 나중에 아프리카와 아시아에서 사업을 벌였다. 팔레스타인인들은 중동항공과 아라비아보험회사의 주요 주주이기도 했다.[22] 팔레스타인인이 관여하는 소규모 회사들은 수백 개나 됐다.

제2차 디아스포라는 팔레스타인인 내 계급 차이를 더욱 심화시켰다. 추방 뒤 20년 동안 팔레스타인 출신 부르주아지는 1948년 이전에 가지고 있던 자본을 개편하고 더욱 늘려 갔다. 그리고 프티부르주아지는 아랍 자본주의의 전반적인 성장에 성공적으로 참여했다. 팔레스타인인들 중 이런 부분들(전체 팔레스타인인의 15퍼센트쯤 된다)은 취업, 교육, 이주, 가끔은 상당한 재산으로 인해 이 지역 경제로 통합될 가능성이 있었다. 그들은 아랍 국가들의 시민권을 얻기 어려웠고, 1948년 이전에는 일부가 가졌던 정치권력도 가질 수 없었지만, 동료 팔레스타인인 대다수는 결코 영위할 수 없었던 생활을 즐길 수 있었다.

팔레스타인 출신 빈민 대다수에게는 탈출구가 없었다. 평생직장을 갖기는 어려웠고 교육은 일종의 특권이었으며 여행은 거의 불가능했다. 시온주의 세력이 팔레스타인인을 고향에서 쫓아낼 때는 무차별적이었다. 그렇지만 아랍 사회는 그들 사이에 차별을 뒀다. 팔레스타인 출신 부르주아지와 프티부르주아지는 아랍의 지배계급과 공통점이 많았다. 이와 대조적으로 팔레스타인 출신 빈민들은 그런 정권들의 피해자, 즉 아랍인 노동자나 농민과 운명을 같이했다.

1960년대에는 팔레스타인 출신 부르주아지와 난민촌 대중 사이에 거대한 격차가 생겼다. 부르주아지는 아랍 자본주의에 완전히 통합돼 그 지역의 지배계급들과 긴밀하게 제휴했고 한 가지 중요한 점에서만 차이가 있었다. 즉, 팔레스타인 출신 부르주아지는 자국의 영토에 있는 재산을 통제하지 못했고 자기 민족의 정치기구를 지향하지도 않았다. 그들은 모든 나라의 신흥 자본가계급이 만들어 내곤 하는 틀 안에서 활동하지 않았다. 요컨대 그들에게는 자기 국가가 없었다.

파타

1960년대 중반에 팔레스타인의 대중운동이 다시 나타났을 때, 그 지도자들은 추방 이후 형성된 팔레스타인 생활의 주요 특징에는 관심이 없었다. 그 특징은 부유한 소수와 난민촌의 대중 사이에 존재하는 거대한 차이였다. 새 운동의 주류는 스스로를 팔레스타인민족해방운동, 즉 파타라고 불렀다(그 조직의 완전한 명칭인 '하라카트 알타흐리르 알와타니 알필라스티니Harakat al-Tahrir al-Watani al-Filastini'의

머리글자를 딴 약칭을 거꾸로 읽은 것에서 유래했다. 파타는 '시작', '정복'이라는 뜻도 있고, 코란 48장의 제목이기도 하다).

파타는 팔레스타인인을 '해방', 즉 고향으로 돌아가는 것을 추구하는 단일한 민족 집단이라고 보고 공통의 이익을 강조했다. 파타의 메시지는 간단했다. 모든 팔레스타인인이 투쟁에 동참해 권리를 되찾아야 하고 모든 노력은 공동의 적인 시온주의를 겨냥해야 한다는 것이었다. 따라서 팔레스타인인은 공동의 운동 속에서 계급의 차이를 묻어 둬야 했다.

그 운동의 주요 과업은 이스라엘에 대항하는 '대중의 혁명적 폭력'에 착수하는 것이라고 파타는 주장했다. 그러나 그 과정에서 팔레스타인인들이 활동하고 있는 아랍 나라의 정권들에 위협이 될 만한 일은 무엇이든 피해야 한다고 주장했다. 이런 '불간섭' 원칙에 따라, 파타는 팔레스타인인 간의 계급적 차이뿐 아니라 팔레스타인인과 아랍 지배자의 차이도 묻어 둬야 한다고 주장했다. 파타는 팔레스타인을 해방시킬 수 있는 민족주의 운동을 원했다. 그렇게 되면 팔레스타인은 다시 아랍 세계로 통합될 수 있다는 것이었다. 파타는 운동을 통해 팔레스타인인들이 전통적인 민족국가를 수립하고 파타가 그 국가를 지도하기를 바랐다. 이런 맥락에서 파타는 팔레스타인 부르주아지의 이익을 보장해 주려고 노력했다.

파타는 디아스포라에서 특혜를 입은 계층 안에서 성장했기 때문에, 정치적 독립을 바라며 성장하고 있던 계급의 목표와 염원을 반영했다. 파타의 기원은 1950년대 초 이집트 카이로에서 활동한 학생 조직이었다. 그 조직원 대다수는 비교적 유복한 팔레스타인 가문의 아들들이었다. 그들 중 가장 유명한 조직원이었던 야세르 아라파트는 1948년 이전 팔레스타인에서 가장 강력한 지주 가문이었던 후세이니 가문과 연결돼 있었다.[23] 파타의 다른 초창기 조직원들은 상인과 소기업가의 아들들이었다. 그들은 거의 모두 자식에게 대학 교육을 시킬 수 있는 가문("대개는 독실한 수니파 무슬림 부르주아"[24]) 출신이었다.

파타의 창단 멤버 몇 명은 1948년 이후 몇 년 동안 이집트 영토에서 이스라엘에 대항하는 게릴라 운동을 조직했다. 그 목표는 투쟁의 수준을 끌어올려 이집트와 아랍 국가들을 전쟁에 끌어들이는 것이었다. 그런 충돌이 벌어지면 아랍인이 승리할 것이고 팔레스타인인은 다시 고향으로 돌아갈 수 있을 것이라고 그 학생들은 생각했다. 아라파트, 살라 칼라프(아부 이야드), 칼릴 알와지르(아부 지하드) 같은 미래의 팔레스타인해방기구 지도자들이 포함된 그 조직은 근본주의적인 무슬림형제단과 연계를 맺고 있었는데, 대체로 무슬림형제단의 우파에게 영향을 받았다.[25] 그런 전략은 팔레스타인인의 취약성을 반영했다. 그 학생들은 무슬림형제단의 조직원을 제외하면 팔레스타인인 중에서 계속 투쟁하려고 애쓰는 유일한 경향이었다. 팔레스타인인의 운동이 없는 상황에서 그들은 팔레스타인으로 돌아가기 위해 비팔레스타인인 세력에게 의존했다. 그러나 민족 투쟁의 성격에 관한 가정 때문에 그들은 자동적으로 아랍의 지배계급에게 의존했다.

학생들의 이런 관점은 나중에 파타의 전략에 심각한 모순으로 자리잡게 되는 일종의 이중적 사고를 드러내기도 했다. 학생들은 아랍 정권들을 의심하고 1930년대와 1948년 사태 때 아랍 정권들이 했던 [방관적] 구실을 비난하면서도,[26] 아랍의 지배자들이 아랍 민중을 대신해 팔레스타인을 되찾을 것이라며 그들에게 의존했던 것이다.

1959년에 그 학생 조직은 본부를 카이로에서 쿠웨이트로 옮겼고, 거기서 파타를 창설했다. 교육 수준이 높았던 파타의 조직원들은 걸프에서 기술로 돈을 벌었고 몇몇은 부자가 됐으며 팔레스타인인 사이에서 영향력 있는 인물이 됐다. 살라 칼라프는 다음과 같이 논평했다.

> 파타가 쿠웨이트에서 창설된 것은 우연의 일치가 아니다. 우리 중 대다수는 그 나라에서 좋은 지위를 누리고 있었다. 야세르 아라파트는 공공근로부의 촉망받는 토목 기사였고 파루크 알카두미(아부 루투프)는 공중보건부의 수뇌였으며 칼리드 알하산과 압델 알무흐신 알카탄은 정부 고위직이었고 칼릴 이브라힘 알와지르(아부 지하드)와 나는 중등학교 교사였다.[27]

사실 아라파트는 직접 도급 회사를 차려서 많은 돈을 벌었다. 파타의 또 다른 주요 인물인 칼리드 알하산은 아라파트가 계속 사업을 했더라면 억만장자가 됐을 것이라고 말한 적이 있다.[28] 칼리드 알하산 자신은 쿠웨이트의 지방자치단체장이 됐다. 걸프 지역의 정부에서 근무하는 팔레스타인인 중에서 가장 높은 자리에 오른 것이다. 살라 칼라프가 말했듯이, "다른 아랍 나라에서 살고 있는 팔레스타인인과 비교하면 우리는 특권층에 속했다."[29]

그러나 젊은 민족주의자들은 재산에 만족할 수 없었다. 모든 팔레스타인인과 마찬가지로 그들에게도 국가는 존재하지 않았다. 그들에게는 자신만의 영토도 없었고 제한적인 참정권이나마 보장해 줄 정치체제도 없었다. 칼라프는 다음과 같이 말했다.

> 비록 우리가 이런저런 아랍 국가의 문서들을 전달하러 돌아다니기는 했지만 출입국 비자를 발급받아야 했다. 비자는 좀처럼 나오지 않았고 여러 번 신청하고 많은 시간을 허비한 뒤에야 겨우 받을 수 있었다. 우리가 이집트인, 시리아인, 요르단인, 레바논인이었다면 그런 문제는 발생하지 않았을 것이다. 우리가 선택한 국가 당국은 우리를 외국인 취급했고 게다가 우리를 의심하기까지 했다.[30]

걸프 국가의 다른 팔레스타인 청년들과 마찬가지로 파타의 활동가들은 물질적으로 유복하고 야망에 찬 젊은 전문직이었지만, 사회적·정치적으로 주변화된 그들의 지위 때문에 심한 좌절감에 시달렸다. 아랍 경제의 일부가 되긴 했지만 아랍의 정치체제 언저리를 맴돌고 있다는 사실이 그들의 정치적 관점을 지배했고 팔레스타인인의 투쟁에 대한 태도를 결정했다. 쿠웨이트에서 조직이 강화되고 있던 시기에 그들은, 팔레스타인인의 해방이 민족 투쟁과 '대중의 혁명적 폭력'을 수반하겠지만 이 투쟁은 아랍 국가들의 문제에 관해서는 엄격한 불간섭 정책 속에서만 전개돼야 한다는 원칙을 제시했다.

파타의 핵심 사상으로 남아 있었던 '불간섭' 정책은 팔레스타인 출신 부르주아지와 프티부르주아지가 디아스포라에서 겪은 경험의 산물이었다. 파타의 활동 공간이었던 공동체는 그 나라 경제의 발전과 성장하는 국가기구 덕분에 존재할 수 있었다. 민족주의적 활동은 새로운 팔레스타인 공동체의 [괜찮은] 지위 때문에 가능했다. 그리고 그런 공동체는 그 나라 경제에 이해관계가 걸려 있었다. 야세르 아라파트가 나중에 썼듯이, 새 조직의 첫 번째 간행물은 자비로 만든 것이었다. 그는 자기가 "형편이 좋았기" 때문이라고 말했다.[31] 그리고 그것은 아라파트가 쿠웨이트에서 많은 돈을 번 결과였다.

아라파트와 그 동료들은 1950년대 중반에 파업을 주도했다는 이유로 쫓겨난 팔레스타인인 노동자 활동가들의 운명에는 관심이 없었다. 그들이 심취한 팔레스타인 민족주의 사상은 그들이 처음에 활동을 시작했던 국가의 안정성을 해치지 않고도 존재할 수 있었다. 모든 신세대 민족주의자들의 지침이 될 그들의 원칙은 팔레스타인 출신 부르주아지와 프티부르주아지가 아랍 자본주의에 의존하고 있다는 사실을 반영했다. 걸프 지역에서 영국의 외교관을 지낸 한 사람은 그런 상황을 다음과 같이 노골적으로 묘사했다.

> 걸프 지역에 있는 수천 명의 팔레스타인인은 [서방의] 일부 관측통에게는 경계의 대상이었다. 팔레스타인 문제에 전념하는 그들이 그 지역의 기존 체제를 불안정에 빠뜨리지 않을까 두려워한 것이다. 그러나 팔레스타인에서 추방된 대다수 사람들과 마찬가지로 그들이 걸프에 있는 이유는 돈을 벌기 위해서다. 그래서 자기들에게 돈을 지불하는 정권을 유지하고 지지하는 것이 그들에게도 이롭다.[32]

팔레스타인 민족 해방 투쟁을 주도하겠다는 파타의 결심은 그 전 세대 민족주의자들의 협조적 정치에서 거대하게 진일보한 것이었다. 그러나 그들은 이미 그 전 세대의 견해에 담긴 중요한 요소를 반복하고 있었다. 그들과 마찬가지로 파타도 제국주의 구조를 붕괴시키지 않겠다고 약속했다. 파타는 현 상태를 위협하지 않고 팔레스타인인들을 현 상태에 적응시키려고 했다.

아랍의 좌파

파타의 전략은 아랍 민족주의의 실패와 아랍 좌파의 결함에 대한 반응이기도 했다.

팔레스타인 주변의 아랍 국가 지배자들은 [팔레스타인인과] 시온주의 운동과의 충돌을 이용해 자신의 야망을 충족시키려는 냉담한 태도만 보여 줬다. 1948년 이후에 그들은 나크바(대재앙)로 혼비백산한 팔레스타인 대중에게 아무 도움도 주지 않았다. 팔레스타인인들은 새로운 억압, 즉 이민해 간 나라에서 억압에 대처하려 애써야 했다. 그러나 1950년대 초부터 아랍 민족주의의 성장으로 팔레스타인 대중은 다시 희망을 품었다.

1952년에 이집트에서 나세르가 집권했다. 그는 영국군을 쫓아내고 1956년의 수에즈 사태에서도 도전적인 태도를 보임으로써 아랍 전역에서 급속하게 인기를 얻었다. 1958년에 이라크에서 쿠데타가 일어나 캇삼 장군이 권좌에 오르고, 같은 해에 레바논에서 민족주의가 분출하며 민족주의적 경향은 더욱 확산됐다.

새로운 지배 집단들은 '혁명', '아랍의 통일', '반제국주의' 투쟁과 팔레스타인인을 위한 투쟁에 헌신하겠다고 선언했지만, 현실에서는 자기 나라에서 새로운 국가자본주의를 발전시키는 데 몰두했다. 이는 각국 국내 정치에도 갖가지 함의가 있었는데, 그중 하나는 매우 억압적인 정권을 수립하는 것이었다. 1960년대 초가 되자 팔레스타인인의 희망은 환멸로 바뀌어 있었다. 나세르는 집권한 지 10년 뒤에 팔레스타인 해방을 위한 "계획이 없다"고 선언했다.

아랍 정권들과는 다른 대안을 찾고 있던 팔레스타인인에게 이론적으로는 두 가지 선택이 있었다. 공산당과 급진 민족주의였다.

1950년대는 중동의 공산당들에게 재앙의 10년이었다. 그 전 20년 넘게 그들이 추구해 온 전략은 그 지역 노동자와 농민에게 이로운 것이 아니라 소련의 외교정책을 충족시키기 위한 것이었다. 1920년대 초에 러시아 혁명이 고립되고 소련에서 새로운 지배 관료층이 출현하자 코민테른은 빠르게 타락해 갔다. 1917년 혁명기에 사회주의자의 지침이었고 코민테른 자체의 창건 정신이었던 원칙들을 내버린 코민테른은 스탈린주의 관료의 도구로 전락했다.

스탈린주의는 '일국 사회주의' 건설을 주장했다. 그것은 사실상 소련 전역에 대한 관료적 통제 확대, 농업 강제 집산화 실행, 급속한 공업화 계획을 뜻했다. 국내외의 모든 다른 관심사는 이 우선순위에 맞춰야 했다. 던컨 핼러스가 말하듯,

> 이제[1928년에 — 지은이] 코민테른은 소련을 위해서 존재했다. 코민테른은 그것을 이끄는 관료와 이런 공업화 과정을 방어하기 위한 보조 기

구일 뿐이었다. 외부의 모든 격변, 국제 관계의 모든 혼란, 소련의 해외 무역에 불리한 결과를 가져올지도 모르는 모든 것이 … 사라졌다.[33]

코민테른의 전략은 계속해서 복잡한 우여곡절을 겪었지만, 그 핵심 관심사는 주로 외부에서 격변이 일어날 가능성을 최소화함으로써 소련 지배계급을 이롭게 하는 것이었다. 코민테른은 서방 제국주의의 모순을 심화시키는 활동을 하기는커녕 소련의 새 지배자들이 다른 나라 지배계급들과 더 좋은 관계를 맺을 수 있도록 하는 구실을 했다.

1930년대 중반에 식민지 국가들에 대한 코민테른의 견해는 '단계'론이나 계급 동맹론과 관련된 개념의 지배를 받았다. 스탈린주의자들은 유럽과 북아메리카의 선진 공업국보다 덜 발전된 나라들에서는 사회주의 혁명이 불가능하다고 잘라 말했다. 오히려 사회변혁은 '단계'적으로 전개돼야 하는데, 제국주의 열강이 지배하는 나라에서 첫째 단계는 '국내적'인 단계가 될 것이고, 그런 단계를 거친 후에야 노동계급이 사회주의 혁명의 가능성을 향해서 전진할 수 있다는 것이었다.[34]

1935년에 시리아의 공산주의자 칼리드 바크다시는 그런 관점이 아랍 세계에 어떻게 적용되는지 설명했다. 그는 코민테른 7차 대회에서 다음과 같이 말했다.

사회주의는 우리의 궁극적인 목표다. 그러나 우리가 사회주의를 위한 직접 투쟁으로 대중들을 지도하려면 선행 단계를 통과하는 데 성공해야 한다. 현재 우리는 투쟁의 첫째 단계를 밟고 있다. 그 단계는 바로 국제 제국주의에 대항하는 투쟁이다.[35]

'민주' 변혁 단계를 통과하는 데 성공하기 위해 공산주의자들은 '진보적인' 비프롤레타리아 세력들과 동맹을 맺어야 하며, 따라서 노동계급이나 농민들은 '애국적'인 부르주아지와 프티부르주아지 부류와 함께 '민중전선'을 구축해야 한다고 여겨졌다. 노동계급의 지위가 계급 '블록'의 한 구성 요소로 격하됐다.

공산주의자들의 독립적 지도와 노동계급의 구실을 축소함으로써 민중전선 전략은 마르크스주의 전통의 핵심 주장을 포기했다. 코민테른이 민족문제에 대한 입장을 바꿔서 이렇게 엄청난 대가를 치른 경우는 어디에도 없었다. 1920년에 코민테른은 레닌의 '민족·식민지 문제에 관한 테제'를 채택했었다. 이 글에서 레닌은 제국주의 열강이 지배하는 나라에서 격변이 일어날 것이라고 예상했다. 그는 공산주의 운동이 엄밀한 태도를 취해야 한다고 주장했다.

코민테른은 특정한 조건에서만 식민지와 후진국의 부르주아 민주주의적인 민족운동을 지지해야 한다. 즉, 그 나라에서 장차 프롤레타리아 정당을 구성하게 될 사람들, 이름만이 아니라 실제로 공산주의 정당을 구성할 사람들이 함께 모여 그들의 특별한 과업을 이해하도록 훈련받아야 한다는 조건이다. 그 과업이란 자기 민족 내의 부르주아 민주주의적인 운동에 대항하는 투쟁을 벌이는 것을 말한다. 코민테른은 식민지와 후진국의 부르주아 민주주의와 일시적으로 동맹을 맺기도 해야 하지만, 그것에 흡수돼서는 안 되며 어떤 상황에서도 프롤레타리아 운동의 독립성을 견지해야 한다. 그것이 아무리 맹아적인 형태의 운동이라 할지라도 말이다.[36]

1920년대 중반부터 식민지의 공산당들은 스탈린주의의 공식에 따라 민족주의 운동의 부르주아 지도자들을 단지 지지하기만 할 것이 아니라 그들과 제휴하고 따라서 공산당의 독립성을 포기해야 한다고 지시받았다. 그런 전략은 1925년에 중국에서 실행돼 재앙적인 결과를 낳았다.[37] 그 10년 뒤에 팔레스타인에서도 그 전략은 비슷한 결과를 낳았다. 팔레스타인공산당은 무프티를 무비판적으로 지지했는데, 무프티는 식민지 당국과의 관계 때문에 이미 당국에 완전히 타협하고 있었다. 팔레스타인공산당은 레닌의 테제에 담긴 원칙들을 어기고 민족운동의 가장 부패한 요소들 속으로 사라져 버렸다.

그 10년 뒤에 스탈린은 코민테른을 해체했다. 더는 그에게 코민테른이 필요하지 않았던 것이다. 그러나 스탈린주의적 전략은 전 세계 공산당의 정설로 여전히 남아 있었다. 1944년에 칼리드 바크다시는 아랍의 공산주의자들에게 필요한 정책을 제시하면서 다음과 같이 썼다.

우리의 요구는 민족자본과 민족 공장의 몰수가 아니며 앞으로도 아닐 것이다. 우리는 민족자본과 민족 공장 소유주에게 다음과 같이 약속한다. 우리는 그가 소유한 민족 공장을 증오하거나 시기하지 않을 것이다. 오히려 우리는 그들이 발전하고 번창하기를 바란다. 우리가 요구하는 것은 민족 노동자들의 몫을 늘리자는 것이며 정의와 민족적 연대에 기초해 노사 관계를 규제하는 민주적 노동법을 만들자는 것이다.[38]

이런 태도 때문에 중동의 공산당들은 1940년대와 1950년대 내내 노동자 운동을 발전시킬 기회들을 번번이 놓치고 말았다. 이집트는 아랍 나라들 중에서 가장 중요했다. 이집트는 가장 공업화한 나라였고 오랜 투쟁 전통이 있는 상당한 규모의 노동계급이 있는 나라였다.[39] 제2차세계대전 후에 노동계급 운동이 대규모로 다시 나타났을 때 신생 공산당은 지도력을 발휘할 기회를 발견했지만, 스탈린주의 공식에서 벗어나지 못한 나머지 전진하지 못했다. 공산당 주요 지도자의 말을 빌리면, "대중은 우리를 따를 태세였다. 그러나 우리는 그들을 어떻게 지도해야 할지 알지 못했다."[40]

1950년대 초에 이집트공산당은 서로 적대적인 몇 개의 분파로 쪼개졌다. 그 분파들은 새로 등장한 나세르 정권의 성격을 파악조차 하지 못했다.[41] 소련의 지령에 따라 재통일한 공산당은 결국 나세르를 무비판적으로 지지하는 태도를 취하다가 1959년에 사실상 활동을 중단하고 말았다. 공산당은 완전히 잘못된 스탈린주의적 견해를 받아들인 나머지 이집트의 강제수용소에 갇혀 있는 당원들에게 "우리가 집권당"이라고 말할 지경이었다.[42] 이집트공산당은 집권한 '노동계급'(나세르주의 관료층)에게는 독립적인 프롤레타리아 조직이 필요 없다는 이유로 1964년에 결국 해산했다.[43]

이라크의 경험은 훨씬 더 값비싼 대가를 치렀다. 이라크공산당은 이집트공산당보다 더 강력했고 1950년대 말에는 성장하는 노동자 운동 안에서 괜찮은 상태에 있었다. 1959년에 대다수 당원들은 캇삼 정부하의 민족주의자들과 함께 집권할 수 있을 것이라고 기대하고 있었다. 그러나 지배계급의 '진보적인' 부문과 협력하라는 소련의 지시를 따르느라 기회를 놓치고 말았다.[44] 몇 달이 채 안 돼 공산당은 탄압받았고 4년 뒤에는 바트당 정권이 저지른 대학살에서 수천 명의 공산당원이 희생됐다.[45]

아랍의 두 주요 나라에서 좌파는 민족주의에 투항했다. 다른 나라의 좌파도 똑같은 결과를 낳을 전략들을 추구했다. 예컨대 레바논에서는 공산당을 이끄는 스탈린주의자들이 극우파 팔랑헤당을 창설한 피에르 제마엘 같은 인물이 '진보적'이라고 보고 그의 환심을 사려고 애썼다.[46] 한편 아랍의 끄트머리에 있는 이란에서도 재앙이 터졌다.

[이란에서는] 1940년대 내내 노동자 운동이 서방의 후원을 받는 샤 왕조를 위협했다. 1951년에 무함마드 모사데크가 이끄는 민족주의자들이 집권하자* 노동자 운동은 급격하게 고조됐고 친소련 성향의 투데당만이 운동을 통제할 수 있었다. 투데당은 혁명적인 가능성을 이용하지 못했고 머지않아 이란은 다시 제국주의의 전면적인 통제를 받게 됐으며 노동자 운동은 샤의 보복에 희생됐다. 투데당은 "소극적 생존" 정책을 채택했는데, 사실상 팔레비 왕조에 도전하는 것이 불가능하다고 선언한 셈이었다.[47]

---

* 이란은 입헌군주제로 왕인 '샤'와 총리가 따로 있었다. 1951년에 무함마드 모사데크는 총리가 됐다.

1960년대에는 수많은 젊은 활동가들이 새로운 지배 집단과 협력하는 정책을 채택한 아랍의 공산당들을 불신했다. 게다가 소련공산당은 시온주의 운동에 모호한 태도를 취해 아랍의 공산당들을 타락시켰다. 소련은 1948년에 이스라엘 국가의 수립을 지지했다. 스탈린이 다른 무엇보다도 영국의 퇴각을 가장 우선시했기 때문이었다. 이것은 아랍 국가의 많은 공산당에 파괴적 영향을 미쳤다.[48]

팔레스타인인들 사이에서는 팔레스타인공산당의 평판이 나빠, 공산주의 전통이 불신을 산 면도 있다. 1930년대 민족운동에 적극적으로 가담했던 사람들은 팔레스타인공산당이 처음에는 민족운동 속으로 용해됐다가 나중에는 시온주의에 투항했던 것을 기억하고 있었다. 스탈린주의 때문에, 좌파는 팔레스타인 문제에 대한 근본적인 해결책을 찾던 사람들을 끌어당길 수 없었다.

급진 민족주의자들

이와 대조적으로 아랍의 민족주의자들은 중요한 영향을 미쳤다. 그들은 1930년대와 1940년대에 여러 아랍 나라들에서 등장하기 시작했고, 식민지 당국과 전통적인 지배계급을 대체하려 한 전문직·기술자·군인 등 새로운 프티부르주아층과 함께 성장했다. 초기의 가장 영향력 있는 사상가는 1940년에 바트('부활')당을 조직한 시리아의 미셸 아플라크였다. 그는 '아랍 조국'의 통일과 조국의 '갱신과 부활'을 부르짖었다.[49] 바트당의 슬로건은 '통일, 자유, 사회주의'와 '불멸의 사명을 띤 단일 아랍 민족'이었다. 아플라크는 '애국적 민족

주의자'를 자처하면서 "우리는 민족주의에 봉사할 사회주의를 원한다"고 주장했다.[50]

바트당은 시리아와 이라크에서 주로 학생, 기술자, 군 장교들을 끌어들였지만, 다른 아랍 나라에서는 소규모 조직이었다. 근본적으로 엘리트주의적인 바트당의 정치는 노동자와 농민들을 끌어당길 수 없었고 주로 다마스쿠스와 바그다드에서 가입한 팔레스타인인들도 대개는 학생이었다. 그러나 바트당은 아랍 전역에 영향을 미쳤다. 팔레스타인인들이 바트당을 중시한 주된 이유는 바트당이 범아랍주의의 부흥에 큰 기여를 했기 때문이다. 범아랍주의가 아랍 전역의 수많은 젊은 활동가들에게 영향을 미치고 있었다.

팔레스타인인에게 더 깊은 영향을 미친 아랍 민족주의의 두 번째 경향은 아랍민족주의운동ANM이었다. 이 조직은 팔레스타인의 유명인사가 몇 명 포함된 한 그룹이 1949년에 레바논에서 결성했다. 주요 슬로건은 '통일, 자유, 복수, 피, 강철, 불'이었다.[51] 아랍민족주의운동은 아랍의 통일이야말로 그 지역에서 으뜸가는 요구 사항이라고 보고 이를 특히 강조했다. 창립 멤버 중 한 명인 팔레스타인인 조지 하바시는 그 조직의 반마르크스주의 정서를 다음과 같이 기록했다.

> 우리는 계급투쟁의 원칙을 거부했다. 우리는 아랍 나라의 모든 계급이 전면적인 민족 투쟁에 동참할 것이라고 믿었다.[52]

아랍민족주의운동은 아랍 전역에 지부를 건설했는데, 레바논·예멘·요르단·시리아·이라크·쿠웨이트에서 가장 크게 성공했다. 그 조직은 나세르의 자유장교단이 이끄는 이집트 정부를 열광적으로 지지했다. 이집트 정부는 형식적으로나마 범아랍주의를 내세우면서 반제국주의와 친팔레스타인 입장을 선전하고 있었다. 아랍민족주의운동은 이집트가 아랍 민족주의의 이상을 가장 잘 구현하고 있다고 봤고, 나세르를 향한 지지를 높이는 활동을 하면서 1950년대와 1960년대의 대부분을 보냈다. 그들은 팔레스타인의 운명은 이집트 정부가 주창하는 통일을 아랍인들이 달성할 수 있는지에 달려 있다고 주장했다. 그 조직은 특히 레바논의 팔레스타인인 학생과 전문가들에게 상당한 영향을 미쳤다. 하지만 바트당과 마찬가지로 아랍민족주의운동도 프티부르주아 집단 수준을 넘어서기는 힘들었다.

급진 민족주의자들의 결합된 영향력은 상당했다. 그들은 아랍의 좌파 사이에서 중요한 흡인력으로 작용했다. 파타가 자신의 정치를 규정한 것도 바로 이 급진 민족주의와 관계가 있었다. 파타의 주요 사상에는 나세르, 아랍민족주의운동, 바트당의 범아랍주의에 도전하는 원칙들이 있었다. 1950년대 말에 파타는 1930년대의 팔레스타인 민족운동이 취약했던 주된 이유가 아랍의 지배자들에게 의존했기 때문이라고 규정했다. 그리고 이제는 팔레스타인인들이 스스로 해방 투쟁을 주도할 필요가 있다고 결론 내렸다. 아랍의 통일은 팔레스타인이 해방된 뒤에야 가능하며 팔레스타인인들이 건설할 운동은 아랍의 정권들과 연계(아랍민족주의운동이 이집트 정권에 대해 그랬던 것처럼)를 맺지 말아야 한다고 파타는 주장했다.

파타는 이것이 팔레스타인인의 전략에서 핵심적인 발전이라고 생각했다. 칼리드 알하산은 나중에 다음과 같이 말했다. "우리는 슬로건['아랍의 통일' — 지은이]을 뒤집었고, 이것으로 사상의 흐름을 뒤집었다."[53] 그러나 사실 파타의 전략에서 바뀐 것은 하나도 없었다. 파타는 아랍 정권들에 대한 의존에서 벗어나지 않았다. 오히려 처음부터 파타의 태도에 존재했던 분명한 모순이 더욱 심화됐다. 즉, 팔레스타인인의 투쟁은 독립적일 수도 있고, 아랍의 지배자들이 팔레스타인인들을 위해 행동에 나서도록 강제할 수도 있다는 생각의 모순 말이다.

7장

파타와 좌파

1948년에 추방된 뒤 15년 동안 많은 팔레스타인인들은 아랍 정권들의 행동에 점차 실망했다. 유엔팔레스타인난민구호사업기구의 보고에 따르면,

> 고향으로 돌아가고 싶은 그들의 열망이 강렬하고도 광범하다는 점에는 의심할 여지가 없다. … [그들은 — 지은이] 오랜 피난 생활과 해마다 확고하게 결의해 놓고도 실행하지 않는 국제사회에 대해 비통한 심정을 토로하고 있다.[1]

이런 상황에서 파타가 전진하기 시작했다. 파타는 주로 걸프 지역의 젊은 기업가와 전문가들에게 호소력이 있었고, 난민촌에서 활동가를 모집하기 시작했다. 파타가 사람들의 마음을 끌게 된 것은 슬로건의 단순함 때문이었다. '팔레스타인인들의 투쟁', '고향으로의 귀환' 같은 슬로건은 추방당한 사람들의 심금을 울렸다. 추상적인 '아랍의 단결'을 통해 '혁명'을 이룰 수 있다고 단언하는 나세르주의와 급진 민족주의와는 달리 파타는 단순하게 말했다. 파타는 '귀향'을 외쳤다.

1962년에 파타는 돌파구를 열었다. 팔레스타인을 위한 "계획이 전혀 없다"고 인정한 나세르의 발언, 9년간의 게릴라 전쟁을 통해 프랑스를 쫓아낸 알제리인의 극적인 성공은 파타의 주장이 옳음을 입증해 주는 것처럼 보였다. 활동가들이 파타로 몰려들었고, 점차 진정한 운동이 등장하는 듯 보이기 시작했다. 이런 사태 전개는 아랍 지배자들에게 큰 걱정거리를 던져 줬다. 아랍 지배자들은 중동에서 팔레스타인인들이 불안정을 초래할 수 있다는 것을 알고는 나세르의 주도하에 선수를 쳤다. 1964년에 이 정권들은 새로운 운동을 방해하는 임무를 지닌 '안전한' 팔레스타인 출신 변호사 아흐마드 슈카이리를 지도자로 하는 팔레스타인해방기구를 건설했다. 이 정권들은 팔레스타인해방기구가 팔레스타인 해방의 책임을 팔레스타인인들 자신에게 떠넘기는 데 도움이 될 뿐 아니라 새로운 운동을 통제하는 데 도움이 되기를 바랐다.

나세르의 발언은 역효과를 낳았다. 그 발언으로 팔레스타인 문제가 아랍 정치의 중심이 됐고 파타는 거대한 청중을 얻었다. 파타는 팔레스타인해방기구에 가입할지를 두고 논쟁을 벌였을 뿐 아니라 심지어 슈카이리와 협상을 하려고도 했다. 그러나 결국 파타는 독자적으로 행동하기로 했다.[2] 1965년 1월 파타는 이스라엘에 대한 최초의 게릴라 습격을 시작으로, 팔레스타인 '혁명'이라고[3] 불린 행동들을 벌였다. 주로 요르단에서 시작된 이 공격이 2년 동안 전진하자 점점 더 많은 팔레스타인인 청년들이 모여들었다.

난민촌의 분위기가 바뀌기 시작했다. 20년 만에 처음으로 팔레스타인인들이 정치적으로 활기를 얻었다. 광범한 정치적 운동이 급속하게 발전했으며, 난민촌의 대중이 이 운동에 깊숙이 참여했다. 파타는 엄청난 에너지가 표출되는 것을 도왔지만, 편협한 민족주의 전략 때문에 그 에너지를 잘못된 방향으로 이끌거나 낭비해 버렸다.

민족주의 투쟁 그리고 '불간섭'

1966~1970년에 파타는 추방된 팔레스타인인에게 활기를 불어넣은 운동을 지도했다. 파타는 민족주의 투쟁과 게릴라 전투라는 두 가지 원리에 기초한 전략을 가지고 활동했다. 그러나 이 두 가지 원리는 팔레스타인인 대다수가 직면한 문제를 해결하기에는 매우 부적절했다.

1950년대 초에 카이로에서 무장투쟁을 시도했던 [파타의 전신인 학생 조직에 속한] 학생들은 자신들의 임무가 민족주의 운동을 되살리는 것이라고 생각했다. 살라 칼라프에 따르면, 그러면서도 그들은 아랍 지배자들을 매우 의심했다.

> 예컨대, 우리는 팔레스타인인들이 아랍 정권들에 아무것도 기대할 수 없다는 확신이 있었다. 왜냐하면 그 정권들은 거의 다 부패하고 제국주의와 결탁해 있었기 때문이다. 또, 팔레스타인인들이 아랍의 정당들을 믿는 것도 잘못이라고 확신했다. 우리는 팔레스타인인들이 오로지 자신만 믿을 수 있다고 생각했다.[4]

그럼에도 학생들은 파루크가 왕으로 있는 이집트 정부에 도움을 요청했다. 파루크가 물러나자 그들은 나세르의 신정부에 로비했다. 그들은 전혀 독립적으로 행동하지 않았다. 사실은 자신들이 물리쳐야 한다고 주장했던 바로 그 정치 세력에 기대 행동하고 있었다.

10년 후에 이 조직은 아랍 정부들을 더 공개적으로 비판했지만 똑같이 의존적이었다. 파타는 이제 팔레스타인 땅을 되찾지 못한 아랍 국가들의 총체적 실패 속에서 팔레스타인인들의 자력 행동을 주장하면서 귀향을 위한 '대중투쟁'을 강조했다. 그러나 파타는 어떻게 '혁명적 폭력'으로 팔레스타인인의 권리를 되찾을지는 결코 설명하지 않았다. 몇 년 뒤 [파타의 일원] 칼리드 알하산은 파타가 팔레스타인인의 투쟁만으로 해방을 이룰 수 있다고는 믿지 않았다고 말했다.

> 우리는 팔레스타인인들과 아랍 대중의 심정을 자극하고 사로잡을 작정이었다. 우리는 어떤 아랍 지도자도 감히 팔레스타인 해방이라는 주제를 무시하지 못할 만큼 새로운 분위기를 만들 수 있을 것이라고 생각했다. … 아랍 지도자들이 자국 대중으로부터 행동하라는 압력을 받으면 우리는 그들을 대화로 끌어들이려 했다. 우리와 함께 조국의 실질적 해방을 위한 공동의 전략을 계획하자고 요구하려 했다.[5]

이처럼 파타의 전략은 변하지 않았다. 전에도 그랬듯 팔레스타인인을 지렛대로 삼아 아랍 정권들이 팔레스타인을 되찾도록 기량을 발휘하게 만들려 했다. 차이점이 있다면 아랍 지도자들을 설득하는 데 지친 파타가 이제 그들을 압박하기 위해 대중투쟁을 조직하는 데 전념한다는 것이었다. 그러나 그 정권들이 파타의 계획에서 중심이었기 때문에, 대중투쟁의 힘이 그 정권들에 맞서도록 이끌 수는 없었다. 그러므로 아랍 정권들의 내정에 간섭하지 않는다는 원칙은 어떤 희생을 치르더라도 유지해야만 했다.

칼리드 알하산은 해방 전략을 설명하면서 다음과 같이 덧붙였다.

> 그들[아랍 지배자들 — 지은이]이 우리를 거부한다면 우리는 팔레스타인 피난민이 정권과 대결하도록 이끌 것이다. 그리고 이 대결의 목적은 이스라엘과 투쟁할 정권들에 힘을 제공해 줄 진정한 아랍 혁명을 촉발하는 것이다.[6]

그러나 파타는 일찍이 아랍 정권의 효용성에 환상이 없다고 주장했었다. 아랍의 지배자들은 초기의 민족주의 운동을 고의로 방해했고, 나중에 도움을 요청했을 때는 '거절'했다. 그렇다면 왜 파타는 이스라엘에 맞서는 행동에 새로운 힘을 가져다줄 '진정한 아랍 혁명'을 주장하지 않았을까?

그 해답은 파타의 가장 기본적인 전제 조건들에 있었다. 아랍 정권에 맞서는 것은 아래로부터의 변화라는 사상, 즉 팔레스타인 대중투쟁의 방향을 완전히 재정립해 그것을 아랍의 노동자와 농민들의 투쟁과 연계하는 사상을 채택한다는 뜻이다. 물론 파타는 이것을 선택할 수는 없었다. 파타는 아랍 자본주의에 도전할 태세는 전혀 아니었다. 그들은 아랍 정권들을 무너뜨리는 것이 아니라 그들의 도움을 받아 행동하는 데 전념했다.

파타가 내세운 민족주의 투쟁 형태는 이제 이 운동의 정치에 존재하는 모순을 심화시켰다. 파타는 아랍 정권들을 위협하는 것이 아니라 그들에게 압력을 넣기 위한 대중투쟁을 주장했다. 그러나 그 정권들은 팔레스타인인의 조직을 모두 위협으로 간주해 가차 없이 탄압했다. 팔레스타인인들은 정권들의 통제를 문제 삼지 않은 채 어떻게 '대중 폭력'을 조직할 수 있을까? 파타는 이 질문에 곧바로 대답하지 않았다. 그 대신 파타는 팔레스타인인의 투쟁이 민족적 쟁점에 한정돼야 한다고 주장했다. 그리고 무엇이 '민족주의 투쟁'인지는 파타 자신이 결정했다.

파타의 목표가 곧 투쟁의 한계선을 결정했다. 궁극적으로 파타는 다른 아랍 국가들과 동등한 팔레스타인 국가를 원했다. 이것은 1960년대 초 나세르가 주창했던 것처럼 팔레스타인해방기구가 "아랍 국가들과 동등한 지위"에[7] 있어야 한다는 파타의 성명서에서 가장 분명하게 드러났다. 파타는 망명지에서 그 조직을 결성한 계급의 경제적 지위에 걸맞은 정치적 지위를 원했다. 그렇기 때문에, 그 지역의 부르주아지에 맞서는 투쟁을 벌인다는 것은 터무니없었다. 파타는 아랍 자본주의가 설정해 놓은 한계 안에 팔레스타인인들의 열망을 가두는 운동을 지도하고자 했던 것이다. 알랭 그레시는 20년 뒤에 다음과 같이 지적했다.

> 팔레스타인인의 저항은 오늘날에 이르기까지 팔레스타인의 전체 역사에서 뚜렷이 나타났던 모순에 봉착했다. 한편으로 그 저항은 아랍 국가들의 지원 없이는 승리를 바랄 수 없고 … 다른 한편으로 저항이 발전하면 그 나라들과 충돌하게 되는 모순에 빠졌다.[8]

이 '모순'은 팔레스타인인의 운동을 통째로 재앙으로 이끌었다.

'혁명적 폭력'

파타가 받아들인 두 번째 원칙은 '대중의 혁명적 폭력'이었다. 파타는 캇삼주의자들의 투쟁(투사들이 작게 무리 지어 벌이는 농촌 게릴라 전투)을 본보기로 삼았다. 이 투쟁 방식은 영국에 대항해 가장 성공적인 투쟁을 벌였던 1930년대에 개발됐다. 1950년대 초에 파타의 창립 멤버들은 아랍 국가들을 전쟁에 끌어들이기 위해 그와 비슷한 공격을 감행했다. 그로부터 몇 년 뒤에 파타는 '대중' 무장투쟁이라는 계획을 발전시켰다.

이것은 베트남과 알제리의 성공에서 영감을 얻은 '인민 전쟁'이라는 발상에서 나온 것이었다. 칼릴 알와지르는 알제리 투쟁의 영향을 다음과 같이 설명했다.

> 알제리인들이 1954년에 혁명을 시작했을 때, 겨우 수백 명의 아랍인이 2만 명의 프랑스 군인과 전투 경험이 풍부하고 잘 무장한 식민지 정착민에 맞서 싸웠다. 알제리 혁명은 인민이 전쟁 중에 스스로 조직하고 군사력을 단련할 수 있음을 우리에게 입증했다.[9]

이 사상은 무장 행동이 팔레스타인인들을 총동원하는 데 도움이 된다는 생각에 접목돼 아랍 대중을 '부추기고' 그 결과 아랍 국가들이 이스라엘에 맞서 행동하도록 압력을 가하는 듯 보였다.[10]

1964년에 파타 대표가 무기를 얻으려고 중국을 방문했다. 아라파트에 따르면, 그곳에서 팔레스타인인들은 게릴라 전투를 준비하느라 시간을 허비한다는 말을 들었다.

> 그들은 말했다. "당신들이 하겠다는 것은 허황되다. 불가능할 것이다. 해방시킬 영토에 기반이 없고, 기반을 일궈 낼 가능성도 없다. 어디에서부터 시작할 텐가? 게릴라전에 적합한 조건이 아니다."[11]

그들 자신의 경험과 알제리, 쿠바, 베트남 전쟁의 경험에 기반해 보면 중국인들이 옳았다. 게릴라 전투는 활동할 수 있는 넓은 지역, 치고 빠지는 공격에 적합한 지형, 게릴라들이 숨을 수 있는 안전한 장소, 그리고 무엇보다 게릴라들을 지원하고 보호해 줄 사람들이 필요하다. 적대적인 시온주의자들이 고국의 영토를 장악하고 있는 팔레스타인의 경우 이 조건 가운데 어느 하나도 만족시키지 못했다(게릴라 전투를 팔레스타인인이 많고 조건도 더 유리한 아랍 나라들에서 수행하는 것은 당연하게도 파타의 '불개입' 원칙에 어긋날 것이다). 어떤 단체가 1970년에 북베트남의 군사 지도자 보응우옌잡 장군과 대화하러 베트남을 방문했을 때도 똑같은 지적을 들었다. 팔레스타인인들은 이런 비판들에 답변할 수 없었을 것이다.[12]

1965년 파타가 처음으로 수행한 이스라엘에 대한 공격은 소규모 활동가들이 고립된 채로 이스라엘의 군사시설을 습격하는 것이었다. 2년 동안 그런 양상이 되풀이됐다. 그리고 나서 1967년에 파타는 처음으로 팔레스타인 영토에서 광범한 무장투쟁을 시도했다.

1967년 [이스라엘의 점령] 전쟁에서 아랍 국가들이 이스라엘에 패배한 뒤 서안과 가자에 있는 100만 명 이상의 팔레스타인인이 이스라엘의 지배를 받게 됐다. 전쟁에서 패배한 직후에 파타는 팔레스타인인의 정체성을 주장하며 '인민 전쟁'을 일으키기 위해 게릴라 수백 명을 서안으로 보냈다.

파타의 지도자들은 그 목적에 대해서는 의견이 엇갈렸던 듯하다. 살라 칼라프에 따르면,

> 우리의 목표는 그리 높지 않았다. 그리고 우리가 이스라엘의 안전을 위협할 수 있다고 생각할 만큼 결코 그렇게 순진하지도 않았다. 우리는 아랍 대중의 도덕성을 고양하고, 적을 괴롭혀서 어쩔 수 없이 적이 항상 경계 태세를 유지하게 하며, 이스라엘 경제를 혼란에 빠뜨리기를 원했다. 그런데 아랍 언론과 때로는 국제 언론도 우리의 군사작전을 침소봉대했고, 그래서 우리가 팔레스타인을 해방시킬 수 있다는 위험한 환상을 불러일으켰다.[13]

그러나 파타의 몇몇 지도자들은 중국을 본보기 삼아 장기 게릴라 전쟁을 수행하고 있다고 믿었다.

> 지금 이스라엘 지배하에 있는 팔레스타인인이 거의 100만 명이나 된다는 사실은 해방을 위한 인민 전쟁의 조건들이 무르익었음을 의미했다. 이 생각을 받아들인 사람들은 혁명적 무장투쟁에 관한 마오쩌둥의 사상을 지금 적용할 수 있다고 믿었다. 이스라엘 지배하의 100만 팔레스

> 타인인은 마오의 물고기들(여기서는 팔레스타인 게릴라)이 헤엄쳐 다닐 혁명적 바다가 될 것이다. 서안과 가자에서 억압받는 팔레스타인 대중은 단기적으로는 게릴라에게 도움과 도피처를 제공할 것이고, 장기적으로는 이스라엘에 반대해 봉기할 것이다.[14]

파타가 '장기전' 전략에 큰 기대를 품고 있었다는 점은 아라파트(이스라엘군에 거의 잡힐 뻔했다)를 포함한 다수의 지도자들이 초기 전투에 참여했다는 사실을 보면 알 수 있다. 그러나 이 전략은 처참하게 실패했다. 이스라엘 점령군은 팔레스타인인들로부터 게릴라들을 쉽게 고립시켰고 파타는 수백 명의 전투원을 잃었다. 파타는 황급히 퇴각해 이웃 나라에서 이스라엘을 공격하는 작전으로 되돌아갔다. 그러나 대중적 무장투쟁을 주장하기를 포기하지는 않았다.

이때부터 운동은 잘못된 전략에 따라 움직이게 됐는데, 그 잘못은 파타의 주요 원칙 두 가지 모두에 내재해 있었다. 한편으로, '혁명적 폭력'은 시온주의에 대항하기에 효과적이지 않았다. 다른 한편으로, 대중 동원 전략은 파타를 아랍 정권들과 더욱 대립하도록 만들었다.

급진적 비판자들

1960년대 말에 최초로 파타에 대한 분명한 비판이 새로운 팔레스타인인 운동 내에서 제기됐다. 주로 아랍민족주의운동의 옛 조직원들이 비판을 제기했는데, 이들은 1967년에 파타에서 떨어져 나와 팔레스타인해방인민전선PFLP(이하 해방인민전선)을 건설했다.[15] 부분적으로는 파타의 성공 덕분에 수년 동안 아랍 민족주의 운동에서 진행 중이던 급진화 흐름이 이 조직에 반영돼 있었다. 1967년에 이 조직은 갑자기 '마르크스-레닌주의'로 전환했다.[16]

해방인민전선과 1960년대 말에 해방인민전선에서 잇달아 떨어져 나온 세력들은 당시 세계적인 민족해방운동에서 공통으로 나타난 급진적 민족주의를 사실상 받아들였다. 또, 공산당(아랍에서 유달리 스탈린주의화된 조직)의 정치에서 발견되는 많은 사상들을 받아들였다. '대중'이라는 구호의 남용, 계급 연합 이론, '단계'론, 그리고 '사회주의' 국가들과의 밀접한 연계 필요성이 바로 그 예였다.[17]

해방인민전선과 1968년에 여기서 파생된 경향인 팔레스타인해방민주인민전선DFLP(이하 민주전선)은[18] 파타를 이끄는 프티부르주아 지도자들과 아랍 국가의 지배자들이 구분되지 않는다고 주장했다. 민주전선은 파타가 아랍 국가들한테 무기와 재정 지원을 받으려는 것(파타는 1960년대 초부터 다양한 보급원을 가지고 있었다)을 비판하면서, 파타가 "아랍 정권들의 수중에 있는 전술적 무기"가 됐다고 주장했다.[19] 또, 민주전선은 아랍 국가들의 일에 개입하지 않는 불간섭 원칙을 거부했다. 해방인민전선과 민주전선 모두 팔레스타인 민중에게 이익이 되는 쪽으로 팔레스타인인의 투쟁 방향을 전환해야 한다고 촉구했다.

두 조직의 정치 이론은 깊이는 얕았지만, 파타의 전략에 담긴 많은 모순들을 지적할 수는 있었다. 그러나 두 조직에 귀를 기울이는 사람은 적었다. 이 당시 파타는 저지할 수 없는 대상처럼 보였고, 팔레스타인인 대다수와 중동의 많은 사람들에게는 유일하게 독립적인 아랍인 세력으로 보였다. 1967년 서안에서의 패배에서 회복한 뒤 파타는 중요한 성공을 거뒀다. 파타의 게릴라 300명이 요르단 카라메흐 근처의 파타 본부를 침공한 1만 5000명의 이스라엘 군인과 탱크를 격퇴한 것이다.[20]

이것은 1948년 이래로 아랍인이 이스라엘과 싸워 최초로 거둔 승리였다. 그것도 팔레스타인인의 비정규 무장 세력이 거둔 승리였다. 아랍 세계 전체가 환희에 가득 찼다. 심지어 요르단의 국왕 후세인조차 "그날이 올 것이다. … 우리 모두가 페다인[팔레스타인 게릴라 전사]이 될 날이" 하고 말했다.[21] 카라메흐 전투가 신호탄이 돼 더 많은 팔레스타인인들이 난민촌에 있는 파타 조직에 가세하려고 몰려들었다. 나세르가 1967년 전쟁에서 궤멸적인 패배로 굴욕을 당했던 이집트에서도 수천 명이 게릴라 전사가 되기 위해 파타 사무실로 몰려들었다.[22]

해방인민전선과 민주전선 같은 비판자들은 주변적이었다. 파타는 운동에서 득세했고, [팔레스타인해방기구의 전 지도자] 슈카이리의 후임자 야흐야 함무다를 갈아 치우고 1969년에 팔레스타인해방기구의 지도권을 장악했을 뿐 아니라 아랍 국가들로부터 들어오는 무기와 재원을 확보하게 됐다. 팔레스타인해방기구는 더는 아랍 정치의 주변부에 있지 않았다. 파타의 지도하에 팔레스타인해방기구는 중심 무대를 장악했다.

이중의 모순

파타는 팔레스타인인 자본을 팔레스타인인 대중의 에너지와 결합했다. 파타는 신흥 부르주아지의 열망과 난민촌의 열망을 조화시킨 듯 보였다. 그러나 여기에는 결함이 있었다. 팔레스타인인 자본의 이해관계는 아랍 자본 전체의 이해관계에 묶여 있었다. 그리고 아랍 자본은 중동을 지배하고 있는 체제, 즉 서방 제국주의 체제와 나름대로 관계를 맺고 있었다. 한편, 팔레스타인인 대중의 이익은 중동의 지배계급(확장하면 제국주의 자체)과 투쟁을 벌일 때만 만족될 수 있었다.

이 때문에 팔레스타인인 운동은 시온주의에 견줘 엄청나게 불리했다. 헤르츨의 원리에 따라 시온주의는 제국주의 체제에 스스로 적응하기 시작했으며, 성공적으로 그 체제에 편입했고 그 결과 팔레스타인인의 희생을 바탕으로 정착민 국가를 수립했다. 이것은 팔레스타인인 대중이 제국주의에 도전해야 함을 의미했다. 그러나 팔레스타인인 지도자들은 이 지역의 정치 구조에 도전하려 하지 않고 단지 그것을 수정해 체제와 화해하는 데 힘을 쏟았다. 이스라엘은 제국주의와 한편이었다. 팔레스타인해방기구는 제국주의에 반대하기도 하고 그것을 지지하기도 했다. 팔레스타인인 운동이 이런 모순을 지닌 채로는 시온주의에 효과적으로 도전할 수 없었다.

검은 9월

1970년에 파타의 전략에 내재된 주된 모순이 드러나면서 팔레스타인해방기구는 갑자기 성장을 멈췄다. 1970년까지 이 운동은 요르단에서 '국가 속 국가'를 발전시켰다. 요르단은 인구의 70퍼센트가 팔레스타인 출신이었다. 팔레스타인해방기구는 팔레스타인인에게 압도적인 지지를 받았고, 요르단강 동안의 사람들(토착 요르단인)에게도 후원을 받았다. 팔레스타인해방기구는 자체의 군대(팔레스타인해방기구 산하 팔레스타인해방군을 장악했다),[23] 게릴라 집단, 민간 행정부, 복지와 교육 기구들을 운영했다. 그리고 난민촌, 이스라엘과 국경을 맞대고 있는 넓은 지역, 북부 도시들과 수도에서 업무를 처리했다.

요르단 지배계급은 허약했다. 국왕 후세인의 지지 세력은 지주, 부르주아지와 프티부르주아지의 일부 분파, 유목 부족의 지도자들로 한정돼 있었다. 그의 권력은 국가기구, 특히 영국이 훈련시킨 군대에 거의 전적으로 의존했다. 1970년에 팔레스타인해방기구는 [요르단] 정부의 많은 관료, 심지어 군대의 일부에게도 지지를 받았다. 요르단에서 1970년 사태를 관찰한 언론인 존 쿨리는 파타의 주장을 인용했다. "[후세인 정권에 대한 충성이 — 지은이] '확실'하지 않은 [요르단 — 지은이] 군 부대가 있다. 그리고 그들이 모두 팔레스타인인 장교의 지시를 받는 것도 아니다. 우리는 비팔레스타인인 중에서 많은 동조자가 있다."[24]

파타의 핵심 간부를 포함한 많은 팔레스타인인 활동가들은 이 [팔레스타인 해방]운동이 권력을 장악해야 한다고 주장했다. 게릴라 부대의 사령관이었던 아부 다우드는 다음과 같이 회상했다.

우리가 후세인을 제거할 수 있을 뿐 아니라 제거해야만 한다는 것이 내 생각이었다. … 단지 좌파뿐 아니라 다른 게릴라 조직 내 소위 급진파의 생각도 같았다. 또, 파타의 대다수(전투원과 젊은 장교들)의 생각이자 바람이기도 했다. 우리는(파타의 젊은 장교들을 말하는 것이다) 후세인 정권을 전복하는 문제를 매우 진지하게, 매우 자주 논의했지만 … 아라파트는 항상 "안 된다"고 말했다. 그는 후세인이나 다른 아랍 정권과 전쟁을 벌이는 것은 해방에 이르는 길이 아니라고 말했다.[25]

파타 지도부는 강경했다. 이들은 후세인과 맞설 준비가 돼 있지 않았다. 사실 파타는 요르단 국가의 안정을 존중한다고 국왕 후세인을 납득시키느라 여러 달을 보냈다. 살라 칼라프는 "초기부터 파타의 원칙 중 하나는 현지 국가의 내정에 간섭하지 않는 것이었다고 끊임없이 반복해 말했다"고 회상했다.[26] 1970년 내내 파타는 시간이 흐르는 동안 손 놓고 있었고, "후세인 국왕은 감히 우리를 어쩌지 못할 것"이라고 확신했다.[27] 그러는 동안 국왕과 그 지지자들은 운동을 분쇄할 준비를 했다.

민주전선이 "모든 권력을 저항 세력에게"라는 슬로건을 제기할 수 있었다는 것은 요르단에서 팔레스타인인의 힘이 어느 정도인지를 보여 줬다. 민주전선은 게릴라 집단들의 '광범한 전선'을 호소했다. 또 "시온주의에 맞선 팔레스타인 해방운동의 승리는 아랍 지역 제국주의에 맞선 승리에 달려 있다"는[28] 점에 근거해 권력을 장악하기 위한 노력을 호소했다. 민주전선은 팔레스타인인과 심지어 일부 요르단인에게도 비록 수동적이긴 하지만 광범한 지지를 받았다.[29]

후세인의 잦은 공격, 자기 조직원, 해방인민전선·민주전선의 요구, 잇따른 비행기 납치에 의해 촉진된 마지막 위기가[30] 가하는 압력에 밀려 파타는 마침내 총파업을 촉구하고는 요르단이 팔레스타인 대표를 포함하는 새 정부를 선출할 '민중 의회'를 소집해야 한다고 요구했다. 그러자 후세인은 군대를 동원해 팔레스타인해방기구를 공격했으며, 아라파트는 뒤늦게서야 "팔레스타인 혁명은 스스로 방어하기 위해 싸울 것이며 그 투쟁은 파시스트 군사정부가 타도될 때까지 멈추지 않을 것"이라고[31] 선언했다.

아라파트는 필사적으로 이라크의 바트당 정부에 도움을 요청했다. 팔레스타인인이 곤경에 처하면 개입하겠다고 약속을 받은 지 한 달도 안 돼서였다. 요르단에 주둔해 있던 1만 2000명의 이라크 원정군은 움직이지 않았다. 아라파트는 요르단으로 탱크를 보내 달라고 이집트와 시리아에 요청했지만 오히려 퇴각 명령이 떨어졌다.[32] 그러는 동안 이스라엘은 비밀리에 요르단에 군수품과 여러 물자를 제공했다.[33] 팔레스타인인 3000명이 죽었고, 팔레스타인해방기구의 많은 기반 시설이 파괴됐다. 페다인은 난민촌으로 추방됐으며, 더욱 야만적인 공격을 받았다. 몇 달 안에 요르단의 운동은 완전히 파괴됐다.

재앙의 교훈

1970년 내내 후세인은 요르단을 통제할 수 없었다. 몇 년 동안 억압을 겪은 팔레스타인인들이 자유를 만끽하기 시작했다. 왕을 끌어내리고 저항운동을 권좌에 앉히고자 하는 열망이 널리 존재했다. 그러나 파타는 후세인 같은 지배자들을 불안하게 하지 않으려 했다. 운동이 예상했던 한계를 넘어 확대되자 운동의 지도자들은 마비됐다. 파타는 자신이 발전시킨 정치적 구조에서 벗어날 수 없었다. 파타는 칼리드 알하산이 "진정한 혁명"이라고 부른 것을 이끌 수 없었다.

후세인의 실각은 중동 전체를 불안정하게 하는 결과를 낳았을 것이다. 운동이 진정한 대중적 기반을 두고 매우 급진적 분위기에서 활동했다면 팔레스타인해방기구는 권력을 장악할 수 있었을 것이다. 팔레스타인해방기구는 이런 우발적 사태를 미리 준비한 이스라엘이나 미국과 즉시 대결해야 했을 것이다. 아랍 정권들은 팔레스타인인을 지원할지 아니면 후세인의 서방 지지자들과 한편이 돼 자국 대중과 불화를 빚을 위험을 감수할지 둘 중 하나를 선택해야 했을 것이다. 간단히 말해 팔레스타인인은 제국주의와 아랍의 모든 제국주의 동맹자들에 대항하는 위치에 섰을 것이다.

그러나 파타는 행동할 수 없었다. 그리고 그 무능함 덕분에 후세인은 권력을 유지할 수 있었다. 뒤이은 패배의 함의는 냉혹했다. 그들이 이끄는 운동은 인구의 다수가 팔레스타인인이고 국가기구는 혼란에 빠져 있는 나라, 즉 중동에서 가장 허약한 정권 가운데 하나인 요르단 정부에 의해 분쇄됐다.

아랍 국가들의 내정에 대한 불간섭 원칙[의 허점이] 드러났다. 팔레스타인 운동이 처음으로 한 나라 지배계급과 충돌하자 무자비하게 탄압받았다. 운동이 근본적으로 다른 전략을 채택하지 않는 한, 이 운동은 다른 곳에서도 성공할 가능성이 없었다.

그러나 파타는 매우 부정적인 결론을 이끌어 냈다. 파타는 '정치적 극단주의'와 '도발을 했다'는 이유로 해방인민전선·민주전선을 공격했다.[34] 살라 칼라프는 나중에 다음과 같이 지적했다.

> 좌파 슬로건('모든 권력을 저항 세력에게' 같은 슬로건으로 대중을 끌어들이는 것)의 확산, 암만의 거리와 심지어 모스크에서조차 레닌 초상화가 배포되는 일, 혁명과 사회주의 정권 수립 요구. 이 모든 것은 [저들의] 범죄적인 건망증을 입증한다.[35]

의미심장하게도, 그는 다음과 같이 덧붙였다. "극단주의자들은 민족 해방 투쟁[파타가 배타적으로 주장했던]을 계급투쟁과 뒤죽박죽 섞어 놓았다."[36] 칼라프가 옳았다. 운동이 분쇄되지 않으려면 택해야 할 유일한 노선을 해방인민전선·민주전선은 추구했다. 이 조직들은 궁지에 몰린 지배계급이 가할 위협을 알아차리고는, 지배계급이 이 운동을 분쇄하기 전에 손을 써야 한다고 요구했다. 이 조직들은 정치적 전망이 명확하지는 않았지만, 올바르게도 팔레스타인 민족 해방과 계급투쟁을 연결했다. 팔레스타인인 대중과 아랍 지배자들 사이의 대결은 팔레스타인인의 자결권을 위한 투쟁에서 핵심이었다.

후세인이 사악하고 이기적이지만 본질적으로 합법적 지배자라고 믿었던 파타에게는 계급 간 대결을 암시하는 것조차 민족주의라는 협소한 정치에서 일탈하는 것이었다.[37] 팔레스타인해방기구를 공격하기 전날 밤에 후세인 국왕이 팔레스타인 출신 장군 무함마드 다우드가 이끄는 새로운 군사정부를 임명했다는 사실을 보고도 파타는 계급적 충성심이 때로는 민족적 충성심을 포함하지 않는다는 점을 이해하지 못했다.

불길한 신호들은 더 있었다. 후세인이 실각할 것처럼 보였을 때 이스라엘과 미국은 그를 지원하기로 합의했다. 9월에 호전적인 이스라엘은 팔레스타인해방기구를 지지하는 태도를 보이는 시리아를 계속 위협했고, 요르단 군대에 계속 무기를 공급했다. 요르단 지배계급과 시온주의가 이해관계를 공유한다는 점은 투명하게 드러났다. 미국 정부가 팔레스타인 운동의 성장을 멈추겠다는 결심의 표현으로 그 둘의 협력을 조직했다는 점을 보면 말이다.

이 상황은 팔레스타인해방기구가 제국주의를 돕는 아랍-이스라엘 동맹에 맞서야 한다는 것을 보여 준다. 물론 파타 지도부는 이것을 할 수 없었다. 그 대신 파타 지도부는 다른 아랍 정권들이 운동을 구원하려 개입해 줄 것이라 믿으며 그들의 지지를 바랐다. 그러나 시리아와 이라크 군대는 사태를 수수방관했고, 하나의 아랍 지배자가 팔레스타인해방기구를 맹렬히 공격하는 것을 다른 아랍 세계 전체가 그저 지켜보기만 했다. 팔레스타인해방기구가 이렇게 아랍인들에게 폭넓은 지지를 받는데도 아랍 정권들이 한 아랍 국가 내에서 공격당하는 팔레스타인해방기구를 방어하지 않는다면, 어떻게 그 정권들이 엄청나게 강력한 이스라엘 국가에 맞서는 일을 벌일 수 있겠는가?

파타는 이런 어려움을 심사숙고하지 않으려 했다. 요르단을 떠나 레바논의 난민촌으로 본부를 옮겼을 때, 아랍 지배자들을 존중해야 한다는 팔레스타인해방기구의 고집은 더 완고해졌다. 운동이 또다시 아랍 국가들에 위협을 가해서 1970년과 같은 패배를 겪게 돼서는 안 된다는 생각이 더 단호하게 굳어졌다. 그 결과 더 많은 비극들이 잇따랐다.

8장

영토 없는 국가

1971년에 레바논으로 근거지를 옮긴 팔레스타인해방기구는 군사적으로는 훨씬 약해졌으나 곧 회복할 수 있었다. 이는 요르단에서 크게 패배하기 전에 진행되고 있었던 두 가지 과정의 결과였다. 첫째, 파타는 팔레스타인인 부르주아지와 더 밀접한 연관을 맺을 수 있었다. 1967년 아랍 국가들의 패배를 보며 운동의 전망에 회의적이던 많은 부르주아들은 파타가 유일한 대안이라고 확신하게 됐다. 아랍 경제에서 자신이 차지하는 특권적 위치를 파타가 위협하지 않을 것이라는 점을 거듭 확인한 부자들은 민족운동을 지지하게 됐다.

특히 레바논에서 그랬다. 레바논에서는 팔레스타인인 운동의 힘이 강화되자 국내의 지배계급, 특히 마론파* 기독교도가 반발했다. 그들은 호황을 누리던 금융권을 좌우하고 있었는데, 레바논에서 팔레스타인인의 영향력을 축소시키기로 결심했다. 문제는 1960년대 중반에 불거졌다. 레바논 최대 은행인 인트라은행은 팔레스타인인의 소유였는데, 갑자기 쿠웨이트와 사우디아라비아 왕족들의 자금 회수 압박에 시달렸다. 레바논의 금융업자들이 짜고 벌인 일인 듯했

* 마론파 가톨릭의 한 교파로 레바논에서 가장 유력한 종교 집단이다.

다. 인트라은행의 자산이 부채보다 많았지만 레바논중앙은행은 자금 대출을 거부했고, 결국 인트라은행은 파산했다. 수천 명의 고객이 돈을 날렸고 중동 전역의 팔레스타인인 기업이 재원을 상실했다.

인트라은행 사건으로 많은 팔레스타인인의 태도가 변했다. 디아스포라에서 크게 성공한 금융업자와 기업가 일부는 그 사건이 자기들을 레바논 자본주의에서 쫓아내려는 시도라고 여기고 유일한 대안은 독립적인 팔레스타인 자본주의 프로젝트를 후원하는 것이라고 결론지었다. 스미스는 다음과 같이 지적했다.

> 따라서 그들은 팔레스타인인들이 아랍의 경쟁자들과 이윤을 나눠 갖거나 … 아니면 팔레스타인인이 국정 운영에 대한 발언권을 가진 지역에 자금을 투자해야 한다고 주장했다. … 인트라은행이 파산한 뒤에 디아스포라의 많은 팔레스타인인 기업가들은, 정치권력을 통해 경제적 영향력을 확보하고 유지할 수 있는 국가, 즉 자기 국가를 건설하는 것이 유일한 대안이라고 생각했다.[1]

그 조직[파타]은 1960년대 중반까지는 팔레스타인인 부르주아지와 프티부르주아지 중에서 더 왕성하고 기업가 정신이 투철한 분파의 대표 기구였다면, 1960년대 말에는 부르주아지 전체의 '공식' 대표 기구로 인정을 받았다. 그 결과 거액의 돈이 팔레스타인인 기업에서 파타의 금고로 들어가기 시작했다.[2]

파타에 커다란 도움이 된 둘째 과정은 파타가 가장 중요한 일부 아랍 국가들과 밀접한 관련을 맺은 것이었다. 1969년에 파타는 조직의 지도자들이 종교적 대의를 위해 싸우는 믿을 만한 무슬림이라는 점을 사우디아라비아의 국왕 파이살에게 설득했다. 칼리드 알하산은 파타가 공산주의자로 이뤄져 있다는 주장은 '더러운 거짓말'임을 왕에게 확신시켰다. 파이살 왕은 사우디아라비아에서 일하는 모든 팔레스타인인들의 임금에 5퍼센트의 '해방세'를 부과하는 데 동의했다. 해방세를 징수해 그 돈을 팔레스타인해방기구한테 주겠다는 것이었다. 왕은 파타에 자금과 무기를 공급하라는 명령도 내렸다.[3]

파타는 이제 그 지역에서 가장 부유한 국가의 보증을 받게 됐다. 그러나 그 대가도 있었다. 아라파트의 전기 작가는 다음과 같이 지적했다.

> 사우디아라비아가 파타를 지원한 것을 과대평가해서는 안 된다. 나중에 입증됐듯이, 사우디아라비아의 관점에서는, 사우디가 용인하는 정책들을 추구하는 한 파타는 보호할 가치가 있었다.[4]

사우디의 지배계급은 중동에서 가장 반동적이었다. 사우디는 압도적으로 후진적이었지만, 왕가에 엄청난 돈을 안겨 주는 [석유] 산업이 있었다. 유전과 도시에서 일하는 이주 노동자 수십만 명은 정치적 권리를 전혀 보장받지 못했다. 오직 무자비한 경찰국가 덕분에 지배자들은 권력을 유지할 수 있었다. 따라서 사우디아라비아가 팔레스타인해방기구를 지원한 것은 파타의 조직원들을 믿어서가 아니었다. 팔레스타인해방기구에게는 또 다른 소임이 있었다. 타비사 페트란은 다음과 같이 지적했다.

> 자신들에게 이데올로기가 없다는 파타의 주장에 안심한 아랍 정권들은 재빨리 그들을 인정했다. 석유 국가들, 특히 사우디아라비아는 국내 사회질서를 유지하는 데 파타가 도움이 된다는 사실을 깨달았다. 사우디 노동자의 대부분은 팔레스타인인이었고, 그들은 1953년과 1954년에 아람코의 영업을 마비시킨 거대한 파업을 주도했다. 걸프에서는 팔레스타인인으로 이뤄진 파타가 노동자들을 '잘 길들이는' 부수적인 효과를 줄 수도 있었다.[5]

팔레스타인해방기구는 이제 사회통제를 대리하는 기구로 인정받았다. 팔레스타인인 사이에서 영향력 있는 조직이라는 사실 때문에 팔레스타인해방기구는 믿을 만한 세력이 됐다. 머지않아 팔레스타인해방기구가 요르단에서 보여 준 행동은 팔레스타인해방기구가 아랍 정권들에 전혀 위협이 되지 않음을 증명했다. 사우디아라비아 같은 나라에서 팔레스타인해방기구는 급진화한 반체제 대중을 감시하는 경찰 구실을 할 수 있었다. 파타를 지원하는 것은 정치적 투자였다.

팔레스타인해방기구의 다른 분파들도 아랍 정권의 지원을 받았다. 이 과정은 1960년대 중반에 시작됐다. 1963년 시리아에서 권력을 장악한 바트당은 파타와 보조를 맞추려는 노력의 일환으로 사이카('천둥')를 창립했다.[6] 이라크에서 시리아 바트당과 경쟁하던 이라크 바트당은 1968년에 권력을 잡고 아랍해방전선ALF을 설립했다.[7] 두 조직 모두 자신을 후원하는 정권을 위해 팔레스타인해방기구 안에서 압력을 가했다. 해방인민전선이나 민주전선과 마찬가지로 사이카와 아랍해방전선도 팔레스타인해방기구의 일원이었다.

시리아의 경쟁 관계 때문에, 그리고 시리아가 아랍민족주의운동과 그 일파인 해방인민전선과 사이가 껄끄러웠기 때문에, 이라크는 해방인민전선도 지원했다. 이는 아랍 정권들이 팔레스타인 운동을 저마다 자기에게 유리하게 이용한 사례이자 그로 인해 얽히고설킨 동맹 관계의 일례다. 한편, 민주전선도 시리아를 포함한 다양한 세력의 지원을 받았다.[8]

그런 후원 덕분에 팔레스타인해방기구는 곧 훨씬 더 큰 규모로 각종 기구를 재건할 수 있었다. 군사 조직과 민간단체를 확대했고 언론과 연구소와 라디오 방송국을 설립했으며 해외 사무소도 개설했다. 팔레스타인해방기구는 파타의 오랜 목표였던 국가의 속성을 갖추기 시작했다.

'소국가'

이제 아랍 [국가들]의 직접적인 영향력이 팔레스타인해방기구의 전략에서 중요한 구실을 하게 됐다. 이는 뒤이은 아랍 국가들과 이스라엘 사이의 1973년 전쟁으로 분명해졌다. 그때 미국의 아랍 동맹국들은 전쟁 동안에 드러난 것처럼 이스라엘에 대한 위협을 막으려는 미국 편에 가담해 석유 공급이 중단될 가능성을 최소화했다.[9] 미국은 1948년에 설정된 이스라엘의 국경을 팔레스타인해방기구가 인정하면 이스라엘인과 아랍인의 공동 관리하에 서안과 가자에 팔레스타인 '소국가'를 건설하게 해 주겠다고 미끼를 던졌다.

파타는 핵심 요구(팔레스타인 전 지역의 해방)를 던져 버리고 소국가라는 전망을 받아들였다. 그렇지만 그런 국가는 미국의 비호를 받는 이스라엘에게 억압당할 것이 뻔했다. 파타의 지도자들은 스스로 투쟁 목표로 삼았던 팔레스타인의 '정체성'(영토의 범위, 이스라엘과 공존할지 여부, 이스라엘의 유대인에게 시민권을 부여할지 여부)을 두고 오랫동안 논쟁해 왔지만, 공식적으로는 시온주의 운동이 팔레스타인 땅을 조금이라도 통치하는 것을 인정하지는 않았다.[10] 그러나 이제 파타는 역사적 팔레스타인의 대부분에 대한 시온주의자의 통치를 받아들일 태세가 된 듯했다.[11] 초기에는 '마르크스-레닌주의'를 표방한 민주전선은 소국가를 위한 투쟁이 '이행기 요구'라고 주장하면서 그 계획을 지지했다.[12] 해방인민전선은 그 계획에 반대하는 '거부 전선'을 이끌었다.

파타의 지도자들이 그런 전망을 받아들인 것은 결국 이스라엘을 '민주적이고 세속적인 팔레스타인 국가'로 대체하기 위한 '혁명' 활동에 헌신하겠다는 입발림조차 포기했다는 뜻이었다. 그들은 팔레스타인인의 자주적 활동을 강조하는 대신 미국이나 중동의 지배계급과 협상하겠다는 노선으로 돌아선 것이다.

파타의 태도는 대중의 지지를 얻지 못했다. 대다수 팔레스타인인은 소국가로 얻을 이익이 없음을 알고 있었다. 대다수 팔레스타인인은 [미국이] 제안한 구역 밖에 고향이 있었고 그 계획을 논의한다는 것은 다시는 고향 땅을 못 밟는 상황을 인정하는 셈이었다. 게다가 이스라엘과 아랍 정권들이 통치하는 소국가라는 계획에 반발하는 사람이 많았고, 팔레스타인인 운동을 더욱 약화시키기 위해 고안된 장기간의 외교적 책략에 팔레스타인해방기구 지도부가 말려들었다고 믿는 사람이 대다수였다. 이스라엘이 영토를 포기할 의향이 있다고 여기는 사람은 거의 없었다. 서안과 가자를 자기 나라 경제로 통합시키는 데 여념이 없는 이스라엘이 그럴 리 만무했다.

아라파트의 전기 작가이자 파타를 강력하게 지지하는 앨런 하트는 지도자들의 태도가 "팔레스타인인들에게 자기 고향의 70퍼센트를 어쩌면 영영 잃는 것을 받아들이라고 요구하는 것"이었다고 지적했다.[13] 그는 다음과 같이 말했다.

> 만약 1974년에 아라파트와 그 선배 동료들이 자신들이 받아들일 수 있는 타협의 수준을 솔직하게 공개적으로 시인했다면, 그들은 해방 투쟁에 실제로 참여하고 있던 절대 다수의 팔레스타인인에게 배척당하고 쫓겨났을 것이다.[14]

수십 년 동안의 투쟁을 통해 급진화했고 난민촌의 비참함과 아랍 국가들의 억압으로부터 해방을 추구했던 수천 명의 활동가들은 이 사활적인 문제에 관해 지도자들과 견해가 달랐다. 소국가 계획은 가장 전투적인 난민촌에서 특히 적대적인 반응에 부딪혔다. 살라 칼라프는 [레바논] 베이루트에 있는 탈 알자타르 난민촌에서 "찢어지게 가난한 판자촌의 담벼락에 팔레스타인 소국가를 비난하는 구호들이 도배돼 있는 것을 보고 놀랐다"고 회고했다.[15] 그러나 팔레스타인해방기구의 지도권을 장악한 채 재정과 행정을 통제하고 있던 파타의 [소국가 수용] 제안은 [팔레스타인인해방기구의] 의회 격인 팔레스타인민족회의PNC에서 잠정 지지를 받았다.[16]

두 가지 중요한 사건이 일어나 팔레스타인해방기구와 아랍 정권들의 사이가 훨씬 더 가까워졌다. 첫째, 아랍 정부들이 단결해 팔레스타인인들을 지지하는 듯 보였다. 1974년 10월 아랍연맹 정상회담에서 그들은 다음 사항을 확인했다.

> 팔레스타인인들이 그들의 유일한 합법적 대표 기구인 팔레스타인해방기구의 통제 아래 독자적 민족 정부를 수립할 수 있는 권리.[17]

파타는 기뻤다. [국제사회에서] 인정받고자 했던 오랜 숙원을 드디어 이룬 듯 보였다. 팔레스타인해방기구가 사실상 팔레스타인 국가로 인정받았고, 팔레스타인 해방에서 핵심 구실을 맡고 있다고 파타가 믿은 바로 그 세력[아랍 국가들]이 팔레스타인 국가를 인정했다고 봤기 때문이다. 아라파트는 라바트[에서 열린 아랍연맹] 정상회담을 "팔레스타인의 결혼식"으로 묘사했다.[18]

아라파트가 두 번째 대성공을 거둔 것처럼 보였을 때 파타와 아랍 국가들은 공조를 유지하고 있었다. 정상회담 한 달 후 그는 '올리브 나뭇가지와 자유 투사의 총'을[19] 들고 유엔에서 연설을 했고, 팔레스타인해방기구는 참관인 자격을 인정받았다. 이것으로 팔레스타인해방기구 지도자들은 오랫동안 열망했던 자격을 얻었다는 확신을 얻었다. 이렇게 인정받은 것을 두고 살라 칼라프는 "국제적 영역에서 우리의 모든 목적을 달성한 것"이라고 말했다.[20] [국제사회에서 팔레스타인해방기구가] 인정받았다는 것이 확인되자 많은 국가들이 팔레스타인해방기구에 완전한 외교적 지위를 부여했다. 팔레스타인해방기구

는 곧바로 이스라엘보다 많은 100개국의 외교적 승인을 받았다.[21]

그러나 팔레스타인해방기구는 함정에 빠졌다. 아랍 국가들과의 관계 때문에 팔레스타인해방기구 지도자들은 결코 빠져나올 수 없는 외교의 그물에 걸려들었다. 아라파트는 각국을 돌아다니면서 거액의 수표와 그럴듯한 약속을 받아 냈다. 그러나 아랍의 지배자들은 석유를 무기로 사용하는 것은 망설였다. 1973년 전쟁 당시 석유 생산을 통제했을 때 드러났듯이, 석유만으로도 미국에 압력을 넣어 이스라엘에 양보를 강요할 수 있었는데도 말이다.[22] 한편, 또 다른 충돌이 서서히 다가오고 있었다.

레바논 전쟁

아랍 국가와 팔레스타인해방기구의 두 번째 격돌은 요르단에서 있었던 충돌[검은 9월]과는 매우 다른 맥락에서 일어났다. 1975~1976년의 레바논 내전에서 팔레스타인인들은 레바논 우익 민병대와 시리아군에 맞서서 장기간의 방어적 투쟁을 벌였다.

전쟁이 시작되기 오래 전부터 불길한 징조가 있었다. 1970년대 중반에 레바논은 혼란에 빠져 있었다. 걸프 지역 석유 경제의 성장은 레바논에 큰 영향을 마쳤고, [수도] 베이루트는 거액의 '오일 달러'를 세탁하는 장소가 됐다. 급속한 불균등 발전으로 산업화와 농업의 상업화가 이뤄졌고 그 결과 이농과 도시 빈민이 증가했다. 1970년쯤에는 사회적 긴장이 증폭되고 있었고, 1973년에는 대중 파업이 반복됐다. 좌파가 급속하게 성장하면서, 레바논의 일부 좌파는 혁명이 일어날 상황이 조성되고 있다고 믿었다. 마론파가 주도하는 지배계급이 국정을 좌우하는 것에 대한 반발이 거세지면서 온 나라가 위기로 빠져들고 있었다. 당연히 팔레스타인인도 그런 위기의 영향을 받았다.[23]

그때 팔레스타인해방기구는 레바논에서 주요 기지를 확보했는데, 그곳에는 팔레스타인인 20만 명(레바논 전체 인구의 약 8퍼센트)이 주요 난민촌 15곳에 거주하고 있었다.[24] 팔레스타인 난민의 존재는 레바논 정치에서 중요한 요소였다. 1960년대 중반에 발전한 저항운동은 이미 급진적인 영향을 미쳤고 레바논 [국내] 문제는 팔레스타인 문제와 거의 구분되지 않았다. 그럼에도 파타 지도부는 요르단에서처럼 레바논에서도 계속 '국내' 문제를 회피했다. 해방인민전선과 민주전선은 레바논 좌파와 관계를 맺었지만, 파타는 여전히 무관심했다. 심지어 레바논이 내전으로 치달을 때조차도 파타 지도자들은 불간섭 원칙과 요르단에서의 부정적 교훈을 되뇌면서 팔레스타인인에게 레바논의 국내 문제와 관련된 일체의 활동을 하지 말라고 금지했다.

1975년에 레바논 우익이 베이루트 난민촌의 팔레스타인인을 공격하면서 내전은 시작됐다. 파타는 여전히 불간섭 원칙을 내세우면서 개입하지 않았다. 전쟁 초기에는 오직 해방인민전선과 민주전선만이 레바논 우익 무장 세력에 맞서 주로 무슬림으로 이뤄진 레바논민족운동의 민병대에 참가했다.[25] 파타는 팔레스타인인이 분쟁에 말려들지 않게 하려고 애썼고, 시리아가 침공하겠다고 위협하자 시리아 대통령 하페즈 알아사드와 협정을 맺으려 백방으로 뛰어다녔다. 시리아가 레바논군을 돕기 위해 4만 명의 병력을 보냈을 때, 파타는 결국 난민촌을 구하기 위한 필사적인 싸움에 참여할 수밖에 없었다.[26]

팔레스타인해방기구는 커다란 타격을 입었지만 살아남았다. 그러나 이제 레바논은 시리아 점령군의 통제를 받았고, 점령군은 팔레스타인해방기구의 활동 범위를 레바논의 일부 지역으로 제한했다. 팔레스타인인은 물리적으로도 정치적으로도 함정에 빠졌다. 이후 6년 동안 그들은 레바논의 일부 지역에서만 활동할 수 있었다. 반면에 아랍 국가들은 팔레스타인해방기구의 각 분파들과 훨씬 더 긴밀한 관계를 발전시키면서 그들을 아랍권 내부의 분쟁에서 자국에 유리한 방향으로 이용했다.[27]

운동은 방향을 상실했다. 팔레스타인의 은어를 빌리자면, '레바논화'한 것이다. 자원 배분을 둘러싼 논쟁과 지도부 내의 분파 투쟁이 발목을 잡았다. 그럴싸한 입장을 채택하는 일이 정치적 논쟁을 대신하기 일쑤였다.[28] 소위 '정치적 과대포장'이 주요 경향 간의 논쟁을 대체했다. 겨우 15년 전에 저항을 시작한 파타 지도부는 툭하면 회의적인 태도를 보였다. 그들은 난민촌 대중의 관심사와는 동떨어진 세상에 있는 듯했다. 젊은 활동가들은 베이루트의 지도부가 엄청나게 비대해졌다고 말했다.[29] "운전사보다 자동차가 더 많다"는 것이다. 관료주의가 운동의 숨통을 조이고 있었다.

1982년에 이스라엘이 레바논을 세 번째 침공했을 때 상황이 그랬다. 팔레스타인 무장 세력의 용맹스런 저항에도 불구하고, 이스라엘은 전격전을 감행해 남부 레바논을 쓸어버리고 베이루트를 포위했다. 2개월 넘게 팔레스타인해방기구 전사들은 레바논의 수도를 지켰다. 그러나 완전히 고립돼(실질적인 지원을 제공한 아랍 국가는 하나도 없었다) 결국 바다를 통해 탈출해야 했다.[30] 이스라엘군은 계속 주둔해, 3000~3500명의 난민을 잔인하게 살해한 레바논 팔랑헤당의 사브라·샤틸라 학살을 지휘했다.[31]

아랍 국가들은 배를 타고 온 게릴라들을 마지못해 받아들인 다음 자국의 수도에서 멀리 떨어진 난민촌에 집어넣었다.[32] 팔레스타인해방기구는 1964년 출범 당시나 다름없는 상태로 전락해 아랍 지배자들의 통제를 받게 됐다. 그러나 그 뒤에도 충돌은 끝나지 않았다. 1983년에 파타는 분열했다. 아부 무사가 이끄는 친시리아 분파는 아라파트의 다수파가 대의를 팔아먹었다고 주장했다. 시리아군의 지원을 받은 파타의 '반역자'들이 레바논에 남아 있던 아라파트 지지자들을 쫓아냈고 게릴라 대원을 태운 배가 또다시 아랍 국가들을 향해 떠났다. 이 사건은 팔레스타인해방기구가 아랍 정권에 거의 완전히 종속됐다는 사실을 보여 줬다. 시리아는 파타의 '반역자'들을 마치 자국 군대의 일부처럼 이용했다. 해방인민전선과 민주전선은 형식적으로는 중립을 지켰지만 머지않아 파타의 아부 무사 분파처럼 [수도] 다마스쿠스에 본부를 차리고 시리아의 강력한 영향력 아래 놓이게 된다.

1984년이 되면 파타의 외교적 책략은 완전히 고갈됐다. 미국이 이스라엘에 양보 압력을 넣을 의사가 없음을 시인하자 소국가를 둘러싼 기나긴 좌충우돌은 끝을 맺었다. 팔레스타인인은 여전히 이스라엘과 그 후견인과 아랍 정권들의 희생자였지만, 이제는 전보다 훨씬 더 취약해졌다.

고립

베이루트에서 집단 탈출한 팔레스타인해방기구는 [튀니지의 수도] 튀니스에 본부를 설치했다. 이제 무장투쟁은 끝났다. 20년 만에 처음으로 팔레스타인의 무장 세력이 이스라엘을 직접 공격할 수 없게 됐다. [팔레스타인해방기구 산하] 모든 조직의 관심은 방어에 쏠려 있었다. 게릴라들은 레바논으로 다시 침투하기 시작했지만 난민촌에 집중 수용됐고, 그곳에서 그들의 주된 과제는 온갖 압력에 떠밀려 난민촌으로 모여들고 있는 팔레스타인인을 방어하는 것이었다.

난민촌은 적개심의 바다에 떠 있는 고립된 섬에 불과했다. 이스라엘은 레바논의 중부와 남부를, 시리아는 레바논의 북부 대부분과 동부를 통제했다. 심지어 1985년 초에 이스라엘이 부분적으로 철수했을 때도 압력은 수그러들지 않았다. 오히려 점점 더 공격성을 띤 레바논의 시아파 민병대 아말Amal이 베이루트 난민촌에서 살인적인 공격을 시작했다. 한 달 동안 계속된 포위 공격은 팔레스타인인의 고립과 아랍 지배자들의 뿌리 깊은 적대감을 또다시 보여 줬다. 아말은 1970년대에 파타가 무장과 훈련을 시킨 조직이었지만, 시리아의 영향력에 포섭돼 1982년 이스라엘 침공 뒤에는 시리아의 정책에 봉사하는 도구로 변모했다.[33]

시리아 대통령 하페즈 알아사드는 이제 팔레스타인 난민촌을 완전히 파괴하려고 작심한 듯했다. 그는 마론파 민병대와 밀접한 관계를 유지한 이스라엘의 지원을 받았다. 이들은 난민촌 폭격을 지원했고, 아말과 같은 편에서 전투를 벌이던 레바논군의 보급을 도왔다.[34]

난민촌에 남아 있던 극소수 팔레스타인 게릴라의 단호한 저항만이 더 큰 학살을 막아 냈다.[35]

1980년대 중반이 되면 서방과 중동에 있는 팔레스타인의 적들은 팔레스타인해방기구가 끝장났다고 믿었다. 레바논의 팔레스타인해방기구 기지는 거의 사라졌다. 게릴라 운동은 껍데기만 남은 듯 보였다.[36] 1960년대 이래로 운동을 지원했던 아랍 정권들은 거리를 두기 시작했고, 팔레스타인해방기구는 재정 지원을 약속했던 아랍 국가들이 돈을 내지 않는다며 거듭 불만을 터뜨렸다. 1987년 11월에 열린 아랍연맹 정상회담에서는 팔레스타인 문제를 부차적으로 다루고 이란과 이라크의 걸프전에 몰두했는데, 이는 아랍연맹 역사상 처음 있는 일이었다. 팔레스타인해방기구는 점차 희미하게 사라지는 것처럼 보였다.

그렇지만 몇 달 뒤에 모든 것이 변했다. 1987년 12월에 터진 인티파다는 팔레스타인 역사의 새로운 장을 열었다.

9장

점령지

봉기는 팔레스타인해방기구를 소생시켰다. 팔레스타인 민족운동은 1950년대 초에 부활한 이래로 거의 오로지 디아스포라에서만 발전했다. 서안과 가자가 1967년 이후 이스라엘에 점령돼 있었지만 민족운동의 무게중심은 여전히 팔레스타인 외부에 있었다. 1987년이 돼서야 1930년대 이후 처음으로 대중적인 팔레스타인 운동이 시온주의와 직접 맞부딪쳤다.

(예루살렘을 포함한) 서안, 가자, 골란 고원은 1967년 전쟁 때 이스라엘에 점령됐다. 이것은 수정주의파 이스라엘인(소위 '최대주의자'*)이 보기에 시온주의 국가가 진정한 에레츠 이스라엘(역사적 팔레스타인 전역과 레반트[지중해 동부 연안]의 더 넓은 지역을 포괄한다) 건설을 향해 진일보한 승리였다.[1] 다른 사람들('최소주의자'**)은 적어도 이스라엘의 국경이 확대돼 국가를 강화할 수 있다고 봤다.

---

* 최대주의자 유대인이 에레츠 이스라엘(대이스라엘) 전역을 차지하기 위해 무력 사용도 불사해야 한다고 주장하는 시온주의 일파.

** 최소주의자 아랍 국가들과 협상을 거쳐 유대 국가를 세워야 한다고 주장하는 시온주의 일파.

사실, 두 경향 사이의 차이는 전략적이기보다는 전술적인 것이었다. 그 둘은 시온주의 사상의 핵심인 식민주의 철학을 공유했기 때문이다. ('최소주의자'가 속한) 노동당과 ('최대주의자'가 속한) 리쿠드당으로 이뤄진 이스라엘 정부는 이스라엘 국가를 합법적으로 확대해 점령지를 얻었다고 여겼다. 그래서 점령지의 토지와 천연자원(과 이스라엘의 통치를 받게 된 130만 명의 팔레스타인 아랍인)을 체계적으로 이용해야 한다고 생각했다.

점령지에서 이스라엘의 첫째 원칙은 정착의 원칙, 즉 토지의 '유대화'였다. 1960년대 말과 1970년대의 노동당 정부 시절, 서안의 유대인 정착촌은 예루살렘과 요르단 계곡 주변에 집중됐다. 18개의 정착촌이 이 두 지역에 건설됐다.[2] 1977년에 수정주의파의 후원 아래 집권한 리쿠드당 연립정부는 더 야심 찬 계획을 발표했다. 모든 점령지를 이스라엘 '본토'에 통합하기로 결정한 것이다. 아랍인들의 촌락과 도시 주변에 유대인 정착촌이 수십 개 건설되면 점령지의 팔레스타인 주민들은 파편화될 것이었다.

이스라엘 정부 정책의 결과로 1982년까지 민간 식민지로만 19만 8000두남(200제곱킬로미터)의 토지가 팔레스타인인에게서 몰수됐다.[3] 다른 통계에 따르면 20만~30만 두남의 국유지가 추가로 '개척'됐다.[4] 110개 정착촌이 설립돼 약 5만 명이 거주했다.[5] 가자에서는 11만 5000두남의 토지에 건설된 17개의 작은 정착촌에 약 2500명의 주민이 살았다.[6] 1988년까지 서안 토지의 55퍼센트와 가자 토지의 30퍼센트가 이스라엘인의 손에 넘어갔다.[7]

정착촌은 단순한 주거 단지가 아니었다. 일부는 요새였고, 모든

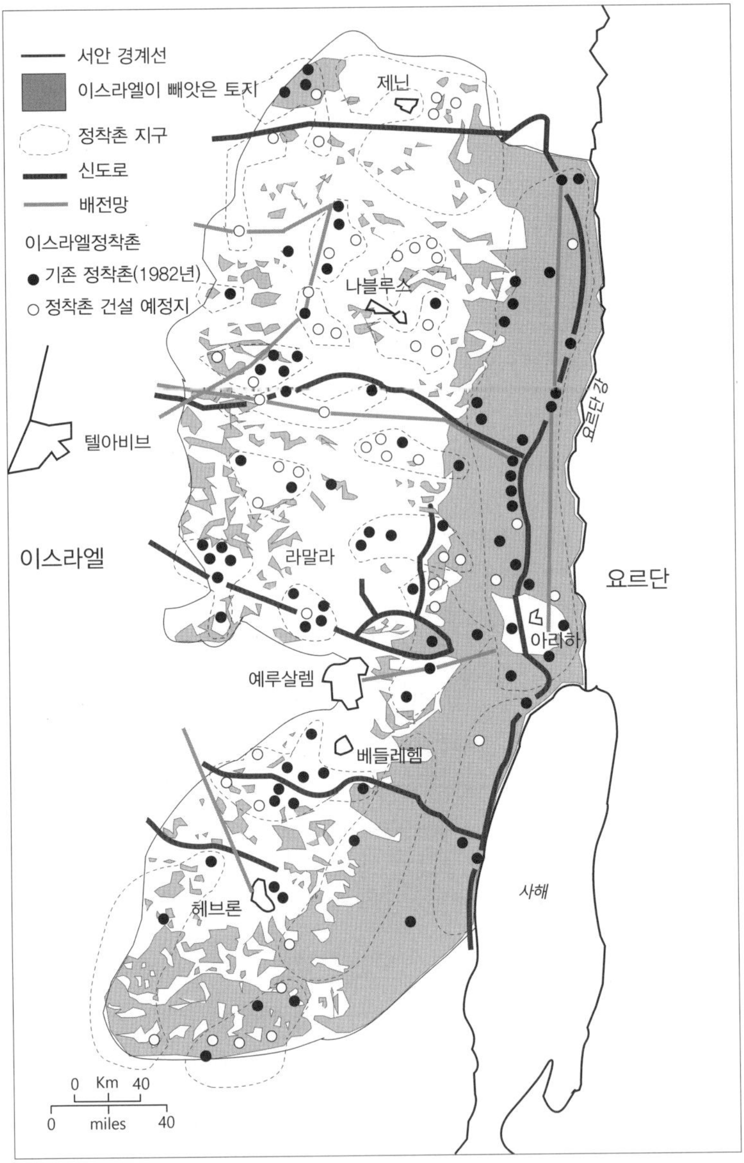

[지도 7] 1982년까지의 유대인 정착촌과 유대인 토지 점유.

정착촌은 이스라엘군과 정착민 민병대의 보호를 받았다. 리쿠드당의 총리 메나헴 베긴에 따르면, 정착촌은 "현실"이었다. 정착촌 건설은 영토를 병합하고 이스라엘이 통치하는 모든 지역에서 팔레스타인 국가라는 사상(가장 작은 소국가조차도)을 영원히 박멸하겠다는 이스라엘의 단호한 의지를 보여 주는 것이었다. 1982년에 리쿠드당의 장관 모르데하이 치포리는 이스라엘 정부의 입장을 다음과 같이 밝혔다.

> 지속적인 정착촌 건설은 서안에서 시온주의 운동의 뼈대이며, 유대와 사마리아[서안 — 지은이]를 외국[팔레스타인 — 지은이]이 지배하게 하려는 모든 평화 공세를 물리칠 유일한 수단이다. … 점령지의 정착촌 건설을 더욱 촉진하려는 이스라엘 당국의 노력이 서안에서 다수를 차지하는 아랍인 때문에 방해받아서는 안 된다. … 나는 페타티크바[팔레스타인에 설립된 초기 유대인 식민지 중 하나 — 지은이]에서 태어났다. 그곳은 쿠프르안나, 아부키셰시, 카이리예 같은 여러 아랍 마을로 둘러싸여 있었다. 현재 그 마을들은 흔적도 남아 있지 않지만, 페타티크바는 아직 남아 있다.[8]

시온주의 운동은 이런 태도를 뒷받침했다. 1981년에 세계시온주의기구는 1985년까지 서안에 유대인 12만 명(예루살렘 주변에 사는 유대인 7만 명은 제외)을 정착시키는 계획을 승인했다. 세계시온주의기구는 이런 태도를 다음과 같이 직설적으로 표현했다.

유대와 사마리아를 지키려는 우리의 의도에 대한 의심을 완전히 불식시킬 수 있는 최상의, 가장 효과적인 방법은 이 점령지의 정착 열기를 더욱 부추기는 것이다. … 소수[팔레스타인인 — 지은이]가 차지하고 있는 중심지의 주변과 틈새에 정착촌을 건설하는 목적은 이 점령지에 또 다른 아랍 국가가 수립될 위험성을 최소화하기 위한 것이다. 유대인 정착촌에 의해 차단된 소수 주민들은 영토적·정치적 연속성을 형성하기가 어렵다는 것을 알게 될 것이다.[9]

토지가 이스라엘의 첫째 관심사였다면, 물은 막상막하로 둘째 관심사였다. 1948~1967년에 이스라엘의 수력 기술자들이 요르단과 레바논의 물을 이스라엘로 빼돌리기 위해 많은 노력을 기울였다. 실제로, 그들은 이웃 나라에서 엄청나게 많은 물을 훔쳤다. 그 덕분에 이스라엘의 물 공급량은 연간 13억 세제곱미터로 증가했다. 서안을 점령하자 요르단의 물을 완전하게 통제할 수 있게 됐고 훨씬 더 많은 체계적 도둑질을 은폐할 수 있었다. 1970년대 중반이 되면 물 공급량은 연간 17억 세제곱미터로 증가했다.[10]

이스라엘은 미친 듯이 서안의 수자원을 장악했다. 1967~1983년에 어떤 팔레스타인 마을이나 개인도 우물을 팔 수 있는 허가를 얻지 못했다. 반면에 이스라엘 정착촌은 최대 27개의 우물을 새로 팔 수 있었다.[11] 동시에 팔레스타인인들이 보유하던 수백 개의 물펌프가 패쇄됐고 적어도 한 개의 용수로가 불도저로 파괴됐다.[12] 비슷한 정책이 가자에서도 시행됐다. 물이 가장 가치 있는 천연자원인 지역에서 그런 정책은 공동체 전체를 파괴하는 결과를 낳았다.[13]

노동자

토지와 물을 빼앗긴 결과 점령지 농촌 생활의 성격이 바뀌었다. 생산방식의 개선으로 가끔 농업 생산성이 크게 증가했기 때문에 모든 지역에서 농업이 쇠퇴하지는 않았지만, 토지를 경작하는 인구의 비율이 급격히 떨어졌다(이 과정은 사람들이 도시로 몰려들면서 더욱 촉진됐다).[14] 1968년에 서안 노동인구의 45퍼센트가 농업에 종사했지만, 1980년에는 26퍼센트로 떨어졌다.[15] 가자에서는 1966년에 노동인구의 33퍼센트가 농업에 종사했지만 1985년에는 18퍼센트로 떨어졌다.[16] 그 결과 전반적으로 팔레스타인인의 자급자족 능력이 감소했고 실업자가 많아졌다.

점령지 주민 대다수가 난민촌에 거주했기 때문에 실업자가 언제나 많았는데, 농촌의 실업과 불완전 고용으로 실업자층이 더욱 늘어났다. 1967년 이후 실업자는 더 늘어났다. 전에 있던 요르단과 이집트 정부의 일자리들이 없어졌고 점령으로 전반적 이탈 현상이 벌어졌기 때문이다. 이스라엘은 재빨리 이익을 챙겼다. 1968년에 가자에는 이스라엘 고용청이 설립돼[17] 급격한 성장기에 돌입한 이스라엘 경제의 [노동력] 수요를 충족시켰다. 서안과 가자에는 산업 고용의 전통이 거의 없었기 때문에[18] 이스라엘은 숙련 노동자를 찾지 않았다. 그보다는 유대인에게 지급하는 임금의 일부만 받고서도 비숙련 노동을 하려는 노동자들이 다수 필요했다. 팔레스타인인 고용이 급속히 늘어났다. 점령 후 6년 만에 이스라엘은행은 다음과 같이 보고할 수 있었다. "일들이 일사천리로 진행돼, 비숙련직은 당연히 관리 지역[서안과 가자 — 지은이] 출신 노동자의 몫이라고 생각됐다."[19]

1970년에 이스라엘 경제는 여러 차례의 불황과 작은 호황을 겪었지만 팔레스타인인 노동자는 꾸준히 증가했다. 1981년에 서안 노동인구의 37퍼센트가 이스라엘에서 일하고 있었다. 가자에서는 그 수치가 43퍼센트에 달했다. 두 지역 합해서 약 11만 명이나 됐다.[20] 그러나 이런 통계가 현실을 전부 보여 주는 것은 아니었다. 노동 사무소에 등록하지 않은 노동자도 많았고, 1980년대 초에는 이스라엘에서 '비공식적으로' 일하고 있는 점령지 출신 노동자가 약 2만 명으로 추산됐다. 이 노동자들은 모두 유대인 노동자보다 훨씬 열악한 환경에서 일하고 있었다. 1984년에 세라 그레이엄브라운은 다음과 같이 지적했다.

> 이스라엘의 관점에서 보면, 이 노동자들은 편리하고 통제 가능한 비숙련·반半숙련 노동력의 원천이었다. 그들이 하는 일은 아주 하찮은 이스라엘 사람조차 점차 기피하려는 일이었다. 점령지 노동자들은 과거에도 지금도 대개는 조직돼 있지 않다. 그들은 (이스라엘의 노동조합 연맹인) 히스타드루트에 가입할 수 없었고, 점령지의 노동조합은 이스라엘에서 인정되지 않았다. 그래서 그들은 이스라엘의 노동조합원이라면 결코 받아들이지 않을 저임금을 받았다.[21]

점령지 노동자에 대한 차별은 체계적이었다. 1977년 이스라엘의 통계에 따르면, 86퍼센트의 노동자들이 비숙련직이었다. 대다수 팔레스타인인이 중등교육을 수료했음에도 노동부에 등록된 팔레스타인인 중에 사무직이나 전문직에 종사하는 사람은 0.1퍼센트 미만이었다.[22] 반면에 비숙련직에 종사하는 이스라엘 사람은 25퍼센트에 불과했고, 18퍼센트가 전문직에 종사했다. 이스라엘은 대규모의 저렴한 팔레스타인 인력을 엄격하게 통제했다. [팔레스타인인] 노동자들은 야간 근무나 교대 근무를 위한 특별 통행증이 없으면 야간에는 이스라엘에 머무를 수 없었다. 매일 아침 수만 명의 노동자가 이스라엘 검문소를 통과하면서 신분증과 허가증을 검사받았다. 그러고도 출근하는 데 몇 시간이 더 걸렸고, 밤에 다시 똑같은 과정을 거쳐 집에 돌아갔다. 서안과 가자는 아랍의 '반투스탄'이 됐다. 그 사회의 주민들은 노동 이외의 목적에서는 완전히 배제됐다.

이스라엘이 얻을 수 있는 이익은 더 있었다. 1970년에 이스라엘 정부는 노동 소득의 평균 30퍼센트를 사회보장세로 징수했다. 이는 이스라엘 노동자와 동일한 수준이었지만, 이스라엘의 법은 점령지에 적용되지 않았기 때문에 점령지 노동자들은 제한된 혜택만 받을 수 있었다. 예컨대, 그들은 연금, 실업수당, 산재 보상, 추가 부양 수당을 전혀 받지 못했다. 점령지에서 걷힌 세금 잔액은 팔레스타인인 노동자들에게 쓰이지 않고 이스라엘 국가가 보유했다.[23]

이스라엘의 노동자 조직은 이런 상황을 바로잡기 위한 노력을 전혀 하지 않았다. 1967년 점령 이후 히스타드루트는 값싼 노동력의 유입이 유대인 노동자의 임금과 노동조건에 영향을 주지 않을까 두려워했다. 그러나 팔레스타인인들이 유대인의 기피 직종에 종사한다는 사실이 분명해지자, 히스타드루트는 더는 비판하지 않았다. 더구나 히스타드루트 자체가 중요한 고용주로서 이스라엘 자본주의 구조의 핵심적 일부였고, 키부츠 운동 같은 관련 조직들은 가자와 서안 출신 노동자를 적극 고용했다. 히스타드루트가 1920년대에 '유대인 노동 [고용하기], 유대인 생산물 [구입하기]' 캠페인을 벌이면서 인종차별이 나타나 이스라엘의 아랍 시민들을 차별했지만 이것에도 도전하지 않았다. 또한 점령지 노동자들에게 이스라엘 법을 적용하거나 조합원 자격을 부여하려는 노력도 전혀 없었다. 그 결과 점령지 노동자들은 가장 천한 직종에 종사할 수밖에 없었다. 그레이엄브라운은 다음과 같이 말했다.

> [점령지 노동자들로 채워진 — 지은이] 직업의 대다수(비숙련 건축 노동, 농업 노동이나 청소, 식당 일, 쓰레기 처리 같은 서비스직 등)는 조직된 [이스라엘 — 지은이] 노동자들의 임금구조에 진정한 위협이 되지 않았다. 이스라엘의 경제적·사회적 위계 구조 속에서 점령지 노동자들은 모든 측면에서 최하층이었다.[24]

이스라엘 경제에 통합된 지 10년이 지나고도 서안과 가자 노동자들의 임금은 평균적으로 이스라엘 노동자 임금의 40퍼센트에 불과했다.[25]

새로운 시장

점령지 산업에 대한 이스라엘의 정책은 두 방면으로 추진됐다. 한편으로는 이스라엘 상품에 유리하게 관세 장벽을 조작했다. 이스라엘로 상품을 '수출'하는 이미 취약한 산업부문에 대해서는 장벽을 설치해 방해하는 한편, 이스라엘 상품은 점령지에 자유롭게 공급되게 했다.

다른 한편으로는 점령지 부르주아지에게 가는 자금을 효과적으로 차단함으로써 그들을 무력화하는 정책을 적극적으로 추진했다. 1967년 점령 직후 모든 은행이 폐쇄됐다. 나중에 영업을 재개할 수 있었던 것은 이스라엘 국적의 은행뿐이었다.[26] 그 결과 팔레스타인의 공업(과 농업 대부분)은 소규모에 머물거나 더 후퇴했다. 점령 10년 후에 공업이 국내총생산에서 차지하는 비중은 서안은 겨우 4.7퍼센트, 가자는 7.5퍼센트에 불과했다.[27] 1981년에 서안의 '공업 시설' 중에 90퍼센트는 여전히 가족 자본에 기반을 두고 있었다. 2207개의 공장 중에 20명 이상의 노동자를 고용한 곳은 37개에 불과했고, 585개는 1인 자영업체였다.[28]

서안과 가자의 인구가 증가함에 따라(1980년대 중반에는 약 150만 명에 이르렀다) 점령지는 이스라엘의 상품 시장으로서 엄청나게 중요해졌다. 1986년이 되면 점령지는 7억 8000만 달러 상당의 상품을 수입하는, 미국 다음가는 이스라엘의 수출 시장이 됐다.[29] (서안과 요르단 사이의 무역 같은) 아랍 국가들과의 무역은 줄어들어 미미하게 됐다.[30]

점령지는 이스라엘 경제가 식민지로 확장된 것과 같은 기능을 했다. 점령지는 이스라엘 국가가 거의 비용을 들이지 않아도 되는 노동력의 원천이자 지배할 수 있는 시장이었다. 항상 외부 지원에 전적으로 의존했던 체제에 이것은 중요한 고려 사항이었다. 이스라엘 지배자들이 부딪힌 문제는 오직 한 가지, 즉 계속되는 팔레스타인인의 저항뿐이었다.

1967년 서안에서 게릴라전을 시작하려던 팔레스타인해방기구의 시도는 대량 구속·구금 사태 때문에 좌절됐다. 이스라엘은 1930년대에 영국이 사용한 방식을 답습했다. 1971년에 학생 시위대가 총에 맞아 죽고, 1만 2000명의 팔레스타인인이 구속되고, 수천 명이 요르단으로 추방될 때까지 가자의 게릴라전은 간헐적으로 계속됐다. 그 후 이스라엘 군대가 가자의 난민촌에 침입해 수십 명의 게릴라를 죽이고 그곳에 군사 통치에 가까운 지배 체제를 구축했다.[31]

1967년 이후 서안에서는 일련의 [분쇄] 전략이 시도됐다. 처음에 이스라엘은 주요 활동가들을 요르단으로 추방해 저항운동의 숨통을 끊으려 했다. 1969년에는 223명의 팔레스타인인과 한 베두인족* 무리 전체를 추방했다. 1970년에는 406명의 팔레스타인인을 추방했다.[32] 그러나 그 지역을 통제하기가 여전히 힘들다는 사실이 드러나자 1970년대 중반 이스라엘 정부는 흡수 전략을 채택했다. 1976년에 지방자치 선거를 허용해 '온건파' 지역 관리들이 선출되기를 기대했다. 그들이 뽑히면 팔레스타인해방기구를 지지하지 않고 일부 정치적 책임을 맡을 수 있는 대안적 지도부가 될 것이라고 예상한 것이다.

그러나 결과는 이스라엘에 충격을 줬다. 유권자들은 전통적 지도자 대신 대다수가 이스라엘 당국과 협력하기를 거부하는 민족주의

* 베두인족 아랍의 사막 유목민.

자들을 선출했다. 많은 사람들이 투옥되고, 추방당하고, 처벌받았다. 1970년대 말에 이스라엘은 또 다른 흡수 전략을 추구했다. 이것은 1920년대의 초기 시온주의 경험에서 도출된 전략이었다. 당시 성장하고 있던 민족주의 운동에서 팔레스타인의 아랍인들을 떼어 놓으려는 시도로 정착민 지도부는 히즈브알주라, 즉 농민당을 만들었다. 이것은 곧 실패했지만, 50년 뒤[인 1970년대]에 이스라엘 정부는 촌락연맹으로 알려진 팔레스타인운동연맹을 설립해 그 전략을 다시 추진했다.

팔레스타인운동연맹은 농촌에서 이스라엘의 아랍인 지배를 중재할 협력자층을 조직하기 위한 기구였다. 처음에 팔레스타인운동연맹은 "주민 전체의 이익을 위해 일할" 협동조합 체계로 등장했지만 곧 독자적 예산, 심문소와 감옥을 갖춘 무장 민병대, 심지어 격주간 신문을 갖게 됐다.[33] 팔레스타인운동연맹의 지도자 중 한 명이었던 자우다트 사왈하는 목표를 분명히 밝혔다. 그는 팔레스타인운동연맹이 팔레스타인해방기구의 영향력에 맞서 싸우면서 팔레스타인인을 대신해 이스라엘 정부와 협상할 작정이라고 말했다.[34] 이스라엘은 팔레스타인운동연맹에 협력하면 이익을 얻을 것이고 동참하지 않으면 모두 처벌받을 것이라고 선포했다.

그러나 팔레스타인운동연맹은 실패작이었다. 그들은 사회적으로 소외되거나 정치적으로 배척당한 극소수만 끌어들일 수 있었다. 떠돌이 노동자나 팔레스타인 대중에게 경멸받던 전직 요르단 보안경찰이 대개 그런 사람들이었다. 1982년에 이스라엘은 팔레스타인운동연맹을 민주평화운동이라는 새로운 정당으로 전환하려고 했다.

팔레스타인운동연맹의 지도자들이 저지른 폭행·살인·부패 소문이 난무하는 가운데 그런 시도는 결국 파산하고 말았다.

그러나 이스라엘은 협력이라는 당근을 사용하면서도 전통적 채찍도 사용했다. 팔레스타인운동연맹에 협력하지 않은 지방의회들은 대부분 해산되거나 재정이 삭감당했고 모든 독립적 기구는 마비됐다. 지역에서 선출된 지도자들이 저항의 핵심으로 부상하면 그들을 암살하려고 시도했다. 1980년대 초까지 이스라엘은 서안 사회의 모든 부문을 고립시켰다.

팔레스타인인의 저항은 수그러들지 않았다. "요지부동"(수무드)이라는 구호 아래 서안과 가자의 주민들은 그나마 남아 있는 모든 지역 기구에 모여들었다. 학교, 대학, 이슬람 사원, 공연장이 정치적 저항의 무대가 됐다. 이제 이스라엘은 전통적 억압 방식에 의지했다. 1985년에는 이스라엘 '정예' 부대가 가자와 서안에서 모두 동원됐다. 그들은 "팔레스타인 민간인을 마구잡이로 체포하고, 검문하고, 때리고, 총으로 쏴 죽였다."[35] 점령지에서의 저항은 점점 더 가혹한 '처벌'을 받았다. 사회 기반 시설은 쇠퇴했고, 보건과 교육은 붕괴할 지경이었다. 어떤 이스라엘 학자에 따르면, 가자의 상황은 "치욕 그 이상"이었다.[36]

1986년에 '서안 데이터베이스 프로젝트'라는 이스라엘의 기구는 가자에 관한 보고서를 발간했다. 보고서는 가자가 "텔아비브의 강제 노동 수용소"이며 빠르게 "이스라엘판 소웨토"로 변하고 있다고 밝혔다.[37] "폭발할지도 모를" 상황이라는 것이었다.[38]

10장

봉기

팔레스타인 민족주의가 사라졌다고 생각한 사람들은 중동의 제국주의 역사를 이해하지 못한 것이었다. 영국과 미국이 시온주의 운동을 보호하는 구실을 맡았을 때, 그들은 중동 전략의 핵심에 모순적 요소를 심어 놓았다. 영국과 미국은 단지 새로운 국가 이스라엘을 세우기만 한 것이 아니라 그곳에 살고 있던 모든 사람을 추방했다. 그러나 이스라엘과 아랍 지도자들이 함께 노력했음에도 팔레스타인 대중을 자본주의 구조에 완전히 통합하거나 물리적으로 제거할 수는 없었다. 서안과 가자에서 일어난 인티파다는 제국주의가 스스로 해결할 수 없는 정치적 모순을 만들어 놓았다는 증거였다.

봉기는 이 문제의 두 측면을 보여 줬다.

첫째, 이스라엘은 계속 공격적인 식민 국가로 행동했다. 이스라엘은 서안과 가자를 점령한 채 팔레스타인 주민들을 체계적으로 착취하고 정치적으로 강력하게 탄압했다.

둘째, 팔레스타인인들은 계속 민족주의적으로 대응했다. 이스라엘 자본주의가 새로운 팔레스타인 노동계급을 창출하면서 점령지의 성격을 바꿔 놓기는 했지만, 시온주의의 배타적 특성(아랍인 인종차별) 때문에 팔레스타인인들의 대응은 순전히 민족주의적이었다. 봉기는 착취에 대한 팔레스타인인의 대응이 민족문제와 분리될 수 없음을 보여 줬지만, 동시에 민족주의의 한계도 보여 줬다. 즉, 팔레스타인 민족주의 자체가 아랍 자본주의의 변형이었기 때문에 팔레스타인 대중의 이해관계를 대변할 수 없었다.

돌들의 혁명

1987년 내내 이스라엘은 가자 주민들을 점점 더 억압하면서 그것에 반대하는 사람들을 폭력적으로 탄압했다. 이스라엘군이 시위대를 공격할 때마다 파업과 시위가 뒤따랐는데, 결국 12월 8일에 일어난 4명의 가자 노동자 살해 사건으로 분노가 폭발했다. 며칠 뒤 열린 장례식은 대중적 저항의 시발점이 됐다.

운동의 규모가 엄청나게 커지자 이스라엘은 병사들을 징집해 병력을 증강했다. 며칠 만에 가자에만 1967년 서안과 가자를 점령하는 데 동원된 병력보다 더 많은 군인이 주둔하게 됐다.[1] 그러나 시위는 여기서 멈추지 않고 곧 서안으로 퍼져 갔다. 12월 21일에는 이스라엘에 사는 팔레스타인인들이 파업에 가담해 점령지에서 벌어지는 시위를 지지했다. 팔레스타인 지역에 사는 아랍 주민 전체가 운동에 참여하게 됐다.

봉기의 가장 두드러진 특징은 팔레스타인인들이 자신보다 월등히 강한 이스라엘군에 대항하는 투쟁을 계속할 수 있었다는 것이다. 돌멩이만 든 시위대가 최신 무기로 무장한 군대와 싸웠다. 이스라엘 지도자들은 '철권' 통치를 포기하지 않을 것이라고 큰소리쳤지만 내심으로는 팔레스타인인의 끈질긴 저항에 당혹스러워했다.

전 외무부 장관 아바 에번은 이스라엘군을 "세계 불가사의 중에 하나"라고 말했다. 그는 "역사상 그토록 작은 국가[이스라엘 — 지은이]가 그렇게 막강한 국방력, 전쟁 억지력, 보복 능력을 가진 적은 없었다"고 말했다. 에번은 각국의 전투력을 비교하면서 이스라엘이 "54만 명의 군인, 약 3800대의 탱크, 가공할 폭격 능력을 보유한 682대의 항공기, 수천 문의 대포와 미사일, 그리고 위압적인 전자 장비"를 실전 배치할 수 있다고 지적했다. 반면에 팔레스타인해방기구는 "8000명의 군인이 여러 지역에 흩어져 있고, 탱크·항공기·미사일은 하나도 없으며, 총 몇 정과 수류탄·돌·화염병을 갖고 있을 뿐이다."[2]

사실, 봉기는 팔레스타인 게릴라가 아니라 비무장 청년들이 이끌었다. 이스라엘은 무력으로 운동을 분쇄하려 했지만, 이들은 1988년 내내 거의 쉬지 않고 투쟁을 계속했다. 운동은 점령지 주민들에게 희망을 심어 줬고, 급속하게 자신감을 회복한 주민들은 과거의 대중투쟁을 되살려 냈다. 1960년대 말 요르단과 레바논의 수용소에 있던 팔레스타인인들은 [무장 전투 조직] 페다인과 팔레스타인해방기구의 민간단체에 무더기로 가입했었다. 당시 참여자들은 이 '혁명'의 충격을 다음과 같이 묘사했다.

> 혁명 이후에 팔레스타인인들은 굴욕적인 삶이 끝나고 이제 인간답게 살게 됐다고 느꼈다. … 혁명 전에 수용소에서는 사교적 문제만 얘기할 수 있었다. 그렇지만 혁명 후에는 토지·민족·혁명 같은 정치적 문제를 논의하기 시작했다. …

> 나는 혁명적이고 전투적이며 고통을 겪고 있는 팔레스타인 민족의 일원이라는 것이 자랑스럽다. 우리 팔레스타인인은 여러 차례 기만당했고 존재를 부정당했다. 그러나 혁명은 우리를 묶고 있던 족쇄를 분쇄해 버렸다.[3]

점령지 주민들이 다시 집단적 투쟁을 시작하자 이런 감정이 되살아났다. 가자에는 자신감이 흘러넘치고 있었다. 가자 주민들은 기자에게 다음과 같이 말했다.

> 우리를 동정하지 마십시오. 우리는 굶어 죽어 가는 사람들이 아닙니다. 우리는 당신의 식량이 필요 없습니다. 두렵지도 않습니다. 이제 아무도 저들의 총을 두려워하지 않습니다.[4]

봉기가 시작된 지 6개월이 지나자 서안의 이스라엘군 사령관은 팔레스타인인의 자신감이 "돌이킬 수 없을 만큼" 올랐다고 시인했다.[5] 이런 자신감은 노조와 여성 단체 같은 지역 조직의 부활을 통해 드러났다. 그사이에 모든 마을·도시·수용소에서는 각종 위원회의 새로운 연결망이 생겨났다. 이런 위원회는 자생적으로 나타났지만 몇 달 만에 통합봉기사령부라는 틀을 갖추게 됐다. 점령지 내 팔레스타인해방기구의 유력 인사들(주로 파타의 핵심 멤버들)을 기반으로 하는 이 위원회들은 튀니스[에 있는 팔레스타인해방기구 본부]와 긴밀히 연락을 주고받으면서 아라파트의 지도를 받았다.

사령부는 정기적으로 "바야낫"('호소'라는 뜻)이라는 리플릿을 발행해서 파업, 시위, 이스라엘 상품 불매운동, 적극적 '자조自助' 활동을 호소했다. 이런 투쟁은 거의 모두 성공했다. 이스라엘군은 시위대를 거리에서 몰아내지 못했다. 그들은 상인들이 가게를 열고 장사를 계속하도록 강요해 '철시'를 저지하려 애썼다. 그러나 가게 하나가 문을 열면 다른 가게가 문을 닫았다. 어떤 시장이 강제로 영업하게 되면 다른 시장이 영업을 재개하지 않았다. 그리고 파업 호소에 호응해 이스라엘로 출근하지 않는 팔레스타인 노동자 수만 명을 군대는 전혀 통제하지 못했다.

과거에 이스라엘이 팔레스타인 지도부를 제거했기 때문에 이제는 충돌을 중재할 수 있는 수단이 전혀 없었다. 이스라엘의 유일한 대응 방안은 억압의 강도를 높이는 것뿐이었다. 수십 개의 마을에 통행금지령이 내려졌고, 수백 명이 '연좌제'로 처벌받았으며, 수천 명이 수감됐다. 팔레스타인인권정보센터에 따르면, 1988년 말에는 적어도 3만 명의 팔레스타인인이 수감돼 있었다.[6] 국제사면위원회에 따르면, 1989년 5월까지 5000명의 팔레스타인인이 관리 차원에서 감금됐고, 적어도 1100명이 네게브 사막에 있는 케치오트 교도소에 억류돼 매우 열악한 조건에서 지냈다.[7]

1989년 7월까지 600명 이상의 팔레스타인인이 살해됐지만, 여전히 시위는 멈추지 않았다.

봉기의 문제

많은 팔레스타인인들이 봉기로 기적 같은 변화가 일어났다고 생각했다. 새로운 세력이 투쟁을 시작하자 민족주의 운동이 되살아났고, '혁명'을 통해 '부활'을 이룰 수 있다는 말도 있었다. 현실은 이보다 복잡했지만 뜨거운 투쟁의 열기 속에서 운동의 강점과 약점을 제대로 평가할 수 있을 법한 활동가는 거의 없었다.

이스라엘의 오랜 친구인 서방의 대중매체도 운동의 성과를 인정할 수밖에 없었다. 1988년 12월에 〈가디언〉은 인티파다의 해를 되돌아보면서 다음과 같이 평가했다. "봉기는 여러 면에서 훌륭하게 성공했다. 무엇보다 팔레스타인 문제를 다시 국제적 의제로 부각하고 팔레스타인 주민을 전례 없이 단결시켰다는 점에서 성공적이었다."[8]

이것은 봉기의 주요 성과를 짚은 것이다. 일부 시온주의자들의 희망과 달리 팔레스타인인들을 물리적으로 제거할 수도 없고, 아랍 지배자들의 의도와 달리 주변으로 완전히 밀어낼 수도 없다는 사실이 입증됐다. 또한 서방 국가의 지배자들이(가장 적극적으로 이스라엘을 후원하는 자들까지도) 팔레스타인 문제를 심각하게 받아들일 수밖에 없게 만들었다.

게다가 봉기는 이스라엘 사회의 일부에도 영향을 줬다. 점령지를 시온주의 국가에 통합해야 한다고 주장하는 이스라엘 사람들이 여전히 많았지만, 팔레스타인인을 꺾을 수 없겠다고 결론지은 사람도 있었다. 그들은 이스라엘이 식민정책을 중단해야 함을 처음으로 확실히 깨달았다. 자유주의·좌파 시온주의자들은 점령지 정책에 반대하는 사람들을 조직하기 시작했지만, 이스라엘에서 벌어진 시위는 소규모에 그쳤다. 이스라엘의 지배자들이 더 우려한 것은 해외 시온주의 운동에서 동요가 확산되고 있다는 점이었다.[9]

1970년의 검은 9월 이후 계속 후퇴하고 있었던 민족주의 운동에 이런 변화는 거대한 진전을 의미했다. 그렇다고 해서 팔레스타인인들과 이스라엘·제국주의의 관계가 바뀐 것은 아니었다. 아직도 서안과 가자는 이스라엘군이 점령하고 있었고, 노동자들은 여전히 이스라엘 고용주를 위해 일하고 있었다. 일상생활에서 차별은 그대로였고, 미국에서 들어온 거액의 돈이 시온주의 국가를 유지하는 데 쓰이고 있었다. 요컨대, 팔레스타인인들의 주장과 달리 '혁명'은 일어나지 않았다.

팔레스타인해방기구 지도부는 이 분명한 사실을 외면했다. 그들은 인티파다가 "우리의 혁명"이며[10] "거역할 수 없는 혁명적 충동"이라고[11] 주장했다. 이런 태도는 자신들이 통제하는 반시온주의 운동만이 최고의 정치 활동이라고 여긴 파타의 전통과 일치했다. 예컨대, 1965년에 파타는 이스라엘에 대한 최초의 게릴라 공격을 사우라, 즉 혁명의 시작이라고 선언했다.

투쟁의 수위가 전례 없이 높았던 탓에 팔레스타인해방기구 내의 여러 조직들과 서방의 지지자들은 봉기의 영향력을 잘못 판단했다. 미국에서 발행된 친팔레스타인 잡지 《미들 이스트 리포트》(서방에서 가장 많이 보는 중동 관련 급진 출판물)에서 조 스토크는 점령지에 '이중권력' 상황이 도래했다고 말했다.

> 이렇게 오래 지속되는 이중권력 상황이야말로 봉기의 주요한 성과인 동시에 이스라엘 군사정권의 주요 표적이다. 이런 이중권력은 상인 파업[철시], 조세 저항, 지역 조직화 등을 통해 도처에서 나타나고 있다.[12]

그러나 '이중권력'은 존재하지 않았다. 팔레스타인 사회의 어떤 부문도 이스라엘 국가를 분열시킬 수 없었다. 팔레스타인인의 집단적 조직화가 전례 없는 수준에 도달하고 점령지의 일부 지역이 한동안 이스라엘군 '출입 금지' 구역이 되긴 했지만, 사회관계가 바뀌려던 것은 아니었다.[13]

팔레스타인해방기구 지도부가 [사태를] 새로운 '혁명'이라고 주장한 것은 순전히 저항의 규모 때문이었다. 팔레스타인의 급진주의자들은 더 구체적이었다. 해방인민전선이 보기에 봉기의 가장 중요한 양상은 처음으로 팔레스타인 노동자들이 참여했다는 점이었다. 서안과 가자의 '프롤레타리아화' 덕분에 잠재력이 있는 새로운 세력, 즉 "점령 반대 투쟁의 전위 구실"을 할 수 있는 노동계급이 창출됐다는 것이다.[14] 산업 투쟁이 시작된 지 6개월 뒤에 해방인민전선은, 팔레스타인 노동계급("점령과 억압 정책 때문에 가장 착취받는 계급")의 투쟁을 통해 이스라엘이 점령지의 노동력에 '의존'하고 있음이 드러났다고 선언했다. 그들의 주장에 따르면, 팔레스타인의 노동계급이 마침내 자기 힘을 자각했고 "자유와 해방을 위한 투쟁에서 자신의 역사적 사명을 깨닫게 됐다"는 것이다.[15]

그러나 점령지의 노동계급조차 근본적 변화를 불러올 힘이 없었다. 이스라엘에 의한 식민지화 때문에 새롭게 프롤레타리아가 생겨난 것은 사실이지만, 시온주의의 근본에 있는 배타성 때문에 그 발전은 엄격히 제한됐다. 1920년대에 시온주의자들의 배타적 경제를 창출한 인종차별이 1960년대와 1970년대에는 서안과 가자의 노동자들을 주류 경제활동에서 배제시켰다.

이스라엘의 핵심 산업은 오직 유대인으로 구성돼 있었다. 1980년대까지도 점령지의 노동자들은 이스라엘의 제조업·통신업·운송업에서 숙련직 일자리를 구할 수 없었다. 서안이나 가자의 노동자 중에 정부나 금융 부문에 종사하고 있는 노동자는 전혀 없었다. 이스라엘 노동인구의 11퍼센트를 차지하던 점령지 노동자들은 '더러운' 직업이나 계절 노동에 종사하고 있었다.[16]

팔레스타인인의 파업으로 타격을 받은 특별히 취약한 이스라엘 고용주들조차 잠시 동안만 어려움을 겪었다. 일부 비숙련 노동자들의 자리는 재빨리 메꿀 수 있었고 매우 짧은 기간만 파업에 참여한 노동자도 있었으며 대다수 노동자들이 최저생활선에서 살아가고 있었던 탓에 결국은 작업에 복귀해야 했기 때문이다.

소규모 공장과 초착취 공장에 팔레스타인 노동자들이 대거 몰려 있던 섬유 업종에서는 규모가 큰 기업의 생산 활동은 마비되지 않았고 생산량이 많아야 20퍼센트 하락했다.[17] 팔레스타인인들이 노동력의 60퍼센트 이상을 차지하기도 했던 건설업의 생산량은 20~25퍼센트 하락했다.[18] 호텔과 요식업에 미친 영향도 제한적이었다. 이스라엘호텔협회 회장은 다음과 같이 말했다. "사실 우리는 파업의 영향을 받지 않았다. … 오늘 우리는 결근자들을 대체하려고 유대인 직원들의 휴가를 취소했다."[19] 팔레스타인인이 계절 노동자의 대부분을 차지하던 농업 부문에서는 레바논·포르투갈 노동자들이 특별비자를 받아 들어왔고 학생들이 동원돼 과일과 채소를 거둬 들였다.[20] 그래서 많은 사적 생산자들과 키부츠 사람들은 작물의 일부를 살릴 수 있었다.

봉기는 이스라엘 경제에 상당한 영향을 미쳤지만 결정적 충격을 주지는 못했다. 이스라엘은행의 보고서에 따르면, 인티파다로 인한 수출 이익 감소분 6억 5000만 달러 중에는 관광 수입 감소분 2억 8000만 달러도 포함돼 있었다.[21] 인티파다의 영향을 가장 많이 받은 곳은 점령지였다. 점령지를 상대로 한 이스라엘의 '무역수지 흑자'는 1년 만에 76퍼센트나 감소했다. 그렇지만 이스라엘 전체의 기업 활동 지수는 15퍼센트밖에 떨어지지 않았다. 팔레스타인인들이 파업했음에도 점령지 전체의 노동력 공급이 겨우 25퍼센트 감소했기 때문이다. 고용주들은 이스라엘 노동자들의 생산성을 높이고 외국인 노동자들을 수입해 그 손실을 벌충할 수 있었다.[22]

인티파다가 이스라엘 국가에 미친 영향은 상당했지만, 대다수 팔레스타인인들이 기대했던 것만큼은 아니었다. 1989년 7월에 이스라엘 관리들은 당해 연도 군비가 5억 2600만 달러까지 상승할 것으로 예상했다.[23] 이것은 국내 자원이 극히 빈약한 이스라엘 경제에는 엄청나게 많은 액수였지만, 그해에 미국이 지원한 돈 총액의 20퍼센트에도 미치지 못했다. 워싱턴이 원조를 중단할 소심은 보이지 않았다. 시위, 파업, 이스라엘 상품 불매에도 불구하고, 20개월이 지나자 이스라엘 경제는 교란됐을 뿐 위기에 처한 것은 아니었다는 사실이 분명해졌다.

이스라엘 노동자와 봉기

인종차별적 분업 때문에 봉기는 이스라엘 경제를 위협할 수 없었다. 그보다 부차적이지만 상호 보완적인 요인은 유대인 사회의 매우 통일된 반응이었다.

봉기 당시 이스라엘의 유대인이 서안과 가자 주민들에게 실질적 연대를 보여 준 적은 한 번도 없었다. 오히려 이스라엘 사회의 가장 중요한 부문인 유대인 노동계급은 시온주의 국가를 향한 충성을 입증해 보였다.

1988년 초에 팔레스타인인의 투쟁과 파업이 절정에 달했을 때, 이스라엘 노동운동의 지도부는 자국 정부와 고용주를 지지했다. 그 해 1월, 히스타드루트의 사무총장 이스라엘 케사르는 며칠 자리를 비우고 무보수로 곡식 수확을 거들 생각이라고 조합원들에게 말했다.[24] 그의 언행은 히스타드루트가 무엇을 책임지고 있는지 조합원들에게 분명히 보여 줬다. 반대하는 사람은 아무도 없었다. 히스타드루트는 이스라엘 자본주의의 필수적 일부로서 아랍인과 유대인 사이의 분열을 유지하는 구실을 충실하게 수행했다. 이스라엘 노동자들은 인티파다를 그저 구경하는 데 그치지 않고 그것을 파괴하는 활동에 적극적으로 가담했다.

이스라엘 노동자들의 행위는 시온주의가 [이스라엘] 유대인 노동계급 전체를 포섭했음을 다시 한 번 확인시켜 줬다. 유대 민족주의가 노동자들에게 미친 영향은 정착촌 건설 과정 초기부터 분명했다. 당시 유대인 이주민들은 아랍인을 토지에서 내쫓고 경제활동에서 배제하는 데 자신들의 미래가 달려 있다고 생각했다. 즉, 그들은 팔레스타인인을 정복하는 데 특수한 물질적 이해관계가 있었다.

그런 양상은 이스라엘 국가가 건설된 뒤에도 계속됐다. 임금 인상과 노동조건 개선을 위한 이스라엘 노동자들의 투쟁 수준이 높았음에도(이것은 이스라엘 유대인의 생활에서 나타난 하나의 특징이었다), 팔레스타인인과 정치적으로 연대하려는 기미는 전혀 없었다.[25] 1960년대에 이스라엘의 사회주의자들은 다음과 같이 말했다.

> 지난 50년 동안 물질적 조건이나 노동조합 쟁점 때문에 이스라엘 노동자들이 이스라엘 정부 자체에 도전한 적은 한 번도 없었다. 그렇게 했다가는 소수의 프롤레타리아조차 동원할 수 없었다. 이스라엘 노동자들은 거의 언제나 계급적 충성심보다 민족적 충성심을 우선시했다.[26]

인티파다는 시온주의의 통제력을 다시 한 번 확인시켜 줬다. 1936년에 팔레스타인인들의 총파업이 벌어졌을 때 유대인 노동자들이 이득을 얻기 위해 노동을 한 것과 꼭 마찬가지로, 1988년에도 그들은 봉기의 충격을 최소화하기 위해 집단적으로 노력했다. 이스라엘 노동자들은 계급적 충성심보다는 민족적 충성심을 우선시한 것이다.

이런 행동은 이스라엘 사회 전체에서 되풀이됐다. 정부가 점령지 주민들을 탄압하는 것에 반대한 이스라엘 사람도 있긴 했지만 너무 소수였다. 1982년에 레바논 침공에 반대해 수만 명을 동원했던 '지금 평화를'(샬롬 아흐샤브) 운동이 팔레스타인인의 권리를 방어하기 위해 시위를 주최했지만 그때보다 훨씬 더 소수가 참여했다. 예시 그불은 서안과 가자에서의 군 복무에 반대하는 운동을 조직했지만, 극소수의 예비군만 호응했다. 이스라엘 정부의 점령지 정책을 문제 삼은 '지금 평화를'과 예시 그불 같은 다른 운동들은 팔레스타인인의 운명을 결정할 수 있는 이스라엘의 권리 자체는 문제 삼지 않았다. 그 운동은 시온주의 국가의 특수한 정책에 대해 자유주의적 견지에서 비판을 하기는 했지만, 시온주의 사업의 근본을 문제 삼지는 않았다. 그것은 반反시온주의 운동이 아니었다. 그래서 팔레스타인인에게 실질적 연대를 표명할 수 없었다. 그 운동들은 시온주의가 오래전부터 이스라엘의 유대인 앞에 설치해 놓은 장애물을 극복할 수는 없었다. 유대인들은 팔레스타인인을 쫓아내고 아랍 국가에서 벌어지는 반제국주의 운동을 굴복시키는 데 물질적 이해관계가 있었던 것이다. 사실 인티파다(경제적·정치적·영토적 권리라는 문제를 제기한 운동)는 일부 이스라엘 노동자들의 민족 감정을 더욱 고취하기도 했다.

유령 국가

〈가디언〉은 봉기가 "여러 면에서 훌륭하게 성공했다"고 보도하면서 다음과 같은 말을 덧붙였다.

> 결국 … 인티파다는 실행 가능한 대안을 제시하는 데는 실패했다. 자조 활동이나 채소밭 일구는 일이 활성화된 것은 경제활동의 전반적 침체 때문이었다. 그들은 20년에 걸쳐 이스라엘에 종속된 상황을 끝장내지 못했다. … 팔레스타인해방기구가 말하는 [독립 — 지은이]국가는 여전히 유령 국가에 불과하다.[27]

이 말은 정확했다. 새로운 세력이 활동을 시작하고 엄청난 에너지가 발산됐음에도 이스라엘의 통치는 끝나지 않았다.

봉기의 표면적 결과와 실제 효과의 관계는 팔레스타인해방기구 지도부가 채택한 전략에 중요한 영향을 미쳤다. 아라파트는 봉기를 일으키지 않았다. 운동의 자생성은 그의 정치 전통에 낯선 것이었고 파타의 지배력에 잠재적 위협 요소였다. 그러나 봉기에 참여한 새로운 사회 세력은 전통적 팔레스타인 민족주의를 깨뜨릴 만큼의 힘을 입증하지 못했다. 팔레스타인 노동계급의 비중은 시온주의에 반대하는 투쟁의 수준을 새로운 정치적 지도가 필요한 지점까지 끌어올리기에는 부족했다. 그래서 봉기는 민족주의의 틀을 벗어나지 못했고 팔레스타인해방기구 지도부는 운동을 지도할 수 있었다.

중요한 위치에 선 파타

서안과 가자의 주민들이 일치단결해 인티파다를 지지하게 된 데는 이스라엘의 정책도 한몫했다. 1970년대와 1980년대에 서안과 가자의 정치 지도자들에게 당근과 채찍 정책을 구사한 것은 재앙적 실패로 끝났다. 촌락연맹이 붕괴하면서, 주민 대중에 대한 통제를 중재해 줄 거라는 기대를 받았던 부역자층도 함께 사라졌다. 억압 정책 때문에 시장이나 종교 지도자 같은 공동체의 다른 인사들도 제거됐다. 그들 중에 대다수가 추방되거나 가택 연금당하거나 수배됐다. 신문과 잡지는 검열당하거나 발행 금지됐고 대학과 문화 단체들은 폐쇄됐다. 1980년대 중반에는 점령에 반대하는 팔레스타인인의 분노를 딴 데로 돌리는 데 사용할 수 있었을지도 모를 수단이 거의 모두 제거됐다.

민족운동 자체가 정치적 진공 상태를 낳기도 했다. 팔레스타인해방기구의 '요지부동' 정책은 일상적 저항을 유지하는 데는 성공했지만 점령지 주민들의 상태를 개선할 수단은 제공하지 못했다. 팔레스타인해방기구 지도부의 행동은 점점 더 쓸데없어 보였다. 아라파트의 열정적 외교 활동은 완전히 실패로 돌아갔다. 아랍 국가들은 팔레스타인해방기구를 따돌리고 있었다. 한편, 서안과 가자에서 탄압은 점점 더 심해졌고 민족운동의 지도부는 새 세대 활동가들이 누적된 불만과 정치적 에너지를 발산할 수 있는 탈출구를 제공할 수 없었다.

점령지 주민들은 젊었다. 그들은 그곳에서 이집트와 요르단의 지배를 받으며 살았던 사람들의 정치적 전통에서 벗어나 있었고 파타 민족주의의 통제력에서 비교적 자유로웠다. 인티파다 초기에는 그 젊은이들이 지도력을 발휘했다. 흔히 그들은 이스라엘군과 투쟁하는 과정에서 보여 준 열정과 용기와 상상력 덕분에 지도력을 획득했다. 그러나 봉기를 조율하고 지도할 필요성이 제기되자 며칠 만에 팔레스타인해방기구의 조직들이 주도적 구실을 하기 시작했다.

파타는 레바논에서 쫓겨난 이후 점령지에 있는 지지자들의 연결망에 신경을 썼고 요르단을 통해 막대한 금액을 보내 그들의 활동을 지원했다. 사태의 중요성을 깨닫게 됐을 때 파타는 기존의 영향력을 행사할 수 있었다. 특히 시장 같은 선출된 지도자나 주요 기업가·전문직을 통해서 그렇게 했다. 가자에서는 해방인민전선이 대학에 지지자들을 거느리고 있었고 서안에서는 민주전선과 공산당이 전문직와 일부 빈민에게 지지를 얻고 있었지만, 파타의 영향력이 압도적이었음은 의심의 여지가 없었다.[28]

봉기의 공식적 조직은 대부분 파타와 급진주의자들이 주도했다. [팔레스타인 역사가] 라시드 칼리디는 다음과 같이 말했다.

> 봉기는 … 이스라엘이 많은 전통적 지도자들을 축출하고 다른 지도자들을 협박함으로써 느슨하지만 외관상 통일된 비밀 지하 지도부가 성장할 수 있는 조건을 형성했음을 보여 준다. 대개 이 새로운 지도자들은 이스라엘 감옥에서 성장했다. 이스라엘 감옥은 팔레스타인의 혁명적 간부층을 양성하는 주요 훈련 기지였던 셈이다. 그들은 또한 팔레스타인의 주요 정치조직의 일원이나 간부다. 그들은 팔레스타인해방기구가 자신들의 대표 기구라고 말한다.[29]

게다가 종교 조직도 나타났다. 1950년대 이후 팔레스타인 민족주의는 근본적으로 세속적인 성격을 띠고 있었다. 이것은 아랍 민족주의 전반의 세속적 성격을 반영한 것이었고, 주민의 10퍼센트가 기독교도인 팔레스타인 사회의 특수한 성격을 반영한 것이기도 했다. 그런데 1970년대 초부터 중동 전역에서는 이슬람 '행동주의'의 영향력이 커졌다. 팔레스타인 공동체에서는 그런 경향이 더디게 성장했지만, 이란 혁명 뒤에, 그리고 팔레스타인해방기구가 주변화한 1982년 이후 눈에 띄게 성장했다.[30] 1988년이 되면서 서안의 모스크 수는 20년 만에 2배로 증가했다. 주민이 거의 모두 무슬림인 가자에서도

같은 기간에 모스크 수는 2배로 뛰어 160개가 됐다.[31]

1980년대부터 이슬람지하드라는 조직이 청년 활동가들에게 영향력을 미쳤는데, 특히 가자에서 그랬다. 그 조직은 이스라엘에 대항하는 지하드(성전)와 팔레스타인 전체의 해방을 주장하면서 팔레스타인해방기구가 타협적이며 역동성이 없다고 비판했다. 그렇지만 팔레스타인 민족주의의 원칙에는 도전하지 않았다. 그 조직은 민족주의 운동 내 전투적인 종교적 경향에 속했다. 1987년에 이슬람지하드의 조직원들은 특별히 강력한 탄압을 받았고 몇 명은 봉기 직전에 살해됐다. 인티파다가 시작되자 이슬람지하드 조직원들은 시위와 파업을 적극적으로 조직했고 팔레스타인해방기구가 상설 지역위원회를 구성하자 이슬람지하드도 들어왔다.

파타·해방인민전선·민주전선·팔레스타인공산당·이슬람지하드는 '민족 단결'을 위해 함께 활동하면서 운동을 조직했다.

1940년대 이후 팔레스타인에서 적극적으로 활동했던 무슬림형제단은 이제 운동의 주변부로 밀려나지 않을까 두려워하면서 인티파다 안에서 대안적 경향을 건설하기 위해 애썼다.[32] 그들은 사우디의 지원을 받아 하마스('열정'이라는 뜻)로 알려진 이슬람 저항운동을 결성했다. 하마스는 팔레스타인 민족운동의 일부라고 자처했지만, "팔레스타인 이슬람 국가" 건설을 주장했다.[33] 몇 달 동안 하마스는 독자적 조직화에 힘을 쏟았지만, 몇 달 못 가 통합봉기사령부와 함께 자신들의 활동을 조율하게 됐다. 따라서 지도부 내 다양한 경향 중에 어느 누구도 팔레스타인 민족주의라는 전제 자체에는 도전하지 않았으며 사실상 파타의 지배력에 도전할 수도 없었다.

다시 소국가로

이런 사태 전개는 팔레스타인해방기구의 지도력에 대한 도전임과 동시에 그 힘을 강화해 주기도 했다. 거의 20년 만에 처음으로 팔레스타인인의 운동은 아랍 국가가 아니라 이스라엘과 직접 충돌했다. 파타가 대중운동의 발전 속도와 보조를 맞춰서 민족주의 급진파와 이슬람 경향의 도전에 저항할 수 있음을 입증한다면, 아랍에서 엄청난 상징적 중요성이 있는 운동, 즉 이스라엘과 제국주의에 대항한 투쟁의 지도력을 다시 획득할 것이다. 실제로 파타는 운동의 지도력을 확보하는 과정에 적응했고, 자신들의 주요 정치 활동 영역인 아랍권 외교에서 다시 영향력을 발휘할 수 있었다. 봉기가 계속되자 아라파트는 새로 발견한 자신의 힘을 이용해 다시 한 번 아랍 국가들을 소국가 전략 아래 모이게 할 수 있었다.

그 결과 파타는 독특한 방식으로 운동을 지도하게 됐다. 봉기 덕분에 팔레스타인해방기구는 아랍 국가들의 영향력에서 더 자유로워졌지만, 아라파트는 더 확대된 운신의 폭을 제대로 이용하지 못한 채 파타를 이끌고 다시 아랍 정권들 쪽으로 후퇴했다.

11장

인티파다의 영향

팔레스타인해방기구는 봉기 덕분에 크게 부상해 아랍 정치의 중심에 다시 섰다. 팔레스타인해방기구 지도부의 반응은 오랫동안 계획만 했을 뿐 실현할 수 없었던 구상을 추진하는 것이었다. 인티파다가 일어난 지 12개월 뒤에 팔레스타인해방기구 지도부는 점령지에 팔레스타인 국가를 선포하고는 이스라엘 국가를 인정했다.

서방 정부들은 아라파트를 칭송했으며, 25년 동안 팔레스타인해방기구에 격렬히 반대했던 미국 행정부도 튀니스에서 인티파다 운동의 대표들과 대화하기 시작했다. 상상할 수 없었던 일이 벌어졌다. 팔레스타인해방기구는 국제적 명성을 얻었을 뿐 아니라 팔레스타인 국가 건설이라는 문제를 의제로 삼아 가장 강력한 서방 정부들과 협상했다.

그런데 왜 미국은 마침내 팔레스타인해방기구를 인정하고 점령지의 미래에 대한 논의를 시작했을까? 팔레스타인 지도자들은 인티파다가 이스라엘에 가한 압력과 점령지 주민에 대한 국제적 동정 분위기가 원인이라고 설명했다.[1] 그렇지만 실제 이유는 다른 곳에 있었다. 미국이 중동 지역에서 가장 오랫동안 관심을 기울인 것, 즉 경제적 이해관계에서 그 이유를 찾을 수 있다.

봉기가 일어난 지 1년이 지난 뒤에조차 시온주의 이스라엘이 위태로운 처지가 아님은 분명했다. 그러므로 이스라엘의 서방 후원자들이 중동에서 자신들의 이해관계를 지키기 위해 재정비를 해야 할 사정인 것은 아니었다. 서방 정부들이 이스라엘 정책에 항의해 팔레스타인해방기구로 기운 것도 아니었다. 전 세계 텔레비전에서 이스라엘이 서안과 가자에서 벌인 만행이 폭로되며 그 지역 주민에 대한 동정심이 일었지만, 그 동정심 때문에 서방 정부가 [중동에서] 손을 떼야 하는 것은 아니었다. 국제적 차원에서 팔레스타인의 뚜렷한 위상 변화는 봉기가 거둔 성과 중 가장 눈에 덜 띄는 것, 즉 이스라엘과 점령지가 아닌 그 외부에 미친 영향 때문이었다.

서방 정부들이 여러 해 동안 중동 지역에서 제국주의 전략을 편 결과 팔레스타인인들은 이 지역의 잠재적 불안정 요소가 됐다. 1950년대에 팔레스타인해방기구가 등장하자 이 잠재성이 현실이 됐다. 아랍 전역에서 팔레스타인해방기구는 급진화 요인으로 작용했다. 요르단과 레바논에서 무장 팔레스타인 운동은 두 정권을 위기에 빠뜨렸다. 다른 곳에서도 팔레스타인 저항의 상징은 강력했다. 1967년 전쟁에서 아랍 군대가 패배한 뒤에 팔레스타인인은 자신감에 찬 반제국주의 투쟁의 모델이 됐으며, 쿠피야(머리에 쓰는 스카프)는 저항의 상징이 됐다.

팔레스타인해방기구 지도부가 아랍 자본주의에 동화됐음에도 팔레스타인 민중은 여전히 이스라엘과 아랍 정권들의 무자비한 압력에 놓여 있었다. 아랍 정권들은 팔레스타인해방기구가 몰락하기를 바랐지만 아랍의 대다수 민중은 계속 팔레스타인인을 지지했다.

이런 일은 팔레스타인해방기구가 가장 심각한 패배를 맛본 때 가장 극명하게 드러났다. 1982년 이스라엘이 레바논을 침공한 뒤에 팔레스타인해방기구 투사들은 바다를 통해 베이루트를 떠났다. 배 한 척이 예멘으로 가는 통로인 수에즈운하를 지나갔다. 이집트인 수백만 명이 운하의 강둑에 모여들어 연대를 표했다.[2] 이로부터 5년 뒤 봉기가 일어나 팔레스타인 운동의 새로운 에너지가 드러나자 아랍 전역에서 즉각적 반응이 있었다.

첫 반응은 팔레스타인 인구가 가장 많은 나라들에서 나타났다. 1987년 12월 중순 봉기가 일어난 지 2주도 되지 않았을 때 레바논 시돈에서 1만 명이 시위를 벌였다. 다수는 팔레스타인인이었으며, 나머지는 오랫동안 팔레스타인해방기구와 동맹을 맺은 레바논 무슬림이었다.[3] 요르단에서는 팔레스타인 활동가가 체포되자 항의 시위가 벌어졌다.[4] 12월 29일에 바레인에서는 경찰이 연대 행동을 막기 위해 사람들을 체포했다. 이미 팔레스타인 문제가 걸프 지역의 국가들에 영향을 미치고 있었다.[5]

예의 주시하고 있던 아랍 정권들은 위험을 감지했다. 12월 29일 시리아 정부가 먼저 행동에 나서 다마스쿠스에서 대중 연대 집회를 조직했다. 《미들 이스트 리포트》는 다음과 같이 보도했다.

> 아랍 정부들은 봉기의 성공이 반정부 정서를 자극하는 것을 막기 위해 운동을 추종하거나 단속해야 했다. 아랍 세력들 중에서 '진보와 [이스라엘과의 — 지은이] 대결'의 지도자로 자처하는 시리아가 어느 누구보다 열성적으로 그 운동을 뒤따르고 흡수했다.[6]

점령지에서 압력이 계속 증대하자 시리아 정부는 연대 집회를 후원하고 재빨리 인기 있는 팔레스타인 조직의 지도자들을 정부 대변인과 함께 대중 연단이나 텔레비전 화면에 내보냈다. 2월 12일은 봉기를 후원하기 위한 '자발적 노동일'로 선포됐다.[7] 알제리도 비슷한 태도를 채택했다. 2월에 알제리 정부가 후원하는 집회에는 아라파트, 하바시, 나이프 하와트마가 참석했다.[8]

일부 나라에서는 정부가 봉기를 지지한다는 공식 성명서만으로는 충분하지 않았다. [1988년] 1월 초 튀니지에서는 팔레스타인 지지 시위가 조직됐다. 경찰이 참여자들을 곤봉으로 두들겨 팼다.[9] 한 달 뒤 봉기를 지지하는 시위를 호소하는 리플릿이 바그다드에서 등장했다. 보안경찰이 수많은 팔레스타인인들을 집에서 연행해 갔다.[10] 1월 20일에는 모로코 학생들이 페즈대학교에서 봉기를 지지하는 행진을 조직했다. 군대가 행진 대열을 공격해 여러 명을 죽였다. 1월 24일에는 요르단 [수도] 암만에서 불법 연대 시위가 경찰에 의해 무산됐다. 야르무크대학교의 학생 활동가들이 체포됐고, 요르단 곳곳에 있던 수백 명의 팔레스타인인이 감금됐다.[11]

쿠웨이트는 인티파다에 재정적 지원을 해 준 첫 번째 아랍 국가였다. 1월 중순 쿠웨이트의 지배자 자베르 알아흐마드 알사바흐가 "신성한 저항"이라 부른 이 운동에 500만 달러를 제공했다.[12] 그러나 2월 8일 팔레스타인 젊은이들(팔레스타인 출신자 30만 명 중 일부)이 쿠웨이트시티에서 연대 행진에 참여하자, 경찰은 최루탄과 곤봉으로 시위대를 해산시켰다. 그다음 날 〈알라이 알라암〉은 쿠웨이트 정부의 생각을 다음과 같이 표현했다. "이런 시위들은 혼란을 조성해 이득을 취하려는 자들에게 이용당할 수 있다."[13]

〈미드이스트 미러〉는 아랍 정부들의 태도를 잘 요약했다.

> 아랍 전역에서 팔레스타인인과 최근의 봉기에 대해 공식적으로 지지를 밝힌 곳은 많았지만 대중의 진취적 시위는 지배자들을 소름 끼치게 했기 때문에 적극적 방해를 받았다.[14]

규모는 작더라도 정치적 의미는 중요했던 연대 운동이 거의 모든 아랍 나라에서 일어났다. 이 운동은 체제를 위험에 빠뜨릴 잠재력이 있었다. 팔레스타인인들은 다시 한 번 이스라엘뿐 아니라 중동 전역에서 수백만 민중이 겪고 있던 비참함과 퇴보에 맞선 저항의 상징이 됐다. 인티파다는 제국주의에 은혜를 입은 정권들에 맞선 대중 저항의 촉매제가 될 위험이 있었다. 이런 저항 정신이 점령지 밖으로 확산되자 "지배계급을 소름 끼치게" 만들었다.

연대는 계속 확산됐다. 2월 14일 터키 경찰은 이스탄불에서 열린 1000여 명의 연대 시위를 박살 냈다.[15] 3월 17일 수단 하르툼에서는 수천 명이 봉기에 연대하는 총파업을 하고 미국 대사관 앞에서 시위를 했다.[16]

연대 운동이 이집트에서 가장 크게 일어난 것은 거의 필연이었다. 제국주의가 이집트를 완전히 극단적인 사회로 만들어 놨기 때문이다. 친서방 정권은 오만하고 부유한 부르주아지와 탐욕스런 중간상인과 위탁매매업자 계층의 지지를 받고 있었다. [반면] 엄청나게 많은 사람들은 겨우 입에 풀칠만 했다.[17] 국제통화기금IMF과 미국 정부에 빚을 져 필사적으로 자금을 모아야 했던 대통령 무바라크는 대중을 연명하게 해 주던 식량 구호를 줄이려 했다. 오직 체계적인 억압만이 폭발력 있는 저항운동을 제지할 수 있었다. 저항운동은 역대 정권이 팔레스타인 문제에서 보인 행적에 깊이 분노하고 있었다. 사다트 집권기의 이집트는 이스라엘을 공인한 첫 아랍 국가였다.

봉기 초기에는 팔레스타인에서 벌어지는 사태에 대한 광범한 언론 보도와 더불어 유럽과 미국을 방문해 중동에 대한 국제 평화 협상을 추진하려는 무바라크의 노력이 보도됐다(순방의 진정한 의도는 원조 요청과 더불어 국제통화기금을 만류하는 것이었지만 말이다). 그러나 봉기가 서안과 이스라엘 '본토'로 확산되자 이집트 정권은 태도를 바꿨다. 텔레비전에서는 팔레스타인인들의 시위 장면이 사라졌고, 연대 시위도 분쇄됐다. "대중적 반발을 단속하는 것이 주된 관심사처럼 보였다."[18] 12월 23일 야당 지도자들은 이집트가 이스라엘과 관계를 단절하고 이스라엘 대사를 추방해야 한다는 호소문을 발표했다. 6일 뒤 2분간 작업 중단 호소가 널리 지지를 받았다.[19] 12월 30일에는 변호사들이 하루 연대 파업에 동참했다.[20]

이제 학생들과 이슬람 활동가들이 전면에 나섰다. 이것은 이슬람 근본주의 단체들(가마아트[21])과 지구전을 벌이고 있는 정권으로서는 중요한 일이었으며, 보안경찰들은 이집트의 가장 중요한 모스크인 카이로의 알아즈하르 앞에서 벌어진 시위를 공격했다.

같은 날 노동자들이 처음으로 연대 운동에 동참한 일은 가장 중요한 발전이었다. 북부 지역의 마할라알쿠브라에서는 거대 섬유 공장인 알쿠브라(중동에서 가장 큰 공장이었다)의 노동자 수백 명이 연대 행진을 끝낸 뒤에 진압경찰과 싸웠다. 여기서 이스라엘의 팔레스타인 억압에 반대하는 구호는 곧 이집트가 이스라엘과 관계를 단절하고 국제통화기금과 미국에 반대해야 한다는 요구로 바뀌었다. 정부는 서방의 충복이라는 목소리가 나왔으며, 무바라크 대통령을 끌어내리자는 호소도 있었다.[22]

그다음 날 내무부 장관 자키 바드르는 연대 시위가 "국내 불안정을 초래하는" 데[23] 이용되도록 내버려 둘 수 없다고 선포했다. 그는 "이집트는 모든 기구를 동원해 팔레스타인 민중을 지지하지만, 정부는 이런 상황이 파괴 행위와 선동에 이용되도록 하지는 않을 것이다"[24] 하고 밝혔다. 그 뒤 몇 주 동안 정부는 연대 운동과 전투를 벌였다. 이집트변호사협회(그 안에서 좌파가 강력한 영향력을 발휘했다)는 시위가 계속돼야 한다고 밝혔다. 바드르는 "좌파와 무슬림 근본주의자들이 정부를 전복할 음모를 꾸미고 있다"고[25] 말하고는 앞으로 벌어질 시위를 단속할 것이라고 경고했다. 1월 6일 학생들은 카이로에 있는 아인샴스대학교에서 경찰과 싸웠으며, 진압경찰은 시내 중심가에 있는 이집트변호사협회 본부를 에워쌌다. 이곳에서 열린 회합에서 팔레스타인연대전국민중위원회가 결성됐다.[26]

연대 운동은 이제 자체의 동력이 생겼고, 시위 때마다 정치적 일반화가 급속하게 진행됐다. 이집트는 모든 아랍 정권이 우려하던 바, 즉 팔레스타인 문제가 중동에서 가장 반체제적인 요소라는 점을 보여 줬다. 팔레스타인인들은 시온주의에 저항하면서 제국주의의 중동 지배와 대적하게 됐다. 아랍 학생들과 노동자들은 팔레스타인인들에게 연대하면서 자기네 사회의 계급 관계, 자국 지배계급과 세계

체제를 결속하는 관계들과 대적하게 됐다.

1월 11일 아인샴스대학교에서 열린 회합에서는 정권이 이스라엘과 미국에 "굴복하는 정책"을 쓰는 것과 연대 운동을 탄압하는 것 사이의 연관성이 제기됐다. 이 회합에 참여한 사람들은 이런 탄압과 "이집트 민중을 굶겨 죽이라는 미국과 국제통화기금의 요구에 정부가 굴복한 것"[27] 사이에 연관이 있다고 지적했다. 그다음 날 학생 200명이 알렉산드리아대학교에서 체포됐다.[28]

학생들의 항의 운동 덕분에 좌파들은 몇 년 만에 젊은 활동가들을 획득할 수 있는 가장 커다란 기회를 얻게 됐다. 그러는 동안 이슬람 근본주의 조직들도 모스크에서 조직되고 있었다. 지도적 근본주의 설교자인 하페즈 살라마는 다음과 같이 주장했다. "우리는 성전(지하드)을 위해 이스라엘 쪽 국경을 열 것을 요구한다." 이슬람지하드의 지도자 오마르 압델라만은 중동 평화 협상 제안에 정부가 지지를 밝힌 것을 비판했다. 그는 "이스라엘을 창설한 데 책임이 있는 동방과 서방에 우리가 팔레스타인 문제를 어떻게 넘겨줄 수 있는가?" 하고 물었다.[29]

정부는 바드르의 성명서로 답변했다. "일체의 시위 계획을 분쇄할 것이다. … 점령지의 팔레스타인인을 지지하는 시위는 설사 평화적이라 할지라도 허용할 수 없으며, 우리는 철저하게 이 말을 지킬 것이다."[30]

아인샴스대학교에서 계속된 투쟁으로 250명의 대학생이 구류처분을 받았으며, 경찰이 주요 모스크 근처에 배치됐다. 항의 운동은 주로 공식 야당들의 소심함 때문에 서서히 사그라들었지만 2월에 학생들이 수감된 동료들을 석방하라고 요구하면서 다시 분출했다. 항의는 봄 내내 간헐적으로 이어졌으며, 정부는 점차 통제력을 회복했다. 이집트 정권은 1980년대 초 이래로 가장 심각한 저항운동을 경험했다.

연대 운동이 전국 수준에서 등장한 곳은 이집트뿐이었다. 모든 아랍 나라에서 억압의 정도가 심했고, 좌파가 스탈린주의의 영향을 많이 받아 정권으로부터 독립적인 정치를 거의 드러내지 못하고 파산한 탓이었다. 그러나 이것은 팔레스타인해방기구가 택한 투쟁 방법의 결과이기도 했다. 팔레스타인해방기구는 아랍 세계 전역에서 연대를 분명하게 호소할 수 없었다. 아랍 정권들과 동맹을 맺은 상황에서 팔레스타인해방기구는 아랍 지배자들을 겨냥하는 연대 운동과 일체감을 가질 수 없었다.

그래서 2월에 아라파트는 쿠웨이트를 방문해 연대 시위로 껄끄러워진 관계를 회복했다. 아라파트는 쿠웨이트가 팔레스타인인을 공식적으로 지지한 것을 칭송함으로써 사실상 연대 활동가들을 비난한 셈이었고, 대중 동원을 "전술적 실수"라고[31] 말한 쿠웨이트 내 팔레스타인인의 지위를 강화해 줬다.

다시 한 번 파타는 1950년대 초 이래로 이 조직의 특징이었던 '모순적 사고'를 보여 줬다. 파타 내에서 점령지 활동의 책임을 맡고 있던 칼릴 알와지르는 1988년 2월에 인티파다가 전 세계에 전례 없이 연대를 고무했다고 말했다. 그는 다음과 같이 덧붙였다.

> 아랍 나라들에 관해 말하자면, 연대의 물결이 부상했지만 점령지에서

벌어진 투쟁에 버금갈 정도는 아니었다. …

물론 점령지 조국에서 벌어진 일과 아랍 세계에서 벌어진 일 사이의 상호작용이 발전할 수 있었다. 그러나 일부 아랍 정권들은 점령지에서 벌어지는 일을 이스라엘보다 더 두려워한다. 이것 때문에 팔레스타인 민중과의 연대를 표현하는 것에 많은 제약이 있다.[32]

일부 아랍 정권들은 실제로 인티파다를 "이스라엘보다 더 두려워했다." 이 정권들은 자국 민중이 팔레스타인인들의 본보기를 따라 자신을 제거하려 들지 않을까 두려워했다. 그러나 팔레스타인해방기구는 운동이 아랍 정권에 반대하는 방향으로 발전하면 자신들에게 불똥이 튈 수 있다고 여겼다. 그래서 아라파트는 급히 쿠웨이트로 가서 팔레스타인 젊은이들을 단속하고 팔레스타인해방기구의 활동 자금을 확보했다.

1988년 중반에 아랍 정권들은 연대 운동을 분쇄했고, 파타는 봉기를 통제하고 있음을 입증했다. 알제에서 열린 아랍 정상회담에서 아랍 정권들은 아라파트에게 전폭적 지지를 보냈으며, 운동의 동력을 유지하는 데 매주 100만 달러를 주기로 약속했다.[33] 파타는 예전과 똑같은 모순에 빠져들었다.

석유

팔레스타인해방기구 지도부의 억제 노력에도 불구하고 인티파다는 아랍 지역 정치에서 하나의 불안정 요소임이 드러났다. 이제 아랍 정권들은 이스라엘이 이 운동을 쉽게 끝장낼 수 없다는 사실을 알게 됐다. 그러므로 이들은 아랍에서 이 운동의 영향력을 최소화해야 했다. 몇 달이 지난 뒤 아랍 정권들은 미국에 압력을 넣어 팔레스타인인에 대한 유화 조치를 취하도록 했다. 이런 움직임은 봉기를 둔화시키고 이 지역을 안정시키는 데 도움이 될 터였다. 그렇게 하지 않으면 연대 운동이 더욱 확산되고 반제국주의 운동으로 발전해 자신들의 통제권을 위협할까 봐 두려워했다.

아랍의 지배자들은 미국이 경제적 이해관계, 특히 석유가 관련됐을 때 가장 빨리 대응한다는 점을 알고 있었다. 걸프 유전을 보호할 필요 때문에 미국은 [이란-이라크] 걸프전에 이미 직접 개입했었다. 1986년에 걸프 국가들은 미국이 이 분쟁에서 더 적극적인 구실을 하지 않는다면 이란이 이라크 군대를 패배시킬 것이라고 주장했다. 거대한 유전을 갖고 있는 걸프 남부의 국가들이 위험에 빠질 수도 있었다. 미국이 이라크쪽으로 기울어 함대를 걸프에 보냈을 때 전쟁은 끝난 것이나 다름없었다.[34] 팔레스타인해방기구는 이란에 반대하는 아랍 동맹을 강력히 지지했다.

걸프전의 결과로 이라크·요르단·이집트 사이에 새로운 친서방 동맹이 생겨났다. 이 국가들은 미국에 압력을 넣어 행동을 촉구한 주요 국가였다. 이 국가들은 미국이 팔레스타인해방기구를 인정하고 이스라엘에 압력을 넣어 점령지의 독립을 위한 협상을 시작하도록 하라고 요구했다. 그 국가들이 주장했듯이, 이것은 서방 국가들 자신의 이해관계가 걸린 문제였다. 계속되는 인티파다는 더 큰 정치적 불안정을 낳았으며, 더 많은 연대 행동을 자극하거나 최악의 경우에는 친서방 정권들을 전복할 잠재력이 있는 운동을 조장할 수 있었다. 걸프에서 최근에야 확고해진 서방의 이해관계가 결국 위기에 빠질 수도 있었다.

1980년대 초 특히 미국에서 심각했던 세계적 경기 침체로 미국의 에너지 사용이 급격히 줄어들었으며, 석유 수입도 크게 감소했다.[35] 미국 기업들은 유가 하락을 기회로 원유 수입 패턴을 재조정해 중동산 원유 공급량을 줄이고 유럽과 라틴아메리카 원유 수입을 늘렸다.[36] 1980년에 미국은 아랍 국가들에서 원유를 하루 260만 배럴 수입했는데 1983년에는 약 75만 배럴로 줄어들었다.[37]

그러나 1980년대 중반 소규모 경기회복으로 미국의 에너지 소비량이 늘어났다.[38] 동시에 국내 원유 생산은 줄어들었다. 1985년에 미국은 하루 1060만 배럴을 생산했는데 1988년에는 980만 배럴로 줄어들었다. 따라서 원유 수입이 더 증가했다.[39] 이런 변화 때문에 중동에 대한 관심이 다시 높아졌다. 1986년에 〈타임〉은 석유 산업을 조사해 보도한 기사에서 소규모 미국 유정들이 폐쇄됐다고 한탄했다. 〈타임〉은 "미국은 확인된 세계 석유 매장량의 4퍼센트만을 갖고 있지만 중동에는 약 55퍼센트가 묻혀 있기 때문에 [중동산] 석유를 포기할 수 없다"고 지적했다.[40] 1988년에 미국의 아랍 원유 수입은 하루 200만 배럴로 증가했는데, 이는 5년 전에 비해 거의 3배에 달하는 규모였다.[41] 미국 에너지부는 1989~1992년에 미국의 석유 소비는 서서히 많아지겠지만 국내 생산은 줄어들 것이라고 예측했다. 따라서 원유 수입 비중은 1989년 44.4퍼센트에서 1992년 52.8퍼센트로 올라갈 것이라고 봤다.[42]

[그림 4] 1859~1983년 총 석유 생산량과 1983년의 석유 매장량.

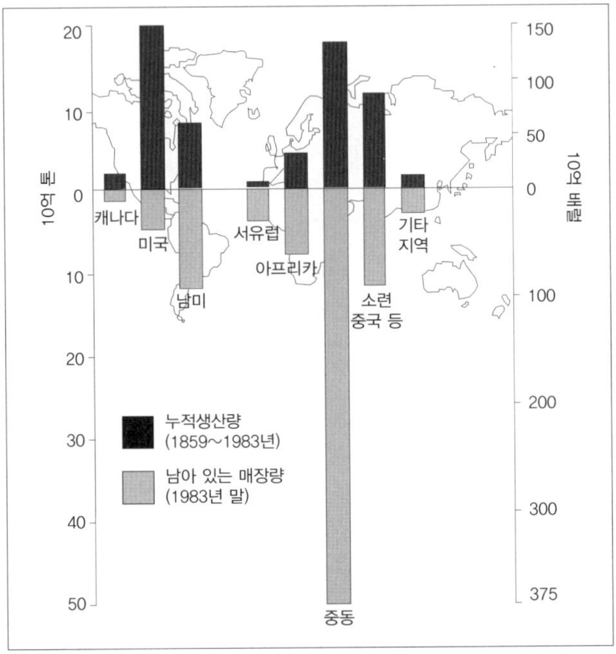

[표 4] 1985년 석유 매장량(단위: 백만 배럴, 퍼센트).

지역/나라	매장량	비율
중동과 남아프리카	433,739	62.1
사우디아라비아	169,000	
쿠웨이트	90,000	
북아메리카	34,375	4.9
중앙아메리카·남아메리카	83,315	11.9
서유럽	24,131	3.4
사하라 이남 아프리카	20,726	2.9
아시아·태평양	18,530	2.6
동구권	84,100	12.0
총합	698,667	

1989년 4월에 〈미들 이스트 이코노믹 다이제스트〉는 다음과 같이 지적했다. "중동산 원유는 1990년대 미국 경제에 점점 더 중요해질 것이다."[43] 유럽과 일본 경제도 마찬가지라고 할 수 있었다. 북해산 원유 생산도 감소하고 있었으며, 극동의 유전도 점차 기대에 못 미치고 있었기 때문에 서방 자본주의 전체가 다시 중동을 핵심적 원유 공급원으로 여기기 시작했다.[44]

미국이 원유 수입에 더욱 의존해야 한다는 사실이 걸프의 갈등에 대처하는 미국의 정책에 큰 영향을 미쳤다. 봉기와 관련한 정책에도 영향을 미쳤다. 미국은 안정적 원유 공급, 걸프·북아프리카 지역과 그 주변 정권들의 안정이 필요했다. 40년 동안 미국은 이스라엘을 그 지역 정책의 핵심으로 여겼다. 일련의 주요한 갈등이 존재했지만 시온주의 이스라엘은 확고한 동맹국으로 남아 있었다. 그런데 인티파다가 새로운 변수로 등장했다. 지금까지 미국의 동맹국들은 이스라엘에게 제재를 받았을 뿐 아니라(반항하는 국가들을 '처벌'했다) 보호도 받았다(예컨대 시온주의자들은 레바논의 팔레스타인 저항 세력들을 공격했다). 그런데 봉기로 드러난 팔레스타인들의 새로운 활력은 이스라엘이 해결할 수 없는 것처럼 보였고 아랍 정권들에게는 특히 위험했다.

아랍 전역에서 나타난 연대 행동들은 팔레스타인 문제가 여전히 커다란 불안정을 초래할 수 있는 요소임을 이미 보여 줬다. 운동이 계속될수록 서안과 가자의 시위와 파업은 전염병처럼 확산될 수 있었다. 미국의 지원을 받는 국가들(이집트·이라크·요르단)이 새로 형성한 동맹은 사우디아라비아의 강력한 지지를 받았으며, 미국에 양보하라는 압력을 넣었다. 미국 정부는 끝까지 이스라엘을 후원하려는 생각으로 발뺌을 했다. 그런데 1988년 10월 알제리에서 '북아프리카 인티파다'가 터져 나왔다.

'팔레스타인인을 본받자'

몇 주 동안 알제리에서는 가장 거대한 공장들에서 임금 인상을 위한 파업이 벌어지고 있었다. 10월 4일 수도 알제는 샤들리 빈 자디드 정부에 반대하는 거대한 시위로 마비됐다. 며칠 동안 군대는 팔레스타인인의 인티파다와 마찬가지로 손에 돌멩이만 든 수천 명의 청년들과 싸웠다. 수백 명이 죽었지만 폭동은 알제리 전역으로 확산됐고 파업도 확대됐다.[45] 정부는 계엄령을 선포했지만 계엄령 선포 1주일 뒤에야 군대가 통제권을 재장악했다.

이 사건은 알제리 국가자본주의가 붕괴한 결과였다. 프랑스인을 추방한 해방전쟁 이후 20년 동안 알제리는 국가자본주의의 길을 걸었다. 산업과 농업이 국유화됐으며, 권력이 지배 관료 기구, 즉 알제리 민족해방전선FLN의 수중에 집중됐고, 모스크바와 제휴하는 대외정책이 채택됐다.[46] 그러나 1980년대 초에 비효율성, 외채 부담, 서방의 '자유화' 압력이 증대하자 급격한 방향 전환이 있었다. 샤들리는 민영화 계획을 발표하고, 외자를 유치하고, 서방으로 급속히 기울어 미국과 무역협정을 맺고 무기 거래를 했다.[47] 서방은 알제리를 아랍 실용주의의 본보기로 보기 시작했다.

그러나 이런 변화들은 계급적 차이를 넓혀 놨다. 이제 지배 관료들은 부상하는 부르주아지와 경제 '개방'(사다트의 이집트가 '자유화'하기 10년 전에 벌써 그런 양상이 나타났다)에서 재빨리 이득을 얻은 중간상인들과 동일시됐다. 생활비가 급속히 상승하고 기본 생필품이 부족해졌고, 1988년 9월에[48] 정부는 원유 수익 감소를 벌충한다는 표면상의 이유로 긴축정책을 발표했다.[49] 그 결과 노동계급의 전투성이 증대했으며 일련의 파업들이 이어졌다. 젊은 노동자들과 일자리를 잃은 젊은이들이 물가 인상과 생필품 부족에 항의하는 시위에서 주도력을 발휘했다. 〈미드이스트 미러〉에 따르면,

> 수천 명의 알제리 젊은이들이 도시 중심지를 미친 듯이 돌아다니면서 상점을 약탈하고, 버스를 빼앗고, 건물에 불을 질렀다. 정부와 부의 상징물이 그들의 주된 표적이 됐으며, 수백만 달러어치가 파괴됐다. 가담한 사람들 대다수가 실업자나 중·고등학교 학생이었으며, 일부는 14살 정도밖에 안 됐다.[50]

샤들리는 군인 수천 명을 보내는 것으로 대응하면서도 시위대의 요구를 대부분 들어줬다. 하룻밤 새 임금이 올랐으며, 거의 텅텅 비어 있던 상점들은 옛 가격으로 물건이 채워졌다. 샤들리 정권은 파업과 시위를 중단시키는 데는 성공했지만 그만한 대가도 치렀다.

이 사건은 즉시 그 지지자와 반대자 모두에게 '알제리판 인티파다'로 묘사됐다. 여러 달 동안 알제리의 텔레비전은 팔레스타인 젊은이들이 돌멩이를 가지고 이스라엘 군대에 대항하는 장면을 보여 줬다. 텔레비전에서 그 행동은 억압에 저항하는 정당한 행위로 비쳤

다. [수도] 알제에서 폭동이 일어났을 때 같은 방식이 등장해, 일부 청년들은 팔레스타인식으로 복면을 하기도 했다. 오랫동안 프랑스에서 옥살이를 했던 민족해방전선의 베테랑 투사인 전임 대통령 아흐마드 벤 벨라는 알제리 민중에게 "팔레스타인인이 인티파다에서 보여 준 것처럼 [여러분 — 지은이] 스스로 단결해 문제를 직접 해결하시오" 하고 촉구했다. 그는 샤들리가 "탱크식 언사"밖에 할 줄 모르기 때문에 민중은 "팔레스타인인처럼 돌을 들고서라도" 저항해야 한다고 주장했다.[51]

아랍 정권들은 서둘러 샤들리를 지원했다. 폭동이 일어난 지 48시간도 되지 않아 샤들리는 이웃 나라인 모로코의 국왕 하산과 튀니지의 대통령 진 엘아비딘 벤 알리의 지지를 받았다. 이 둘은 4년 전에 거대한 시위를 분쇄한 적이 있었다.[52] 다른 지배자들도 재빨리 대응했다. 걸프 국가의 지배자들은 [알제리에서] 2000마일이나 떨어져 있는데도 인티파다가 확산되면 위험이 닥칠 것임을 감지하고 있었다. 사우디아라비아의 국왕 파드가 샤들리에게 보낸 메시지는 다음과 같은 점을 분명히 밝혔다.

> 무책임한 자들이 알제리를 불안정하게 만들고 그 업적을 훼손하려는 의도로 알제리 수도를 혼란과 파괴 행위로 빠뜨리는 상황에서 사우디아라비아는 알제리를 지지합니다.[53]

사우디 정권의 나팔수 신문인 〈앗샤르크 알아우사트〉는 다음과 같이 썼다.

> 여러 해 동안 주지하다시피, 우리는 알제리가 안정되기를 진심으로 기원한다. 알제리의 안정은 곧 그 인접국의 안정이다. 불안정은 신이 금하는 것이며 전염성이 강하다.[54]

이 신문은 "전염"이 "정통성을 훼손하려는 시도"를 낳았다고 주장했다. "이런 행동들은 테러리즘의 유령을 불러들인다." 아랍 지배자들이 의논해서 시위대에 대한 샤들리의 잔혹한 공격을 지원했다는 사실을 '에둘러서' 밝히면서 이 신문은 다음과 같이 지적했다.

> 지난 며칠 사이에 모든 아랍 국가들은 친애하는 알제리의 연속성이 중요하다는 점을 깨달았음이 분명해졌다. 그래서 예외 없이 그 지도자들은 거짓 선동이 잠재워지고 평화와 안정이 회복되기를 간절히 바랐다.[55]

이집트 대통령 무바라크도 비슷한 견해를 밝혔다. "우리는 이집트의 안정과 안보 못지않게 알제리의 안정과 안보도 바란다."[56] 야당인 타감무 동맹은 무바라크에게 다음과 같이 경고했다. "알제리에서 벌어진 일은 이집트에서도 쉽게 일어날 수 있다."[57]

알제리 사태에 대한 아랍 언론의 반응을 추적하던 〈미드이스트 미러〉는 "아랍 지도자들이 알제리 인티파다를 원하지 않는다"고 말했다. 이 신문은 계속해서 다음과 같이 지적했다.

> 팔레스타인 같은 인티파다가 자국 영토로 확산될 것을 크게 염려한 아랍의 왕들과 대통령들은 사면초가에 몰린 샤들리 빈 자디드 대통령에

게 동정과 지원의 메시지를 서둘러 보냈다.[58]

아랍 지배자들이 가장 두려워한 일이 현실로 나타났다. 이제 팔레스타인인에 대한 연대가 팔레스타인인 모방으로 발전할 위험이 있었다.

미국의 관료들은 새로운 동맹국 알제리가 처한 위협 때문에 골치를 썩고 있었다. 그들은 아랍 정권 중에서 전략적으로 중요한 다른 동맹국들이 아래로부터 일어난 비슷한 봉기에서 살아남지 못할까 봐 염려했다. 북아프리카에서 모로코 국왕 하산, 튀니지 대통령 벤 알리, 무엇보다 이집트 대통령 무바라크가 위협받고 있었다. 국왕의 몰락으로 이어진 1977~1979년의 이란 사태가 재발하지 않게 하려 안간힘을 쓴 미국은 아랍 동맹국들의 말을 더욱 주의 깊게 경청했다. 이들은 알제리 반란의 원인이 그 나라 경제 상황의 어려움이라 할지라도 팔레스타인 봉기가 안정을 더욱 해치는 구실을 했다고 주장했다. 이들은 미국 정부에게 팔레스타인해방기구에 유화 조치를 취하라고 재촉했고, 아라파트에게는 이제 공개적으로 이스라엘을 용인할 때라고 말했다. 한 달 뒤 아라파트는 시온주의 이스라엘을 인정했고, 미국은 협상 개시에 동의했다.

이 마지막 단계는 파타가 아랍 정권들에 '압력'을 가한 전략의 성과가 아니라 팔레스타인 대중의 자생적 운동의 결과였다. 이 운동은 이 지역을 팔레스타인해방기구 지도부가 바라던 것보다 더 불안정하게 만들 잠재력이 있었다. 인티파다의 효과는 팔레스타인 민족주의라는 공식 정치의 결과가 아니라 그런 정치를 거스른 결과였다.

12장

'사이비 국가'

미국이 팔레스타인해방기구와 대화하기로 합의한 것에는 영토 협정을 기초로 팔레스타인 문제를 해결할 때가 됐다는 암시가 깔려 있었다. 많은 팔레스타인인들은 자기 국가를 가질 수 있다는 생각에 이를 환영했다. 그러나 어떤 종류의 국가일 것인가?

팔레스타인해방기구는 이미 많은 양보를 했다. 우선 아라파트는 이스라엘을 인정했다. 1948년 이래로 팔레스타인 민족주의자들은 '이스라엘'이나 '이스라엘 국가'라는 표현조차 사용하지 않았다. 그 대신 그들은 '시온주의적 존재'라고 말했다. 그런데 아라파트는 이스라엘을 합법적 존재로 받아들임으로써 시온주의적 존재의 정당성뿐 아니라 서방 제국주의의 보루로서 그들의 구실까지 인정했다. 아라파트는 파타의 정치에 오랫동안 내포돼 있던 것을 공개적으로 인정했다. 팔레스타인인의 철천지원수인 아랍 정권 대다수를 포함하는 동맹의 사슬에서 이스라엘을 중요한 연결 고리로 받아들였다는 사실 말이다. 이스라엘 인정은 제국주의의 구조를 받아들이는 마지막 과정이었다.

1950년대 이래로 민족주의 운동은 이스라엘에 대항한 '무장투쟁'을 수행할 권리를 계속 유지했었다. 사실 무장투쟁은 그들의 창립 원칙이기도 했다. (아라파트에게 '점령지 팔레스타인'에서 '무장 행동'을 수행할 권리가 여전히 있었는데도) 파타는 '테러리즘' 폐기를 선언함으로써 팔레스타인 민족주의 운동에 대한 이스라엘과 서구의 규정을 받아들여, 억압당하고 박탈당한 사람들의 폭력을 억압자, 제국주의, 제국주의 대변자들의 폭력과 동일시해 버렸다.

아라파트는 이스라엘을 인정하는 것과 소국가 방안을 수용하는 것을 연결하면서 1950년대 이래로 민족주의 운동을 이끌어 온 원칙 하나를 마침내 내버렸다. 그 원칙이란 모든 팔레스타인인이 해방돼야 하며, 유대인 정착촌에 빼앗긴 고향으로 되돌아갈 권리가 있다는 것이었다. 파타는 심지어 1970년대의 왜곡된 논쟁에서 소국가 방안을 선택했을 때조차 모든 팔레스타인인들을 위한 투쟁은 계속돼야 한다고 밝혔다. 이제는 그런 겉치레조차 사라져 버렸다. 아라파트는 역사적 팔레스타인의 아주 작은 일부에 만족했다.

소국가 논쟁

팔레스타인 국가가 수립된다면 어떤 성격이어야 할지에 대한 논의가 20년 동안 계속돼 왔었다. 파타는 항상 타협할 준비가 돼 있었지만 적어도 말로는 '민주적이고 세속적'인 단일국가를 끝까지 추구하겠다고 밝혔다.

1968년에 팔레스타인민족회의는 운동의 첫째 원칙이 "팔레스타인인 조국 전체를 해방시키고 그 지역에서 아랍인의 주권을 행사하는 것"이라는[1] 점에 동의했다. 이 운동은 영토의 타협은 받아들일 수 없다는 점을 분명히 밝혔다. 1969년에 팔레스타인해방기구의 전략을 담은 성명서는 "왜 팔레스타인인들은 요르단강 서안에 팔레스타인 국가를 세우는 것을 거부하는가?" 하는 문제를 제기했다. 그 성명서는 다음과 같이 밝혔다.

> 문제의 팔레스타인 국가는 이스라엘이 제안한 것이다.
>
> 1. 이 사이비 국가는 실제로는 이스라엘이 착취하는 식민지일 것이다.
> 2. 이 국가를 수립하는 것은 아랍 행정부의 창설로 이어질 것인데, 이는 이스라엘 당국의 지시에 따라 장기판의 졸처럼 움직이며 이 이른바 '국가' 안에서 등장할 혁명적 경향을 탄압하는 기구일 것이다.
> 3. 열강이나 국제기구[유엔 — 지은이]가 이런 사이비 국가의 주권을 보장한다는 약속은 무의미하다. 과거에도 이런 것을 보장해 놓고 이스라엘의 침략을 말로만 비난했을 뿐이다.[2]

점령지의 팔레스타인인들도 '소국가'를 강력하게 반대했다. 1967년 서안과 가자가 점령된 지 4개월 뒤에 작성된 서안 아랍인 민족 헌장은 다음과 같이 밝혔다.

> 아랍과 이스라엘 사이의 완충지대가 될, 그렇지만 이질적인 시온주의적 존재와 긴밀하게 연관될 팔레스타인 국가를 건설하자는 해로운 제안[을 거부한다.] 이 제안은 아랍 세계에서 팔레스타인 문제를 제거하고, 이 문제의 민족적 중요성을 박탈하며, 팔레스타인의 아랍 민중을 [다른] 아랍 국가들과 분리하려는 시도다. 이런 국가의 설립은 팔레스타인

문제의 완전한 청산, 팔레스타인 민중 해체, 아랍 해방운동에 대한 치명타로 이어질 수밖에 없다.[3]

소국가라는 구상은 1970년 요르단에서의 패배 직후에 완성됐다. 민주전선은 검은 9월 이전의 몇 달 동안 [요르단] 국왕 후세인 타도를 주장하면서도 "[요르단강 — 지은이] 동·서안을 합치기" 위한 투쟁이 필수라고 계속 주장했다. 즉, 아랍이 요르단 영토인 양안을 영원히 상실하기 전에 되찾아야 한다는 것이었다.[4] 그러나 이것은 서안에 대한 요르단의 통치 정통성을 받아들인다는 뜻임이 명백하기 때문에, 민주전선은 이 지역에서 이스라엘 점령을 끝장낼 수 있다면 "우리 민중은 민족을 배신한 테러 정부[요르단 — 지은이]의 재점령을 허용하지 않을 것이고, [서안에 — 지은이] 해방구를 건설해 배신자 정권을 타도하는 투쟁에 혁명적 지원을 보내는 기지로 사용할 것이다" 하고 덧붙였다.[5] 민주전선은 그런 뒤에 "민족 영토 전체를 해방하는"[6] 노력이 가능하다고 주장했다.

파타를 포함한 운동의 나머지 부분은 이렇게 뒤틀리고 매력 없는 주장은 팔레스타인 전체를 해방한다는 목표에서 후퇴한 것이라며 거부했다(아랍 국가에서 벌어지는 일에 개입하지 않는다는 파타의 원칙과 어긋나는 것이기도 했다). 그러나 팔레스타인 전 지역의 해방을 향해 나아가는 진일보 조치로서 '해방구'라는 개념은 힘을 얻었다. '단계'론이 등장하기 시작해 곧 팔레스타인해방기구 주류의 정책이 됐다.

1973년 10월 전쟁 이후 민족주의 운동은 이스라엘과의 세력균형을 재평가했다. 민주전선은 내부의 가장 뚜렷한 '마르크스-레닌주의자'들을 제거한 뒤,[7] 해방할 수 있는 팔레스타인의 일부 지역에서 '민족 정부'를 세우자는 새로운 전략을 주장했다. 사실상 민주전선은 서안과 가자에 팔레스타인 국가를 세우자고 주장하는 셈이었다. 민주전선의 핵심 인물인 나이프 하와트마에 따르면, '중간적' 또는 '전환적' 슬로건을 통해 팔레스타인 영토 일부를 해방한다는 계획으로 팔레스타인 민중의 지지를 이끌어 낼 수 있었다. 그리고 그런 슬로건 중에 가장 중요한 것은 점령지 주민들을 동원하기 위한 호소였다. 이런 '전환적' 요구는 모든 팔레스타인인의 열망, 즉 팔레스타인 전 지역의 해방이라는 '궁극적' 과제로 나아가게 하는 데 도움을 줄 수 있을 것이라고 봤다.[8]

그러나 소국가 방안은 10월 전쟁 이후의 외교적 책략에 따라 곧장 변형됐다. 미국은 단기간이지만 아주 효과적으로 서방에 원유 수출을 거부한 아랍 국가들의 동맹을 깨뜨리고자 했다. 미국 국무부 장관 헨리 키신저는 팔레스타인 문제를 논의할 회담을 열어 소국가 방안을 하나의 안건으로 다루자고 제안했다.

[1973년] 제네바 회담은 키신저의 전통(회담을 위한 논의에 팔레스타인해방기구를 끌어들이는 동안 이스라엘은 재무장할 시간을 벌고, 아랍 국가들은 국내에서 정치적 균형을 회복하는 권모술수)에 따라 이뤄졌다. 가장 중요하게는 평화 회담으로 이집트의 대통령 사다트가 서방 진영에 완전히 편입되기 위한 정책을 입안할 시간을 얻었고, 이스라엘과 개별 협상을 할 수 있었다. 이것은 나중에 캠프 데

이비드 협정으로* 나타났다. 팔레스타인해방기구는 '국가'의 자격으로 국제회의에 참가할 생각에 혹해서 재빨리 소국가 방안을 받아들이는 쪽으로 나아갔다. 1974년에 소국가 방안은 파타의 정책이 됐고 사실상 팔레스타인해방기구의 정책이기도 했다.

소국가에 대한 많은 주장들이 제기됐다. 가장 중요한 것은 팔레스타인인이 국가를 위한 기초로서 이스라엘로부터 '해방'된 일부 지역이라도 받아들여야 한다는 생각이었다. 즉, 팔레스타인의 일부 지역에서라도 국가를 창설할 수 있는 기회를 놓치는 것은 그 지역 주민을 '배신'하는 것이라는 생각이었다. 소국가 설립은 자결권을 연습하는 것이라는 주장도 있었다. 팔레스타인인이 자기 영토 전체를 확보하려면 이런 연습을 꼭 해 봐야 한다는 것이다. 만약 팔레스타인인들이 이 도전을 받아들이지 않는다면, 예컨대 후세인 같은 자들이 또다시 그 지역과 팔레스타인 민중을 대표할 권리를 내세울 수 있다는 주장도 있었다. 그러면 팔레스타인해방기구가 팔레스타인 민중의 '정통성을 지닌 유일한 대표체'라는 주장이 부정된다는 것이다.

많은 활동가들, 특히 해방인민전선은 위와 같은 주장들을 가장 강력하게 거부했다. 해방인민전선은 "무력으로 해방된 팔레스타인 땅에, 또는 그 일부에 혁명적 국가기구를 설립하는 것"에 반대하지는 않는다고 주장했다.[9]

그러나 해방인민전선은 다음과 같이 선포했다.

---

* 캠프 데이비드 협정 1978년 미국의 주선으로 이스라엘과 이집트가 맺은 평화협정. 이것으로 이집트는 이스라엘과 평화협정을 맺은 최초의 국가가 됐다.

> 그것은 협상을 통한 팔레스타인 국가의 설립과는 커다란 차이가 있다. 역사적으로 말해서 이 협상의 기본적 요소는 시온주의적 존재를 인정하고 아랍 국가들의 한복판에 그 존재를 받아들이는 것이다.[10]

해방인민전선의 지도적 인물인 조지 하바시는 제국주의 열강과 아랍 정권들이 후원하는 '소국가'는 전부 팔레스타인인들의 저항을 분쇄하기 위한 것이라고 주장했다. 그는 다음과 같이 물었다.

> 우리는 이 국가가 한편으로 이스라엘, 다른 한편으로는 반동적 요르단 정권 사이에서 압살당할 것이라는 점을 이해하고 있는가? 우리는 이 국가가 아랍과 국제 세계의 선물이라는 점을 이해하고 있는가? 이것은 중동 문제의 '최종 해결책'[나치 독일에 의한 유대인 말살 계획]일 것이다.[11]

하바시는 또한 팔레스타인 민중이 분열될 위험과 파타·민주전선이 주장하는 소국가의 유약함을 지적했다.

> 우리는 이 국가가 포괄하는 지역에 대해, 그리고 이 국가와, 이 국가를 통해 핵심 문제들을 해결하지 못할 팔레스타인 민중 사이에서 등장할 모순들에 대해 생각해 봤는가? 이 국가의 영토는 6000제곱킬로미터로 팔레스타인 면적의 22.5퍼센트 정도다. 그러면 나머지 국민은? 1948년부터 이스라엘 땅이 된 지역의 팔레스타인 대중은 그 국가가 세워진다고 해도 핵심 문제를 해결할 수 없고, 그들과 이 국가 사이에는 근본적 모순이 존재할 것이다. 그 국가의 재원에 대해서는 생각해 봤는가?[12]

이런 비판은 광범한 지지를 얻었다. 살라 칼라프가 나중에 회상했듯이, 난민촌에 거주하는 많은 사람들, 특히 팔레스타인에서 추방당했지만 소국가 방안에 포함되지 않은 사람들은 이 방안을 격렬하게 반대했다. 그는 "1948년부터 이스라엘 땅이 돼 버린 지역 출신의 사람들은 자신들이 서안에서도 이방인이라고 여겼다"고 회상했다. "그들은 심지어 소국가 방안이 자신들과 전혀 관계가 없다고 생각했다."[13] 많은 팔레스타인인은 그와 비슷한 생각을 공유하고 있었다.

1970년대 중반에 이미 파타 지도부는 대부분의 팔레스타인인의 예상보다 훨씬 더 많은 양보를 했다. 파타 지도부는 미국과 이스라엘과 비공식 회담을 했으며, 비밀리에 소국가의 범위를 두고 흥정했다.[14] 협상은 무위로 돌아갔으며, 제네바 평화 회담은 환상임이 입증됐다. 이스라엘, 미국, 아랍 정권들은 그들이 원하는 것, 즉 재정비할 시간을 얻었지만 팔레스타인해방기구는 협상을 위한 협상에 더욱 매달리게 됐다. 그러는 동안 아라파트는 팔레스타인 전 지역의 해방은 불가능하다는 점을 개인적으로 받아들였으며, 소국가를 보장받으려는 시도가 파타의 전략적 목표가 됐다.

인티파다와 소국가

팔레스타인해방기구가 소국가 협상에 매달린 것이 1970년대 말과 1980년대 초에 운동이 쇠퇴하게 된 한 가지 이유였다. 팔레스타인해방기구는 갈수록 활동가들의 대중운동이라는 성격이 줄어들고 아랍 외교의 한 요소가 됐다. 협상·흥정·사기의 세계에 들어선 팔레스타인해방기구 지도부는 대중과 더욱 멀어졌다. 또, 팔레스타인해방기구 지도부는 팔레스타인해방기구를 자국 국내 사정에 이용하려 하고 소국가 설립조차 입발림으로만 지지하는 아랍 정권들에 더욱 의존하게 됐다.

인티파다는 이 상황을 극적으로 바꿔 놓았다. 그 강력한 영향력 때문에 아랍 국가들은 소국가 방안에서 먼지를 털어 내 미국에게 새 방안인 것처럼 제시하면서, 진전이 없을 경우 이 지역에 있는 미국의 동맹국들이 큰 곤경에 빠지게 될 것이라는 경고도 덧붙였다. 미국이 이것을 거부할 수 없을 것으로 보고 소국가를 논의할 만반의 준비를 한 팔레스타인해방기구 지도부가 아랍 정권들을 도와줬다. 파타의 핵심 지지자들은 팔레스타인 국가가 등장하더라도 이스라엘이나 아랍 국가들을 혼란에 빠뜨리지 않을 것임을 보여 주려고 애썼다. 1988년 12월 가자의 한 변호사는 팔레스타인 국가의 선포를 환영하면서 이 국가를 "온건한 꿈의 실현"으로 묘사했다.[15]

이스라엘 국가 인정은 소국가가 이제는 목적 그 자체임을 의미했다. 소국가가 팔레스타인 전 지역을 해방시켜 모든 팔레스타인인의 열망을 만족시키기 위한 '토대'라는 말도 없었다. 이제 서안과 가자의 국가는 팔레스타인인의 에너지를 통제하는 수단으로 여겨졌다. 봉기가 일어난 지 꼭 3개월 뒤에 아라파트의 대변인 바삼 아부샤리프는 소국가 방안이 미국에게 어떻게 비치기를 원하는지 밝혔다.

> 단언하건대 미국은 팔레스타인 독립국가를 건설하는 것이 자신의 이해관계와 일치한다는 점을 깨닫게 될 것이다. 미국 정부는 팔레스타인 국

가가 중동에서 안전밸브가 될 것임을 알면 이 사실을 깨달을 것이다.[16]

이 국가는 팔레스타인 대중을 자제시킬 것이며, 불안정을 초래하는 그들의 영향력도 제거할 것이고, 미국과 그 동맹국들이 경제적 이해관계를 안정적으로 추구하게 해 줄 것이다. 이 국가는 지역 체계의 필수 요소이자 제국주의적 헤게모니의 보증수표가 될 것이다. 아부샤리프는 미국에 이 메시지가 제대로 전달되지 않을까 봐 더 직설적으로 이 점을 반복해서 말했다. 그는 미국과 협상하는 목적은 미국 정부, 간접적으로는 이스라엘을 설득해 팔레스타인 국가가 이 지역의 기존 구조에 잘 조화될 것임을 받아들이게 하는 것이라고 말했다.

> 우리는 팔레스타인 국가가 불안정이 아니라 안정을 가져다줄 요소라는 점을 미국이 인식하기를 바란다. 이것만이 우리가 확실히 하고자 하는 점이며, 이 점을 뒷받침하는 온갖 논리적·사실적 정보가 있다.[17]

이런 견해는 팔레스타인해방기구에 속한 모두의 지지를 받았다. 심지어 초기에 [소국가 방안] '거부파'였던 해방인민전선도 팔레스타인 국가 선포를 승인하고 미국과 대화를 했다.[18] 해방인민전선의 합의문은 이 운동의 급진 세력들이 얼마나 많이 순응했는지 보여 줬다. 1977년에 바삼 아부샤리프가 해방인민전선의 대변인이었을 때 〈사회주의노동자당 국제 문제 회보〉에서 해방인민전선은 "우경화를 방지할 명백히 진보적인" 강령을 견지하고 있다고 말했다. 그는 다음과 같이 덧붙였다.

> 예컨대 우리 강령은 지도부가 무장투쟁을 포기하고 이스라엘을 인정하는 대가로 소국가를 받아들이는 것을 허용하지 않는다. 해방인민전선은 팔레스타인 혁명에서 좌파를 지도한다. 파타는 우파를 지도한다.[19]

이제 팔레스타인해방기구의 급진파조차 소국가 방안은 모순투성이라는 점을 공식적으로 시인할 수 없었다. 1974년에 미국은 똑같이 소국가 방안을 토대로 평화를 제안해 팔레스타인해방기구를 몇 년 동안 의미 없는 협상으로 끌어들였었다. 이제 팔레스타인해방기구는 비슷한 과정을 밟으면서 봉기를 계속 연장시켜 미국에 대한 압력을 유지하려는 것이었을까?

점령지에서 운동이 주춤해진다면(몇 년이 지나면 분명 그럴 것이었다) 아랍 정권들은 안도할 것이고, 미국은 중동 지역에서 자신의 경제적 이익을 얻는 데 자신감을 얻을 터였다. 그러면 팔레스타인해방기구에 남는 것은 무엇인가? 잘해 봐야 미국이 이스라엘에 압력을 넣어 점령지를 양보하도록 하는 정도인데, 소국가로 팔레스타인 대중은 무엇을 얻을 수 있을까?

'권력 없는 국가'

이스라엘의 리쿠드당 지배자들은 팔레스타인인에게 영토를 양보할 수 없다고 주장했다. 이스라엘의 총리 이츠하크 샤미르는 서안과 가자의 "단 1센티미터"의 땅도 팔레스타인 국가에 넘겨줄 수 없다고 공언했다.[20] 그는 "유대와 사마리아"(서안)에 유대인 정착이 계속될 것이라고 말했다. 팔레스타인해방기구와 협상의 여지는 없으며, 팔레스타인 운동에 대한 국제적 인정은 단지 "아라파트의 기괴한 향연"일 뿐이라는 것이었다.[21]

영토 문제에 관해 '최대주의자'인 샤미르는 대다수 이스라엘인의 견해를 반영했지만 성장하는 우익 집단들(특히 구시에무님[22])의 압력도 받고 있었다. 이 우익 집단들은 서안의 정착 과정이 더 빨라져야 한다는 견해가 단호했다. 주로 정착촌에 기반을 둔 이 집단은 이미 독자적 민병대를 만들고는 서안에 대한 자신들의 권리를 문제 삼으면 내전을 벌이겠다고 공언했다. 정부에서 그들의 대변자는 전 국방부 장관이자 1982년 레바논 침공의 주역인 아리엘 샤론이었다. 1989년 4월 아리엘 샤론은 "서안에 새 팔레스타인인 국가가 수립되는 일은 없을 것이다" 하고 공언했다.[23] 샤론과 우익에게 팔레스타인인은 이미 자기 국가(요르단)가 있는 셈이었다. 샤론은 필요하다면 팔레스타인인들을 요르단으로 "이주"시켜야 한다고 주장했다.[24]

다른 한편 이스라엘의 야당인 노동당은 공개적으로 팔레스타인인을 다소 수용하는 태도를 보였다. 노동당 정치가들은 다양한 계획을 제출했다. 노동당 정치가들은 저마다 팔레스타인 대의 기구의 성격에 대해 장광설을 늘어놓았다. 그렇지만 그 방안은 1970년대 중반에 실패한 것과 다르지 않았다. 그리고 영토 문제에 관한 노동당의 입장은 극도로 제한돼 있었다. 첫째, 노동당의 모든 정치가들은 팔레스타인 소국가가 팔레스타인의 극히 일부만을 차지해야 한다는 데 동의했다. 이스라엘은 서안과 가자에서 식민지로 만든 모든 영토, '안보 목적'으로 보유한 넓은 지역을 포기하지 않을 터였다. 실제로 1988년 초에 노동당은 이스라엘 정부의 정착촌 건설 예산을 2000만 달러 인상하는 데 동의했다.[25]

둘째, 소국가는 이스라엘과 주변 아랍 국가들의 감시를 받을 터였다. 대부분의 제안은 이스라엘, 요르단 그리고 어쩌면 유엔까지 포함해 공동의 군사적 감시하에 팔레스타인 국가를 요르단에 연방화하는 것을 선호했다. 이런 국가는 독립적 존재가 될 수 없을 터였다. '진정한' 소국가 방안(요르단에 포함되지 않는 소국가)에 가장 호의적인 사람들조차 소국가를 최소한의 의미에서의 국가로 여겼다. 노동당의 일부 정치가들은 이미 자기 견해를 개략적으로 밝혔다.

> 물론 팔레스타인이 룩셈부르크 같은 나라가 될 수 있다. 요르단은 벨기에, 이스라엘은 네덜란드 같은 나라가 될 수 있다. … 이스라엘은 권력을 가진 주권국가가 될 것이며 요르단도 권력을 지닌 주권국가가 될 것이지만, 팔레스타인은 권력 없는 주권국가가 될 것이다. 그러나 깃발·법률·인장 등 주권국가의 다른 모든 요소들은 가질 수 있다.[26]

[이런 견해에 따르면] 팔레스타인은 중동에서 룩셈부르크, 리히텐슈타인, 산마리노처럼 주변 국가들 사이에서 극히 작은 땅을 지닌 국가가 될 것이었다.

셋째, 소국가는 국민국가를 규정하는 기구를 갖지 못할 것이다. 즉, 소국가는 군대를 갖지 못할 것이다. 아랍, 이스라엘 그리고 소국가를 지지하는 서방 국가들도 오래전부터 독립적 군대를 동원할 수 있는 팔레스타인 국가는 절대 불가능하다고 주장했다. 그래서 가장 '급진적'인 이스라엘인조차 팔레스타인 '보안군'을 팔레스타인 국민을 통제하는 수단으로만 여겼다. 노동당 좌파의 생각을 대변하는 이스라엘의 한 전략가에 따르면, 팔레스타인 국가의 합법적 폭력 수단은 "체제를 보호하고, 반대파나 국내 무질서를 초래하는 다른 요소들을 억제하며, 국내의 폭력 행동이 인접국을 향한 공격으로 나아가지 못하게 하는 국가의 의무를 수행하는" 데 한정될 것이다.[27]

팔레스타인해방기구는 여기에 동의했다. 서안의 지도적 민족주의자 파이살 후세이니는 군대가 없는 대신 팔레스타인 국가의 보전을 국제적으로 보증받을 것이라고 천명했다.[28]

이런 기초 위에 창설된 '국가'는 주변의 무장 세력들에게 이름뿐인 저항조차 할 수 없다. 또, 외교정책도 독립적 정체성도 있을 수 없다.

넷째, 팔레스타인 소국가는 이스라엘의 경제적 지배하에 놓일 것이다. 서안과 가자의 주민들은 이스라엘 고용주에게 값싼 노동력을 계속 제공할 것이고 그 지역은 이스라엘 제조업자들에게 수지맞는 시장 구실을 계속할 것이다. 팔레스타인 국가는 진짜 반투스탄, 즉 명목상으로는 독립적이지만 실제로는 외국 자본으로 운영되는 지역과 더욱 비슷해질 것이다.

대다수 팔레스타인 사람들의 생활은 거의 또는 전혀 변하지 않을 것이다. 팔레스타인 정부의 주된 과제는 인접국들이 '팔레스타인적 요소', 즉 아랍 정권들이 그토록 두려워하는 '전염병'에서 자유롭도록 보장해 주는 것이 될 것이다. 새 국가는 팔레스타인 땅의 일부 지역에 '팔레스타인'이라는 이름을 사용하는 대가로 이스라엘의 안보를 약속하고 그 존재를 보장할 것이다. 그 결과 팔레스타인인이 시온주의 국가, 제국주의, 중동 지역의 제국주의 동맹자들에 도전하는 일은 크게 줄어들 것이다.

1989년 1월 미국과 팔레스타인해방기구 사이의 협상이 진행될 때 영국의 전직 외교관 한 명은 그 '국가'의 전망을 요약해 말했다. 앤서니 파슨스 경은 영국의 종신 유엔 대표였는데, 소국가 방안을 고안한 자들의 의도를 잘 알고 있었다. 그는 다음과 같이 말했다.

> 군사력도 거의 없고 하심가의 요르단과 동맹을 맺고 있을 뿐 아니라 평화조약과 국제적 보증에 묶여 있는 팔레스타인 소국가가 (악마에게 지배된다 할지라도) 중동의 가장 강력한 군사적 강국을 위협할 수 있을 것이라고는 전혀 믿을 수 없다. 지난 역사를 알고 있는 이방인이라면 상황이 완전히 바뀌었다고 생각할 것이다.[29]

이 논평은 소국가 방안에 대한 팔레스타인해방기구의 초기 판단과 매우 흡사하다. 1968년에 팔레스타인해방기구는 소국가를 "이스라엘의 착취를 받는 식민지"가 될 "사이비 국가"라고 묘사했다.[30] 서안 주민들도 이런 견해를 지지했었다. 그들은 소국가 방안이 "사악"하다고 말했다. "그런 국가를 세우는 것은 팔레스타인 문제의 청산으로 이어질 뿐이다."[31]

그 뒤 팔레스타인인은 요르단이 다시 지배하려는 시도를 우려했다. 20년이 지나자 요르단, 이스라엘, 팔레스타인이 공동으로 통치하는 방안이 제안되고 있었다. 그것도 토착 주민들에게 훨씬 더 불리한 상황에서 말이다. 1960년대 말에는 점령지의 식민지화가 막 시작되던 참이었다. 이스라엘 군대 주둔은 제한됐고 시온주의 정착촌도 거의 없었다. 그러나 1980년대 말의 서안과 가자는 정말로 "이스라엘의 착취를 받는 식민지"가 돼 있었다. 팔레스타인해방기구 지도부는 이제 '사이비 국가'를 선포함으로써 이런 상황을 공식화할 계획이었다.

봉기는 팔레스타인인의 새로운 힘과 에너지를 보여 주는 듯했다. 그렇지만 봉기는 '소국가'에 대한 논의만 무성하게 만들었다. 이런 결과는 팔레스타인인이 처해 있는 현실의 곤경, 즉 제국주의에 비해 팔레스타인 사회가 근본적으로 약하다는 점과 팔레스타인해방기구 지도부의 심각한 보수성 때문이었다.

협상을 위한 협상

1989년 초 미국과 팔레스타인해방기구 관료들이 일련의 회담을 벌인 뒤로 소국가에 대한 합의를 이룰 전망이 희미해졌다. 논의는 미국이 제시한 조건에 따라 진행됐다. 주된 의제는 '테러리즘'과 '테러리스트' 행동을 중단시켜야 할 팔레스타인인의 책임에 관한 것이었다.[32] 그동안 이스라엘은 영토에 관한 모든 양보를 거부한 채 팔레스타인 대표와 논의하기 위한 첫 단계로 점령지에서의 선거에만 동의했다.[33]

팔레스타인 활동가들 사이에서 불만이 커져 가자 아랍 지도자들은 '인내심'을 호소했다. 이집트 대통령 무바라크는 미국의 새 정부에 시간을 줘야 한다고 주장했다. 그는 다음과 같이 말했다.

> [미국 대통령 조지 부시 1세는] 이 문제를 잘 이해하고 있으며, 아랍 측에서는 어떤 주제에 관해서도 서두르거나 압력을 넣어서는 안 된다. … 우리는 절대로 그에게 압력을 넣어 평화 프로세스에서 역효과를 낳아서는 안 된다.[34]

'평화 프로세스'는 1974년의 실패한 협상과 닮아 가기 시작했다. 협상은 인티파다를 무력화할 목적으로 취한 제스처일 뿐이었다는 사실이 점점 더 분명해지는 듯했다. 그러나 인티파다는 중단되지 않았다. 점령지에서 이스라엘의 압력은 증가했으며, 팔레스타인인의 저항도 강화됐고, 또다시 봉기가 불안정을 초래할 잠재력이 있음을 보여 줬다.

1989년 4월 중순 요르단 남부의 도시들에서 식량 가격 인상에 항의하는 대중 시위가 벌어졌다. 1970년 검은 9월 이래로 국왕 후세인을 가장 심각한 위기에 빠뜨린 이 시위에서 수천 명의 젊은이들이 5일 동안 경찰과 군대에 맞서 싸웠다. 마안에서는 4000명의 시위대가 도시 중심지를 장악했다. 이 시위에서 경찰이 정부에 반대하는 구호를 외치는 시위대에 합류했다. 그 근처에 있는 타필라에서는 쿠피야를 두른 젊은이들이 돌을 던지며 "이것은 요르단강 동안의 인티파다다!"[35] 하고 외쳤다.

요르단 남부는 '국왕파' 지역으로 여겨지던 곳이었다. 국왕 후세인이 1970년의 팔레스타인 운동을 파괴하기 위해 보낸 군대가 대부분이 남부에서 동원됐다. 그런데 갑자기 이 지역이, 한 요르단 언론인의 말을 빌리자면 "광범한 대중 참여와 부의 공평한 분배를 위한 전국적 투쟁"의[36] 전위가 됐다. 심지어 투쟁이 벌어지지 않은 곳에서도 모임이 열려 남부의 여러 도시에서 요구한 물가 인상과 긴축정책 철회, 자이드 리파이 내각 사퇴, 부패 관료 처벌, 계엄령 해제(1976년부터 계엄 상태에 있었다), 선거 개혁, 그리고 (몇몇 지역에서) 팔레스타인인들의 인티파다에 대한 실질적 지원 등의 요구를 지지했다.[37]

아랍에서 가장 안정적인 서방의 동맹국이라는 요르단에서 이런 운동이 등장한 것은 경기 침체기에 각국 정권이 받는 압력과 경찰국가의 허약함을 드러냈다. 미국은 서둘러 요르단에 대한 지원을 200퍼센트 이상 증액해 그 지역의 동맹국들을 안심시키려 했다.[38] 아랍 정권들은 불과 6개월 전에 알제리에서 벌어진 사태와 유사할 뿐 아니라 또다시 팔레스타인 봉기에서 영감을 얻은 듯한 이 운동을 보고 경악했다. 이스라엘의 관점에서 이 운동은 팔레스타인 봉기에 직접 고무받은 듯 보였다. 이스라엘의 에너지부 장관 모셰 샤할은 이 지역에서 인티파다가 "현실을 변화시킬 필요가 있을 때마다 모방할 본보기"가[39] 됐다고 주장했다.

또한 요르단 사태는 미국이 주된 발의자로 제안할 '평화 프로세스'에 이스라엘 정부가 마지못해 동의하게 만들었다. 이스라엘 총리 샤미르는 점령지의 선거 계획을 발표했다. 그는 팔레스타인해방기구를 부정하는 사람이 당선한다면 이스라엘은 제한적인 자치 계획을 논의할 것이라고 말했다. 〈하아레츠〉는 이스라엘의 생각을 다음과 같이 요약했다.

> 인티파다가 통제를 벗어나면 소련이 이 지역에 개입해 중동 전역을 전쟁에 빠뜨릴 것이다. 이 전쟁은 사우디아라비아에서 요르단과 이집트에 이르는 지역에서 미국이 최근에 확보한 압도적 우위를 무너뜨릴 것이다.
> 미국이 이스라엘 정부에 압력을 넣어 긍정적 해결책을 내도록 진지하게 개입하기 시작한 것도 바로 이 때문이다. 우리의 총리는 미국에게 사태를 잠재울 방안을 제시해야 한다는 것을 알고 있다. 그러지 않으면 미국은 타격을 입을 것이다. 미국에 의존하고 있는 우리로서는 이런 기대에 어긋나지 않아야 한다.[40]

이런 솔직한 평가("미국에 의존하고 있는" 이스라엘이 그 지역에서 벌어진 사태를 "잠재울" 수 있도록 대화를 해야 한다는 점)는 인티파다가 불안정을 초래할 힘을 가졌다는 점을 입증해 줬다.

그러나 팔레스타인해방기구 지도부는 요르단 사태를 위협으로 해석했다. 이 사태로 인티파다가 이 지역에서 미국이 확보한 압도적 우위를 무너뜨리는 데 기여한다는 점이 드러났다는 바로 그 이유로, 팔레스타인해방기구는 재빨리 이 사태와 거리를 두면서 직접 개입한다는 기미조차 보여 주지 않았다. 파타는 팔레스타인인이 이 항의 시위에서 주된 구실을 했다는 비난을 피하기 위해 조직원들에게 시위에 참여하지 말도록 지시했으며, 해방인민전선과 민주전선에 압력을 넣어 요르단 정권을 비난하는 리플릿을 발행하지 못하게 만들었다.[41] 무슬림형제단과 요르단공산당의 조직원들이 체포됐을 때조차 요르단의 팔레스타인해방기구는 침묵했다. 지난 20년 동안 두 번에 걸쳐 파타는 하심가의 후세인 정권을 구조하는 데 도움을 줬다.[42]

파타는 팔레스타인인의 개입이 미국과의 협상과 소국가 구현의 가능성을 위태롭게 할까 봐 두려워했다. 동시에 파타는 팔레스타인인의 행동을 자신들이 통제할 수 있다는 점을 입증해 보이고자 했다. 그래서 파타는 팔레스타인인이 후세인에 반대하지 못하도록 막았다. 파타는 팔레스타인해방기구를 후세인과 아랍 정권과 미국 진영에 가담하게 만들었다. 그러나 이런 조치도 '평화 협상'을 진전시키지는 못했다. 오히려 미국은 이런 움직임을 보고 파타가 미국에 보조를 맞추려 한다는 점을 확신했다. 사실 팔레스타인해방기구는 그것 말고는 달리 대안이 없었다.

알제리 항의 시위와 "요르단강 동안의 인티파다"는 미국 정부에 이중적 영향을 미쳤다. 한편으로는 지역 정권들의 불안정성, 인티파다의 파괴적 효과, 봉기를 무력화시키기 위한 논의에 팔레스타인해방기구를 끌어들일 필요성을 보여 줬다. 다른 한편으로는 매우 불안정한 이 지역에서 미국의 강력한 동맹국이 필요하다는 점과, 미국이 신뢰하는 시온주의 동맹국[이스라엘]을 대체할 만한 국가가 없다는 사실도 입증해 줬다. 결국 '협상을 위한 협상'을 벌여 아랍 정권들을 만족시키고 이스라엘에 책략을 부릴 여지를 약간 제공하는 것이 여전히 최고의 전략임이 입증됐다.

1988년 11월 아라파트가 이스라엘을 인정할 준비를 하고 있을 때 팔레스타인의 언론인 무함마드 할라이이는 파타의 전략에 내재한 위험을 경고했다.

> 누구나 알다시피 미국을 기쁘게 하는 것은 중요하다. 그러나 그것이 그 자체로 목적이 될 만큼 중요하지는 않다. 미국을 기쁘게 하는 것을 팔레스타인인의 주요 목표로 삼는 것은 자멸적이다. 이것은 팔레스타인인이 'A'지점에서 'B'지점으로 옮겨 가자는 것인데, 그렇게 했다가 아무것도 얻지 못할 위험이 있다.[43]

파타는 미국을 기쁘게 할 의향을 내보였고, 아무런 대가도 얻지 못했다.

13장

팔레스타인과 아랍 혁명

팔레스타인 민족주의는 30년 전에 설정한 목표를 달성하지 못했다. 이스라엘이 팔레스타인 자치 조직이라면 뭐든 파괴하려 한 것이 심각한 장애물이긴 했지만, 민족주의 전략의 약점도 마찬가지로 중요한 요인이었다.

1960년대에 팔레스타인 해방이라는 과제를 떠맡았던 민족주의 운동은 이제는 정착민 운동의 공격이 아니라 제국주의 체제 속에 자리잡은 한 국가를 상대하고 있었다. 이것은 팔레스타인인이 제국주의 구조 전체, 즉 제국주의 열강, 이스라엘, 제국주의의 아랍 동맹국들에 비타협적으로 반대해야 함을 뜻했다. 그러나 파타는 제국주의와 타협을 추구했다. 파타는 아랍 지배자들이 팔레스타인인을 위해 이스라엘과 전쟁을 벌일 수 있는 파트너라고 생각했다. 그래서 팔레스타인 독립국가를 수용하도록 그들을 설득하려 했다. 요컨대, 파타는 아랍 자본주의와의 화합을 추구했다.

그 전략의 밑바닥에는 팔레스타인 민중과 아랍 지배계급 사이의 이해관계 충돌을 해소할 수 없는 파타의 무능력이 깔려 있었다. 그런 전략으로는 팔레스타인인의 열망을 표현하는 대중운동을 일으킬 수도 없고, 운동을 [아랍] 정권들이 통제하는 정치체제 안에 묶어 둘 수도 없었다.

운동이 파타가 설정한 한계를 넘어서기 시작한 바로 그때 팔레스타인해방기구에 가장 큰 기회가 찾아왔다는 사실이 중요하다. 1970년에 요르단에서는 민족운동이 뿜어낸 열기로 고양된 자신감 덕분에 팔레스타인인과 일부 요르단인들이 국왕 후세인의 독재를 벗어난 대안을 제시할 수 있게 됐다. 그러나 후세인의 권력을 위협하게 될까 봐 두려워진 파타가 운동을 억제함에 따라 운동은 필연적으로 재앙을 맞게 됐다. 1970년부터 인티파다가 분출하기 전까지 파타는 계속 내리막길을 걸었다.

문제의 핵심은 파타가 팔레스타인인의 단결을 고집했다는 것이다. 파타는 그런 단결 요구가 아랍의 통일을 향한 아랍 민족주의자들의 호소를 극적으로 반전시킨 것이라고 봤다. 그러나 사실 파타는 아랍 민족주의자들의 슬로건을 팔레스타인의 조건에서 되풀이한 것뿐이었다. 그 뒤에 팔레스타인 운동이 겪은 비극은 파타가 다른 종류의 단결, 즉 아랍 정권들의 또 다른 피해자인 아랍인 노동계급·농민과 팔레스타인인 대중의 단결을 추구하지 못한 것 때문이었다.

1948년에 쫓겨날 때부터 팔레스타인인은 아랍의 다른 세력들에 의존적이었다. 새로운 운동의 지도부가 찾아나선 동맹 세력은 아랍의 노동계급이 아니라 그 적, 즉 아랍의 국왕과 족장과 대통령 등이었다. 파타 지도자들의 협소한 민족주의가 이런 잘못된 방향의 주요인이었지만 아랍에 효과적인 사회주의 전통이 없었다는 사실 또한 매우 중요한 요인이었다. 이 때문에 아랍의 노동자 운동은 팔레스타인인과의 분명한 접점을 찾지 못했고, 팔레스타인인의 투쟁 전략은 그 지역에서 (잠재적이지만) 가장 유력한 정치 세력과 단절된 방향을 추구했다.

1950년대에 파타가 뿌리를 내리고 있을 때 공산당들은 아랍에서 스탈린주의의 파산을 드러내고 있었다. 북아프리카부터 걸프에 이르는 지역에서 각국 공산당들은 계급 협조적인 '민중전선' 전략을 추구했다. 그 때문에 그들은 해체되거나(이집트) 민족주의 정권으로 흡수되거나(시리아) 동맹 세력의 손에 학살당했다(이라크).

이것은 팔레스타인인에게 엄청나게 부정적인 영향을 미쳤다. 1930년대의 민족주의자에게 영감을 받은 파타의 창립자들이 보기에 공산주의자들은 어느 모로 봐도 주변적 세력이었다. 그러나 급진적 대안을 찾고 있던 많은 팔레스타인인에게 사회주의 정치의 부재는 재앙이었다. 1930년대에 팔레스타인공산당이 실패했고 1948년에 소련이 시온주의 운동을 지지했기 때문에 공산주의 전통은 이미 신뢰를 잃고 있었다. 팔레스타인 활동가들이 새로운 정치 전략을 모색하기 시작했을 때 공산당들은 아랍 정권들 치하에서 고통받는 사람들의 이익을 표현할 수조차 없는 세력으로 보였다. 이것은 프티부르주아로만 이뤄진 집단으로 시작된 파타가 훨씬 더 급진적인 기대를 품은 사람들을 끌어당길 수 있었던 한 가지 중요한 이유였다.

1960년대 초에 좌파적 대안을 찾는 경향이 마침내 나타났을 때 본보기라고 할 만한 것은 여전히 그 지역의 스탈린주의 정당들밖에 없었다. 해방인민전선과 민주전선의 '급진파'들은 '일국사회주의'에서 동구권 '사회주의' 국가와의 동맹에 이르기까지 주류 스탈린주의의 사상을 모두 받아들였다. 팔레스타인공산당은 없었지만 해방인민전

선·민주전선이 팔레스타인의 스탈린주의를 표현했다.[1]

그런 사상을 기초로 해방인민전선·민주전선은 파타의 전략, 특히 아랍 국가들의 문제에 불개입하는 정책과 걸프의 정권들처럼 '반동적'으로 보이는 정권과의 긴밀한 연계를 비판했다. 그러나 그 지역의 국가자본주의들을 지지하는 데는 아무런 모순도 느끼지 않았다. '아랍 사회주의', '민중 권력', 소련과의 연계 등을 말하는 지배자들의 입발림을 근거로 그들을 '진보적'이라고 여겼던 것이다. 그래서 해방인민전선·민주전선은 시리아, 알제리, 리비아, 남예멘, 그리고 가끔은 이라크[의 정권]을 동맹 세력으로 받아들였다. 그 정권들이 자국의 모든 반대파를 탄압하고 팔레스타인해방기구 내 분파들을 교활하게 이용했음에도 말이다.

스탈린주의가 민족주의 운동으로 흡수된 것은 팔레스타인인이 아랍 노동자들의 투쟁과 연관 맺지 못하게 하는 데도 일조했다. 이스라엘의 존재와 일련의 전쟁으로 귀결된 이스라엘의 팽창 정책은 아랍의 지배자들에게 좋은 핑곗거리였다. 그들은 국내의 불만을 주적인 시온주의와 더불어 민족주의 쪽으로 돌릴 수 있었다.[2] 1960년대에 팔레스타인인의 운동이 다시 출현했을 때, 아랍 정권들은 팔레스타인 지도자들과 동일하게 여겨졌는데, 지도부 자신이 외교적 지지, 현금, 무기를 받는 대가로 아랍 지배자들에게 반反시온주의라는 신임장을 수여했기 때문이었다.

이것은 아랍의 모든 족장과 대통령에게 정당성을 부여했고 팔레스타인 대중과 아랍 노동자가 단결할 기초를 약화시켰다. 걸프의 지배자들과 함께 나타난 아라파트도 그랬고, 시리아의 하페즈 알아사드, 리비아의 카다피, 알제리의 부메디엔이나 샤들리 같은 '진보 세력'과 강령을 공유한 해방인민전선의 하바시와 민주전선의 나이프 하와트마도 마찬가지였다. 팔레스타인인 운동에서 아랍 자본의 일부와 동일시되지 않은 부분은 존재하지 않았다.[3]

아랍의 정권들은 팔레스타인 민족주의가 체제 전복적 운동으로 발전할 잠재력이 있긴 하지만 그 지도자들을 설득해 자국 정권에게 이로운 구실을 하게 할 수도 있다는 사실을 오래 전부터 알고 있었다. 그래서 1967년 전쟁이 끝난 뒤에 이집트에서 15년 만에 처음으로 나세르 정권에 반대하는 운동이 조직되고 있을 때 이집트의 정부 관리들은 팔레스타인해방기구 지도부를 만나서 도와 달라고 호소할 수 있었다. 이집트 외무부 장관은 팔레스타인인에게 새로 점령된 서안과 가자에서 "모종의 군사작전을 전개해 달라"고 간청했다. 그 의도는 이집트 등의 나라에서 대중이 지배자들의 정치적·군사적 실패에 주목하지 못하도록 주의를 돌리려는 것이었다. 그러지 않으면 "대중이 자국 정권에 반기를 들 것"이라는 게 이집트 외무부 장관의 생각이었다.[4]

파타는 그런 태도를 조장했다. 칼리드 알하산은 사우디아라비아의 왕 파이살에게 "[검은 9월 이후에 — 지은이] 우리 편의 분노와 비통함이 폭력이 아니라 긍정적인 정치적 행동을 지지하는 방향으로 나아갈 수 있도록 이끌 기회를 달라"고 말했다.[5] 알하산은 다음과 같이 덧붙였다. "우리가 통제력을 잃는다면 폭력이 늘어나 … 머지않아 아랍 온건파가 붕괴하고 패배해 결국 친서방 아랍 정권들이 몰락할 것이라는 점을 파이살에게 말할 필요도 없었다."[6] 팔레스타인 대중에게 이로운 전략에는 바로 그런 '아랍 온건파'의 패배가 필요했지만, 파타에게 그것은 쓸데없는 위협이었다.

'급진파'라는 해방인민전선·민주전선은 덜 노골적이긴 했지만 그들 역시 해야 할 말을 하지 않음으로써 똑같은 구실을 했다. 트리폴리, 다마스쿠스, 바그다드, 알제, 아덴에 주요 급진파가 등장할 때마다 그들은 그 지역의 '혁명적 지도부'를 칭찬했지만, 국내의 모든 반대파를 탄압하는 경찰국가의 존재는 그냥 못 본 척했다.

30년 동안 팔레스타인해방기구 지도자들은 아랍의 지배계급을 이용하고 있다고 생각했지만, 사실은 그들에게 이용당하고 있었다. 팔레스타인해방기구의 주요 조직들이 공식적 연계를 맺고 있던 정권을 공개적으로 비판한 적은 한 번도 없었다. 이 사실은 인티파다 동안에 가장 분명하게 드러났다. 파타는 서둘러 점령지 운동의 지도부를 자처하고 나섰고 아랍 정권들의 지지와 재정 원조를 받았다. 해방인민전선과 민주전선도 별로 다를 바 없었다. 머지않아 팔레스타인해방기구 지도자들은 아랍의 대통령이나 왕과 함께 나타났다. 쿠웨이트시티에서 팔레스타인인 시위대가 공격을 받았는데도 아라파트는 쿠웨이트를 방문해 팔레스타인인의 대의를 지지한다는 왕가를 칭송했다. 불과 며칠 뒤에 하바시와 하와트마도 아라파트와 함께 알제리의 샤들리 대통령 편에 섰다.

그러나 알제리에서 반란이 벌어졌을 때 팔레스타인해방기구의 지도자들은 침묵을 지켰다. 겨우 한 달 뒤에 다시 그들은 알제에서 열린 팔레스타인민족회의에서 알제리 대통령과 함께 나타났다. 1988년 10월에 알제리 노동자들을 학살한 샤들리는 그다음 달에 봉기와 반제국주의 투쟁의 친구임을 자처할 수 있었다. 그에게 팔레스타인 해방기구 지도자들은 변명거리가 돼 줬다.

팔레스타인 지도자들은 샤들리의 군대와 전투를 벌인 알제리 노동자·청년과 동질감을 느끼지 못했다. '[요르단강] 동안의 봉기' 때 감히 요르단인들에게 연대를 표시할 수도 없었다. 팔레스타인 대중의 이익을 위해서는 제국주의의 아랍 동맹국들에게 도전할 수 있는 강력하고 독자적인 노동자 운동이 필요했다. 그러나 팔레스타인해방기구 지도자들은 이를 고무할 수 없었다. 그들은 자신을 키워 준 사람의 손을 감히 물 수가 없었다.

스탈린주의의 유산

민족주의와 스탈린주의는 아랍 나라들에서 노동계급 운동이 발전하는 데 크나큰 장애물임이 드러났다. 두 경향 탓에, 기층 노동자들 사이에서 수동적 태도가 팽배해졌고 관료적이고 계급 협조적인 인물들이 지도자 지위를 꿰찰 수 있었다. 또, 노동계급 투쟁의 기대를 낮춰서 투쟁이 별다른 성과를 얻지 못하거나 심지어 빼앗기게 하는 분위기를 널리 퍼뜨렸다.

스탈린주의의 견해에 따르면 사회 변화에서 노동계급이 수행하는 역할은 주변적이다. 즉, 노동계급의 이해관계는 다른 계급의 이해관계에 종속돼 있다는 것이다. 그 결과 스탈린주의 조직들은 프롤레타리아 스스로 벌일 수 있는 활동의 여지를 작게 보거나 심지어 [그 가능성 자체를] 비웃었다. 사실 그런 태도는 스탈린주의가 출현하기 훨씬 전부터 불신의 대상이었다.

세기의 전환기에 레온 트로츠키는 제국주의 심장부 밖의 나라들에서 '연속혁명' 과정이 진행 중이라고 지적했다. 그런 나라들에서 사태 전개의 양상은 자본가계급이 [17~18세기] 유럽에서와는 달리 근본적 변화를 가져올 수 없다는 사실을 극명하게 보여 줬다. 그런 나라들에서 흔히 인구의 압도 다수를 차지한 농민들도 독자적 구실을 수행할 수는 없었다. 오직 노동계급만이 그런 사회를 변화시킬 수 있다고 트로츠키는 주장했다. 이런 견해는 일련의 혁명적 격변, 특히 1917년 러시아 혁명에서 입증됐다. 당시 러시아 프롤레타리아는 절대적 규모는 작았지만 결정적 구실을 했다.[7]

연속혁명 이론은 1920년대 말부터 소련을 지배한 국가자본주의 관료들의 전망과 정면으로 충돌하는 것이었다. 그래서 스탈린과 그 이데올로그들은 연속혁명 사상을 거부하면서, 미덥지 않은 '단계'론과 '계급 동맹'의 필요성이라는 관념을 대신 내세웠다. 그런 견해에 따르면, 프롤레타리아는 부르주아지의 '진보적' 부문, 프티부르주아지, 농민이 포함된 반제국주의 동맹에서 온건하게 굴어야 한다.[8]

코민테른은 이런 견해를 전 세계 공산당에 강요해 끔찍한 대가를 치르게 만들었다.[9] 아랍 세계만큼 그 파괴적 영향이 큰 곳은 어디에도 없었다. 아랍에서는 첫 번째로 생겨난 이집트공산당을 제외하면 모든 공산주의 조직들이 코민테른이 타락한 뒤에 결성됐다.[10] 그래서 아랍의 공산당들은 생겨날 때부터 계급을 가로지르는 동맹을 금과옥조로 여겼다. 그들의 주요 목표는 자국 부르주아지의 신용을 얻는 것과 반제국주의 운동을 건설하되 그 과정에서 자본의 입지를 확실하게 보장하는 것이었다. 어떤 상황에서도 노동계급과 공산당은 부르주아·프티부르주아 경향으로부터 독립성을 견지해야 한다는 레닌의 강한 경고는 잊혀졌다.[11]

이런 견해 때문에 아랍의 좌파는 마비됐다. 그 결과 반제국주의 운동이 부르주아 사상의 압도적인 영향력을 받게 됐다. 즉, 그 지역의 대다수 나라에서 노동계급은 더는 투쟁의 기준점으로 여겨지지 않았다. 1960년대에 파타가 노동계급은 반제국주의 투쟁의 주변적 요소일 뿐이라고 선언했을 때, 그런 주장을 반박하는 마르크스주의적 대안은 전혀 없었다. 파루크 알카두미(아부 루투프)는, "노동자, 특히 저개발국의 노동자는 하찮고 무능한 계급이라 믿고 의지할 수 없다"고 했다.[12] 이를 반박할 수 있는 독자적 공산주의 경향은 존재하지 않았다.

아랍의 노동계급

사실 아랍의 노동계급은 그 지역의 지배계급에 대항한 투쟁에서 결정적 구실을 할 수 있는 잠재력을 오래 전부터 보여 줬다. 제1차세계대전 종전 뒤에 제국주의에 대항하는 투쟁을 선도했던 것은 바로 이집트의 노동계급이었다. 사태 전개에 속도가 붙은 더 최근에는, 제국주의와 국내 지배계급에 대항하는 대중운동을 촉발한 일련의 정치적 충돌에서 노동자들이 중요한 구실을 해 왔다.

변화의 양상 때문에 노동계급의 훨씬 증대된 비중이 가끔 가려지기도 했다. 그래서 지난 40년 동안 중동 지역 대부분에서 공업이 급속히 성장했지만, 많은 아랍 사회는 겉으로는 여전히 농촌의 사회관계가 지배적인 듯 보였다. 도시가 급속하게 성장한 곳에서는, 경제적으로는 전통적 수공업 관계가, 정치적으로는 도시 빈민이 도시 생활의 지배적인 모습인 것처럼 보였다. 이런 모습은 불균등 결합 발전의 영향이 표피적으로만 드러나 보인 것이다.

현대적 공업이 모든 주요 아랍 국가로 침투해 들어가면서 새로운 공업단지들이 건설됐다. 그런 곳에서는 강철(이집트, 알제리, 리비아, 시리아, 사우디아라비아), 알루미늄(이집트, 리비아, 아랍에미리트, 바레인), 화학제품(알제리, 모로코, 리비아, 튀니지, 사우디아라비아, 쿠웨이트, 카타르), 자동차(이집트, 모로코, 알제리, 사우디아라비아)가 생산됐으며, 플라스틱과 전자 제품을 비롯한 수입품을 대체할 국산품도 대량 생산됐다. 그러나 현대 산업의 도입이 획일적이지는 않았다. 새로 건설된 공장이나 설비는 흔히 본질적으로는 후진적인 경제에 떠 있는 선진적인 공업의 섬 같았다.

흔히 새로운 공업단지들은 낡은 방식을 사용하는 기존 공업과 나란히 가동됐다. 여전히 상당히 많은 도시 인구를 고용하고 있는 전통적 수공업 부문과 뚜렷하게 대비되기도 했다. 새로운 제조업 단지들이 소규모 작업장들 옆에 건설됐다. 여러 세대 동안 변하지 않는 방법을 사용하던 부문과 선진적 부문이 공존했다.

가장 뚜렷한 차이는 공업과 농업 간의 차이였다. 걸프를 제외한 대부분의 지역에서 농촌 사람들은 주로 전통적 경작 방법을 이용해 왔다. 몇몇 지역, 특히 이집트에서는 경작 방법이 수천 년 동안 거의 변하지 않았다. 그렇지만 농업 부문도, 특히 북아프리카처럼 유럽 시장을 겨냥해 개발된 곳에서는 상당히 발전했다. 현대적인 것이 전통적인 것과 공존하며, 가장 선진적인 기술이 가장 낙후된 기술과 공존하는 것이 현실이었다.

통계 자료를 보면 발전의 양상을 알 수 있다. 1970년대에 대부분의 아랍 나라에서 연평균 공업 성장률은 농업에 기초한 전통적인 경제 부문의 성장률보다 훨씬 높았다. 예컨대, 전에는 농촌 경제가 압도적이었던 4개국의 성장률은 다음과 같다.[13]

[표 5] 연평균 성장률(단위: 퍼센트)

나라(연도)	농업	제조업
알제리(1974~1977년)	-0.5	9.1
이집트(1974~1977년)	-2.0	5.8
이라크(1968~1978년)	0.3	12.2
시리아(1971~1977년)	5.3	10.0

그런 발전은 인구 구성에도 영향을 미쳤다. 수백만 명의 농민과 농업 노동자들이 도시로 몰려들었다. 그중 일부는 새로운 공업에서 일자리를 찾았고, 다른 일부는 실업자나 반실업 상태로 남아 거대한 도시 빈민을 구성했다. 이들은 카이로·알렉산드리아·베이루트·튀니스 같은 도시의 인구를 엄청나게 늘려 놓았다. 오늘날 이 도시들의 옛 중심지 주변에는 대규모 슬럼가와 판자촌이 형성돼 있고 수백만 명의 도시 이주민들이 굶어 죽고 있다.

수많은 개발사회학자들이 이런 변화를 기록은 하지만 그에 상응하는 계급 구조의 변화는 대개 간과한다. 특히 노동계급의 성장은

[표 6] 도시 인구 비율(단위: 퍼센트)[14]

나라	1960년	1981년
알제리	31	44
이집트	38	44
이라크	43	72
요르단	43	57
레바논	35	77
시리아	37	49
튀니지	32	53

사실상 무시됐고 노동계급이 아랍 사회에서 발휘할 수 있는 정치적 영향력은 과소평가됐다. 이 문제를 탐구한 사람들은 개념의 명확성 문제를 강조하면서 프롤레타리아의 수적 증가와 그들의 정치적 잠재력 사이에 필연적 관계가 있는 것은 아니라고 주장했다. 중동의 계급 구조를 분석하려는 흔치 않은 시도를 한 엘리자베스 롱네스가 바로 그런 태도를 취한다. 그녀는 다음과 같이 주장한다.

> 공업 부문을 묘사하기 위해 세밀한 개념을 도입할 때조차 그 부문에서 노동하는 사람들의 수를 세는 것만으로는 불충분하다. 따라서 노동계급이 그 사회에서 일정한 비율을 점하고 있기 때문에 그들이 사회주의적 사회 변화에서 주도적 구실을 할 수 있는 객관적인 조건(훨씬 덜 주관적인)이 존재한다고 결론짓기 어렵다.[15]

통계 수치들을 주의 깊게 해석해야 한다는 것은 틀림없는 사실이다. 예컨대, 세계은행이 내놓은 수치를 보면 1980년에 주요 아랍 나라들의 노동인구 가운데 25퍼센트가 공업에 고용돼 있었다는 것을 알 수 있다.

[표 7] 공업에 고용된 노동인구 비율(단위: 퍼센트)[16]

나라	1960년	1980년
알제리	12	25
이집트	12	30
이라크	18	26
요르단	26	20
쿠웨이트	34	34
레바논	23	27
리비아	17	28
모로코	14	21
사우디아라비아	10	14
시리아	19	31
튀니지	18	32

이 수치는 오해의 여지가 있다. 첫째, 그 지역 전역에 존재하는 거대한 수공업 부문이 가끔은 '공업' 부문으로 계산돼 현실을 왜곡할 수 있다.

둘째, 이 수치는 인구 규모와 산업구조가 현저하게 다른 여러 경제들을 광범하게 포괄한다. 그래서 각 수치를 서로 비교할 때는 매우 조심스러워야 한다. 예컨대, 쿠웨이트의 공업 노동자는 전체 인구 130만 명 중에 약 6만 명 정도인데, 이것을 전체 인구 5000만 명 중에 적어도 500만 명이 공업 노동자인 이집트와 직접 비교하는 것은 거의 말이 안 된다. 이집트에서는 훨씬 더 많은 노동자들이 중공업이나 제조업 부문의 더 커다란 공장에서 일한다.

다른 특수한 문제도 있다. 예컨대, 레바논과 요르단의 공업은 전쟁과 침략의 영향을 특히 많이 받았다. 위의 표에서 드러나듯이 요르단은 합병의 영향으로 노동계급이 파편화됐다. 반면에 사우디아라비아와 일부 걸프 국가에서는 이제 공업 노동인구의 규모가 정부 공식 수치보다 훨씬 더 크다. 특히 정부 통계는 석유 산업에 고용돼 있는 이집트 등 다른 아랍 나라와 아시아 출신의 이주 노동자 수백만 명을 반영하지 않는다.[17]

그래도 이런 통계에는 이 지역에서 발생하는 변화의 속도나 많은 나라에서 산업 프롤레타리아가 수백만 명 규모로 성장했음은 반영돼 있다. 핵심 산업에 고용돼 있는 노동자의 절대 숫자는 많다. 예컨대, 1981년에 이집트의 제조업 노동자는 150만 명이었고 건설업과 운송업에 고용돼 있는 노동자도 100만 명이나 됐다. 이라크에서 제조업과 건설업에 종사하는 노동자는 75만 명이었고, 시리아에서는 50만 명 이상이었다.[18] 1980년대에 이 수치들은 상당히 높아졌다.

발전 과정은 불균등하기에, 산업 노동계급은 도시 빈민이나 농업 프롤레타리아와 섞일 수 있다. 특히 북아프리카와 이집트에서 그렇다. 그렇다고 해서 정치 생활에서 주도적 구실을 할 수 있는 집단적 힘을 가진 계급으로서 프롤레타리아의 정치적 잠재력이 축소되지는 않는다. 사실, 1917년 러시아 혁명에서 1979년 이란 혁명에 이르기까지 그동안 일어났던 사건들을 살펴보면 그런 나라에서 노동계급이 사회적 위기의 순간에 결정적 구실을 했음을 알 수 있다.[19]

투쟁의 역사

스탈린주의의 파산이 낳은 결과 중 하나는 중동의 노동자 운동에 관한 역사적 기록이 매우 빈약해졌다는 것이다. 최근에 들어서야 노동자 운동에 관한 연구가 부분적으로 이뤄지고 있다. 60여 년에 걸친 아랍 노동자 투쟁의 기록은 대개 드러나지 않았다.[20]

프롤레타리아의 능동적 구실에 관해 서술하지 않는 것은 좌파 저술가들의 아랍 세계 분석에서 가장 두드러진 특징 중 하나다. 그래서 지난 20년 동안 아랍에 관한 가장 영향력 있는 연구서 중에 하나였던 《아랍 민족》(1970년대 중반에 이집트인 사미르 아민이 저술했다)에는 프롤레타리아에 관한 언급이 오로지 그들을 깎아내릴 때만 등장한다. 아민은 다음과 같이 주장했다.

> 제3세계가 [제국주의 체제로 — 지은이] 통합되는 과정에서 수많은 대중이 프롤레타리아화하고 가난해졌다. 그들에게는 자본주의적 축적 체제로 통합될 기회가 전혀 없었다.[21]

그 결과, 프롤레타리아는 정치적 변화 과정에서 하찮은 구실만 했을 뿐이라고 아민은 주장했다. "프롤레타리아화된 인민 대중, 특히 농촌 대중"이 지도하는 민족주의 운동이야말로 그 지역의 문제들을 해결할 수 있는 세력이라는 것이다.[22]

심지어 1980년대 말에도 아랍 노동계급의 잠재력을 믿지 못하는 심각한 회의론이 존재했다. 1989년에 에릭 데이비스는 "아랍 노동계급의 구실을 낭만적으로 묘사하는 경향이 있는" 분석들을 비판하면서[23] 다음과 같이 썼다.

> 흔히 혁명의 주체를 서둘러 찾으려는 듯이 보이는 분석에서 그런 낭만적 묘사는 노동자들과 그들의 투쟁 조건들에 끼치는 정치적 영향력을 구체화시키며 대수롭지 않게 보이도록 만드는 데 기여할 뿐이다.[24]

이런 견해들은 아랍의 정치사에서 노동계급을 지워 버렸던 스탈린주의 전통의 재탕 삼탕에 불과하다. 또, 노동계급 투쟁에 관한 오랜 기록과도 모순된다. 탄압 수준이 높았는데도, 노동계급은 제국주의 세력이나 자국 정권들에 맞서 계속 투쟁해 왔다.

이스라엘 국가가 수립되고 있을 때, 이집트 노동자들은 제1차세계대전 종전 이후 처음으로 투쟁을 벌이고 있었다.[25] 잇따른 파업은 파루크 왕정을 거의 붕괴 직전까지 몰아넣었다. 의미심장하게도 이런 투쟁의 물결은 국왕이 팔레스타인인을 '위한' 전쟁을 선포하자 겨우 잠잠해졌다.[26] 투쟁은 1950년대에 다시 시작됐다. 그때는 사회주의적 대안이 없는 상황에서 나세르와 그의 자유장교단으로 대표되는 새로운 프티부르주아지가 투쟁의 성과를 가져갔다.

같은 시기에 이라크에서는 유전 지대, 바스라 항구, 철도, 담배 산업에 집중된 노동자 운동이 급속하게 성장했다. 1950년대 내내 되풀이된 파업은 1959년에 이라크공산당이 결국 운동을 중단시킬 때까지 계속됐다. 인근의 걸프 국가에서는 석유 산업의 발전이 중요한 투쟁들을 불러일으켰다. 1953년에 사우디 유전 지대에서는 1만

3000명의 노동자가 파업에 돌입했다. 그 지도자들은 주로 팔레스타인인이었다. 3년 뒤에 또 다른 파업이 일어났고 그로 인해 많은 활동가들이 쫓겨났다.[27]

아랍 민족주의의 황금기였던 1960년대에는 민족주의자들의 입발림, 당국의 탄압, 공산당의 묵인이 결합해, 노동자 운동이 어느 정도 가라앉고 마비됐다.[28] 그러나 1960년대 말에 운동이 되살아났다. 이집트가 다시 전면에 떠올랐고 1970년대 초에는 잇따라 벌어진 투쟁에 거의 모든 산업부문이 영향을 받았다. 1971~1972년과 1976년에 일어난 파업 물결은 1977년 1월 봉기로 절정에 달했고, 투쟁은 사다트 정권을 거의 타도할 뻔했다.

1977년 사태는 아랍 노동자의 힘을 다시 일깨워 줬다. 공장·작업장·부두·사무실은 텅 비었고 사다트의 정책에 반대하는 수백만 명이 거리로 쏟아져 나왔다. 사다트 정부는 노동자 운동에 재빠르게 양보했음에도 이집트의 모든 주요 도심에서 통제력을 상실했다. 좌파 조직이 전무한 상태에서 사다트 정권은 군대를 이용해 시위대를 진압한 뒤에야 겨우 되살아날 수 있었다.[29]

그 뒤에도 북아프리카에서 계속된 반란은 [모로코, 알제리, 튀니지를 포함하는] 마그레브 지역의 정권들 역시 취약하다는 사실을 보여 줬다. 1978년과 1981년 튀니지에서, 그리고 1980년 모로코에서 벌어진 총파업에 뒤이어 1984년에는 두 나라 모두에서 폭동이 발생했다. 1985년에는 초점이 수단으로 이동했다. 그곳에서는 가파르 니메이리 대통령에 반대하는 대중운동이 발전하는 과정에서 노동자들의 구실이 매우 두드러지자 군 장교들이 권력을 장악해 노동자 운동이 자신의 이익을 위협하지 못하게 억눌렀다. 1988년 알제리에서는 노동자들이 일으킨 파업이 10월 반란을 촉진했다. 프랑스에 대항한 민족해방전쟁 이후 처음으로 폭발한 이 투쟁에서 알제리 노동자들은 그 나라의 새로운 지배계급에 대항한 투쟁을 주도할 세력이 바로 자신들이라는 점을 보여 줬다. 그것은 시리아·이라크·리비아의 아랍 민족주의 정권들에게는 경고 신호였다.

이런 기록은 아랍의 노동계급을 '낭만적으로 묘사하는' 것이 아니다. 그것은 불균등한 발전이 거대한 불안정성을 낳던 시기에 노동계급의 비중이 점차 커졌음을 확인시켜 주는 것이다. 아랍 노동자 투쟁의 속도가 느려질 가능성은 별로 없다. 경제적 압력 때문에 아랍 정권들의 운신의 폭이 협소해짐에 따라 더 커다란 격변이 벌어질 것으로 예상할 수 있다. 특히 국유 산업이 붕괴하고 사적 자본과 외국 자본이 침투하면서 아랍 민족주의가 위기를 겪고 있는 이집트, 알제리, 이라크, 심지어 리비아에서조차[30] 갑작스런 폭발이 일어날 가능성이 크다. 1979년 이란 혁명에서 극적으로 드러났듯이, 민족의 경계를 뛰어넘는 활동이 급속하게 고무되는 정치 운동의 전통이 있는 지역에서는 그런 투쟁들이 지역의 안정을 해치기 십상이다.[31]

모든 아랍 정권들은 석유 호황에서 나오는 이윤, 지배 가문과 관료들의 특권, 서방 자본에 대한 '개방' 정책에서 득을 보는 사람들의 부 등을 그 어느 것도 나눠 갖지 못하는 수백만 대중의 이해관계가 표출되는 아래로부터의 운동에 취약하다. 팔레스타인인의 봉기 같은 지속적인 반제국주의 투쟁은 그런 투쟁에 촉매제 역할을 할 수 있다. 이집트·알제리·요르단의 지배자들은 그 때문에 큰 곤경을 치렀었다. 그런데 팔레스타인인의 운동은 새로운 노동자 투쟁의 물결에 어떻게 반응할 것인가?

새로운 전통

팔레스타인해방기구 지도자들은 아랍 나라들에서 벌어진 과거의 투쟁들을 그리 중요하게 여기지 않았다. 그들은 때로 아랍 나라들의 정치적 불안정이 아랍 정권들에 압력을 넣는 데 유용하다고 생각했고, 아라파트는 그 정권들을 상대로 "전술 게임"을 하고 싶어 했다.[32] 이런 상황에서 노동계급은 잠재적 동맹 대상으로 여겨졌지만, 파타는 노동계급을 "믿고 의지할" 동맹 대상으로는 보지 않았다. 오히려 노동계급의 투쟁은 아랍 정권들의 지지를 끌어내려는 파타의 목표에 비춰보면 당혹스러운 일이거나 심지어 걸림돌로 보였다. 대부분의 경우에 팔레스타인해방기구 지도자들은 대중보다는 지배계급에 동질감을 느낀다고 공공연하게 표현해 왔다.[33]

그런 전략이 이스라엘 국가에 진정한 압력을 가한 적이 단 한 번도 없는데도, 파타는 30년 동안 아랍 정권들의 꽁무니를 따라 왔다. 이스라엘에게 가장 큰 잠재적 위협은 노동자 운동이 고양됐을 때 찾아왔다. 1977년에 이집트 노동자들이 사다트를 거의 제거할 뻔했을 때가 바로 그랬다. 이 투쟁으로, 이집트의 정치적 불안정이 지속되며 이집트 지배계급의 기반을 허물고 다른 국가들로도 확산돼 아랍에서 제국주의 구조 전체를 불안정하게 만들 가능성이 떠올랐다. 혁명적 노동자의 지도력이 없었기 때문에 1977년의 운동은 그렇게 발전하지 못했다. 노동자 운동 내에 마르크스주의 경향이 존재한다면 앞으로 발생할 위기에서는 사뭇 다른 결과가 나올 수도 있다.

이런 결론에 동의하는 팔레스타인인의 과제는 아랍의 모든 사회주의자들이 직면한 과제이기도 하다. 그것은 바로 아랍 노동계급의 잠재력을 토대로 그 지역의 새로운 사회주의 전통을 어떻게 수립할 것인가 하는 문제다. 이것을 위해서는 첫째, 대리주의적 공식을 내포한 스탈린주의 전통에 맞서서 노동자들의 혁명적 구실에 대한 신뢰를 재확립해야 한다. 또, 아랍 나라들에서 표출되는 노동자들의 모든 활동, 즉 파업, 점거 농성, 시위, 식량 폭동에, 그리고 탄압에 반대하고 노조 권리를 쟁취하기 위한 운동 등에 초점을 맞춰야 한다. 무엇보다도 마르크스주의 전통에 기초한 사상으로 무장한 독자적 노동자 정당 건설에 착수해야 한다.

팔레스타인 운동 내에서는 이런 전략이 공식적으로 논의된 적이 한 번도 없었다. 급진적 민족주의자들은 이 문제에 대해 두 가지 주장을 제기했다. 팔레스타인인이 주변적이라는 것과 혁명적 마르크스주의자들의 제안은 '장기적 해법'이라는 것이다.[34]

팔레스타인 노동자들이 아랍 경제에서 주변적이라는 것은 사실이다. 아랍 정권들이 팔레스타인 노동자를 경제활동의 외부 영역에 묶어 둔 결과다. 그렇다고 해서 팔레스타인인이 아랍 정치에 참여하는 것이 일반적으로 덜 중요해지는 것은 아니다. 오히려 더 중요해진다. 팔레스타인 노동자들은 진정한 정치적 힘이 약하다. 따라서 팔레스타인의 대중이 자신의 이익을 추구하기 위해서는 아랍 자본주의와 대결할 힘이 있는 사회 세력과 손을 잡아야 한다.

팔레스타인인이 극복해야 할 첫째 장애물은 사상의 장애물이다. 바로 팔레스타인의 이익은 순전히 민족적 이익이므로 아랍 나라들에서 일어나는 사건이 서안이나 가자에서 일어나는 사건과 아무 관련이 없다는 관념이다. 팔레스타인인들은 아랍 전역에서 계속 급진화를 일으키는 세력일 것이므로, 그들의 투쟁에서 어느 정도 영감을 얻은 저항도 더 많이 일어날 것이다. 그러나 아랍 전역에 변화를 가져올 아랍 노동자들의 운동도 존재할 것이고 팔레스타인인이 그런 운동과 무관할 수는 없을 것이다.

아랍 노동자 운동과 팔레스타인인의 연계에 장애가 되는 둘째 요소는 팔레스타인인이 마르크스주의의 장기적 전략을 경시하는 문제다. 무장투쟁은 시온주의라는 적과 바로 대결하는 전망, 수년에 걸친 아랍 정권들의 입발림과 달리 팔레스타인 해방의 과정을 당장 시작할 수 있는 기회를 제공하는 듯 보일 것이다. 이와 대조적으로, 오랜 시간 노동자 투쟁에 참여함으로써 노동계급 내에서 혁명적 경향을 건설한다는 마르크스주의의 전략은 시간과 노력이 많이 들어가는 고역으로 보일 것이다. 그러나 그동안 민족주의 전략은 얼마 지나지 않아 팔레스타인 운동을 아랍 정권에 넘겨주는 것으로 귀결되곤 했다.

'장기적 관점'은 시온주의에 맞서 당장에 결판을 낸다는 전망을 제시하지는 않는다. 그 해법은 혁명적 사상이 노동자들 사이에 충분히 확산돼야만 성공할 수 있고, 그런 혁명적 사상을 주장할 정당을 건설하는 데는 지름길이 없기 때문이다. 이 과업을 완수하기 위해서는 정치와 조직에 관한 기본 원리를 다시 세우면서도, 사회를 변화시킬 잠재력을 가진 프롤레타리아 사이에서 활동해야 한다. 이런 전망은 팔레스타인 대중의 이익과 본성적으로 어긋나는 계급인 부르주아지와의 수상쩍은 동맹을 구축하려는 노력과는 날카롭게 대비된다.

팔레스타인인이 노동자 운동에 관여하기가 지금보다 더 좋은 때는 없었다. 몇 년 동안 민족주의의 위기는 분명해졌고 스탈린주의 전통은 마침내 비판적 평가를 받고 있다. 몇몇 아랍 나라, 특히 이집트에서 마르크스주의자들은 공산주의 운동의 역사를 새롭게 바라보고 있고 새로운 형태의 사회주의 조직을 건설하기 시작했다. 이들은 소련이나 다른 아랍 정권들과 연계됐던 옛 공산당들과는 완전히 다른 독자적 정치 경향을 건설할 수 있다. 이스라엘 국가 수립 이후 처음으로 팔레스타인 사회주의자들은 동·서방 제국주의 모두에 반대하는 아랍 혁명가들과 함께 활동을 펼칠 수 있게 됐다.

새 세대의 팔레스타인 활동가들은 인티파다 과정에서 출현했다. 그런데 그들에게 선택지는 몇 개 없다. 그들은 파타의 정통파 민족주의나 해방인민전선·민주전선과 공산당의 '급진적' 버전의 민족주의를 받아들일 수 있다. 어쩌면 지하드나 무슬림형제단의 하마스 같은 이슬람 경향을 추구할 수도 있다. 그렇지만 이 이슬람 조직들도 팔레스타인인들을 실망시켜 온 프티부르주아 민족주의에 충실하기는 마찬가지다. 무슬림형제단과 걸프 국가 지배자들의 긴밀한 관계가 잘 보여 주듯이, 그들은 이슬람 운동과 아랍 정권들의 관계 때문에 더 심각한 절충을 하기도 한다.

이 이슬람 조직들의 염원은 소국가의 수립 이상으로 나아가지 못하는데, 소국가는 팔레스타인 민중 대다수의 이익에 결코 도움이 되지 않는다. 이스라엘의 비타협적인 태도 때문에 소국가조차 실현 가능성이 거의 없다. 제국주의에 도전하지 않고 끊임없이 타협을 모색한다는 점에서 부적절하기도 하다. 제국주의는 언제나 그런 타협을 유혈 낭자하게 내팽개쳤다. 그러므로 인티파다를 일으킨 새 세대 팔레스타인 활동가들은 새로운 방향을 선택해야 하는 도전에 직면해 있다.

노동자 권력

1989년 5월에 해방인민전선의 신문 〈알하다프〉(목표, 목적이라는 뜻)는 팔레스타인 운동이 직면한 딜레마를 다룬 적이 있다. 요르단에서 '동안의 인티파다'가 일어난 지 불과 몇 주 뒤에 그 신문은 다음과 같이 물었다.

> 우리 팔레스타인인들은 우리의 배후지인 아랍 세계에서 받고 있는 후원을 어떻게 대해야 한다고 생각하고 있는가? 이 고전적인 문제는 해결되지 않은 채 계속 제기되고 있다. 아랍 세계의 후원은 아랍 대중이 팔레스타인 혁명에 보내는 지지와 아랍 정권들이 팔레스타인해방기구에 보내는 지지로 이뤄져 있다. 흔히 그렇듯 특히 아랍 대중과 우리의 관계 때문에 아랍 정권들의 선의가 훼손되는 경우에, 아니면 그 반대의 경우에 과연 무엇이 우선인가? …
>
> 우리는 아랍의 모든 공식적 기구의 일원으로서 권리를 기꺼이 행사하

고 있다. 우리는 아랍 정상회담을 비롯해 아랍 내무부 장관 회담이나 아랍샛[아랍 통신위성 — 지은이] 관련 회담 등 모든 회의에 참석하는 것을 분명히 기쁘게 생각한다.

이런 회담이 끝나면 우리는 공개적인 모임이나 대중 집회에 참석해서, 현재 아랍의 상황을 개탄하면서 아랍 민중의 침묵을 비판하고 그들에게 움직이라고, 제국주의와 시온주의의 반동적인 음모와 대결하라고 촉구한다.

그리고 아랍의 대중이 움직일 때면 우리는 좋아서 어쩔 줄 모른다. 그러나 이런 일이 벌어지기가 무섭게 우리는 그 나라 정권의 안정과 지도자의 건강을 걱정하는 의사를 표명한다. 수많은 전화와 전보를 보내 아랍의 안정과 질서를 해치려는 최근의 음모를 비난한다. 우리의 선량한 의도를 입증하기 위해 대중운동으로 파괴된 시설을 재건하는 데 쓰라고 약간의 돈을 보내는 사람들도 있다!

이것은 분명히 매우 어려운 문제다. 우리는 아랍 체제의 선량한 일부가 되기 위해 애쓰고 있고 다른 아랍 정권들과의 마찰을 피하기 위해 '아랍 클럽'의 회원국으로서 의무를 다하고 있다. 그러나 그들의 추악한 전술과 동맹이 결국 우리를 압박하면 우리는 그동안 잊고 있던 아랍 대중에게 구조 요청을 보낸다. 그 사이에 아랍 대중은 자기 나라의 문제나 일상사에 빠져 허우적거리고 있다.

아랍 대중의 능력과 효용을 완전히 믿지 못해 우리는 아랍 정권들과 가까워진다. 그 정권들을 두려워하고 그들의 의도나 약속을 믿지 않아서 우리는 아랍 대중에게 다가가 구조를 요청한다. 결국 우리는 골치 아픈 상황에 처한다. 아랍 대중은 우리의 처지를 이해하고 어느 정도까지는 우리를 용서해 줄 것이다. 그러나 아랍 정권들은 이 문제에서만은 절대 융통성을 발휘하려 하지 않는다.[35]

〈알하다프〉는 결론을 내릴 수가 없었다.

그렇다면 이 문제를 어떻게 해결해야 하는가? 아마도 우리는 라마단 기도가 끝날 무렵 알라에게 정권과 민중 간의 이 '오해'를 제거해 달라고 간청해야 할 것이다. 그것은 분명히 가장 쉽고 가장 저렴한 해결책일 것이다.

카를 마르크스는 역사가 결코 해결할 수 없는 문제를 제기하지는 않는다고 주장했다. 비록 팔레스타인 문제가 베이루트의 난민촌이나 서안의 마을에서 가장 분명하게 드러날지라도, 해결책은 다른 곳에 있다. 변화를 시작할 힘은 무엇보다도 이집트의 산업도시, 즉 아랍 자본주의의 중심지에 존재한다. 이집트의 대중운동은 제국주의와 타협하지 않고 대결하는 데 진정한 이해관계가 있는 계급이 집권하게 만들 수 있다. 노동자들이 공장을 장악하고 농민들이 토지를 점거하면 아랍 자본주의와 시온주의 국가 모두에 맞선 대안이 처음으로 나타날 수 있다.

이스라엘과 그 후원자들에 맞선 투쟁은 오랫동안 계속되면서 처절한 고난과 우여곡절을 겪을 것이다. 그렇지만 이스라엘과의 타협은 있을 수 없다(이스라엘은 여전히 중동에서 제국주의의 이해관계를 지켜 주는 주요 세력이다)는 사실을 인정하고 팔레스타인의 유대인과 아랍인을 위한 사회주의적·국제주의적 대안을 전망으로 제시할 전략에 바탕을 둔다면 그런 투쟁을 벌일 수 있다. 팔레스타인과 아랍의 사회주의자들이 직면한 문제는 아랍 정권들과 제국주의의 시온주의 경비견 둘 다를 제거할 수 있는 유일한 전략을 채택할 것인지다.

아랍 노동자 운동의 잠재력은 충분하다. 아랍의 모든 사회주의자들이 직면한 문제는 앞으로 다가올 정치적 위기에서 진정한 지도력을 제공할 새로운 혁명적 경향을 어떻게 건설할 것인지다. 그렇다고 해서 팔레스타인인이 이스라엘에 맞선 저항을 포기해야 한다는 것은 아니다. 가장 긴급한 과제는 활동가들을 설득해 고전적 마르크스주의 사상과 독자적 노동자 정당 건설이라는 실천적 과제를 수행하도록 하는 것이다. 한 가지 점에서 야세르 아라파트는 옳았다. 그는 다음과 같이 시인했다. "이스라엘은 이 지역의 초강대국인 반면 우리는 활과 화살을 들고 이스라엘에 저항하고 있다."[36] 바로 지금, 팔레스타인인이 노동자 권력이라는 무기를 벼리는 데 어떻게 참여할 것인가 하는 실문을 넌져야 한다.

2000년 인티파다

이 글은 2000년 '2차 인티파다'로 불린 저항이 분출한 직후 중동 문제 전문지 《미들이스트 솔리대러티》의 편집자 앤 알렉산더가 혁명적 좌파 계간지 《인터내셔널 소셜리즘》 2000년 겨울호에 발표한 글 "Powerless in Gaza: The Palestinian Authority and the myth of the 'peace process'"를 번역한 것이다.

팔레스타인 평화 프로세스를 파탄 낸 저항이 [2000년 9월 28일부터] 열흘 동안 계속되고 있을 때, 혼란 속에서도 유독 두드러진 장면이 하나 있었다. 겁에 질린 12살 소년이 아버지 뒤에 숨어 있고, 이스라엘 저격수들이 그들을 향해 총알 세례를 퍼붓고 있었다. 카메라에 잡힌 아버지는 도와 달라고 소리쳤다. 그러다가 갑자기 아버지와 아들 둘 다 잠잠해졌다. 아들은 죽었고 아버지는 중상을 입었다.

무함마드 알두라의 죽음은 심화되는 위기를 보여 주는 강력한 상징이 됐다. 텔레비전 마감 뉴스에서 어지러운 폭력의 소용돌이를 묵묵히 지켜본 시청자들이 지겹게 들은 말은 이성을 잃은 "종족 간의 증오"가 중동에서 평화의 희망을 말살했다는 것이었다. 이스라엘 병사들이 돌을 던지는 10대 소년들을 향해 아파치 헬기에서 총을 쏴 대고 거리에서는 평화운동가들을 살해하고 있을 때,[1] 언론은 팔레스타인인이 중동 전역을 전쟁으로 몰아가고 있다고 비난했다. 10월 중순까지 100명 이상이 사망했는데, 그중 95명이 팔레스타인인이었고 적어도 13명의 팔레스타인 청소년이 이스라엘군의 총에 맞아 죽었다.[2] 샤름엘셰이크에서 열리는 정상회담 기간 동안 싸움을 중지하라는 유엔 사무총장 코피 아난의 호소에도 불구하고 장례식, 항의 시위, 공격, 보복의 악순환은 끊이지 않았다. 예루살렘에서 취재 중인 [영국의 뉴스 전문 제작사] ITN의 기자는 평론가들과 기자들 사이에 퍼진 절망감을 다음과 같이 정확하게 요약했다. "비극적 사실은 불과 몇 달 전만 해도 평화가 팔레스타인과 이스라엘 사람들의 손에 금방이라도 잡힐 것 같았다는 점이다."[3]

평화라는 말에는 힘이 있다. 전투의 상흔을 간직한 20세기가 끝나자 많은 사람들이 전쟁에 넌더리를 낸다. 요즘은 가장 노골적인 전쟁광조차 나름의 '평화 프로세스'를 주장하는 데 열을 올린다. 놈 촘스키는 이 용어를 다음과 같이 신랄하게 비꼬았다.

> '평화 프로세스'라는 용어는 전형적 오웰주의다.* 이 말은 미국에서 무비판적으로 쓰이고 있으며 세계 여러 지역에서도 두루 받아들여질 정도로 영향력이 있다. 사실, 이 말은 미국의 지도자가 지금 하고 있는 모든 일(말 그대로 '평화 프로세스'를 훼손하는 짓)을 가리킨다. 사실을 면밀히 관찰해 보면 이 점이 분명해진다.[4]

'평화 프로세스'의 신화와 추악한 제국주의적 현실 간의 차이는 중동에서 가장 뚜렷하게 드러난다. 2000년 10월에 팔레스타인인의 분노가 폭발한 것은 7년 넘게 협상이 계속되는 동안 이스라엘이 팔레스타인인들의 토지를 강탈하고, 경제를 질식시키고, 집을 파괴하

---

* 오웰주의 조지 오웰이 소설 《1984년》에서 묘사한 독재국가의 특징으로, 정부가 단어를 본래의 반대 의미로 쓰는 것.

고, 시온주의 정착민들의 잔학 행위들을 눈감아 주고, 개별적 저항과 보복 행위를 이유로 팔레스타인 공동체 전체에 연좌제를 적용해 왔기 때문이다. '평화 프로세스'의 전반적 특징은 이스라엘이 전보다 더 교묘한 무기를 사용하면서 억압을 더욱 체계화했다는 점이다. '평화 프로세스'가 진행되는 동안 국가의 테러는 도시계획 통제에 의해 은폐됐다. 고속도로 건설을 핑계로 불법 영토 병합이 이뤄졌다. 평화 프로세스 기간에 서안과 가자에 거주하는 이스라엘 정착민의 수는 거의 2배로 늘었다.[5] 이스라엘이 국경을 멋대로 폐쇄한 결과 팔레스타인인 수천 가구가 생계 수단을 잃었다.

이에 비해 이스라엘이 양보한 것은 그야말로 쥐꼬리만큼도 안 됐다. 팔레스타인인에게 허용된 것은 국기를 내거는 것과 아리하 버스 정류장에 대통령 초상화를 설치하는 것, 그리고 독자적 경찰력을 보유하는 것 정도였다. 팔레스타인 지도자 야세르 아라파트는 여러 나라를 순방하면서 각국 대통령이나 총리와 악수한 끝에 노벨 평화상을 공동 수상했다. 언제나 분명했던 사실은 이런 사소한 양보조차 대가를 치러야 했다는 점이다. 아라파트는 고문, 불법 감금, 정적 암살 등 다른 중동 정권들이 반정부 세력을 탄압하기 위해 사용해 왔던 모든 수단을 동원해 자국민을 단속함으로써 자신을 후원해 준 자들에게 충실하게 보답했다. 10월 인티파다에서 폭발한 팔레스타인인의 분노는 단지 이스라엘과 미국만을 겨냥한 것이 아니었다. 배반과 부패의 전형이 돼 버린 팔레스타인의 지배 엘리트를 겨냥한 것이기도 했다.[6]

두 국가 방안

1993년 이후 이스라엘과 팔레스타인 지도부 사이에 협상이 진행되자 그 전에는 잠복해 있었던 많은 흐름들이 구체적으로 드러났다. 이런 흐름 가운데 가장 중요한 것은 팔레스타인해방기구가 이스라엘 국가를 공개적으로 승인하고 이스라엘은 역으로 팔레스타인해방기구가 팔레스타인인들의 민족 정부로서 행동할 권한을 인정한 것이었다. 이스라엘과 팔레스타인의 지도자들이 1993년 9월에 역사적인 기본선언서DOP에 서명하고 나서 백악관 잔디밭에서 기자회견을 할 때 그들이 나눈 악수는 몇 달 동안 진행된 비밀외교의 성과만은 아니었다.[7] 사실, 양측이 이렇게 상대방을 인정하게 된 것은 그 전 20년 동안 변화해 온 팔레스타인해방기구의 전략에서 이미 그 조짐이 보였다.

백악관 잔디밭으로 가는 팔레스타인해방기구의 길은 1970년대에 시작됐다. 그때 팔레스타인해방기구는 역사적 팔레스타인[의 일부]에 '소국가'를 건설한다는 목표를 향해 첫발을 내딛었다. 그 전에는 팔레스타인의 모든 조직이 일체의 타협을 거부했다. 팔레스타인인들이 1948년에 쫓겨났던 모든 지역으로 귀환할 수 있어야 한다는 것이 타협의 전제 조건이었다. 팔레스타인해방기구는 유엔 결의안 242호도 거부했다. 그 결의안은 옛 영국의 위임통치 지역에 두 개의 국가, 즉 시온주의 국가와 아랍인의 국가를 나란히 세운다는 최초의 팔레스타인 분할안이었다.[8] 그렇지만 팔레스타인해방기구의 지도부를 구성하고 있던 게릴라 조직인 파타 내의 주요 인물들은 1960년대와

1970년대에 일어난 사건들의 영향을 받아 팔레스타인의 전면 해방이라는 요구에서 점점 멀어져 갔다. 첫째, 1967년의 6일 전쟁에서 이웃 아랍 국가들이 이스라엘에 완패하자, 파타는 이스라엘에 맞선 어떤 재래식 전쟁도 패배할 수밖에 없다는 결론을 내리게 됐다. 둘째, 팔레스타인의 젊은이들이 게릴라 훈련 기지로 떼 지어 몰려들고 파타가 무장투쟁을 선택하자, 요르단 내 위기가 심화됐다. 1970년 9월에 미국과 이스라엘의 후원을 받은 요르단의 국왕 후세인은 자국 내에 있는 팔레스타인 난민촌에 군대를 보내 팔레스타인 무장 집단을 분쇄했다. '검은 9월'의 재앙과 더불어 1973년의 욤 키푸르 전쟁에서 이집트와 시리아가 더 큰 패배를 당하자, 다른 아랍 국가에 의존해 무력으로 팔레스타인을 해방시키는 것은 완전히 불가능하다는 점이 분명하게 드러났다. 팔레스타인해방기구 집행위원회의 칼리드 알하산은 그것을 다음과 같이 표현했다.

> 우리는 서안과 가자를 팔레스타인 국가로 만드는 것이 최상이라는 결론에 이르렀다. … 지금이든 10년 후든 우리가 노동의 자유를 얻는 길은 우리 소유의 땅을 확보하는 것뿐이다. … 남의 땅에서 노동하면서 80퍼센트나 90퍼센트 독립적일 수는 없다.[9]

타협하라는 압력이 외부에서만 들어온 것은 아니었다. 파타는 이미 망명지의 공동체에서 팔레스타인 부르주아지의 정치적 목소리를 대변하고 있었다. 게릴라 투쟁에 다른 아랍 국가나 지역 강국과의 협상을 전술적으로 결합시킨 것은 이런 관계를 반영했다. 국가 건설이라는 파타의 전략에서 그다음에 취할 조치는 주요 제국주의 열강들의 양해를 구하는 것이었다.

미국의 국무부 장관 헨리 키신저가 파타 지도자들과 면담한 자리에서 팔레스타인의 '소국가'라는 전망을 집요하게 제시하자 그들은 이를 받아들였다. 필립 마플릿(필 마셜)이 지적하듯이,

> 파타 지도부가 그런 전망을 받아들인 것은 결국 이스라엘을 '민주적이고 세속적인 팔레스타인 국가'로 대체하기 위한 '혁명' 활동에 헌신하겠다는 입발림조차 포기했다는 뜻이었다. 그들은 팔레스타인인의 자주적 활동을 강조하는 대신 미국이나 중동의 지배계급과 협상하겠다는 노선으로 돌아선 것이다.[10]

오슬로로 가는 길

팔레스타인해방기구 지도부가 역사적 목표를 수정해 이스라엘의 존재를 기꺼이 인정하기는 했지만 그로 인해 당장 눈에 띄는 변화가 나타난 것은 아니었다. 사실, 1980년대 초에는 이스라엘이 팔레스타인해방기구를 영영 파괴한 것처럼 보였다. 이스라엘의 레바논 침공으로 팔레스타인해방기구는 베이루트에 있는 본부를 포기하고 튀니지로 도망가야 했다. 그러나 1980년대 말이 되자 상황은 변해 있었다. 1987년에 이스라엘 점령지에서 살고 있던 팔레스타인인의 분노가 폭발해 봉기, 즉 인티파다로 분출했다. 굴종과 빈곤, 억압의 세월은 팔레스타인의 젊은 세대에게 분노를 심어 줬고 그들은 직접 만든

화염병과 돌을 들고 이스라엘 탱크에 맞서 싸웠다. 그 운동은 가두 충돌에서 재빨리 발전해 이스라엘의 점령 통치에 대한 만만찮은 도전으로 변했다. 한 여성 활동가는 인티파다가 팔레스타인 사회의 새로운 부문 전체를 어떻게 투쟁으로 끌어들였는지 다음과 같이 설명했다.

> 지도부는 실제로 민중 내부에서 출현해 그들의 고유한 열망을 반영하고 있다. 이것은 인민위원회의 활동 덕분인데 … 통합봉기사령부가 총파업을 호소하자 문을 여는 상점이 하나도 없었고 길거리를 돌아다니는 사람도 전혀 없었다. … 우리가 지금 목격하고 있는 봉기는 계속 진행 중이고 더욱 상승하고 있다. 이제 모든 부문, 모든 계급의 사람들이 봉기에 참여하고 있다. 상점 주인도 참여하고 노동자도 참여한다. 봉기는 단순한 학생 혁명이 아니다.[11]

인티파다의 성공으로 팔레스타인해방기구는 크게 부상했다. 점령지의 영웅적 저항은 다시 한 번 팔레스타인 해방 투쟁을 중동 정치의 중심에 놓았다. 팔레스타인해방기구 지도부는 1988년에 알제에서 열린 팔레스타인민족회의 모임에서 팔레스타인 독립국가를 선언할 기회를 얻었다.

인티파다는 또한 이스라엘 사회의 양극화 과정을 촉진했다. 소수의 이스라엘 사람들은 봉기를 야만적으로 탄압하는 것에 맞설 준비가 돼 있었다. 이 자유주의자와 좌파의 대부분은 너무 가혹한 점령 통치에 도덕적으로 분개하면서 평화운동과 인권 단체에 가담했다.

평화를 주장한 다른 이스라엘 사람들은 팔레스타인인의 저항을 언제까지나 완전히 짓밟을 수는 없음을 인정했다. 이스라엘의 학자 마크 헬러는 1991년에 다음과 같이 주장했다.

> 이스라엘은 팔레스타인인의 저항을 억압한 대가를 치르고 있다. 즉, 날마다 정치적·경제적·사회적 위험을 무릅쓰고 있다. … 점령 [비용]은 인티파다가 시작되기 전만큼 저렴하진 않지만 그래도 아직까지는 참을 만하다. 그러나 인티파다 때문에 이스라엘의 군인과 민간인 사상자가 계속 발생하고 있고, 민간 경기를 부양하거나 국방력을 구축하고 현대화하는 데 더 생산적으로 쓸 수도 있는 자원을 폭동 진압이나 경찰 활동에 투입할 수밖에 없다.[12]

그렇지만 평화운동은 이스라엘 사람들 가운데 소수에게만 영향을 미쳤다. 1980년대 내내 우파인 리쿠드당의 힘이 점점 커지면서 이스라엘 노동당의 권력은 차츰 약화됐다. 1990년대에는 이스라엘 의회인 크네셋과 길거리에서 모두 우파가 성공을 거뒀다. 극단적인 초정설파 유대교 정착민 조직들은 이스라엘에 있는 모든 아랍인을 내쫓아야 한다며 팔레스타인인 인종 청소를 감행했다. 이런 조직 중에서 가장 유명한 것은 메이어 카하나가 이끄는 카흐Kach였다. 카흐는 결국 불법화됐지만, 극우파가 대량 학살을 떠든 것은 이스라엘 주류 정치인들의 주장을 논리적으로 발전시킨 것뿐이었다.

결국 이스라엘 우파는 카하나가 자신들의 생각을 말했기 때문에 화를 냰 것이었다. 유대 국가가 점령지를 병합해야 하고 이스라엘의 말을 듣지 않는 아랍인을 모두 쫓아내야 한다는 생각을 공개적으로 표명하는 것은 그다지 좋은 선전 방법이 아니었다.[13]

종교적 우파의 힘이 성장했다는 사실은 인티파다의 압력만으로는 이스라엘을 팔레스타인해방기구와의 협상에 나서도록 만들 수 없었다는 점을 설명해 준다. 돌과 화염병으로 무장한 10대들은 세계에서 가장 잘 무장된 군대를 물리칠 수 없었다. 이스라엘이 협상 테이블로 나온 것은 중동에서 세력균형이 바뀌었기 때문이다. 소련의 붕괴 덕분에 미국은 중동에서 배타적 지배력을 구축할 수 있었다. 1991년 [이라크를 상대로 한] 걸프전에서 미국이 군사력을 과시하자, 가장 반항적인 아랍 국가들조차 미국 제국주의와 결국 화해하지 않으면 안 된다고 생각했다. 미국의 이라크 공격을 지지한 연합국 중에는 이집트 같은 단골도 있었지만 시리아 같은 신규 고객도 있었다.

조지 부시 1세는 미국의 헤게모니를 "새로운 세계 질서"라고 간략하게 표현했는데, 그런 질서가 구축되자 미국은 팔레스타인과 협상을 개시할 수 있었다. 미국의 관리들이 원한 것은 이런 협상을 통해 아랍의 단골들을 지지하는 것과 이스라엘에 계속 약속을 지키는 것 사이에서 정치적 균형을 잡는 것이었다. 다행스럽게도 이미 아라파트는 모든 협상을 시작할 수 있도록 한층 더 양보하고 있었다. 팔레스타인해방기구가 마침내 이스라엘 국가를 승인한 것이다. 결국 이스라엘은 협상을 시작할 만큼 때가 무르익었음을 깨달았다. 노르웨이에서 진행될 비밀 협상에 참여하기로 결정하면서 이스라엘은 미국의 간섭을 받지 않고 원하는 대로 조건을 달고 싶었다. 더욱이 이스라엘은 팔레스타인해방기구가 지닌 약점 때문에 팔레스타인 자치정부는 거의 전적으로 이스라엘에 의존하게 될 것임도 알고 있었다. 촘스키가 주장했듯이,

> 팔레스타인해방기구는 부패와 터무니없이 가식적인 태도 때문에 점령지 주민 대다수한테 경멸받게 됐고, 1993년에는 아라파트에 대한 저항과 팔레스타인해방기구를 민주화하라는 요구가 극적인 수준까지 이르렀다. … 상당한 자금을 보유하고 있었지만, 아라파트는 사실상 이스라엘의 대리인으로서만 그의 봉토를 유지할 수 있었다.[14]

1993년 9월에 이스라엘과 팔레스타인의 협상 대표들은 '평화 프로세스'의 세부 사항들을 처음으로 공개했다. 기본선언서는 향후 7년 동안 계속될 협상의 기초였다. 그것은 팔레스타인해방기구 지도부의 항복 계획을 담은 문서였다.[15] 그 뒤 몇 년 동안 이스라엘은 기본선언서를 틀로 해서 점령지에 대한 통제를 체계화하는 한편, 국가적 상징물에 대해서는 양보했다. '평화 프로세스'가 진행되는 동안 이스라엘이 추구한 전략은 세계 언론의 인정을 받았고 미국의 지지를 얻었다. 이 경우 외교는 수단만 다른 전쟁의 연속이었다.

"여러분이 심은 모든 나무, 여러분이 지은 모든 집"

1967년에 서안과 가자를 점령한 이스라엘은 딜레마에 빠졌다. 더

많은 영토를 획득한 것은 전략적으로 유리하기는 했지만, 적대적인 팔레스타인 주민들이 이스라엘의 통치를 받게 됐음을 뜻하기도 했다. 정책을 입안하는 민간인과 군인 모두 점령지에 영구적 정착촌을 건설하는 것이 중요하다는 점을 인정했다. 1967년 7월에 제안된 알론 계획에 따라 이스라엘은 서안의 40퍼센트와 가자 전역을 합병할 계획을 수립했다.[16] 그래서 1970년대와 1980년대 내내 요르단 계곡을 따라 작은 정착촌들이 건설됐다. 이런 건설 작업은 1990년대에 들어서야 가장 크게 확대됐다. 평화 프로세스 시기에 정착촌 [건설]은 서안에서 이스라엘이 추구하는 전략의 핵심적 특징이 됐다. 점령지의 이스라엘 정착민은 1993년 11만 명에서 2000년 6월 19만 5000명으로 늘어났다.[17] 중동평화재단에 따르면, 정착촌 건설 속도는 2000년 1월 이후 96퍼센트나 빨라졌다.[18] 1999년 7월 에후드 바라크 총리 취임 이래 1924개의 신규 주택 건설이 시작됐다. 게다가 바라크는 전임 베냐민 네타냐후 정부가 수립한 42개 신규 정착촌 건설 계획을 승인했다.

이스라엘 정부의 전략적 목표는 분명하다. 1993년 이래 이스라엘은 이스라엘과 서안이 맞닿아 있는 국경선을 따라서 정착촌을 건설하는 정책을 일관되게 추구해 왔다. 그리고 아랍인에게 속한 동예루살렘 주변의 넓은 지역을 개발해 정착촌을 건설함으로써 예루살렘의 팔레스타인인 거주 지역을 서안의 나머지 지역과 단절시키려고 했다.[19] 1999년 9월에 바라크는 동예루살렘 교외에 있는 마알아두밈의 정착민 2만 5000명에게 정착촌을 계속 유지하겠다고 약속하면서 다음과 같이 말했다.

> [정착촌은] … 이스라엘 국가의 일부로, 그리고 위대한 예루살렘의 일부로 영원히 존속할 것입니다. 새 정부는 이스라엘의 국력을 증강하고 영토를 유지할 것이며, 마알아두밈을 계속 강화할 것입니다. 여러분이 심은 모든 나무, 여러분이 지은 모든 집은 영원히 이스라엘 국가의 일부입니다.[20]

이스라엘 전략가들의 궁극적 목표는 점령지를 완전히 조각내서 고립된 지역으로 만들고, 이스라엘군이 지키는 정착촌·고속도로의 연결망을 이용해 비옥한 토지, 상수도 시설, 세계경제로부터 차단하는 것이었다. 아미라 하스가 2000년 7월에 이스라엘 일간지 〈하아레츠〉에서 지적했듯이, 팔레스타인 자치 정부가 아무리 토지를 넘겨받아도 이스라엘 보안군이 점령지를 지배하는 것을 막을 수는 없을 것이다. 왜냐하면 "마알아두밈만으로도 이스라엘은 서안의 북부와 서부 사이의 교통을 완전히 통제할 수 있기 때문이다."[21]

이스라엘은 정착촌이 인구 증가의 압력을 덜기 위한 한 가지 방편에 불과하다고 둘러댄다. 그러나 현실은 사뭇 다르다. 노동당 정부와 리쿠드당 정부 모두 장래의 정착민들에게 재정 인센티브를 대규모로 제공해 왔다.[22] 이런 뇌물에도 불구하고 많은 정착민들은 거의 빈털터리다. 이스라엘 언론의 보도에 따르면, 많은 예비 정착민이 점령지의 토지를 매입하는 유일한 목적은 피난 갈 경우에 정부에 보상을 요구하기 위해서다.[23]

정착민의 성격은 이스라엘의 점령지 전략에서 중요한 요소다. 군대 대신 정착민을 이용함으로써 이스라엘은 평화협정 위반이라는 비난을 쉽게 피할 수 있다. 이스라엘 정착촌 옆 마을에 사는 팔레스타인인들은 여러 해 동안 정착민들한테 괴롭힘과 모욕을 당해 왔다. 그렇지만 정착민들은 이스라엘 정부의 법적 제재를 거의 받지 않았다.[24] 처음에는 괴롭힘으로 시작했다가 중무장한 정착민들의 팔레스타인인 공격으로 발전하는 일이 다반사였다. 그중에서 가장 악명 높은 것은 1994년 2월의 헤브론 학살 사건인데, 바루흐 골드스타인이라는 정착민이 모스크를 습격해 총기를 난사했다. 그 결과 29명이 사망했다.[25] 2000년 10월의 팔레스타인 봉기 내내 정착민들은 팔레스타인 시위대를 악랄하게 공격했다. 세계의 언론은 이스라엘 병사 2명이 라말라에서 끔찍하게 죽은 것은 대서특필하지만, 팔레스타인인 잇삼 주다가 이스라엘 정착민에게 야만적 고문을 당한 뒤에 살해된 것은 전혀 보도하지 않는다.[26] 1998년에 닐 애셔슨은 이런 폭력을 낳는 정신 상태에 관해서 생생하게 묘사했다.

> 나는 그곳에 가면서 [이언] 스미스의 로디지아[오늘날의 짐바브웨]나 옛 남아프리카공화국을 떠올리지 않기로 결심했다. 그러나 상황은 좋지 않았다. 반바지를 입고 카빈 소총을 멘 이스라엘 정착민은 랜드로버 지프차에서 내려 가족을 데리고 에어컨이 켜진 이스라엘 슈퍼마켓에 들어간다. 그곳은 말하자면 자치 지역으로서, 요새화된 군사기지와 이스라엘 정착촌이 언덕 꼭대기와 좋은 땅을 다 차지하고 있다. 그곳에는 반투스탄의 거짓 자유와 아파르트헤이트의 편협한 정신이 있다.[27]

이스라엘은 평화 프로세스의 합법적 틀 내에서 정착촌 정책을 추진했다. 이스라엘이 평화협정의 규정을 직접 위반하는 일도 잦았지만, 1995년의 워싱턴 선언에 따른 영토 분류 계획이 이스라엘의 목표를 결정적으로 은폐해 줬다. 그 선언에서 점령지는 A, B, C 지역으로 분류된다. 팔레스타인 자치 정부가 완전히 통제할 수 있는 곳은 A지역(서안의 5퍼센트 미만, 가자의 60퍼센트)뿐이다. B지역의 보안 통제는 공동으로 수행되고, C지역은 전적으로 이스라엘 관할이다.[28] 게다가 팔레스타인인들의 자치 지역 두 곳은 국경선을 통제하는 이스라엘군에 의해 외부 세계와 거의 완전히 단절돼 있다.

물 전쟁

점령지의 지질학적 특징도 평화 프로세스의 윤곽에 영향을 미쳤다. 이스라엘의 물 소비량은 북아메리카나 서유럽의 선진국과 같은 수준이다. 메마른 중동에서 이런 물 사용량을 충당하기 위해 이스라엘은 1967년 이전 국경선 밖의 수자원에 오랫동안 의존해 왔다. 유엔의 보고서에 따르면 이스라엘의 현재 물 수요는 약 14억 제곱미터이며, 그중 50퍼센트는 점령지나 이웃 나라의 수자원에서 얻는다.[29] 불평등한 물 소비는 가자에서 가장 심하다. 팔레스타인인이 이용하는 물은 심각하게 오염된 데다 그마저 점차 줄어들고 있다. 가자 우물의 질산 농도는 미국의 환경기준 허용치보다 적어도 11배나 높다.[30] 난민촌 거리에서 팔레스타인인이 언뜻 보는 이스라엘 정착촌은 잘 다듬어진 잔디밭과 화단을 완벽하게 갖춘, 도시 근교의 천국 같은 작은 섬이다.

이스라엘이 지역의 문제에 무감각하다는 사실이 가장 극명하게 드러나는 곳은 가자다. [이스라엘] 당국은 그곳에 호텔 건축을 허가했는데, 그것은 모든 침실에 샤워 시설이 완벽하게 돼 있고 수영장과 칵테일 바가 딸린, 사치스런 주말 휴양지다.[31]

이와 대조적으로 유엔이 1997년에 서안의 툴카름과 칼킬리야 지구를 조사한 바에 따르면, 도시 지역의 거의 50퍼센트와 시골의 거의 전 지역에 하수 시설이 전혀 없다.[32] 이스라엘에 물이 부족하다는 사실은 정치적 결정에 직접 반영된다. 평화 프로세스가 시작되기 전에 존 불럭과 아델 다르위시는 물이 풍부한 서안을 이스라엘이 계속 갖는다는 조건으로 물이 더 부족한 가자를 넘겨줄 수도 있다고 주장했다.[33]

포위당한 팔레스타인 경제

1960년대 이래로 팔레스타인해방기구 지도부는 다른 아랍 국가의 부르주아지가 제시한 경로를 따라가야 한다고 생각했다. 아라파트가 구상하는 팔레스타인 국가에서 경제적 자급자족은 정치적 독립의 초석이다. 평화 프로세스는 서안과 가자의 파탄 난 경제를 재건할 기회처럼 보였다. 마침내 아라파트는 팔레스타인해방기구와 팔레스타인 부르주아지의 관계를 강화해 줄 독자적 국가를 갖게 된 것이다.

팔레스타인 자치 정부가 직면한 문제들은 엄청나다. 팔레스타인 자치 정부는 치솟는 실업률과 고질적 빈곤으로 파탄나고 30년에 걸친 이스라엘의 점령으로 왜곡된 경제를 물려받았다. 팔레스타인 경제는 이스라엘 경제에 완전히 종속돼 있다. 생활수준을 나타내는 주요 지표를 보면 문제의 심각성을 알 수 있다. 팔레스타인 통계국PCBS에 따르면, 팔레스타인 지역의 실업률은 21.5퍼센트다(서안이 18.2퍼센트, 가자가 31.6퍼센트).[34] 팔레스타인과 이스라엘 간의 소득 격차는 엄청나다. 유엔의 통계에 따르면, 1995년에 팔레스타인의 1인당 국내총생산은 1692달러였던 반면 이스라엘은 1만 5600달러였다.[35]

7년에 걸친 평화 협상에도 불구하고 빈곤 수준은 여전히 매우 심각하다. 가자에서 팔레스타인 자치 정부가 통제하는 지역은 인구 증가 때문에 자원 부족에 시달리고 있다. 1997년 6월부터 2000년 6월까지 유엔팔레스타인난민구호사업기구에 등록된 난민의 수는 10.5퍼센트 증가했다. 같은 기간에 주요 의료 시설당 난민 수는 4만 3885명에서 4만 5812명으로 늘어났다.[36] 1995년에 팔레스타인통계국이 실시한 인구조사에 따르면, 가자 난민촌의 평균 가구 규모는 7.99명이며 한 방에 평균 2.77명이 산다. 가자 난민촌에서는 40퍼센트 이상의 가구가 한 방에 3명이 산다.[37]

팔레스타인 자치 정부가 이런 문제들을 극복하기 위해 이용할 수 있는 수단이 불충분하다고만 말하는 것은 상황을 축소해 말하는 것이다. 팔레스타인 경제와 이스라엘 경제의 차이는 제3세계와 제1세계의 차이나 다름없다. 1995년에 이스라엘의 수출 총액은 190억 달러였던 반면 팔레스타인은 3억 4000만 달러였다.[38] 이런 사실은 팔레스타인의 수출에서 이스라엘이 차지하는 비율을 보면 훨씬 더 잘 드러난다. 1995년에 그 수치는 94퍼센트였다.[39] 팔레스타인 자치 정부는 외국에 있는 팔레스타인 부르주아지가 애국심을 발휘해 모국에 투자하기를 바라지만, 경제 재건을 위해 실제로 투자되는 금액은 여전히 매우 적다.

> 야세르 아라파트 의장은 누가 과연 팔레스타인의 로스차일드가 될 것인지 자주 궁금해한다. 팔레스타인 자치 정부는 팔레스타인 투자가들이 업계의 거물이며 장차 대규모 자산과 재원을 팔레스타인 경제에 투입할 것이라고 생각한다. 그렇지만 연구 결과에 따르면, 개인적 자산이나 유동성의 규모와 팔레스타인 지역에 대한 투자 가능성 사이의 연관을 보여 주는 어떤 증거도 발견되지 않았다.[40]

그 이유는 아주 분명하다. 금융 체계가 미비하고 제조업 기반이 취약하며 빈곤 수준이 높고 정치가 불안정한, 게다가 이스라엘의 국경 폐쇄에 늘 시달리는 경제에 자본을 투자했을 때 느낄 불안감을 민족 감정만으로는 극복할 수 없는 것이다.

팔레스타인 자치 정부 관리들이 청원했음에도 이스라엘은 팔레스타인 경제를 통제하는 데 자유 시장 메커니즘에만 의존하려 하지 않았다. 지난 7년간의 협상으로 그 지역에 공항과 항구를 건설하기 위한 수많은 협정이 체결됐지만, 팔레스타인인은 사실상 서안과 가자에 갇힌 죄수나 다름없다. 행정 절차를 거치는 시간이 길다 보니 상황이 좋을 때조차 팔레스타인 내외로의 통관은 힘들다. 요르단에서 서안으로 들어가려는 트럭은 이스라엘의 비자와 요르단 보안 기관의 허가가 있어야 한다. 1967년 이전에 허가를 취득한 차량만 자유롭게 드나들 수 있으며, 그 차량들도 당일 오후 3시 전에 되돌아오지 않으면 700달러가 드는 12일짜리 보안 검색을 받아야 한다.[41]

이스라엘은 국경 폐쇄라는 방식을 체계적으로 사용함으로써 팔레스타인 경제의 기반을 무너뜨렸다. 1967~1993년에는 팔레스타인 지역을 드나드는 것이 비교적 자유로웠다. 1993년 3월부터 이스라엘이나 동예루살렘으로 들어가려는 모든 팔레스타인인은 허가를 받아야 했다. 게다가 이스라엘이 까닭 없이 국경을 폐쇄하고 팔레스타인인의 점령지 출입을 막는 일이 점점 더 잦아졌다.

연간 국경 폐쇄일 비율(단위: 퍼센트)[42]

	1993년	1994년	1995년	1996년
서안	4.7	15.9	23.0	36.2
가자	7.1	20.8	27.9	37.8

이스라엘이 '내부 봉쇄' 정책을 구사하는 경우도 많았다. 도시를 잇는 도로를 봉쇄함으로써 팔레스타인의 도시와 마을에 거주하는 모든 주민을 사실상 가둬 버리는 것이다. 국경 폐쇄가 팔레스타인 경제에 미친 영향은 재앙적이었다. 예컨대 림스포츠슈즈라는 회사는 제품의 50퍼센트를 이스라엘 시장에서 판매했는데, 1996년에는 그 수치가 10퍼센트까지 떨어졌다. 반면 이스라엘은 [자국에 종속된] 전속 시장으로 수출품을 계속 밀어 넣었다. 유엔의 어떤 보고서에서 지적하듯이,

국경 폐쇄는 불공평하게 적용됐다. 그래서 팔레스타인의 상품은 대개 이스라엘로 들어갈 수 없었던 반면 이스라엘 상품은 팔레스타인 지역으로 계속 흘러 들어갔다.[43]

인권과 안보

점령국으로서 이스라엘의 지위는 평화협정에 명시돼 있다. 기본선언서에는 이스라엘이 "이스라엘의 전반적 안보에 대한 책임뿐 아니라 외부의 위협에 대한 방어도 책임진다"고 분명히 나와 있다.[44] 이스라엘군은 정착촌에 갓 들어온 주민들을 보호하기 위해 점령지를 에워싸고 사실상 서안 전역을 순찰한다. 미국 국무부가 1997년에 작성한 점령지에 관한 보고서에 따르면, 이 과정에서 인권 침해가 만연했다. 이스라엘군은 테러 공격의 혐의를 받는 팔레스타인인을 학대하고 고문했으며 재판을 거치지도 않고 처형했다.

> 1996년 5월에 예루살렘 병원에서 치료를 받던 팔레스타인 죄수 한 명이 이스라엘 경찰과 병원 경비원한테 맞아 죽었는데 … 병원 관계자의 진술에 따르면 [그의 — 지은이] 손과 발은 침대에 묶여 있었다.[45]

용의자 가족은 야만적인 연좌제로 처벌받았다. 그들의 집은 콘크리트로 봉쇄됐으며 온 마을에 통행금지령이 내려졌다. 수천 명의 사람들, 주로 젊은 남성들이 기소나 재판 없이 감금됐고, 수십 명 이상이 검문소에서 또는 거리 시위 도중 총에 맞아 죽었다.[46]

팔레스타인 보안군의 암울한 인권 기록은 이스라엘의 범죄 목록에 한두 줄을 보탤 뿐이다. 그러나 그것은 1994년에 처음으로 팔레스타인 자치 정부 경찰이 도입될 때 환호했던 수많은 팔레스타인인의 기대를 박살 내 버렸다. 팔레스타인 자치 정부 보안군은 언론인과 학자를 감금·학대해 죽이고 테러 용의자를 재판 없이 처형했다.[47] 아랍어 일간지 〈알쿠드스〉의 조간 편집장은 아라파트가 예루살렘 그리스정교회 주교와 면담한 내용을 신문 1면에서 다루지 않았다는 이유로 체포됐다. 그가 체포됐다는 소식을 듣고 아라파트가 한 말은 간단했다. "편집장이라는 사람이 의장[아라파트 자신]의 소망과 의지를 받들고 복종하지 않는다는 것은 말도 안 된다."[48] 탄압의 대부분은 팔레스타인 자치 정부의 부패와 경제정책 실패를 비판하지 못하게 잠재우려는 고의적 시도였다. 〈알쿠드스〉의 정치부장 무함마드 샤키르가 한 라디오와의 인터뷰에서 지적했듯이, 팔레스타인의 부족한 예산 대부분은 7개나 되는 팔레스타인 자치 정부의 보안 기관이 유용하고 있다.[49]

이길 때까지 협상한다?

이스라엘에게 평화 협상은 희생이 필요하기는커녕 팔레스타인인의 분노가 팔레스타인 자치 정부를 향하게 만드는 이상적 메커니즘이었다. 그 덕분에 이스라엘은 점령지에 대한 전면적 군사 통치를 유지할 수 있었다. 2000년 8월에 바라크는 국가안보대학에서 연설하면서 이스라엘의 태도를 다음과 같이 밝혔다.

> 대가 없는 평화는 존재하지 않는다지만 아무리 대가를 치르더라도 평화는 오지 않을 것입니다. 타협은 꼭 필요하고 고통스러운 것이지만, 우리의 국가 정체성, 국익, 국민의 안전과 통일이라는 내적 핵심 앞에서 타협이란 없습니다.[50]

'평화 프로세스'가 진행된 지난 7년은 이스라엘이 생각하는 '국익'이 무엇인지 정확히 보여 줬다. 그것은 바로 외부에서 점령지를 통치하는 것이고, 서안의 물과 그 밖의 천연자원을 한없이 이용하는 것이며, 팔레스타인 내부의 치안을 감독하는 것이고, 팔레스타인 경제와 노동력을 이스라엘의 필요에 완전히 종속시키는 것이다. 이 '평화'가 전쟁의 또 다른 이름에 불과하다는 고통스런 깨달음이야말로 점령지 시위대의 분노에 기름을 끼얹었다. 이 과정에 자신의 지도자들이 연루됐기 때문에 그 배신을 이해하기가 훨씬 더 힘들었다. 에드워드 사이드가 〈가디언〉에 썼듯이,

> 새로운 팔레스타인 인티파다의 일부는 아라파트를 겨냥하고 있다. 그는 거짓 약속으로 자국민을 오도했으며 일단의 부패한 관리들이 상업을 독점할 수 있게 해 줬다. 심지어 그들이 자신의 이름으로 무능력하고 무기력하게 협상을 벌인다 해도 말이다. … 그의 국제적 후원자들은 이것을 '평화 프로세스'라는 이름으로 받아들인다. 그 말은 틀림없이 팔레스타인 사전에서 가장 미움을 받는 말일 것이다.[51]

팔레스타인해방기구 지도부의 파산은 단지 협상의 최종 단계에

[잘못] 선택한 결과가 아님을 깨닫는 것이 중요하다. 사실 현재의 위기는 1960년대 이후 파타의 전략에서 비롯한 것이다. 팔레스타인해방기구가 민족 해방이라는 약속을 이행하지 못한 것은 중동의 다른 민족주의 정부들이 실패한 것과 결국 마찬가지다. 팔레스타인해방기구가 제국주의에 치욕적으로 투항한 것은 더 극적인 상황에서 벌어진 일이긴 했지만, 이집트·시리아·이라크의 지배자들이 한 타협과 전혀 다르지 않다. 그들은 모두 제국주의와의 연계를 통해 부유해진 반면, 중동 어디서나 저임금, 고물가, 실업, 민영화, 의료와 교육 혜택의 결여 등 평범한 사람들의 기본적 문제들은 여전하다. 1995년 이후의 유엔 통계를 보면 팔레스타인 점령지의 평균 소득[1인당 국내총생산]이 [걸프 지역 산유국들을 제외한] 아랍 국가 중에서 둘째로 높음을 알 수 있다.* 이집트는 1950년대 이후 외국의 점령을 받지 않았지만 이집트인은 한 해 평균 소득이 팔레스타인인보다 600달러 적었다.[52]

대부분 이런 나라에서는 민족 해방 프로젝트가 붕괴하면서 이슬람주의 조직들이 새로운 생명력을 얻게 됐다. 팔레스타인의 이슬람주의 운동 단체인 하마스는 오래전부터 팔레스타인해방기구와는 다른 급진적 대안을 제공한다고 자처했다. [그러나] 수단·터키·알제리의 경험은 이슬람주의자들이 압도 다수의 팔레스타인인에게 전혀 대안이 될 수 없음을 분명히 보여 줬다. 세 나라 모두 이슬람주의 정부가 이슬람 국가의 번영과 협력의 새 시대를 열기는커녕 복지 삭감, 일자리 감축, 억압을 주도했다.[53]

---

* 2019년 현재, 여전히 레바논에 이어 2위다.

아라파트의 문제는 그의 목표가 너무 원대하다는 것이 아니라 팔레스타인해방기구의 팔레스타인 미래상이 사실상 다른 중동 국가를 모방해 경찰, 관료, 길모퉁이마다 전시된 대통령의 초상화를 도입하는 것 따위에 불과하다는 것이다. 나중에는 국제통화기금의 차관, 구조조정, 맥도날드, 민영화가 들어올 것이다. 변화를 향한 진정한 희망은 다른 종류의 운동을 건설하는 것뿐이다. 즉, 수많은 평범한 사람들을 중동의 썩어 빠진 모든 정권을 뒤흔들 수 있는 세력으로 조직하는 것이다. 2000년 10월에 엿보인 가장 희망적인 신호 한 가지는 팔레스타인 외부에서 벌어진 연대 시위다. 인티파다를 통해 터져 나온 저항의 외침은 전 세계에서 반향을 불러일으켰다. 이런 연대에 기초해서 반제국주의 해방 투쟁을 아랍 노동계급의 힘과 연결하려는 팔레스타인 운동이 등장한다면, 자치 정부의 부패나 하마스의 자살 테러와는 다른 진정한 대안이 될 수 있다. 평화 프로세스는 자본주의의 논리에 도전하지 않은 채 제국주의 열강의 양보를 얻어 내려는 시도가 쓸모없음을 보여 줬다. 자본주의의 논리야말로 제국주의의 원동력이다. 팔레스타인해방기구가 염원했던 팔레스타인의 해방, 즉 민주적이고 세속적인 국가의 수립으로 가는 길은 가자나 예루살렘에 있지 않다. 그 길은 카이로·다마스쿠스·바그다드에 있다.

고립의 종식? 팔레스타인과 2011년 아랍 혁명

이 글은 필립 마플릿이 혁명적 좌파 계간지 《인터내셔널 소셜리즘》 2015년 겨울호에 발표한 글 "An end to isolation?: Palestine and the Arab revolutions"를 번역한 것이다(번역: 박이랑).

2014년 11월 9일 예루살렘 인근 마을들에서 팔레스타인 활동가들이 이스라엘의 인종 분리 장벽에 상징적 균열을 냈다. 베를린장벽 붕괴 25주년을 기념하는 그들 나름의 방식이었다.[1] 팔레스타인 민중저항위원회는 다음과 같이 밝혔다. "장벽을 아무리 높게 쌓아도 결국 무너질 것이다. 베를린장벽이 무너졌듯이 팔레스타인의 장벽도 이스라엘의 점령과 더불어 무너질 것이다."[2] 이스라엘이 무슨 짓을 벌여도 팔레스타인인들은 굴복하지 않았다. 그래야만 한다. 팔레스타인 활동가들이 분리 장벽에 균열을 내는 동안 이집트 정부가 [2009년부터] 팔레스타인 영토 주변에 또 다른 장벽을 세우기 시작했다. 이번에는 가자 지구와 접경한 국경이었다. 이집트 정부는 라파 근방 이집트 국경을 따라 13킬로미터에 이르는 완충지대를 비우고 가자 지구 남쪽을 봉쇄했다.[3] 두 사건은 팔레스타인이 처한 어려움의 핵심적 측면을 잘 보여 준다. 팔레스타인인들은 이스라엘에게 재산을 빼앗기고 고향에서 쫓겨났으며 괄시받았다. 동시에 그들은 아랍 정권들에게도 배척당하고 고립됐다. 이 포위를 어떻게 돌파할 것인가?

2011년 1월 아랍 혁명이 시작되자 해결책이 손에 잡힐 듯했다. 독재자들이 쫓겨나고 대중운동이 국경 너머로 확산됐다. 팔레스타인인들은 유례없이 어려운 조건에서 홀로 싸우던 처지에서 벗어나 무수히 많은 사람들이 기존 질서에 맞서 일으킨 반란의 일부가 됐다. 이집트 수도 카이로의 타흐리르 광장에서 시위대는 예루살렘 해방을 외쳤고, 가자 지구로 파견된 이집트 대표단은 이집트인과 팔레스타인인이 혁명으로 단결할 것이라고 역설했다. 이스라엘 지배자들은 최악의 시나리오를 우려했다. 이스라엘 국방부 장관 에후드 바라크는 "역사적 지진"이 중동을 강타했으며 이스라엘이 정치적 "쓰나미"에 직면했다고 말했다.[4] 그 전해에 이스라엘 언론인 알루프 벤은 이스라엘과 미국 정치 지도자들 모두가 "무바라크 대통령의 안녕을 위해 기도"했다고 썼다.[5] 벤은 이렇게 덧붙였다. "전 세계 정치인 중에서 베냐민 네타냐후 이스라엘 총리와 가장 가까운 인물은 이집트 대통령 호스니 무바라크다."[6] 이 이집트 독재자는 이스라엘의 가장 가까운 동맹인 미국의 충성스러운 친구이기도 했다. 무바라크는 이집트와 이스라엘의 관계를 "정상화"하려 했고 경제적 관계를 돈독히 다졌다.

무엇보다도 무바라크는 대중투쟁 역사가 깊은 이집트 사회에서 자주적 정치 활동을 30년 동안 탄압해 왔다. 무바라크를 물러나게 한 혁명의 기운은 이 전통을 되살리고 발전시켰다. 전례 없는 규모의 거리 시위와 대중 파업이 일어났다. 가자 지구와 서안 지구의 팔레스타인인들은 연대 시위를 조직했고 타흐리르 광장의 정신을 본보기로 삼아 인티파다를 촉구했다. 오랫동안 이런 투쟁에서 고립돼 있던 팔레스타인인들은 이제 아랍 지배자들에게 맞서고 이스라엘을 지탱하는 제국주의적 동맹에 맞서는 것이 공통의 대의임을 확인했다. 한동안 카이로의 혁명적 변화가 예루살렘의 해방을 가능케 할 것처럼 보였다. 그러나 이 전망은 희미해져 갔다. 아랍 국가들의 수도에서 시작된 반혁명 때문만이 아니라, 팔레스타인 민족운동 내의 첨예한 위기 때문이기도 했다. 무슨 일이 일어났던 것일까? 그리고 그것이 팔레스타인과 아랍 세계의 혁명적 과제에 미치는 영향은 무엇일까?

이 글은 중동이 정치적 격변에 휩싸인 시기에 팔레스타인인들이 처한 곤경, 팔레스타인 민족주의 운동의 성장과 쇠락을 다룰 것이다(이 운동은 이제 1950년대 이래 가장 약화돼 있다). 팔레스타인 지도자들의 이데올로기적 지향, 이스라엘과의 타협, 열렬한 신자유주의 수용도 다룰 것이다. 최근의 혁명적 투쟁들, 특히 이집트 혁명이 팔레스타인 문제에 왜 그토록 중요한지 살피고, 팔레스타인 투쟁이 중동 전역의 사회정의를 위한 투쟁의 일부가 될 새로운 전망도 살펴볼 것이다.

'불간섭' 원칙

오늘날 팔레스타인 민족해방운동의 위기가 너무도 심각한 나머지 팔레스타인 활동가들과 학자들은 오랫동안 회피해 오던 문제를 마침내 공공연하게 논의하기 시작했다. 오마르 바르구티는 민족 지도자들이 "완전한 혼란"에 빠졌고 "본질적으로 효과적 저항 전략을 수행할 능력이 없다"고 말한다.[7] 라자 칼리디는 "혁명 정신"이 상실된 것은 아닌지, 운동이 "민족주의의 함정"을 피하지 못한 것은 아닌지, "한 형태의 식민주의를 다른 형태의 식민주의로 대체"하는 데 그친 것은 아닌지 묻는다.[8] 가장 중요한 문제는 팔레스타인해방기구가 타락해 이스라엘과 그 동맹들의 손아귀에 떨어진 것이라고 칼리디는 말한다. "오슬로 협정 이전에는 전투적 태도를 취하다가 … 언제 그랬냐는 듯 이스라엘과 강대국에 협조하고 신자유주의의 유혹에 넘어갔다."[9] 그러나 근래의 팔레스타인 역사라는 맥락 속에서 보면 이와 같은 변화는 그리 놀랍지 않다.

1948년 나크바로 인해 팔레스타인인들은 여러 지역으로 뿔뿔이 흩어졌다.[10] 대부분은 레바논·시리아·이집트·요르단으로 쫓겨났다. 원래 농민, 노동자, 도시 빈민이었던 이들은 이제 베이루트·다마스쿠스·암만* 같은 도시의 난민촌이나 정착촌에 수용됐다. 부유하고 교육 수준이 높은 소수 팔레스타인인들은 걸프 지역으로 이주했다. 이들은 성장하는 석유 경제에 기반을 둔 이 신생 국가들에서 사회 기반 시설을 건설하는 데 일정한 구실을 했다. 난민들의 이런 분산은 1950년대에 등장한 민족주의 운동에 상당한 영향을 미쳤다. 난민들은 대부분 여전히 빈곤에 시달리고 정치적으로도 홀대받았다. 이들에게 가장 큰 걱정거리는 고용·주거·교육·탄압·귀국이었다. 아랍 정권들은 팔레스타인인들의 분노와 그것이 더 광범한 대중적 분노로 번질 가능성을 우려해 난민촌과 정착촌을 엄격하게 통제했다.

걸프 국가로 이주한 유복한 팔레스타인인들의 경험은 달랐다. 이

---

* 각각 레바논·시리아·요르단의 수도다.

곳에서 팔레스타인인들은 건설업과 상업의 사업가로서, 또는 전문직(교사, 의사, 변호사, 토목 기사, 관리자)으로서 성공을 거뒀고 신생 국가들의 기틀을 다지는 데 중요한 구실을 했다. 사드 이브라힘은 팔레스타인인들이 "산유국에서 가장 영향력 있는 이주민 공동체가 됐다"고 평했다.[11] 일부는 부유해졌고 그중에는 쿠웨이트에 기반을 둔 젊은 사업가 집단이 있었는데, 여기서 가장 두드러진 인물이 바로 야세르 아라파트였다. 다른 팔레스타인 난민과 마찬가지로 이들은 대부분 아랍 국가 시민권을 얻지 못했다. 경제적 지위에도 불구하고 이들은 유의미한 정치 활동을 할 수가 없었다. 이들은 국가가 없는 맹아적 부르주아지였다. 아라파트 그룹의 핵심 목표는 팔레스타인 독립국가를 건설해 자신들의 입지를 다지는 것이었다.

1950년대 초부터 아라파트와 그의 동료들은 아랍 지도자들, 특히 이집트의 가말 압델 나세르에게 이스라엘에 맞선 군사행동을 벌여 달라고 로비했다. 중동 내 특권층의 일부로서 이들은 아랍의 대통령이나 왕에게 팔레스타인을 대신해 행동해 달라고 압력을 넣었다. 자신들이 이 지배자들과 동등한 지위를 누릴 날을 고대하면서 말이다. 그러나 이들의 희망은 이뤄지지 못했다. 아랍 정권들은 언사만 강경했지 팔레스타인을 군사적 수단으로 해방시킬 의도는 전혀 없었다. 남반구 전역에서 반식민지 투쟁이 벌어진 1950년대의 급진적인 정치적 분위기 속에서 많은 팔레스타인인들은 아랍 지역 전체를 식민지배에서 해방시켜야만 팔레스타인 해방도 쟁취할 수 있다고 주장한 아랍민족주의운동에 지지를 보냈다. 1959년 아라파트 등은 쿠웨이트에서 파타를 설립할 때 정반대 전략을 주장했다. 즉, 아랍의 단결을 이루려면 팔레스타인을 먼저 해방시켜야 한다는 것이었다.[12] 이 주장은 이스라엘의 점령 아래에서 사는 사람들과 난민들을 망라한 모든 계급의 팔레스타인인에게 강력한 호소력이 있었다. 파타의 전략은 중요한 물음을 제기했다. 그렇다면 아랍 국가에 사는 대다수 팔레스타인인의 구실은 무엇인가? 파타의 견해는 분명했다. 파타는 팔레스타인의 투쟁을 철저히 민족적 방식으로 수행해야 하며 모두가 '불간섭'의 원칙을 따라야 한다고 주장했다. 즉, 팔레스타인인들이 아랍 국가들의 내정에 간섭해서는 안 된다는 것이다.[13]

이 주장은 기이할 뿐 아니라 자가당착이었다. 팔레스타인인들은 여러 나라에 흩어져 있었으며, 그곳에서 온갖 정치적·경제적 투쟁에 휘말릴 수밖에 없었다. 다수의 팔레스타인인에게는 아랍 정권과의 충돌이 불가피했다. 그러나 파타는 신생 중동 자본주의의 일부로서 부상했고 파타 구성원들은 그 안에서 나름의 몫을 확보하려 했다. 아랍 지배계급은 이들의 후원자였고 궁극적으로는 동반자였기 때문에 '불간섭'은 파타의 전략에서 본질적 요소였다. 파타의 전략에 내재한 모순은 이것만이 아니었다. 비록 근본에서 아라파트와 그의 동료들은 부르주아 민족주의자들이었지만, 동시에 급진 민족주의 운동이 반식민지 투쟁에서 거둔 성공에 감화하기도 했다. 이들은 1965년에 팔레스타인 해방을 위한 무장투쟁을 선포하면서 알제리·중국·베트남·쿠바의 게릴라 전략을 따르고 싶어 했다. 그러나 아라파트에 따르면, 1964년 중국을 방문한 파타 대표단은 게릴라 전략에 수긍하기 어렵다는 얘기를 들었다. "그들은 말했다. '당신들이 하겠다는 것은 허황되다. 불가능할 것이다. 해방시킬 영토에 기반이 없고, 기반을 일궈 낼 가능성도 없다. 어디에서부터 시작할 텐가? 게릴라전에 적합한 조건이 아니다.'"[14] 그럼에도 파타는 1967년 이스라엘군이 서안 지구를 점령했을 때 수백 명을 무장시켜서 그 전략을 실행하려 했다. 대부분은 금세 죽임을 당하거나 붙잡혔고 이런 실험은 되풀이되지 않았다. 그러나 파타는 민병대를 유지하고 무장투쟁을 핵심 수단으로 삼아 팔레스타인을 해방시킨다는 생각을 고수했다.

1964년 나세르는 팔레스타인해방기구를 설립해 팔레스타인 문제에 신경을 쓴다는 제스처를 취하고 점점 더 불만스러워하는 팔레스타인 활동가들을 다잡으려 했다. 팔레스타인 난민촌에서 온 젊은 투사 수천 명이 팔레스타인인의 저항에 고무된 아랍 나라 시민들과 함께 페다인에 합류하면서 파타는 금세 팔레스타인해방기구의 주도권을 장악했다. 아랍민족주의운동도 무장 조직인 팔레스타인해방인민전선을 출범시켰다. 무장 항쟁이 성장하자 급진적 정치를 표방하는 여러 분파와 소그룹이 생겨났지만 이들은 사실상 운동 내에서 아랍 국가들의 대변인 노릇을 했다.[15] 한편 파타는 걸프 정권, 특히 사우디아라비아 지배자들과 연계를 유지했고 1969년에 이들과 악마적 거래를 했다. 공산당원들이 파타를 주도한다는 주장이 "더러운 거짓말"임을 사우디 국왕에게 납득시킨 파타 지도자들은 사우디 왕국에게서, 사우디에서 일하는 모든 팔레스타인인에게 소득의 5퍼센트를 세금으로 부과해 얻은 수익을 모두 팔레스타인해방기구에 넘겨준다는 약속을 받아 냈다.[16] 파타는 사우디 정부에게서 직접 상당한 자금과 무기를 지원받기도 했다. 앨런 하트는 다음과 같이 말한다. "파타가 사우디아라비아의 지원을 받았다는 사실은 매우 중요했다. 이후에 드러났듯이 사우디를 등에 업은 파타는 아무도 파괴할 수 없는 존재가 됐다. 물론 사우디가 용인할 만한 정책을 추구하는 한 말이다."[17]

패배

파타가 벌인 무장 저항운동은 이스라엘을 상대로 게릴라전 전략을 실행하지 못했지만, 아랍 정권과의 충돌을 불러왔다. 레바논과 요르단에서 팔레스타인해방기구는 금세 난민촌을 장악했고 이 난민촌들은 사실상 팔레스타인인들의 자치 구역이 됐으며 그 안에서 활동가들은 점점 더 중앙정부의 권위를 거슬렀다.[18] 분위기가 급진화하면서 충돌이 불가피해졌고 결국 1970년 요르단에서 갈등이 폭발했다. 요르단 내 팔레스타인 단체들은 전례 없는 지지를 누리고 있었고, 요르단 왕정이 운동에 적대적이었기 때문에 이 취약한 왕정 국가와 운동의 충돌은 불가피해 보였다. 파타 창립 멤버인 무함마드 다우드 우데흐(아부 다우드)에[19] 따르면, 젊은 장교들과 활동가들은 요르단 정권에 대항해 조속히 파업에 돌입하자고 호소했지만 아라파트는 이를 한사코 거부했다. "우리는 후세인 정권을 전복하는 문제를 매우 진지하게, 매우 자주 논의했지만 … 아라파트는 항상 '안 된다'고 말했다. 그는 후세인이나 다른 아랍 정권과 전쟁을 벌이는 것은 해방에 이르는 길이 아니라고 말했다."[20] 결국 후세인 국왕이 공격에 나섰고 1970년 "검은 9월"과 이후의 야만적 전투에서 페다인 수천 명이 전사했다. 결국 파타는 요르단에서 레바논으로 쫓겨났다.

아라파트와 그의 동료들은 아랍 정권을 적대한다는 발상을 — 심지어 생존 전략으로서 그래야 하는 상황에서도 — 철저히 배격했다. 파타는 아랍 정권들과 (거대 석유 기업들의 형태를 한) 기업 이익 단체들을 중심으로 한 복잡한 관계망에 얽혀 있었다. 반면 일선에서 싸우는 페다인은 아랍에서 가장 소외되고 빈곤한 지역 출신들이었고, 사회 변화가 절실하게 필요한 사람들이었다. 파타 지도부는 권위주의를 강화하는 것으로 대응했는데 이는 앞으로 벌어질 더 심각한 문제들의 전조였다.

팔레스타인 운동은 요르단에서 입은 타격에서 회복하지 못했다. 그후 10년 동안 이 운동은 레바논에 갇혀서 네오파시스트 세력인 팔랑헤당, 시리아군, 남쪽에서 침략해 온 이스라엘과의 충돌에 거듭 휘말렸다. 게다가 운동은 "레바논화化"하기 시작했다. 즉, 온갖 분란을 배양하는 종파 분단 위에 세워진 레바논 국가와 연관된 분파주의, 배타성, 술수가 운동에 악영향을 끼쳤다. 아랍 정권들도 팔레스타인 운동을 자기들끼리의 각축장으로 이용해 해로운 영향을 줬다. 1982년 이스라엘은 대규모 침공을 감행했고 결국 팔레스타인해방기구를 레바논에서 내쫓았다. 팔레스타인해방기구는 튀니지·예멘·수단에 유명무실한 본부를 세웠다. 민족 해방 전략으로서의 무장투쟁은 끝장났다.

그다음 투쟁은 아래로부터의 힘으로 일어났다. 이스라엘은 1967년 전쟁 동안 이집트와 요르단에게서 가자 지구와 서안 지구를 빼앗았다. 점령지에서 이스라엘은 토지와 수자원을 장악하고 토착 경제를 이스라엘 "본토" 경제로 통합해 신속하게 식민지화를 추진했다.

정착촌이 건설된 방식은 19세기 유럽인들의 식민지 건설을 연상케 했다. 이스라엘인들은 프랑스인들이 알제리에서 한 것처럼 토착 마을을 밀어내고 토지를 강탈해 이스라엘인만 사는 요새화한 거주 단지를 조성했다. 강탈이 끊이지 않으면서 나크바가 이어졌다. 1988년에 이르자 서안 지구의 52퍼센트, 가자 지구의 34퍼센트가 이스라엘인의 손아귀에 떨어졌다.[21] 이를 두고 심지어 이스라엘의 경제재정부 장관인 가드 야코비조차 "야금야금 진행된 사실상의 합병 과정"이라고 인정했다.[22] 팔레스타인인들은 이스라엘 경제를 위한 저렴한 노동력으로 전락했다. 서안 지구와 가자 지구 노동자 3분의 1은 이스라엘 일자리로 생계를 유지했으며 그들이 처한 조건은 식민지·아파르트헤이트 시절 남아공의 '보호구역'·반투스탄을 연상케 했다.[23] 상황은 다시금 폭발 직전으로 치달았고 결국 1987년 12월 인티파다가 시작됐다. 가자 지구와 서안 지구 팔레스타인인 대부분이 이 놀라운 운동에 가담했다. 수개월 동안의 파업·보이콧·시위 등 지역 수준에서 벌어진 온갖 행동들은 팔레스타인해방기구의 공식 기구를 뛰어넘는 활동가 네트워크에 의해 조직됐다. 한 라말라 현지 보도에 따르면

> 이곳 활동가들은 팔레스타인해방기구가 팔레스타인 민중의 유일하고 정통성 있는 대표라는 구호를 확고하게 고수했지만, 현장에서는 자신들이 주도력을 발휘했다. 이 지도부는 현지의 이름 없는 뭇사람들의 목소리를 대변했다. … 기존 민족주의 지도자들은 사태에 압도돼 명백히 주변으로 밀려나 있었다.[24]

이스라엘은 이런 다양한 현지 저항 지도부들을 통제하는 데서 애를 먹었다. 평소에 동원하던 군사적 수단으로도 이들을 통제하기 어려웠다. 그러나 이는 이스라엘만의 문제가 아니었다. 아라파트, 파타 지도부, 아랍 정권들도 비슷한 문제에 직면했다. 인티파다가 중동 전역에서 팔레스타인 문제를 환기시키고 아랍 정부들의 무대응에 대한 분노가 확산돼 중동 전역에서 연대 시위가 벌어졌다. 이집트의 사태 전개가 특히 중요했다. 팔레스타인 문제는 이집트 국내 정치의 오래된 주요 쟁점이기도 했다. 팔레스타인 문제는 오랜 반식민지 투쟁 동안 좌파에게 핵심 쟁점이었고, 이슬람주의 운동의 초점이기도 했다. 1948년 이래 이스라엘을 상대로 한 전쟁이 네 차례 있었고 이스라엘군은 이집트 영토 일부를 점령하기도 했다. 1978년 이집트 대통령 안와르 사다트가 미국의 중재로 이스라엘과 평화조약을 체결해 사실상 팔레스타인 민중을 배신하자 대중적 분노가 광범하게 일었다.

이집트인들은 1987년 인티파다에 호응해 대학가와 금요 예배에서 대중 집회를 열었다. 한 이슬람주의 설교자는 이렇게 역설했다. "우리는 성전(지하드)을 위해 이스라엘 쪽 국경을 열 것을 요구한다."[25] 운동은 핵심적 산업 중심지인 마할라알쿠브라로 확산됐다. 이곳 노동자들은 인티파다에 실질적으로 연대하라고 촉구하는 시위를 벌이며 경찰과 싸웠고 이집트 정부가 미국이나 국제통화기금과 영합하는 것을 비난하며 무바라크 퇴진을 외쳤다. 이집트 내무부 장관은 "사보타주와 선동"에 대응하겠다고 으름장을 놓았고, 진압경찰이 시위대를 공격했다.[26] 나는 필 마셜이라는 필명으로 다음과 같이 썼다.

연대 운동은 이제 자체의 동력이 생겼고, 시위 때마다 정치적 일반화가 급속하게 진행됐다. 이집트는 모든 아랍 정권이 우려하던 바, 즉 팔레스타인 문제가 중동에서 가장 반체제적인 요소라는 점을 보여 줬다. 팔레스타인인들은 시온주의에 저항하면서 제국주의의 중동 지배와 대적하게 됐다. 아랍 학생들과 노동자들은 팔레스타인인들에게 연대하면서 자기네 사회의 계급 관계, 자국 지배계급과 세계 체제를 결속하는 관계들과 대적하게 됐다.[27]

연대 운동이 터키·수단·쿠웨이트·알제리·튀니지·모로코·시리아로 확산되자 아랍 정권들은 팔레스타인해방기구 지도부를 불러서 운동의 힘을 억제하는 데 일조하게 했다. 아라파트는 몸소 쿠웨이트를 찾아 팔레스타인인들에 대한 쿠웨이트 정권의 지지를 칭송해서 그곳 활동가들을 곤혹스럽게 만들었다. 다른 팔레스타인해방기구 고위 인사들도 집회와 텔레비전 방송에 나가, 팔레스타인인들이 자신들의 문제를 알리기 위해 필요한 모든 일을 하고 있으니 팔레스타인인이 아닌 사람들의 시위는 불필요하다고 말했다. 활동가들이냐 중동 정권들이냐 하는 선택지에서 팔레스타인해방기구 지도부는 후자를 택했다.

인티파다의 여파는 중동 전역에서 지속적으로 감지됐다. 1988년 10월 알제리에서 분출한 대중 저항에서는 긴축에 반대하는 집회와 파업에 팔레스타인 항쟁의 상징들[복면, 돌멩이]이 동원됐다. 아랍 국가들이 알제리 정권을 옹호하고 나섰고 사우디 언론은 저항이 또 "전염병"처럼 퍼지는 것 아니냐는 두려움을 표했다.[28] 1년 후 요르단에서 유사한 시위가 벌어지자 팔레스타인해방기구 지도부는 이 "요르단강 동안의 인티파다"를 억누르는 데서도 최선을 다했다. 중동이 1950년대 이래 가장 불안정해지자 중동 정권들 사이에 뭔가 조치가 필요하고 팔레스타인이 핵심 문제라는 공감대가 형성됐다. 이런 상황에서 걸프 동맹국들에게 압력을 받은 미국이 점령 지역에 대한 새로운 합의를 도출하기 위해 이스라엘·팔레스타인해방기구와 대화를 시작했다. 그 결과 아라파트는 이스라엘을 적법한 국가로 인정하는 역사적 후퇴를 했고, 이스라엘 통치자들은 가자와 서안 지구에 팔레스타인 '소국가'를 설립하기 위한 지리한 논의를 시작했다. 1993년 아라파트가 조인한 오슬로 협정은 팔레스타인 항쟁에 해악을 끼친 새로운 후퇴기를 열었다.

신자유주의 팔레스타인

공식적으로 오슬로 '평화 프로세스'는 이스라엘과 팔레스타인이 모두 득을 보는, 양국 관계의 돌파구라는 찬사를 받았다. 그러나 이는 팔레스타인인들에게 실로 재앙이었으며 이것의 함의는 최근이 돼서야 온전히 드러났다. 아라파트가 합의한 '소국가'는 뿔뿔이 흩어진 작은 영토들에 불과했다. 신생 팔레스타인 자치 정부(사실상 팔레스타인해방기구가 자치 정부가 됐다)가 행사하는 지배력은 제한적이었다. 반면 이스라엘은 이곳에서 현지의 사소한 문제를 제외한 모든 사안을 좌우할 만큼 광범한 권한을 행사했다.[29] 새 합의가 마련되자, 이스라엘은 새 정착촌을 건설하고 정착촌 구역과 도시를 연결할 도로를 건설하기 위해 서안 지구의 가장 비옥한 농토 상당 부분을 계속 점령해 나갔다. 식민지화는 거침없이 진행됐다. 1993년에 팔레스타인 영토 내 이스라엘 정착민은 28만 1800명이었지만, 2002년에는 42만 7617명에 달했다.[30] 자치 정부에게 얼마 안 되는 땅이 (오슬로 협정의 계획에 따라) 배분됐을 때 이스라엘 정치인들은 또다시 토지 점령을 이끌었다. 1998년 외무부 장관 아리엘 샤론(이후 총리가 된다)은 유대인 정착민들에게 이렇게 말했다. "모두가 서둘러 행동에 나서 더 많은 고지를 점령해야 합니다. … 우리는 영토를 확장할 것입니다. 점령하는 것은 우리 것이 될 것이고 점령하지 않은 것은 저들에게 떨어질 것입니다."[31]

이스라엘은 이스라엘 지리학자 오렌 이프타첼이 말한 "야금야금 진행되는 아파르트헤이트이자 … 이스라엘·팔레스타인 공간 전체를 유대화하려는 비타협적 시도"에 매진했다.[32] 그러나 이는 더 큰 그림의 일부일 뿐이었다. 오슬로 협정은 미국 전략가들이 고안한 더 거대한 계획의 한 요소로서, 신자유주의 원리를 따르고자 하는 미국 동맹국들의 노력에 기반을 둔 협력 체제에 이스라엘과 점령 지역을 경제적으로 통합하기 위한 것이었다. 이스라엘 정부는 충실하게 협조했다. 오슬로 협정 당시 외무부 장관이었던 시몬 페레스는 이렇게 말했다. "우리가 추구하는 것은 깃발의 평화가 아니다. 우리의 관심사는 시장의 평화다."[33] 오슬로 협정이 조인될 무렵 이미 많은 이웃 국가에서 상당한 변화들이 진행되고 있었다. 대표적으로 1991년 이집트 무바라크 정권은 가혹한 긴축정책, 새로운 시장화, 규제 완화 법안을 포함한 경제개혁·구조조정 프로그램을 내놓았다. 오슬로 협정에 따라 이집트를 포함한 주변 국가들과 이스라엘의 경제적 관계는 완전히 "정상화"하기로 했다. 여기에는 특화산업단지* 설립과 같은 아랍-이스라엘의 공동 경제활동도 포함돼 있었다.[34] 신자유주의 이데올로기의 교리대로 팔레스타인과 이스라엘이 "분쟁을 번영"과 맞바꾸면서 팔레스타인 경제도 이 중동 협력 체제의 일부가 된다는 것이었다.

사실 오슬로 협정에 따른 경제적 변화는 1967년 이스라엘이 서안 지구와 가자 지구를 점령한 이후 지속적으로 추진해 온 정책을 더 심화한 것이었다. 이스라엘은 자신이 점령한 팔레스타인 영토들을 값싼 노동력 같은 핵심 자원을 제공하는 부속지처럼 취급했다. 이스라엘의 토지 점령은 경작지에 심대한 영향을 미쳤다. 1967~1974년에 서안 지구에서 팔레스타인인들이 경작하던 토지는 3분의 1 감소했고, 팔레스타인인의 관개지 경작(대부분 요르단 계곡에서 이뤄졌다)은 90퍼센트 감소했다.[35] 서안 지구의 농업 부문은 황폐해졌고, 농업에 생계가 달려 있던 많은 사람들, 특히 농촌 청년들은 이스라엘에 미숙련 노동력을 제공하는 처지로 내몰렸다. 이스라엘산 식품과 공산품이 물밀듯 들어오자 팔레스타인의 상공업도 심각한 타격을 받았다. 이스라엘 경제는 팔레스타인 경제활동이 수축하는 것에 비례해 성장했다. 이는 이스라엘의 생산업자, 중간상인, 이스라엘 정부에게 특혜를 받은 소수 팔레스타인인들에게 커다란 득이 됐다. 이런 상황은 점령이 지속될수록 번창하는 새로운 팔레스타인 자본가

* 특화산업단지(QIZ) 미국 수출 때 관세를 면제받는 특구.

계급의 기반이 됐다. 이들은 처음에는 이스라엘군과 협력함으로써, 나중에는 이스라엘 당국에게 권한을 받아 주요 상품을 수입하거나 수출하고 이스라엘 건설업과 서비스업에 노동력을 공급함으로써 부를 쌓았다.

오슬로 협정에서 아라파트가 주요 경제 분야에 대한 공식적 지배권을 이스라엘에 양보하는 바람에, 자치 정부가 무엇을 수입하고 수출할지를 이스라엘 관리들이 결정하게 됐다. 2005년에는 서안 지구와 가자 지구 수입의 거의 75퍼센트가 이스라엘에서 왔고 수출의 88퍼센트가 이스라엘로 갔다.[36] 이스라엘 관리들과 사업가들은 손쉽게 수익을 냈다. 이들은 무역에 대한 지배권뿐 아니라 팔레스타인 자치 정부와 현지 NGO들에게 흘러 들어오는 해외 원조로도 이득을 취했다. 아담 하니예는 이렇게 말했다. "서안 지구는 이스라엘에서 온 여러 상품의 전속 시장이었다. 팔레스타인인들의 소비가 기본적으로 외부에서 들어오는 자본금으로 충당됐기 때문에 이런 시장의 수익성은 굉장히 높았다. 팔레스타인 자치 정부에 대한 해외 원조는 팔레스타인인들을 위한 원조인 동시에 이스라엘을 위한 원조이기도 했다."[37] 이스라엘 관리들은 해외 원조를 [정치적] 도구로도 활용했다. 이들은 해외 원조를 허용된 경로로만 들여와 이 과정에서 특정한 팔레스타인인들만이 특혜를 누릴 수 있게 했다. 당연히 그 특혜의 수혜자는 이스라엘의 새로운 공모자인 팔레스타인 자치 정부와 긴밀하게 엮인 자들이었다.

'파이야드화'*

파타 지도부는 엘리트주의와 권위주의, 걸프 정권들과의 우호적 관계를 이유로 팔레스타인 운동 내 급진적 활동가들에게 수십 년 동안 비판받아 왔다. 그러나 파타가 조직의 자산을 착복하는 비리를 일삼았다고 비판받은 적은 많지 않았다. 팔레스타인해방기구 고위 간부들은 부유한 팔레스타인인들이나 아랍의 왕들, 대통령들과 어울려 지냈지만 수십 년간 검소하게 살았다.[38] 아라파트는 특히 "미스터 팔레스타인" 이미지에 걸맞는 금욕적 생활로 칭송받았다. 그러나 오슬로 협정과 자치 정부 수립은 급격한 변화를 가져왔다.

1967년 이스라엘이 서안 지구를 점령한 후 이스라엘 전략가들은 먼저 이스라엘과 현지 주민의 관계를 중재할 현지 협력자를 물색했다. 이스라엘은 이스라엘군에 협조하는 팔레스타인 관료 기구, 현지 경찰력을 포함한 민간 행정기관, 현지 민병대를 모집해 팔레스타인해방기구와 영향력을 다툴 촌락연맹을 설립했다. 이런 시도들은 민족운동을 약화시키는 데는 실패했다. 투쟁의 부활에 헌신하는 신세대 활동가들을 탄생시킨 1987년 인티파다에서 이 점이 극명하게 드러났다. 그러나 이스라엘은 팔레스타인 특권층, 이스라엘군 당국, 점령에서 직접 이익을 얻는 이스라엘 기업 사이의 관계를 정립할 청사진을 그렸다. 오슬로 협정이 체결되자 이 핵심 집단은 확장됐고, 걸

* 파이야드화 살람 파이야드가 팔레스타인 자치 정부 총리를 지내며 추진한 신자유주의 정책을 뜻한다.

프 지역 팔레스타인 부르주아지, 소작지를 보유한 전통적 지주계급을 비롯한 "귀환" 자본이 포섭됐다.[39] 자밀 힐랄은 오슬로 협정 체결 이후 5년 만에 경제 환경이 눈에 띄게 변했다고 지적했다. "세계은행의 영향력이 커지고 … '구조조정'의 기치 아래에서 민간 부문이 중시됐다." 힐랄은 사회·경제적 불평등이 급속히 커졌다고 지적했다.[40] 신자유주의 정책은 서안 지구와 가자 지구에 대한 새로운 봉쇄정책과 결합돼 정확히 그런 효과를 냈다. 그에 따라 자치 정부와 연관된 소수 팔레스타인인들은 더 부유해졌고 다수는 삶의 조건이 급격히 악화했다.

1993년 이스라엘은 이스라엘 내 팔레스타인 고용에 대한 새로운 규제를 도입했다. 25년 넘게 팔레스타인 노동력은 이스라엘 경제에 필수적이었다. 많은 팔레스타인인들이 이스라엘 노동시장에 의존한 덕에 이스라엘 관리들은 가자 지구와 서안 지구에 사는 팔레스타인인들을 쉽게 통제할 수 있었다. 그러나 이스라엘이 이주 노동자를 들여오면서 "이스라엘에서 들여오는 상품과 대對이스라엘 무역에 대한 팔레스타인의 의존이 고착화되고, 팔레스타인인들이 제공하는 재화와 서비스에 대한 이스라엘의 수요가 팔레스타인인들의 고용 상황을 좌우하게 됐다"고 레일라 파르사크는 지적한다.[41] 1992년 이스라엘 당국은 [팔레스타인인의] 입국을 허용하는 취업 허가증을 11만 5000건 발급했는데, 1994년(오슬로 협정 이후)에는 발급 건수가 6만 5000건,[42] 1996년 5월에 이르러서는 불과 3만 6000건으로 줄었다.[43] 이후에 발급 건수는 증가했지만 이스라엘 전략가들이 다른 곳을 저렴한 노동력의 공급처로 삼으면서 결국 다시 떨어졌다.

마이클 엘먼과 스마인 라셰르는 "팔레스타인 노동자를 해외 노동력으로 대체하려는 명확하고 공공연한 정책"이 도입됐다고 했다.[44] 탈규제와 노동이동의 시대에 전 세계에서 일어난 변화에 발맞춰 이스라엘도 아시아와 동유럽 이주 노동자들을 끌어들였다. 이 노동력은 처음에 팔레스타인인보다 더 비쌌지만 얼마 지나지 않아 "불법"화되고 착취하기에 매우 적합해졌다. 특정 고용주들에게는 거부할 수 없는 매력이었다.[45] 이에 따라 팔레스타인 영토 내 실업률도 차츰 상승했다. 1993~2000년에 가자 지구의 실업률은 15.1퍼센트에서 32.5퍼센트로, 서안 지구의 실업률은 10.1퍼센트에서 23.8퍼센트로 올랐다.[46] 사회적 궁핍을 나타내는 다른 지표들과 빈곤 수준도 급격하게 증가했다.

자치 정부 지도자들은 다른 문제에 골몰했다. 가장 중요했던 것은 팔레스타인 영토를 통제하고 자신들을 안전하게 지켜 줄 보안 기관을 설립하는 것이었다. 파타 지도부의 권위주의적 경향에도 불구하고, 팔레스타인해방기구는 1960년대 이래 광범한 정치적 조류들을 포괄했다. 팔레스타인해방기구 내에는 팔레스타인해방인민전선이나 (공식적으로는 민주적 사회주의 원칙을 지지하는 급진 민족주의자들의 조직인) 팔레스타인해방민주인민전선 같은 조직들도 있었다. 1987년 인티파다에서는 여성·학생·농민 단체, 촌락 위원회, 노동조합, 독립 문화단체 등 풀뿌리 조직들이 전면에 등장했다. 이스라엘과 미국은 오슬로 협정을 이용해 이런 운동, 특히 운동 내 급진적 부위를 억누를 팔레스타인 군대를 만들어서 저항이 중동 전역으로 "전염"되지 못하게 저지하려 했다. 팔레스타인 자치 정부가 직접 통치하는 구역에서 이스라엘군이 막사와 경찰서를 떠나자 그 자리를 팔레스타인 보안군이 채웠다. 자치 정부는 제복 경찰과 사복 경찰 "정보" 부서들을 거느린 여러 기관으로 이뤄진 공안 기구를 세웠다. 가장 핵심적인 기구는 예방보안기관PPS이었다. 수만 명이 모집됐다. 1990년대 중반에 자치 정부 경찰 총수는 필요한 경찰 병력이 4만 명에 이르게 될 것이라고 추정했다.[47] 10년 후 경찰 병력은 5만~7만 명이었다.[48] 서안 지구 예방보안기관은 지브릴 라흐줍(아부 라미)이, 가자 지구 예방보안기관은 무함마드 다흘란(아부 파디)이 지휘했다. 이들이 지휘한 대원들은 이집트와 요르단에서 CIA에게 훈련을 받았고 이스라엘을 통해 미국에게서 무기를 공급받았다.[49] 금세 이들은 임의로 사람들을 체포하고 기소 없이 구금하고 재소자를 고문했으며 독립 출판물을 폐간하고 단체들을 해산하기 시작했다. 이들은 자치 정부 지도자들의 새로운 집행관으로서 신속하게 움직여서 "서안 지구와 가자 지구의 기존 또는 신생 사회·정치 질서를 압도한 다음 자신들에게 협조하게 만들었다"고 그레이엄 어셔는 썼다.[50]

얼마 지나지 않아 온갖 특권이 자치 정부 엘리트들에게 몰렸다. 고위 관료들은 이스라엘과 협력하면서 토목 사업 계약이나 주요 상품의 독점 공급 계약을 배분하고, 이동통신 기업과 텔레비전 방송국에 영업권을 배분했으며, 사법 체계에 대한 장악력을 이용해 귀중한 토지자원을 할당했다. 팔레스타인 영토에 투자하려는 기업들은 자치 정부 관료들을 거쳐야 했다. 문지기 구실을 한 일부 고위 관료들은 그 과정에서 막대한 부를 모았고 걸프 자본, 걸프 국가와의 관계를 구축하거나 재구축했다. 가자 지구 예방보안기관을 지휘하는 무함마드 다흘란은 아랍에미리트의 투자자들, 최고 관료들과 긴밀하게 협력했다. 오슬로 협정 이후 10년도 안 돼 다흘란의 개인 자산은 1억 2000만 달러에 이르렀다고 한다.[51] 2003년 국제통화기금이 실시한 자치 정부 재정 조사에 따르면 1995~2000년 자치 정부 수입 중 9억 달러가량이 아라파트와 그의 경제·재정 보좌관이 관리하는 "특별 계좌"로 입금돼 국내외 투자에 쓰였다.[52] 아라파트 자신은 계속해서 검소하게 살았지만 다른 지도자들은 빈곤이 만연한 팔레스타인에서 새로 얻은 부를 과시적으로 소비했다. 라말라 등지에 새로운 주거지역이 건설됐다. 이곳에서 "아부"(자치 정부의 지도적 인사)들은 경비가 삼엄하고 도시 엘리트층이 거주하는 저개발국의 고급 주택단지를 연상케 하는 저택을 지었다. 이런 관행은 민족운동 전반에 해악을 끼쳤다. 팔레스타인의 베테랑 언론인 라미스 안도니에 따르면, "민족운동 전략"은 이제 중요하지 않으며, 새로운 "게임의 법칙"을 지배하는 것은 돈이요 자치 정부가 운영하는 경찰국가 내에서의 입김이라고 여기는 부패한 관료들은, 심지어 1차 인티파다 때 존경받던 젊은 지도자들에게도 영향을 미쳐 물들게 했다.[53]

하마스

대다수 민중의 생활수준이 붕괴했다. 1999~2007년에 팔레스타인의 1인당 국내총생산은 3분의 1 수준으로 추락했다. 서안 지구 가구의 56퍼센트, 가자 지구 가구의 75퍼센트가 빈곤층이었고 이는 역대 최악의 수준이었다.[54] 이스라엘의 봉쇄, 끊임없는 식민지화, 거듭

되는 군사개입과 함께 빈곤이 만연했다. 그러다가 2000년에 2차 인티파다가 터졌다. 이번엔 더 지속적인 대중 반란이 일어났지만 1987년만큼 활력이 있지는 않았다. 저항은 금세 이스라엘군과의 무장 충돌로 수렴됐다. 이 불리한 싸움에서 이스라엘을 이기는 것은 불가능했다. 같은 해에 이스라엘은 인종 분리 장벽을 건설하기 시작해 수많은 팔레스타인 공동체들을 더 고립시키고, 팔레스타인인들이 주요 경작지들을 이용하지 못하게 했으며, 이미 뿔뿔이 흩어진 팔레스타인 영토 간 통신도 더욱 어렵게 했다.

파타는 이슬람주의자들인 하마스에게 빠른 속도로 지지를 빼앗겼다.[55] 1987년 무슬림형제단의 한 분파가 가자 지구에서 설립한 하마스는 1차 인티파다에서 두각을 드러냈다. 처음에 이스라엘은 하마스에 호의적이었다. 팔레스타인해방기구를 더 경계한 이스라엘은 세속적 민족주의가 받는 지지를 이슬람주의가 빼앗아 오기를 바라며 이슬람주의의 성장을 용인했다.[56] 1990년대에 하마스는 가자 지구와 서안 지구에서 꾸준하게 세력을 확장했다. 하마스는 무슬림형제단의 전형적 포퓰리슴 전략인 복지사업을 벌였고, 이스라엘에 협조한 팔레스타인 자치 정부를 비판했다. 글렌 로빈슨은 오슬로 협정의 실체가 드러나기 시작하면서 하마스가 성장했다고 지적한다.

> 오슬로 협정이 팔레스타인인들의 권리를 실현해 주지 못하자, 하마스는 위신이 높아지고 행동할 기회도 더 많아졌다. 이스라엘이 서안 지구와 가자 지구 점령을 완전히 거둬들이려 하지 않으면서 하마스는 더 강해졌다. 하마스는 애초부터 오슬로 협정이 실패할 것이라고 예측했기 때

문에 팔레스타인에서 유일하게 유의미한 저항 세력이 될 수 있었다. … 하마스는 오슬로 협정에 환멸을 느낀 사람들의 정치적 대안이 됐다.[57]

오래 지나지 않아 이스라엘은 하마스를 "이슬람 파시스트"로 규정해 국제적 무슬림 위험 세력의 일부로 간주했다. 그러나 사실 하마스는 제한적 목표와 실용주의적 실천을 추구했다. 하마스도 파타의 협소한 민족주의를 받아들였다. 하마스 창시자 아메드 야신은 이렇게 주장했다. "하마스의 전장은 팔레스타인 영토다. 우리의 싸움을 점령지 바깥으로까지 끌고 나오고 싶지는 않다."[58] 하마스가 내세운 핵심 구호 "이슬람이 답이다"는 무슬림형제단에게서 기원한 것이며 온갖 목적에 끼워 맞출 수 있을 만큼 모호했다. 하마스는 처음 몇 년 동안 이스라엘과의 어떤 타협도 거부했으나, 2004년에 들어서는 파타와 나란히 협상에 임해 군사 활동도 중단하려 했다. 몇 년간 하마스는 자치 정부 선거에 출마하는 것을 거부했으나 방침을 바꿨고, 선거에서 금세 놀라운 성과를 거뒀다.

아라파트는 2004년에 사망했고 파타 창립 멤버인 마무드 아바스(아부 마젠)가 그의 뒤를 이었다. 아바스는 카타르에서 고위 관료를 지내며 오랫동안 이스라엘과의 관계 정상화에 매진해 온 자였다. 2006년 하마스는 자치 정부 입법위원회 선거에서 승리했다. 하마스 소속 '변화와 개혁' 후보들이 132석 중 74석을 얻었고, 하마스 지도자인 이스마일 하니야가 총리가 됐다. 이스라엘은 경악했고 미국은 무함마드 다흘란을 사주해 가자 지구에서 쿠데타를 일으켰다.[59] 쿠데타 시도는 역풍을 낳았고 하마스는 가자 지구에서 파타 세력을 몰아내는 데 성공했다. 이제 팔레스타인은 가자 지구를 통치하는 하마스와 서안 지구에서 여전히 권력을 쥐고 있는 아바스 정부로 분열했다. 이스라엘은 가자 지구를 신속하게 봉쇄하고 2008년 12월에 대규모 공격을 감행했다. 이런 사건들에도 불구하고 자치 정부는 거침 없이 신자유주의 정책과 이스라엘과의 공조를 추진했다. 2007년 아바스는 살람 파이야드를 총리로 임명했다. 경제학자였던 파이야드는 1990년대에 팔레스타인 자치 정부로 파견된 국제통화기금 측 대표였다. 그는 이스라엘과 미국이 선호한 인물이었으며, 세계은행과 함께 새로운 '팔레스타인 개혁·개발 계획PRDP'을 설계했다. 이 계획은 급속한 시장화를 제안했다.

> 팔레스타인 경제가 가야 할 길은 다변화하고 번영하는 자유 시장 경제이며, 이를 주도할 선도적 민간 부문은 아랍 세계와 조화를 이루고, 역내 시장과 세계 시장에 열려 있으며, 자유롭고 민주적이고 공정한 사회에 필요한 경제적 근간을 제공할 것이다.[60]

신자유주의 개혁이 열광적으로 추진됐다. "파이야드주의" 아래에서 서안 지구는 허구적인 전 지구적 풍요의 네트워크에 통합될 터였다. 금세 피상적 변화가 일어났다. 쇼핑몰, 호텔, 레스토랑, 고급 자동차 전시장이 건설되고, 아무나 드나들지 못하는 고급 주택단지가 들어섰다. 이것의 대표적 사례인 라와비시市는 "팔레스타인 최초의 계획도시이자 … 팔레스타인 사상 최대 민간 부문 사업"으로 선전됐다.[61] 이스라엘 정착촌의 모습을 본떠 카타르 투기꾼들의 자금으로 건설된 이 언덕 위의 부촌은 아바스가 친히 서명한 강제수용 법안에 따라 몰수한 촌락의 토지 위에 지어졌다. 서안 지구 농부들의 토지를 강제로 수용해 산업 단지를 조성하기도 했다. 그곳에는 터키의 TOBB-BIS 개발 그룹 같은 해외 사업자들이 운영하는 사업장도 있었다. 이웃한 요르단의 산업 단지처럼, 최저임금도 못 받고 노조를 결성하지도 못하고 사회보장제도에서 배제된 이주 노동자들을 주로 고용하는 특화산업단지를 도입하는 것이 그 목표였다. 샬럿 실버는 이런 산업 단지들이 "팔레스타인을 외주화"하는 전략이라고 설명한다.[62] 특화산업단지는 이스라엘 기업과 합작 벤처기업을 차릴 기회를 열기도 했다. 자치 정부가 이런 시도를 하기 전부터 이미 팔레스타인 기업들은 이스라엘 정착촌 내 농공업 단지에 투자를 해 왔었다.[63] 타리크 다나에 따르면, 팔레스타인 기업들은 심지어 이스라엘에 대한 일부 유럽 나라의 보이콧과 규제를 우회하려고 이스라엘 정착촌 생산품을 "팔레스타인산産"으로 둔갑시켜 수출하는 데 관여했다고 한다.[64]

건설업이 성장하고 개인 소비가 가파르게 상승하면서 생겨난 서안 지구의 개발 "거품"은 급증하는 주택 담보대출과 개인신용 대출로 자금을 공급받았다. 팔레스타인인들은 빚지는 것을 부정적으로 여기는 전통이 있었지만, 2008~2012년에 서안 지구의 소비자신용 규모는 6배나 증가해 4억 1500만 달러에 이르렀고 2012년 부동산·건설 신용 규모는 5억 달러를 넘었다. 대부분은 미국과 걸프 국가 은행이 대출해 준 것이었다.[65] 2013년이 되자 서안 지구 공공 부문 노동자 75퍼센트가 빚을 지고 있었다고 한다.[66] 자치 정부도 자신들의 빚을 갚지 못했고 공무원에게 월급조차 지급하지 못할 때가 자주 있었다. 2012년 팔레스타인 영토의 실업률은 27퍼센트에 달했고, 실질임금은 2006년 대비 10퍼센트나 낮았다.[67] 그러나 자치 정부는 신자유주의 정책을 멈추지 않았다. 이들은 자발적으로 미국 전략가, 국제 금융기관, 이스라엘 정치인과 기업의 노예가 됐다.

팔레스타인을 팝니다

열강·국제기업·은행이 중동을 바꾸기 위해 세운 계획을 팔레스타인 자치 정부는 전폭적으로 수용했다. 이웃한 이집트처럼 팔레스타인에서도 모든 것이 상품이 됐다. 무바라크 치하 이집트에서는 잇달아 시장화와 규제 완화의 물결이 일었다. 그러면서 부패한 거래를 통해 국가 자산이 국내 기업인들과 해외 투자자들에게 팔려 나갔다. 한때 국가 자산으로 여겨지던 모든 것이 결국 개방됐다. 무바라크와 그가 총애하는 수하들의 이익을 위해 "시장화"하고 사적 소유로 넘길 수 있는 모든 것(토지, 수자원, 발전, 제조업, 농업 지원, 은행)이 개방됐다.[68] 시리아에서도 정도는 덜하지만 결과는 비슷한 유사한 정책이 추진됐다.[69] 팔레스타인에서는 신자유주의 신봉자들이 전례 없는 기회를 맞이했다.

이스라엘이 서안 지구와 가자 지구 점령을 유지한 방식은 과거 유럽 열강이 "식민지 세계"를 운영한 방식과 비슷했다. 군사 기구가 현지의 저항을 억누를 수 있었고, 갈수록 유순해진 민족주의 운동 지도부는 유혹에 약했다. 걸프 정권들의 형태를 한 중동 자본들도 팔레스타인 문제에 긴밀히 관여해 영향권을 확장하고 골치 아픈 팔레스타인 저항운동을 길들이려 했다. 오슬로 협정은 이런 구상에서 나름의 구실을 충실히 하려 하는 팔레스타인 지도자들을 팔레스타인 영토의 공식 통치자 자리에 앉혔다.

파타는 아랍 세계의 다른 국가들과 마찬가지의 국가를 세우려는 열망으로 1950년대에 설립됐다. 그러나 파타는 집단적 투쟁에 팔레스타인 대중을 동원하면서 그들과 관계를 맺었고, 팔레스타인 대중의 열망은 새로운 지향을 낳았다. 중동 전역의 투쟁에서 드러난 변화 염원에 영향을 받은 지향이었다. 1950년대에서 1960년대까지 벌어진 이집트 자유장교단 운동의 급진 민족주의, 이라크의 혁명적 반란, 알제리와 예멘의 반식민주의 운동에서 처음 드러났듯이 이런 지향의 초점은 정치적 독립, 토지·산업·금융·상업의 국유화를 포함한 사회·경제적 개혁에 있었다. 라시드 칼리디는 이렇게 말했다. "팔레스타인해방기구는 심지어 레바논의 난민촌에 망명 중일 때조차 '민족' 국가 건설이라는 목표를 떠벌리지 않을 수 없었다."[70] 이런 운동의 부상은 파타를 좌경화시켰고, 파타 지도부는 국가적 자원을 대중의 이익을 위해 사용해야 했다. 파타는 (처음에는 레바논과 요르단에서) 학교·진료소·병원으로 이뤄진 복지 체계를 마련했고, 민족운동의 맥락에서 팔레스타인 노동자들을 대변하는 노동조합들을 건설했다. 아라파트는 사메드 조직이* 추진한 대단치 않은 산업화 계획이 "관료주의에서 자유롭고 혁명의 결의와 정신이 깃든 자주

* 사메드 조직 팔레스타인해방기구의 경제기구.

적 팔레스타인 경제와 공공 부문의 핵심"을 다지기 위한 것이라고 말했다.[71] 팔레스타인해방기구는 팔레스타인으로 귀환하면 토지·수자원·광물 같은 국가 자산을 포괄적 민족 발전 계획에 사용하겠다는 전망을(공식적으로 공표하지는 않았지만) 유지했다. 오슬로 협정 이후 팔레스타인 자치 정부는 이런 전망을 버렸다. 이들은 나세르의 후계자들을 포함한 중동 지배계급과 신자유주의적 지향을 공유했으며, 국민을 위한다는 명분으로 국가가 소유하던 자원을 이런 지향에 따라 시장에 내맡기고 자신의 이익 추구에 동원하려 했다. 그 결과 사회 계급 문제가 팔레스타인 역사상 전례 없는 중요성을 띠게 됐다.

팔레스타인해방기구는 단 한 번도 중동의 대중투쟁에 관여하지 않았다. 오히려 팔레스타인해방기구 지도자들은 팔레스타인인들이 이스라엘, 제국주의, 중동 지배계급에 맞선 [아랍 민중의] 공동의 이익을 내세울 기회를 놓치게 만드는 데에 열과 성을 다했다. 파타는 수십 년 동안 팔레스타인인들의 운동이었지만 그 참여자 대중을 위한 조직은 아니었다. 1970년 요르단, 1987년 1차 인티파다 같은 결정적 순간에 파타는 급진적 변화를 위한 운동의 일환으로서 팔레스타인인들의 요구를 제기할 기회를 걷어찼다. 파타 지도자들은 민족 단결을 강조했다. 이는 이스라엘 식민주의에 저항하는 맥락에서는 정당한 과제였다. 그러나 팔레스타인인들의 저항이 중동의 사태 전개에 영향을 미치는 결정적 요인이 됐을 때 민족 단결을 강조하는 것은 팔레스타인인들이 중동의 다른 운동과 연대하지 못하게 하고, 이스라엘과 중동 지배계급에게 도전할 가능성을 꺾는 것이었다. 팔레스타인 자치 정부가 공공연하게 이스라엘·미국과 동맹을 맺고 신자유주의를 추진하자, 무조건 [민족끼리] 단결해야 한다는 주장(급진적 팔레스타인인들은 오랫동안 여기에 의문을 제기해 왔다)은 결국 완전히 파산했다. 이제는 팔레스타인 자치 정부가 토지를 빼앗고 농민을 쫓아내며 반대파를 탄압하고 입막음한다. 많은 팔레스타인인들에게 자치 정부의 보안 기관은 "점령의 연장이었으며, 이제는 자치 정부의 조치에 반역이니 배신이니 하는 비난이 쏟아진다"고 타리크 다나는 주장한다.[72]

주류 민족주의의 위기는 다양한 방식으로 나타났다. 그중 가장 중요했던 것은 기층 활동가들이 보이콧·투자철회·제재BDS 운동을 통해 팔레스타인의 고립과 기존 지도부의 통제를 돌파하려 한 것이었다. 2005년에 시작된 BDS 운동은 팔레스타인해방기구를 우회했다. BDS 운동가 오마르 바르구티는 당시 팔레스타인해방기구가 팔레스타인 해방이라는 대의를 "이스라엘의 불의와 공존하는 공허한 과정"으로 축소한 뒤 "수년간 총체적 혼란에 빠져 있었다"고 서술한다.[73] BDS 운동은 빠르게 확산됐다. 특히 세계사회포럼과 같은 국제적 사회정의 운동과의 창의적 교류가 이를 가능케 했다. 팔레스타인 점령지의 수백여 단체들이 BDS 운동의 선언문을 지지했고, 많은 이들이 해외의 노동조합, 종교 단체, 학생 단체, 연대 운동과 교류하며 연대를 건설했고, 팔레스타인의 고립을 완화해 나가기 시작했다. 파타가 팔레스타인인들의 투쟁을 억누르려 애썼지만 이들의 투쟁은 처음으로 전 세계 청중에게 주목받았다.

혁명

1950년대에 파타는 중동 자본주의 질서에 편입할 독립국가를 수립하려 했다. 1990년대가 되자 파타는 본래 팔레스타인 영토의 일부만을 다스리는 '그림자 국가'[이스라엘의 그늘 아래 있는 국가]를 세우려고 민족운동을 포기했다. 이제 파타는 신자유주의 의제가 지배하는 재편된 자본주의에 반대해 싸우며 자기 이익을 점점 구체화하는 대중과 맞서게 됐다. 민족문제는 기업 자본과 국제금융, 미국과 걸프 국가가 주도하는 신제국주의에 맞선 공동 투쟁과 떼려야 뗄 수 없는 문제가 됐다. 강탈, 추방, 수십 년간의 이스라엘 식민 지배 경험을 간직한 채, 팔레스타인인들은 계급 적대 정치의 한복판으로 들어가게 됐다.

바로 이런 상황에서 2011년에 이집트의 대중운동이 무바라크를 제거했다. 대다수 팔레스타인인이 기뻐했고, 미움받던 독재자가 대중적 항의로 몰락한 것(여기서 대중 파업이 결정적 구실을 했다)을 축하했다. 〈일렉트로닉 인티파다〉는 가자 지구 상황을 다음과 같이 보도했다.

> "마스르, 마스르, 마스르, 마스르." 가자의 거리에 운집한 군중이 이집트의 아랍어 이름을 외쳤다. … 황금 독수리로 치장을 한 흑·백·적색의 이집트 깃발 수백여 개가 가자의 주요 도로인 우마르알무크타르 거리를 아름답게 수놓았고, 많은 이들이 과자를 나눠 먹으며 불꽃놀이를 즐겼다.[74]

가자 주민들은 튀니스와 카이로에서 외치는 구호를 활용해 다음과 같이 외쳤다. "민중의 소원은 아바스 퇴진."[75] 팔레스타인 출신이 많은 도시 암만에서도 "이집트 만세", "다음은 누구인가?", "내일은 아바스다!" 등의 구호를 외쳤다.[76] 팔레스타인 활동가이자 작가인 알리 아부니마는 다음과 같이 썼다.

> 아랍 혁명은 아랍 세계가 운명을 같이한다는 의식을 다시금 일깨웠다. 한동안 이런 의식은 사라진 것으로 여겨졌고, 우리 부모의 젊은 시절 이야기에나 나오는 순진한 발상으로 치부됐으며, 아랍 통치자들이 명백히 말살하려 한 것이었다. 그런데 그것이 다시 살아난 것이다. 아랍 독재자들은 … 아랍 민중의 기백 또한 죽었다고 생각했다. 혁명은 무한한 가능성에 대한 자각을 되살렸고, 변화가 국경 너머로 확산돼야 한다는 열망을 불러일으켰다.[77]

팔레스타인 운동은 결정적 국면에 처했다. 중동에 단단히 뿌리내린 권력 구조에 맞서는 운동에 의해 고립에서 벗어날 기회를 맞았다. "운명을 같이한다는 의식"이 튀니지와 이집트의 거리와 작업장에 있는 사람들과 팔레스타인인들을 단결시켰다.

서안 지구의 팔레스타인인들은 처음에 더 신중했다. 마무드 아바스는 이집트의 무바라크와 튀니지의 대통령 벤 알리에게 전화를 걸어 지지를 표명했고, 경찰에게 라말라에서 일어난 혁명 지지 시위를 공격하라는 명령을 내렸다. 자치 정부가 독재 정권들을 지지하고 대중운동을 무시한다는 것을 공공연히 드러낸 것이다. 그러나 축하 분위기가 확산되자 아바스는 당황하기 시작했고, 내각 전원 사퇴를 종용하더니 대선을 실시하겠다고 발표했다. 그러면서 자치 정부의 보안군을 동원하기 시작했다. 아바스의 생사는 이스라엘과 공조해 아래로부터의 운동을 진압하는 데 달려 있었다. 수개월 동안 팔레스타인은 결정적 고비에 있었다. 2011년 6월, 이스라엘 관리들은 팔레스타인인들이 "국경 인티파다"로 결집해 이집트·요르단·시리아·레바논과 마주한 이스라엘의 접경 지역에서 충돌을 일으키는 "악몽 같은 시나리오"를 우려했다.[78] 그러나 아바스는 살아남았고 이스라엘은 시리아의 팔레스타인인 수천 명이 국경을 넘으려 할 때 이를 저지할 수 있었다.

결정적으로 중요한 사건들은 이집트에서 일어나고 있었다. 수많은 시위에서 팔레스타인을 위한 조처를 취하라는 요구가 나왔다. 시위대는 무바라크의 뒤를 이어 권력을 잡은 최고군사위원회SCAF에게 이스라엘과의 조약과 무역협정을 파기하고 가자 지구 쪽 국경을 개방하라고 요구했다. 2011년 9월 대규모 군중이 카이로 주재 이스라엘 대사관을 습격했고, 이스라엘은 대사관 직원들을 대피시켜야 했다. 그럼에도 최고군사위원회는 팔레스타인 문제에 관해 요지부동이었고 이는 2011년 12월 총선에서 승리한 무슬림형제단도 마찬가지였다. 무슬림형제단의 자매단체인 하마스는 무바라크의 몰락이 "이집트 혁명 승리의 첫걸음이고 우리는 이 혁명의 모든 요구를 지지한다"고 밝히며 환호했다.[79] 그러나 이제 하마스는 무슬림형제단이 이집트 국가 내 핵심 권력 기반인 군부에 도전해야 하는 상황에서 마비돼 아무것도 하지 못하는 모습을 바라만 봐야 했다. 무슬림형제단 후보 무함마드 무르시가 2012년 6월 대통령에 당선하자 무슬림형제단은 팔레스타인에 관해 나 몰라라 하기 시작했다. 팔레스타인 문제에 헌신해 온 오랜 역사에도 불구하고 무슬림형제단은 가자 지구를 그냥 그들의 운명에 맡겨 버렸다. 이집트의 세속주의 야당들도 별반 다르지 않았다. 팔레스타인의 대의에 헌신하겠다고 거듭 약속했음에도 자유주의자들과 민족주의자들은 가자 지구의 문제, 더 근본적으로는 이스라엘의 점령 문제를 회피했다. 2012년 대선에서 나세르주의자 후보 함딘 사바히는 자기가 당선하면 이스라엘과 맺은 평화협정을 파기하고, 팔레스타인 투쟁을 지원하고, 아랍 영토를 침탈한 시온주의 국가를 인정하지 않겠다고 공언했다.[80] 사바히는 선거 유세에서 수많은 이집트 노동자와 혁명가의 지지를 끌어모았지만 선거가 끝나자 침묵에 잠겼다. 무슬림형제단이나 다른 세속주의 야권 세력(자유주의자·사민주의자·공산당 등)과 마찬가지로 사바히도 이집트 국가를 지휘하는 군부에 도전하는 문제에서 마비됐다. 스탈린주의 시대의 잔재에 물든 민족주의자들과 공산당원들은 군부를 국익의 화신이자 "민중"의 역사적 대변자로 치켜세우고 군부 엘리트와 타협을 모색함으로써 팔레스타인의 급진적 활동가들을 배신했다. 2013년 7월 압둘팟타흐 시시 장군이 권력을 장악하자 이집트에서 팔레스타인을 가장 헌신적으로 지지한 사람들이 거리에서 쫓겨났다.

팔레스타인 활동가들은 "아랍의 봄을 잃어버렸다"고 한탄했다.[81] 2014년 이스라엘이 다시 가자 지구를 야만적으로 공격한 뒤에는 이스라엘 언론 〈하아레츠〉마저 팔레스타인인들이 [이집트 혁명 패배로]

겪은 고통을 인정하며 다음과 같이 언급했다. 팔레스타인인은 "자기 편으로 여겼던 나라[이집트 — 지은이]가 가자 지구를 불타도록 내버려 뒀다는 사실에 혼란스러워했고 분노했다."[82] 그럼에도 역사적 변화가 일어나고 있다. 이제는 팔레스타인의 이익을 아랍 국가 대중운동의 이익과 동일시하는 정서가 훨씬 더 강해졌다. 이는 50년이 넘는 팔레스타인 저항에서 가장 중요한 변화다. 알리 아부니마가 주장하듯이, "혁명은 무한한 가능성에 대한 자각을 되살렸고, 변화가 국경 너머로 확산돼야 한다는 열망을 불러일으켰다." 중동 지배계급은 신자유주의 의제를 중심으로 단결했다. 팔레스타인, 이집트 등지에서 변화를 일으키고자 마음을 굳게 먹은 사람들에게 중요한 쟁점은 혁명적 변화와 팔레스타인의 자유에 헌신하는 정치적 조류를 어떻게 확립할 것인가 하는 점이다.

후주

들어가며

1 *The Independent*, 18 May 1989.

2 *The Independent*, 18 May 1989.

1장 인티파다

1 *Mideast Mirror*, 11 December 1987.

2 *Middle East Report*, number 152, May-June 1988, p 22.

3 *Mideast Mirror*, 11 December 1987.

4 *Mideast Mirror*, 22 December 1987.

5 *Middle East Report*, number 152, p 9.

6 *Middle East Report*, number 152, p 9.

7 *The Jerusalem Post*, 23 January 1988(이 기사를 포함해 모든 기사는 국제판에 실린 것들이다).

8 *Mideast Mirror*, 14 January 1988.

9 Janet Abu-Lughod, "The Demographic Consequences of the Occupation", in Naseer Aruri(editor), *Occupation: Israel Over Palestine*, London, 1984, p 258.

10 *Middle East Report*, number 152, p 26.

11 *Merip Report*, number 74, January 1979, p 7.

12 *Middle East Report*, number 152, p 36.

13 *Financial Times*, 13 January 1988.
14 *Middle East Report*, number 152, p 35.
15 *Middle East Report*, number 152, p 37.
16 Report of the West Bank Data Base project, in *The Middle East*, August 1986.
17 *Middle East Report*, number 152, p 36.
18 *Middle East Report*, number 152, p 36.
19 *Middle East Report*, number 152, p 36.
20 *Middle East Report*, number 152, p 35.
21 *Middle East Report*, number 152, p 19.
22 *Middle East Report*, number 152, p 7.
23 *Middle East Report*, number 152, p 7.
24 *The Jerusalem Post*, 23 January 1988.
25 *The Jerusalem Post*, 23 January 1988.
26 *Middle East Report*, number 155, November-December 1988, p 39.
27 *Middle East Report*, number 155, p 39.
28 *Middle East Report*, number 154, September-October 1988, p 8.
29 *Ha'aretz*, 5 December 1988.
30 *Mideast Mirror*, 27 February 1989.
31 *New York Times*, 24 February 1988.
32 *Middle East Report*, number 154, p 15에서 인용됨.
33 *The Jerusalem Post*, 13 February 1988.
34 *The Jerusalem Post*, 13 February 1988.
35 *Middle East International*, 9 September 1988, p 19.
36 *Middle East International*, 9 September 1988, p 19.
37 *Middle East International*, 9 September 1988, p 19.
38 *The Jerusalem Post*, 5 March 1988.
39 Wolf Blitzer in *The Jerusalem Post*, 23 January 1988.
40 미국 내 유대인 지도자들의 사적인 모임에서 키신저가 한 말. *New York Times*, 6 March 1988에서 인용됨. *Middle East Report*, number 152, p 11에 실린 내용.
41 *Middle East Report*, number 154, p 14.
42 *Middle East Report*, number 154, p 14.
43 *Middle East International*, 18 November 1988, p 23에 나온 구절.

44 *Middle East International*, 16 December 1988, p 5.

45 *Middle East Report*, number 152, p 30.

46 *The Independent*, 18 May 1989.

47 *Mideast Mirror*, 17 July 1989.

48 *Mideast Mirror*, 5 July 1989.

2장 제국주의 커넥션

1 [유대인 마르크스주의자] 아브람 레온은 다음과 같이 썼다. "우리 시대 유대교의 매우 비극적인 상황은 그 사회적·경제적 지위가 극히 불안정한 것으로 설명된다. 쇠퇴해 가는 봉건제의 첫 번째 제거 대상이었던 유대인은 사멸해 가는 자본주의의 격변에 거부당한 첫 번째 대상이기도 했다. 유대인 대중은 쇠퇴해 가는 봉건제라는 모루와 부패해 가는 자본주의라는 망치 사이에 놓여 있다."(Abram Leon, *The Jewish Question*, New York, 1970, p 226) 레온은 20세기 반유대주의의 뿌리를 검토함으로써 유대인의 곤경을 다룬 마르크스의 분석을 확장했다. 특히 그의 책 6장을 보라.

2 일부 민족주의 경향, 예컨대 분트라고 알려진 리투아니아·폴란드·러시아유대인노동자총연맹은 처음에는 차르 정권에 맞선 단결된 노동계급 투쟁을 찬성하고 민족주의를 거부했다. 그러나 분트는 시온주의자들처럼 독자적 유대인 조직을 요구하는 견해로 후퇴했다. 러시아의 마르크스주의자들은 반유대주의가 유대 민족주의자들의 주장과 달리 비유대[인과 섞여 살아가는] 존재 조건 때문이 아니라 위기에 처한 자본주의의 산물이라고 주장하면서 시온주의자들의 사상과 분트를 반박했다. 마르크스주의자들은 그런 쓰레기를 만들어 내는 사회를 바꾸기 위해서는 유대인 같은 소수자들을 포함한 노동자들의 공동 투쟁이 필요하다고 주장했다. V I Lenin, *Critical Remarks on the National Question*, Moscow, 1968, 특히 p 28을 보라. 분트를 포함한 유대 민족주의 경향의 출현에 관한 간략한 설명은 Nathan Weinstock, *Zionism — False Messiah*, London, 1979, chaper 2를 보라.

3 Herzl, in the *Complete Diaries of Theodor Herzl*, New York, 1960, volume 4, p 1296.

4 Weinstock, 앞의 책, p 39에서 인용됨.

5 같은 책, p 39에서 인용됨.

6 시온주의 운동은 정착지로 다른 지역도 검토했는데, 이집트(시나이반도), 케냐, 키프로스도 포함됐다. 이에 관해서는 Weinstock, 앞의 책, p 41을 보라. 엘멧시리에

따르면, 시온주의 지도부는 마다가스카르, '벨기에령' 콩고, 모잠비크, 이라크, 리비아에 관해서도 논의했다. 이에 관해서는 Abdelwahab M Elmessiri, *The Land of Promise*, New Brunswick, 1977, p 95를 보라.

7 Weinstock, 앞의 책, p 39.

8 N Israeli, "Israel and Imperialism", in Arie Bober(editor). *The Other Israel*, New York, 1972, p 56에서 인용됨.

9 Weinstock, 앞의 책, p 42를 보라.

10 엘멧시리는 헤르츨의 일기를 인용하면서 시온주의 지도자들이 이탈리아 국왕 비토리오 에마누엘레 3세를 설득하려고도 했음을 지적한다. 그들은 이탈리아 국왕에게 "남아도는 유대인 이주민들을 이탈리아의 자유로운 법률과 제도 아래 있는 트리폴리타니아로 보내자"고 설득했다(Elmessiri, 앞의 글, p 97).

11 Simha Flapan, *Zionism and the Palestinians*, London, 1979, p 21에서 인용됨.

12 Weinstock, 앞의 책, p 96.

13 Flapan, 앞의 책, p 22.

14 같은 책, p 95, note 20을 보라.

15 영국 정부가 51퍼센트의 지분을 가진 앵글로페르시안오일컴퍼니는 1911년 이란에서 수출을 시작했다. 그 회사는 영국의 군수용 석유 대부분을 공급하면서 영업 개시 후 20년 동안 2억 달러나 되는 막대한 이익을 올렸다. J Bhahrier, *Economic Development in Iran*, London, 1971, chapter 8을 보라.

16 대중적 반식민지 운동을 억누를 수 없었던 영국은 1924년에 부르주아 민족주의 정당인 와프드당의 이집트 정부를 반쯤 독립시켜야만 했다.

17 Flapan, 앞의 책, p 22.

18 같은 책, p 22.

19 같은 책, p 22.

20 Barnet Litvinoff, *Weizmann*, London, 1976, p 107.

21 시온주의 운동은 "땅 없는 사람들을 위한 임자 없는 땅"(영국의 시온주의자 이즈리얼 쟁윌이 만들어 낸 문구)을 찾고 있다고 선언했다.

22 1914년에 팔레스타인의 인구밀도는 제곱마일당 20.29명이었다. 시리아와 레바논은 8.53명이었고 터키의 아시아 지역은 10.67명이었다(Weinstock, 앞의 책, p 52). 1922년에는 전체 주민 75만 2048명 가운데 유대인이 8만 3790명이었다(Doreen Warriner, *Land and Poverty in the Middle East*, London, 1948, p 54).

23 거의 모든 초기 정착민들은 유럽에 있는 유대인 조직의 자선 후원에 의존했다. 그래서 농부도 없었고 노동자도 거의 없었다(Weinstock, 앞의 책, p 53을 보라).

24 Weinstock, 앞의 책, p 134.

25 다양한 포고령으로 유대인의 이주와 유대인에게 아랍인의 토지를 이전하는 것이 쉬워졌다. 포고령은 또한 아랍인이 토지 보유를 확대할 수 있는 전통적 권리를 제한하기도 했다. Weinstock, 앞의 책, p 113을 보라.

26 대부분의 토지는 팔레스타인의 부재지주한테서 매입한 것이었다. 유대인의 주요 토지 중개상인 유대민족기금이 획득한 토지의 90퍼센트는 이런 식으로 매입한 것이었다. 매입한 토지의 대부분은 장차 이주해 올 사람들에게 제공하기 위해 그대로 방치한 채 이용하지 않았다. 1936년까지 유대민족기금이 보유한 토지의 20.3퍼센트는 이용되지 않았다. 한편, 농촌의 팔레스타인인 가운데 30퍼센트 이상이 토지가 없었다(Weinstock, 앞의 책, p 127과 Flapan, 앞의 책 p 68을 보라).

27 Flapan, 앞의 책, p 68.

28 Weinstock, 앞의 책, p 135.

29 자본주의가 위기에 빠지고 스탈린주의의 지배를 받는 노동자 대중정당이 실패하자, 파시스트 운동이 분출했다. 독일 상황에 대한 동시대 분석은 Leon Trotsky, "What Next?" in Trotsky, *Fascism, Stalinism and the United Front*, Bookmarks, London, 1989, pp 73~204를 보라[국역: 《파시즘, 스탈린주의, 공동전선》, 책갈피, 2019].

30 시온주의 지도자들은 나치 독일과 협정을 맺어 유대인의 자산과 제한된 수의 독일계 유대인들을 팔레스타인으로 이전시키는 데 합의했다(Weinstock, 앞의 책, pp 135~137을 보라).

31 1905년에 제정된 외국인법 같은 영국의 법규는 유대인이 영국으로 이주하는 것을 오랫동안 가로막아 왔다. 미국에서는 1924년에 제정된 인종차별적 이민할당법이 동일한 효과를 낳았다.

32 Weinstock, 앞의 책, p 138.

33 같은 책, pp 135~136.

34 같은 책, pp 137, 144.

35 아랍 노동자들을 고용하면 훨씬 더 싼값에 건설 사업을 진행할 수 있는 경우에도 영국 관리들은 오직 유대인 노동자만 고용했다(Elia Zureik, "Reflections on Twentieth-Century Palestinian Class Structure", in Khalil Nakhleh and Elia Zureik(editors), *The Sociology of the Palestinians*, London, 1980, p 57을 보라).

36 Ronald Storrs, *Orientations*, London, 1939, p 376.

37 1921~1937년에 시온주의자 대회가 열릴 때마다 영국 외무부에서 파견한 대표가 개회식에 참석했다(Weinstock, 앞의 글, p 128).

38 후세이니는 선거에서 졌지만, 영국의 도움으로 팔레스타인 아랍인의 정치체제에서 가장 강력한 지위를 차지할 수 있었다(Weinstock, 앞의 책, p 117).

39 Flapan, 앞의 책, p 68.

40 [유대인의] 이주를 제한하겠다는 초기의 제안들은 내팽개치고 더 늘어난 유대인들을 인정했다(Weinstock, 앞의 책, p 120).

41 가장 중요한 것은 시리아에서 벌어진 50일간의 전국적 파업이 성공한 것이었다. 그 때문에 프랑스는 시리아의 독립을 약속해야만 했다.

42 야파의 일부가 폭격을 당했고, 수많은 촌락의 가옥들이 파괴됐다. Ghassan Kanafani, *Palestine: The 1936~39 Revolt*, London, undated, p 18.

43 Christopher Sykes, *Orde Wingate*, London, 1959, p 107.

44 Kanafani, 앞의 책, p 25.

45 카나파니에 따르면 1936~1939년에 50개의 시온주의 정착촌이 건설됐다(Kanafani, 앞의 책, p 25).

46 Norman Bentwich, *Judea Lives Again*, London, 1944, p 63.

47 유대방어군, 즉 하가나는 시온주의 정착촌을 방어하기 위해 1919년에 결성됐다. 영국 정부는 무기 일부를 제공했을 뿐 아니라 정착촌을 보호하기 위한 검문소도 설치해 줬다, Weinstock, p 129.

48 유대인정착촌경찰과 하가나는 서로 겹쳐 있었다. 군인이었던 모셰 다얀에 따르면 두 조직 모두 영국과 긴밀한 연락을 주고받았다. 그는 다음과 같이 회고했다. "식민지 정부와 유대 당국의 협력은 우리 자신의 군사훈련을 개선하고 확대할 가능성을 크게 확장했다. 유대인정착촌경찰에게 무기 사용을 허가한 것은 불법 무기 소유를 은폐하는 데 도움이 됐다."(Moshe Dayan, *Story of My Life*, London, 1976, p 26)

49 '이르군 즈바이 레우미'는 수정주의파 운동에서 갈라져 나왔다. 그것은 제프 야보틴스키가 건설한 시온주의 경향의 극우파 군사 조직이었다. 1936~1939년에 이르군은 아랍 공동체에 대한 일련의 테러 공격을 감행했다(Flapan, 앞의 책, pp 96~120을 보라).

50 야간특수부대는 시온주의 군사 지도자들을 훈련시킨 기반이 됐다. 윈게이트의 부관이었던 모셰 다얀은 나중에 이스라엘군 참모총장이 됐다.

51 Maurice Edelman, *Ben Gurion*, London, 1964, p 107.

52 윈게이트는 유대군을 이끌고 전투에 참여하는 데 관심이 있다고 말했다(Edelman, 앞의 책, p 106).

53 에덜먼에 따르면, "텔아비브 외곽에 있는 야코브와 레프코비츠의 피혁 공장처럼, 겉으로 보기에는 멀쩡한 많은 공장에 무기가 쌓이기 시작했다. 레호보트의 오래

된 포도즙 짜는 기구들은 폭약을 감추는 무기고가 됐다."(Edelman, 앞의 책, pp 107~108)

54 Weinstock, 앞의 책, p 130.

55 Israel Zangwill, *The Voice of Jerusalem*, London, 1921, p 291.

56 C Issawi and M Yeganeh, *The Economy of Middle Eastern Oil*, London, 1962, p 88.

57 Bhahrier, 앞의 책, 8장을 보라. 1930년대 말에 앵글로이라니언오일컴퍼니[의 전신인 앵글로페르시안오일컴퍼니]는 이란의 유전에서 600만 톤의 석유를 생산했다. 그 회사는 이라크에도 그보다 작은 유전을 보유했다(Bhahrier, 앞의 책, p 158).

58 사우디아라비아 최초의 상업용 유전은 1938년에 발견됐다. 곧 수출이 시작됐는데, 미국의 거대 석유 회사인 텍사코와 소칼이 이를 통제했다(*Merip Report* number 91, October 1980, p 24).

59 영국의 처지에서 가장 중요했던 것은 키르쿠크 근처의 이라크 유전에서 팔레스타인을 거쳐 하이파 항구까지 석유를 나르는 송유관이었다.

60 Weinstock, 앞의 책, p 205.

61 이 때문에 분열이 일어나 아브라함 슈테른이 이끄는 새로운 조직이 결성됐다. 이 조직은 영국군을 괴롭히고 아랍 공동체들을 공격하는 정책을 계속 추구했다.

62 Weinstock, 앞의 책, pp 209~210.

63 Bentwich, 앞의 책, p 137.

64 같은 책, p 138.

65 Weinstock, 앞의 책, p 207.

66 Michael J Cohen, *Palestine: Retreat From the Mandate*, London, 1978, p 123.

67 사이아에 따르면, 시온주의 민병대는 800대의 즉석 제작한 장갑차와 셔먼 탱크 두 대와 크롬웰 탱크 두 대를 보유하고 있었다. 중고 오스터 경비행기 21대도 갖고 있었는데, 이 비행기를 이용해 고립된 유대인 정착촌을 부양했고 1948년 전쟁 때는 아랍인 마을을 폭격했다(R Sayigh, *Palestinians — From Peasants to Revolutionaries*, London, 1979, p 73).

68 Weinstock, 앞의 책, p 211.

3장 이스라엘 국가를 향하여

1 Richard Crossman, *Palestine Mission — A Personal Record*, London, 1946, p 141.

2 크로스먼은 1946년의 이집트를 밑에서 "용암이 끓고 있는" 사회로 묘사했다

(Crossman, 앞의 책, p 114). 그 기간에 이집트에서 일어난 운동은 Mahmoud Hussein, *Class Conflict in Egypt: 1945~1970*, New York, 1973, part 1을 보라. 이란에서도 비슷한 운동이 일어나 리자 샤 정권을 위협했다. 이란 사태에 관한 간략한 해설은 Phil Marshall, *Revolution and Counter-Revolution in Iran*, Bookmarks, London, 1988, pp 18~22를 보라.

3 *Merip Report* number 91, p 24.

4 *Merip Report* number 91, p 24.

5 석유 회사 소칼은 미국 대통령 루스벨트에게 압력을 넣어 사우디 왕정을 지지하게 했고 루스벨트는 1943년에 향후 4년 동안 사우디에 1750만 달러를 지원하는 데 동의했다(*Merip Report* number 91, p 24).

6 크로스먼에 따르면, 1914년까지 10년 동안 미국으로 이주한 유대인은 100만 명이었다(Crossman, 앞의 책, p 37).

7 Crossman, 앞의 책, p 37.

8 1942년에 미국의 시온주의 운동은 미국에 있는 유대인 공동체의 90퍼센트를 대표한다는 목표를 달성했다고 주장했다. 1942~1943년에는 팔레스타인에 시온주의 국가를 세워야 한다는 내용을 담은 팸플릿과 리플릿을 100만 부 이상 배포했다(M Arakie, *The Broken Sword of Justice*, London, 1973, pp 32~33).

9 아라키에 따르면, "팔레스타인에 유대 국가를 건설하자며 지금 미국의 시온주의 지도부가 전개하고 있는 운동은 지금껏 있었던 시도 중에 가장 훌륭하고 성공적이었다." 그 운동은 대부분 언론과 라디오 방송망을 이용했다. 아라키는 "이에 견줄 만한 아랍인의 대항 운동은 전혀 없었다"고 지적했다(Arakie, 앞의 책, p 33).

10 빌트모어 대회에 참석한 대표들은 밸푸어 선언으로 팔레스타인에 유대 국가를 수립하겠다는 약속이 이뤄졌음을 분명히 알고 있었다. 그들의 성명서에는 이제 아랍인들과의 협상을 논의할 필요가 없으므로 시온주의 운동은 '최대주의적' 요구 사항들을 밀어붙여야 한다는 확신이 드러났다. 플라판에 따르면, "빌트모어 강령은 아랍이라는 요인과 관련해 일어난 근본적 변화를 보여 줬다. 그것은 아랍이라는 요인을 철저하게 무시했다."(Flapan, 앞의 책, p 283)

11 Flapan, 앞의 책, p 282.

12 Arakie, 앞의 책, p 38.

13 미국시온주의기구(ZOA)의 의장인 랍비 이즈리얼 골드스타인은 그다음에 필요한 조치는 "팔레스타인 문제와 관련해 미국 정부와 국민의 전폭적 승인을 얻는 것인데, 이제 그것은 미국에 있는 모든 유대인의 강령이 됐다"고 선언했다(Arakie, 앞의 책, p 32에서 인용됨).

14 "모든 시온주의 경향 중에서 아랍인 문제에 가장 관심이 없었던 경향이 바로 수

정주의파였다. 그들은 아랍인을 오직 적으로만 여겼으며 일말의 동정도 필요 없는 적에 불과하다고 생각했다. 다시 말해 아랍인은 분쇄의 대상이었으며 그들과 타협할 여지는 전혀 없었다."(Flapan, 앞의 책, p 114)

15 매그네스와 같은 인물들은 팔레스타인에 두 민족의 국가를 세워야 한다고 주장했다. 매그네스는 유대인의 정치 활동 목표가 "유대인의 문화적 중심" 건설이라고 여기고 "반드시 무력에 기초해 조국을 건설해야 한다"는 주장에 반대했다(Flapan, 앞의 책, p 175를 보라).

16 Litvinoff, 앞의 책, p 225.

17 야보틴스키의 지지자들은 '점진론'을 혹평하면서 "땅 한 두남씩, 염소 한 마리씩 [장악해 나가자]"는 정책이라고 조롱했다(Flapan, 앞의 책, p 108).

18 Bober, 앞의 책, p 13에서 인용됨.

19 크로스먼은 미국 정부의 계산을 다음과 같이 기록했다. "노골적으로 시온주의를 지지해야 하는지 말아야 하는지를 … 심사숙고하면서, 미국 행정부는 군사적 고려뿐 아니라 강력한 경제적 이익이라는 목표도 고려해야 했다. 과거에 항공기 산업과 석유 산업은 미국의 외교정책에 상당한 영향을 미쳐 왔다. 그래서 그들이 미국 정부를 상대로 자기들의 견해를, 노골적이지는 않지만 체계적으로 밀어붙이고 있다는 사실을 알게 됐을 때 나는 전혀 놀라지 않았다."(Crossman, 앞의 책, p 51)

20 1942년에 미국 정부가 나치의 홀로코스트(유럽의 유대인 말살) 계획을 알게 됐지만 거의 2년 동안이나 이를 은폐했다는 분명한 증거가 있다(Arthur Morse, *While Six Million Died: A Chronicle of American Apathy*, New York, 1965, 1장을 보라).

21 이때까지도 루스벨트가 아랍 국가들, 특히 석유가 풍부한 걸프 국가들과의 강력한 연계를 확보하려는 계획을 세우고 있었음은 분명하다. 1944년에 그는 사우디 왕정에 다음과 같이 말했다. "나는 아랍인들에게 적대적일 수도 있는 … 조치는 취하지 않을 것이다."(Arakie, 앞의 책, p 42에서 인용됨) 루스벨트가 시온주의자의 주장에 점점 더 열중하게 된 과정은 Peter Grose, "The President versus the Diplomats" in W Roger Lewis and Robert W Stookey(editors), *The End of the Palestine Mandate*, London, 1986을 보라.

22 1946년에 팔레스타인의 영국 식민지 정부는 그 지역 거주민을 18명당 1명꼴로 병사나 경찰로 동원했다(Weinstock, 앞의 책, p 229).

23 Bernard Reich, *The United States and Israel: Influence in the Special Relationship*, New York, 1984, p 3.

24 "일부 관측통은 [유엔으로 파견한 — 지은이] 미국 대표단이 분할안에 선뜻 찬성

하지 않는 국가의 대표단에게 그 안의 장점을 설득하려고 애쓰면서, 전통적 외교 행위가 아니라 국가적 정치 캠페인을 연상시키는 방식으로 정력적 로비 활동을 펼치고 있다고 생각했다."(Arakie, p 63)

25 시온주의 로비스트들은 미친 듯이 로비 활동을 벌여 미국이 다른 나라에 영향력을 행사해 찬성표를 확보하도록 커다란 압력을 넣었다. 유대인기구에 근무했던 데이비드 호로비츠에 따르면, "미국은 거의 마지막 순간까지[원문 그대로 — 지은이] 영향력을 발휘했고, 바로 이것이 개표 결과를 결정했다."(Arakie, 앞의 책, p 64)

26 Oles M Smolansky, "The Soviet Role in the Emergence of Israel", in Lewis and Stookey, 앞의 책, pp 61~78을 보라.

27 Weinstock, 앞의 책, p 232.

28 팔레스타인은 사실상 하가나의 총동원령이 떨어진 1947년 10월부터 전쟁 상태였다. 1947년 11월 30일부터 1948년 2월 1일까지 864명이 사망했는데, 그중 대다수가 아랍인이었다(Weinstock, 앞의 책, p 234).

4장 팔레스타인인들의 저항

1 Weinstock, 앞의 책, p 58.

2 1940년대에 워리너는 "중동의 이 특수한 현상, 즉 '도시의 유력자들'"을 다음과 같이 묘사했다. "이 부재지주는 주로 하는 일이 신용 대출이었고 농업에는 전혀 관심이 없었다."(Warriner, 앞의 책, p 15)

3 Weinstock, 앞의 책, p 157.

4 기독교 신자들은 23개의 주요 도시에 집중돼 있었고 대부분 예루살렘, 하이파, 야파에 거주했다. 이와 대조적으로 무슬림의 23퍼센트만이 도시에 살았다. 그래서 기독교 신자들은 상업계에서 중요한 구실을 하고 있었고 관리자층을 다수 배출했다(Ann Mosely Lesch, "The Palestine Arab Nationalist Movement Under the Mandate", in Quandt, Jabber and Lesch, *The Politics of Palestinian Nationalism*, Berkeley, 1973, p 19).

5 Kanafani, 앞의 책, p 9.

6 팔레스타인인이 소유한 회사의 대다수는 "정말 소규모였다. 아랍의 공업 부문이 전체 팔레스타인 공업 생산에서 차지하는 비율은 기껏해야 10퍼센트에 불과했다." (Weinstock in *Journal of Palestinian Studies*, volume 2, number 2, p 58)

7 팔레스타인과 인접 아랍국의 자본의 발전은 뚜렷하게 대조된다. 후자 역시 유럽이 점령하고 있긴 했지만 말이다. 이집트에서는 부르주아지가 1920년대 초에 영국에 도전할 만큼 충분히 강력했다. 토착 자본이 집중되는 속도가 그만큼 빨랐다는 얘

기다. 이 기간에 "국내에서 공업·상업 부르주아지가 형성되기 시작했다. … 1920년에 창립한 뱅크미스르[최초의 독자적 이집트 은행 — 지은이]는 이집트에서 경제적 민족주의의 전형을 보여 줬다(Robert L Tignor, *State, Private Enterprise and Economic Change in Egypt, 1918~1952*, New York, 1984, p 49). 영국으로부터의 독립과 제한된 경제 개혁 프로그램을 추구하는 이집트의 와프드당 같은 것이 팔레스타인에는 없었다.

8 가장 악명 높은 경우는 수르수크 가문이었다. 그들은 1872년에 갈릴리에서 20개의 마을과 1만 8000헥타르의 토지를 획득한 부재지주 겸 대출업자 가문이었다. 1920년에 수르수크 가문은 이 토지를 비롯해 많은 토지를 시온주의자들이 세운 팔레스타인토지개발회사에 팔았다. 땅을 잃은 농민들에 대한 보상은 1인당 10실링뿐이었다. 664명이 토지에서 쫓겨났다(Weinstock, 앞의 책, pp 127, 163).

9 1920년대에 시온주의자들은 아랍 사회의 분열을 심화시키는 몇 가지 시도를 했다. 그들은 아랍인 조직들을 만들어서 가문 간 갈등이나 공동체 지도자들 간의 경쟁뿐 아니라 유목민과 농민, 기독교도와 무슬림, 도시와 농촌 간의 알력을 이용하려고 했다(Lesch, 앞의 글, pp 18~19와 Flapan, 앞의 책, pp 64~67).

10 카나파니에 따르면, 알캇삼은 잘 발전시킨 팔레스타인 저항 전략이 있었다. 이 전략은 심리적 준비, 비밀 조직과 위원회 연결망의 형성, 무장 반란이라는 세 단계로 이뤄져 있었다. 무슬림 세계의 주요 교육기관이었던 카이로의 아즈하르대학교에서 교육받은 알캇삼은 제국주의에 대한 이슬람의 대응이라는 사상과 아랍 민족주의 사상을 결합했다. 그의 슬로건은 "순교자로 죽자"는 것이었다(Kanafani, 앞의 책, pp 15~17).

11 알캇삼의 죽음은 그의 군사력보다 훨씬 큰 영향을 미쳤다. 무장투쟁을 개시하려는 그의 시도는 앞장서서 영국과 시온주의자에 대항하려는 최초의 노력처럼 보였다. 엄청나게 많은 사람이 그의 장례식에 모여들었다. 영국의 보고서에는 다음과 같이 나와 있다. "하이파에서 거행된 알캇삼의 장례식에는 매우 많은 군중이 모였다. 질서를 유지하려고 애를 썼지만 시위가 벌어졌고 돌이 날아왔다. 알캇삼의 사망은 강력한 정치적 감정의 물결을 불러일으켰고, 아랍어로 된 신문들은 추도 기사에서 하나같이 그를 순교자라고 불렀다."(Kanafani, 앞의 책, p 16에서 인용됨)

12 Thomas Hodgkin, *Letters from Palestine 1932~36*, London, 1986, p 196.

13 Lesch, 앞의 글, p 35.

14 카나파니는 알카우크지를 "모험주의적 민족주의자"라고 묘사했다. 그는 게릴라 부대를 이끌고 팔레스타인으로 들어간 직후에 스스로 반란군 '사령관'이라고 선언했다(Kanafani, 앞의 책, p 18).

15 게릴라 대원은 대부분 땅을 빼앗긴 농민으로, 구식 무기로 무장한 채 숨어서 살았

다. 그들의 활동은 보통 게릴라 조직들이 직접 주도했는데, 농작물 소각, 전화선 절단, 영국군 부대와의 무장 교전 등 다양했다. 호지킨(Hodgkin, 앞의 책, p 197)에 따르면, 사마리아에서 "그들은 영국군 부대와 마주칠 때마다 거의 게릴라전이나 다름없는 전투를 벌였다."

16 아랍고등위원회는 아랍 왕정들을 '개입'시킬 준비를 했다. 그러고 나서 다음과 같은 내용의 성명서를 배포했다. "여러 아랍 국왕 폐하의 고귀하신 뜻을 받들고 그분들의 소망에 따르는 것은 우리 아랍 대대로 내려오는 전통이므로, 아랍고등위원회는 그분들의 뜻에 따라 후손들의 이익과 권리를 보호한다는 목표에 부합하는 명령만을 내릴 것이다. 아랍고등위원회는 고귀하신 여러 국왕과 족장의 뜻에 따라, 그리고 그분들의 중재와 협력이 커다란 이익을 가져다줄 것이라는 믿음에 따라, 고결한 아랍인들이 파업과 혼란을 중단할 것을 요구한다. 이 명령의 유일한 목적은 아랍인의 이익이다."(Kanafani, 앞의 책, p 20에서 인용됨)

17 George Antonius, *The Arab Awakening*, Beirut, 1955, pp 406~407.

18 Hodgkin, 앞의 책, 196~197쪽. 호지킨은 그 운동에 아랍 사회 전체가 참여했다고 말했다. 정치를 남성의 전유물로 만들었던 뚜렷한 성별 분리조차 파괴되기 시작했다. "영국 정부에 대한 현재의 저항은 남성에게만 국한된 것이 아니다. 여성과 남녀 학생들도 많은 도시에서 시위를 주도하고 저항에 나서고 있다." 그는 아랍 피지배자들에 대한 영국의 환상이 무참하게 깨졌다고 덧붙였다. "영국인 교사들은 충격을 받아 신문에 기고한 편지에서 개탄하기를, 상냥한 친영국파 어린이로 교육시켰던 아이들이 이제는 짐승 같은 모습을 드러내고 있다고 했다."(Hodgkin, 앞의 책, p 197)

19 Lesch, 앞의 글, p 38.

20 Y Baer, "The Arab Revolt of 1936", in *New Outlook* (Israeli bi-monthly), July-August 1966, p 56.

21 많은 하가나 장교들이 영국군의 '반란 진압' 작전을 통해 훈련받았고, 1만 4000명 이상의 정착민으로 구성된 10개의 '식민지 경찰' 특수부대가 창설됐다. 각 부대는 유대인기구가 임명한 영국군 장교와 유대인 부관의 지휘를 받았다(Kanafani, 앞의 책, p 26).

22 일부 작은 조직들은 신생 정당이 '비밀 시온주의' 조직이라며 가입을 거부했다. 그들은 시온주의 프로젝트를 포기할 것과 아랍 민족주의 운동을 전폭적으로 지지할 것을 요구했다(Musa Budeiri, *The Palestine Communist Party 1919~1948*, London, 1979, p 7).

23 "Preliminary Draft Theses on the National and Colonial Questions", in *Theses, Resolutions and Manifestos of the First Four Congresses of the Third*

International, London, 1980, pp 76~81.

24 영국 경찰의 보고서에 따르면, 1930년에도 아랍인 당원은 겨우 26명뿐이었다(Budeiri, 앞의 책, p 26을 보라). 코민테른은 팔레스타인공산당이 유대인 위주의 주변 환경과 절연하기 위해 최선을 다하지 않고 있다는 견해를 피력했다. 그 결과 평당원들 사이에는 '유대 민족주의 쇼비니즘'이 퍼지게 됐다는 것이다.

25 Budeiri, 앞의 책, p 28.

26 같은 책, pp 33~36.

27 그래서 공산당 지도부는 '아랍화와 볼셰비키화의 결합'이라는 구호 아래 총회를 소집했다. 인터내셔널의 최신 노선에 따라서, 공산당은 아랍인 대중을 지향하는 '직업 혁명가 조직'이 돼야 했다(Budeiri, 앞의 책, pp 33~36, 144).

28 Budeiri, 앞의 책, p 70.

29 같은 책, p 71.

30 같은 책, p 69.

31 스탈린주의 관료 기구는 코민테른의 '제3기' 정책이 재앙적 결과를 낳았다는 좌파의 비판에서 공산당을 떼어 놓으려는 노력의 일환으로 새로운 방향 전환을 강요했다. 이런 방향 전환은 머지않아 1917년 혁명을 지도했던 당내 생존자들을 숙청하려는 작업의 일환이기도 했다. 던컨 핼러스는 다음과 같이 논평한다. "코민테른은 이제 스탈린의 앞잡이들에 의해서 사회민주주의 정당 우파의 관점, 즉 계급 협력이라는 관점으로 급속히 우경화했다. 이런 관점은 제1차세계대전을 전후로 각국 사회민주당이 취한 관점이었고 코민테른 창립자들이 격렬하게 반대한 관점이었다. '자유주의' 부르주아지와의 체계적 계급 협력을 추구하는 '민중전선'은 이제 공산당의 원칙으로 자리잡게 됐다. 이번에도 역시 스탈린의 대외 정책을 위해서였다." (Duncan Hallas, *The Comintern*, Bookmarks, London, 1985, p 141[국역: 《우리가 알아야 할 코민테른 역사》, 책갈피, 1994])

32 Budeiri, 앞의 책, p 81.

33 같은 책, p 82. 코민테른 대회에 참석했던 팔레스타인공산당 대표 라드완 알힐로우는 팔레스타인으로 돌아와서, 공산당은 민족 투쟁의 선두에 서지 않는 한 결코 아랍 대중을 지도할 수 없을 것이라고 주장했다. 계급투쟁을 지도한다는 정치는 기각해야 했다(Budeiri, 앞의 책, p 82).

34 Budeiri, 앞의 책, p 90.

35 같은 책, p 90.

36 같은 책, p 96.

37 팔레스타인공산당에서 갈라져 나온 사람들은 '시온주의 내부의 진보적 세력들'에 영향을 미치려는 노력에 착수했다. 그렇지만 모든 좌파 시온주의 조직들은 시온주

의 운동과 유기적 연관을 맺고 있었다. [시온주의] 주류와의 연결 고리도 많았는데, 그중에서 가장 중요한 것은 히스타드루트를 통한 것이었다. 1930년대 말에 팔레스타인공산당이 분열한 뒤에 여전히 적극적으로 활동하던 옛 유대인 당원들은 주변에서 이미 오래전에 국제주의가 사라졌다는 사실을 깨닫게 됐다.

38 1939년에 소수의 옛 팔레스타인공산당 당원들이 제4인터내셔널의 원칙에 기초한 조직을 결성했다. 제4인터내셔널은 레온 트로츠키와 그 지지자들이 스탈린주의적 타락에 맞서서 마르크스주의의 원칙들을 보존하기 위해 설립했다. 트로츠키주의자들은 아랍 민족주의 운동과의 연대, 유대인 이주와 토지 매입 중단, 팔레스타인에 아랍 민족의 정부 수립을 주장했다.

39 Budeiri, 앞의 책, p 131.

40 1943년에 팔레스타인공산당은 또 한 번 분열했다. 1948년의 사태 전개를 예시하듯이, 당은 민족적 차이에 따라서 붕괴했다. 유대인 당원들이 만든 새 당은 스스로 '민주적' 국가를 선호한다고 선언했지만, 그 국가가 아랍인의 국가인지 유대인의 국가인지는 밝히지 않은 채 모호하게 남겨 뒀다. 팔레스타인공산당의 아랍인 당원들은 민족해방동맹을 결성했는데, 이 조직은 나중에 요르단공산당의 중핵이 됐다(Budeiri, 앞의 책, pp 153~171).

41 Walid Khalidi, "Plan Dalet, the Zionist Masterplan for the Conquest of Palestine, 1948", in *Middle East Forum*, November 1961.

42 20년 뒤에 시온주의 역사가 아리에 이츠하키는 다음과 같이 썼다. "'독립 전쟁' 초기 몇 달 동안, 하가나와 [하가나의 기동타격대인] 팔마흐 부대가 수십 군데서 펼친 작전은 적의 마을을 급습해 최대한 많은 집을 날려 버리는 방식이었다. 그 과정에서 저항이 있을 때마다 많은 노약자와 여성이 살해됐다."(David Hirst, *The Gun and The Olive Branch*, London, 1978, p 140에서 인용됨) 사이아는 알려지지 않은 몇몇 사건들도 나열하며 다음과 같이 지적했다. "시온주의자들의 선전과는 달리, 데이르 야신 사건은 아랍의 침공에 맞서는 방어 전쟁에서 발생한 설명하기 힘든 우발적 잔학 행위가 아니었다. 그것은 팔레스타인 농민들이 겁에 질려 저항을 포기하도록 만들려는 체계적 노력의 일환이었다."(Sayigh, 앞의 글, p 75)

43 시온주의자들은 팔레스타인에서 아랍인을 '청소'해야 한다는 말을 입에 달고 다녔다. 나중에 노동당이 계속 집권하게 됐는데, 예컨대 그 당원이었던 이갈 알론은 1948년에 다음과 같이 썼다. "우리는 갈릴리 중심지를 청소하고 갈릴리 북부 전 지역을 유대인의 영토로 만들 필요가 있음을 알고 있다."(Yigal Allon, *The Book of the Palmach*, Sayigh, 앞의 책, p 77에서 인용됨)

44 합법적으로 무기를 구할 수 없었다. 주요 무기 공급자는 베두인족이었다. 1936년에 팔레스타인인은 구식 사냥용 무기로 전투를 벌였다(Sayigh, 앞의 책, p 78).

45 팔레스타인인들은 이 부대를 '자이시 알리카드', 즉 '도망병 군대'라고 불렀다 (Sayigh, 앞의 책, p 79).

46 아랍 군대는 이름뿐인 군대였다. 겨우 22대의 탱크와 한 줌밖에 안 되는 항공기를 보유한 그 군대는 결코 시온주의 민병대의 상대가 될 수 없었다. 정착촌을 두고 시온주의자와 협상을 벌이고 싶었던 아랍의 지배자들이 팔레스타인인을 지지한다는 증거를 보여 주는 것이 그 군대의 주요 기능이었다. 사실, 아랍 군대의 팔레스타인 진입을 둘러싼 말잔치는 그들의 무능함을 감추기 위한 것이었고, 시온주의자의 공세에 맞선 아랍의 대규모 대응을 기대했던 팔레스타인인을 헷갈리게 만드는 데 일조했다(Sayigh, 앞의 책, p 81).

47 시온주의 민병대는 130만 명의 아랍 주민 중에서 90만 명을 쫓아냈다. 정착민들은 이제 수십 개의 아랍인 도시와 수백 개의 마을을 확보했고, 아랍인 소유였던 상점, 작업장, 기타 회사들을 1만 개나 빼앗았다. 게다가 그들은 팔레스타인의 값비싼 감귤 과수원을 절반 이상 빼앗았다(Hirst, 앞의 책, pp 142~143).

5장 1948년 이후 이스라엘과 미국

1 M Machover and A Orr, "The Class Character of Israeli Society", in Bober, 앞의 책, p 94.

2 같은 글, p 94.

3 같은 글, p 94.

4 같은 글, p 95.

5 이스라엘 국가 수립 후 5년 동안 거의 70만 명의 유대인이 이주해 왔다. 그중에는 이라크와 예멘의 유대인 거의 전부, 북아프리카와 루마니아, 폴란드 출신도 다수 있었다. 1949년에는 주민 1000명당 266명꼴로 이주민이 들어왔다. 엘리사 에프라트는 다음과 같이 말한다. "이 수치가 매우 인상적인 이유는 이민자가 많았기 때문이기도 하지만, 소수의 기존 주민들이 그토록 많은 이주민을 받아들여 통합시킬 수 있는 능력을 갖고 있다는 것 때문이다."(E Efrat, *Urbanisation in Israel*, London, 1984, p 22)

6 Machover and Orr, 앞의 글, p 96.

7 Thomas A Bryson, *Seeds of Mideast Crisis: The United States' Diplomatic Role in the Middle East During World War Ⅱ*, Jefferson, 1981, p 43.

8 같은 책, p 179.

9 같은 책, p 179.

10 George E Kirk, *A Short History of the Middle East*, New York, 1960, p 231.

11 미국은 특히 이란의 상황을 우려하고 있었다. 이란의 상황이 아라비아반도에서 새로 개발된 유전을 위협했기 때문이다. 이란에서는 후제스탄의 유전 지대를 기반으로 하는 대중운동이 놀라울 만큼 빠르게 성장하고 있었다. 투데당은 엄청난 영향력을 미칠 수 있는 위치에 있었다. 1946년 6월에 이란 주재 영국 대사는 다음과 같이 보고했다. "현재 [아바단의 — 지은이] 정유소나 유전 지대의 안전, 그리고 영국인의 신변 안전은 투데당의 선의와 호의에 달려 있다."(Ervand Abrahanian, *Iran Between Revolutions*, Princeton, 1982, p 362)

12 Bryson, 앞의 책, p 177.

13 같은 책, pp 176~180.

14 Reich, 앞의 책, p 148.

15 Efrat, 앞의 책, p 32.

16 소련의 '반제국주의' 수사에도 불구하고, 체코슬로바키아가 이스라엘에 무기를 판매한 데는 소련이 이스라엘을 계속 지지하겠다는 뜻이 반영돼 있었다(Roger F Pajak, "West European and Soviet Arms Transfer Policies in the Middle East", in Milton Leitenberg and Gabriel Sheffer(editors), *Great Power Intervention in the Middle East*, New York, 1979, p 160을 보라).

17 Kirk, 앞의 책, p 274.

18 앵글로이라니언오일컴퍼니의 공식 역사가 헨리 롱허스트의 말. Kermit Roosevelt, *Countercoup: The Struggle for Control of Iran*, New York, 1970, p 102에서 인용됨.

19 *Ha'aretz*, 30 September 1951. Bober, 앞의 책, pp 16~17에서 인용됨.

20 1952년 이후 몇 년 동안 나세르와 지배 집단은 서방에 의존할 것인지 여부를 결정하지 못했다. 1955년 말까지도 나세르는 국내 개혁을 수행하는 한편, 서방과의 군사 협력 정책에 만족하고 있는 듯했다. 그렇지만 "바로 그때 영국과 미국은 소련의 침공이나 공산주의적 전복의 가능성에 대항하는 군사협정 체결에 … 골몰하고 있었다." 그들은 이집트를 몹시 미심쩍어하면서 이집트에 대한 경제원조를 거부하고 수에즈운하가 걸린 충돌을 준비하고 있었다(Robert Stephens, *Nasser*, London, 1973, p 143).

21 Reich, 앞의 책, p 148.

22 이 조약은 아직도 영국이 아랍 국가들과 남아시아에서 직접 영향력을 행사할 수 있었기 때문에 가능했다. 아랍연맹의 모든 회원국이 여기에 참여하라는 요청을 받았지만, 실제로 참여한 나라는 하나도 없었다.

23 Elizabeth Monroe, *Britain's Moment in the Middle East 1914~71*, London, 1981, p 113에서 인용됨.

24 Moshe Dayan, *Diary of the Sinai Campaign*, London, 1965, p 207.

25 나세르는 이집트와 시리아의 통합이 '범아랍연합'의 중핵이 되기를 바랐다. 두 나라는 아랍연합공화국(UAR)을 결성했지만, 1961년에 다시 분리하기 훨씬 전에 이미 실패작임이 분명해졌다. 나세르는 통일의 조건을 규정하고자 했다. 사실, 1952년 이후 이집트를 지배하고 있던 관료 기구는 그 통제력을 시리아까지 확대하려는 정책을 추구했지만, 시리아는 이를 거부했다. 그럼에도 아랍연합공화국의 결성은 아랍 전역에서 기대를 불러일으켰다. 그것이 제국주의에 대항하는 아랍의 정체성을 확인해 준 것처럼 보였기 때문이다. 아랍연합공화국은 1958년의 레바논 사태를 촉진하는 구실을 했고 이라크의 민족주의 운동을 고무했다. 또한 서방의 경각심을 일깨웠는데, 한동안 나세르가 부상하는 반제국주의 진영의 지도자처럼 보였기 때문이다.

26 이 충돌은 프랑스 제국주의가 만들어 놓은 레바논 정치체제의 모순이 표현된 결과였다. 1940년대에 프랑스가 만들어 놓은 체제에서는 소수의 부유한 마론파 기독교 신자들이 주로 가난한 다수의 무슬림을 통치했다. 1958년에 나세르가 아랍연합공화국이 아랍 민족주의를 지탱하는 중심이 될 것이라고 선언하자, 많은 레바논의 무슬림이 시리아(따라서 이집트)와의 통합을 요구하고 나섰다. 샤문 정부는 미국의 지원에 의존한 반면, 민족주의 운동은 점점 더 단호한 반제국주의 입장을 취했다. 총파업이 일어나 레바논 군대와 전투를 벌였다.

27 Joseph Churba, *The Politics of Defeat: America's Decline in the Middle East*, New York, 1977, p 77.

28 같은 책, p 78.

29 같은 책, p 78.

30 Reich, 앞의 책, p 180.

31 Arnold Rivkin, *Africa and the West*, New York, 1961, p 63.

32 1958~1970년에 이스라엘은 거의 4000명의 노동자를 아프리카, 라틴아메리카, 아시아로 보냈고, 이들 나라 출신의 전문가 1만 4000명을 이스라엘에서 양성했다(Samuel Decalo, "Afro-Israeli Technical Cooperation", in Michael Curtis and Susan Aurelia Gitelson, *Israel in the Third World*, New Jersey, 1976, p 93).

33 이 관계는 바이츠만이 남아프리카공화국의 지도자 얀 크리스티안 스뮈츠 장군에게 지원을 요청한 1948년까지 거슬러 올라간다. 2년 뒤에 이스라엘 총리 모셰 샤렛이 남아공을 방문했다. 이스라엘과 사하라 이남 아프리카 국가들의 관계 때문에 긴장을 빚기도 했으나 두 나라는 다시 가까워졌고 1967년에는 남아공의 군사적 임무 중 하나가 이스라엘에서 "6월 전쟁[6일 전쟁] 당시의 이스라엘 전술과 무기 사용법을 탐구하는 것"이었다.(Richard Stevens and Abdelwahab M Elmes-

siri, *Israel and South Africa*, New York, 1976, pp 62~70)

34 Reich, 앞의 책, p 148.

35 같은 책, p 148.

36 같은 책, p 148.

37 같은 책, p 156.

38 1967년 6일 전쟁 직후에 [이스라엘 외교관] 아바 에번이 유엔에서 한 연설이 그런 사례다. 그는 다음과 같이 선언했다. "중동의 모든 긴장 상황, 모든 공격 충동을 악화시킨 것은 열강들 중 하나[소련]의 정책이다."(Walter Laquer(editor), *The Israel-Arab Reader*, New York, 1976, p 208에서 인용됨)

39 *The Times*, 5 February 1971.

40 *The Times*, 5 February 1971.

41 *The Economist*, 10 June 1967.

42 Robert J Donovan and the staff of the Los Angeles Times, *Six Days in June*, New York, 1967, p 155.

43 같은 책, p 155.

44 Reich, 앞의 책, p 179.

45 라이시에 따르면, "이스라엘은 미국에 귀중한 군사정보를 제공했다. 노획한 소련 장비는 베트남에서 비슷한 무기에 대항해 싸우는 미군의 수단을 보강해 줬다." (Reich, 앞의 책, p 180) 새로운 관계가 곧 형성됐다. 1973년 전쟁 때까지 중동은 초강대국의 무기를 정기적으로 시험해 볼 수 있는 장소라고 여겨졌다. 처바는 다음과 같이 기록한다. "미국의 방위산업체들과 안보 전략가들은 욤 키푸르 전쟁에서 사용된 미국과 소련의 장비와 부품의 성능이나 효용에 관한 정보를 이스라엘에게서 꾸준히 받아 왔다."(Churba, p 116)

46 Yair Evron, "Great Powers' Military Intervention in the Middle East", in Leitenberg and Sheffer, 앞의 책, p 31.

47 Dayan, *The Story of My Life*, p 350.

48 Reich, 앞의 책, p 180.

49 Churba, 앞의 책, p 33.

50 Reich, 앞의 책, p 148.

51 Speaker of the US House of Representatives McCormack. *The Times*, 5 February 1971에서 인용됨.

52 미국 외교관 데이비드 네스에 따르면, "미국이 [이스라엘에] 공급한 항공기, 미사일, 각종 전자 장비는 북대서양조약기구나 동남아시아조약기구의 동맹국에 공급

한 것보다 훨씬 더 정교하고 파괴력이 강한, 질적으로 우수한 것들이었다."(*The Times*, 5 February 1971에서 인용됨)

53 *The Times*, 5 February 1971에서 인용됨.

54 Reich, 앞의 책, p 163.

55 *Business Week*, New York, 26 September 1970.

56 John M Lee, in the *New York Times*, 2 January 1971. Dick Roberts, *US Oil and Mideast Imperialism*, New York, 1971, p 4에서 인용됨.

57 Roberts, 앞의 책, p 6.

58 1970년에 리비아는 자국에서 영업 중인 미국 석유 회사들에 생산 감축을 강요했다. 한편 알제리는 주요 외국 업체들을 국유화했다. 이것은 석유수출국기구 내에서 일치단결한 행동을 통해 유가를 인상하려는 조치의 신호탄이었다.

59 미국 외교정책에서 가장 매파다운 사람으로 분류되는 처바는 이것이 "미국의 국가 안보 이익에 정반대되는 것"이라고 주장했다(Churba, 앞의 책, p 159).

60 Reich, 앞의 책, p 165.

61 같은 책, p 148.

62 같은 책, p 169.

63 그렇지만 이런 발전에도 불구하고 이스라엘이 미국의 무기 공급에서 완전히 독립한 것은 아니었다. 심지어 10년 뒤에도 이스라엘은 "가장 정교한 무기 체계와 현지 생산에 필요한 고급 부품 일부를 미국에 의존하고 있었으며, 이런 조건은 가까운 미래에 바뀔 것 같지 않았다."(Reich, 앞의 책, p 172)

64 *Davar*, 17 December 1982. Noam Chomsky, *The Fateful Triangle: The United States, Israel and the Palestinians*, London, 1983, p 17에서 인용됨[국역: 《숙명의 트라이앵글》, 이후, 2008].

65 *Los Angeles Times*, 18 August 1981. Chomsky, 앞의 책, p 83에서 인용됨.

66 인피타, 즉 '문호 개방' 정책의 목표는 이집트를 다시 서방 자본주의에 통합하는 것이었다. 그 기초는 나세르식 공업과 상업 독점체의 해체, 그리고 이집트의 국내외 사적 자본을 장려하는 것이었다. 사다트는 이집트와 동구권(1950년대 이후 이집트의 주요 무기 거래처이자 중공업 투자의 원천이었다)의 관계도 끊었고, 주로 걸프 지역 정권들로 구성된 친서방 아랍 국가 블록에 가담했다.

67 *Merip Report*, number 71, October 1978, p 23. 이란은 주문한 막대한 양의 무기를 소화하지 못했다. 그러므로 전달된 무기의 가치는 아마 실제로 합의된 수준에 못 미쳤을 것이다.

68 Reich, 앞의 책, p 181.

69 *Defence and Foreign Affairs*, August 1983, p 40.

70 Reich, 앞의 책, p 148.

71 같은 책, p 148.

72 1949~1959년에 세계의 유대인, 주로 미국의 유대인은 이스라엘 외자 수입의 47퍼센트 이상을 제공했다. 1970~1979년에는 미국 정부의 원조가 131억 달러나 돼 약 50억 달러에 불과한 유대인들의 개인 원조가 적어 보이는 효과를 낳았다(*The Jerusalem Post* (International Edition), 17~23 August 1980. R D McLaurin, Don Peretz and Lewis W Snider, *Middle East Foreign Policy*, New York, 1982, p 184)에서 인용됨.

73 *Defence and Foreign Affairs*, August 1983, p 40.

74 US Arms Control and Disarmament Agency (USACDA), *World Military Expenditures and Arms Transfer 1971~1980*, Washington, 1983, Part B.

75 USACDA, 앞의 책, Part B.

76 그들은 침공 전 며칠 동안 이스라엘과 미국이 주고받은 메시지를 검토한 뒤에 미국 국무부 장관 알렉산더 헤이그가 이스라엘 총리 메나헴 베긴에게 마지막으로 보낸 핵심 서신에 관해서 다음과 같은 결론을 내렸다. 그것은 "극히 중요한 문서였다. 전쟁으로 향하는 이 막바지 단계에서조차 미국의 온화하지만 공식적인 훈계와 그런 내용을 전달하는 데 쓰인 관대한 언어가 모두 드러나 있기 때문이다." 헤이그는 "이스라엘 정부가 자국 국민을 보호하기 위해 내릴 수밖에 없는 결정에 관해 왈가왈부할 수 있는 권리는 아무에게도 없다"고 말하면서 베긴을 안심시켰다(Ze'ev Schiff and Ehud Ya'ari, *Israel's Lebanon War*, London, 1985, p 75).

77 미국은 시리아가 중동에서 소련 정권의 대리인 구실을 하고 있으며, 가장 중요한 아랍 동맹국인 이집트를 아랍 외교의 주류에 재통합시키는 것을 방해하는 장애물이라고 여기고 있었다. 이집트는 1979년에 이스라엘과 평화협정을 체결했다는 이유로 아랍연맹에서 축출됐었다. 미국은 (중동의 불안정 요인이라고 여긴) 팔레스타인의 영향력을 축소시키는 거의 모든 조치를 지지할 준비도 돼 있었다(Schiff and Ya'ari, 앞의 책, chapter 4를 보라).

78 *Middle East Reporter*, 23 August 1985. Tabitha Petran, *The Struggle Over Lebanon*, New York, 1987, p 347에서 인용됨.

79 워싱턴의 '친아랍파'는 1940년대 이후 나타났다. 당시 그들은 이스라엘 국가 수립을 지지하는 미국에 경고를 보냈다. 그 뒤 30년 넘게 그들의 목소리는 이스라엘을 지지하는 소음에 묻혀 거의 들리지 않았다. 그렇지만 이란의 샤가 몰락하고 난 뒤에, 그리고 걸프의 석유 호황이 절정에 달했을 때인 1980년대 초에는, 중동에서 미국의 진정한 초점은 걸프의 아랍 국가여야 한다고 주장하는 사람들이 조금씩

기반을 잡았다. 중동전쟁이 끝나 갈 무렵 그들은 더 큰 영향력을 획득했다. 1980년대 말에 활동했던 '이스라엘 지향' 로비와 '아랍 지향' 로비에 관한 설명은 Eric Hoogland, "Factions behind US Policy in the Gulf", in *Middle East Report*, number 151, March-April 1988, pp 29~31을 보라.

80 *Merip Report* number 116, September 1983, p 29.

81 *Defence and Foreign Affairs*, August 1983, p 40.

82 *Christian Science Monitor*, 3 February 1984.

83 *The Jerusalem Post*, 23 January 1988.

84 미국은 정치적 필요에 따라 원조를 제공하기도 하고 끊기도 했다. 예컨대 1989년 3월에는 이집트 정부가 국제통화기금이 주창한 경제정책을 실행하도록 강요하기 위해 이집트의 사활이 걸린 차관 2억 3000만 달러를 철회했다(*Mideast Mirror*, 29 March 1989를 보라).

85 Reich, 앞의 책, p 178.

86 Churba, 앞의 책, p 29.

6장 팔레스타인인 디아스포라

1 J Abu-Lughod, "The Demographic Transformation of Palestine", in I Lughod, *The Transformation of Palestine*, Evanston, 1971, p 155.

2 통계는 유엔팔레스타인난민구호사업기구에서 취합한 것(from E Hagopian and A B Zahlan, "Palestine's Arab Population: The Demography of the Palestinians", *in Journal of Palestine Studies* number 12, pp 51~54).

3 Hagopian and Zahlan, 앞의 글 p 54.

4 공식적이고 외교적인 차원에서는 팔레스타인 '문제'가 전쟁 피해자의 사회 복귀 문제로 치부됐다. 유엔팔레스타인난민구호사업기구가 받은 지시는 '난민'(모든 것을 빼앗긴 수십만 명)을 주의 깊게 보살펴야 한다는 것이었다.

5 Pamela Ann Smith, *Palestine and the Palestinians*, London, 1984, pp 87~100.

6 Smith, 앞의 책, p 223.

7 Smith, 앞의 책, p 120.

8 Smith, 앞의 책, pp 172~173.

9 Hagopian and Zahlan, 앞의 글, p 54.

10 Avi Plascov, *The Palestinian Refugees in Jordan 1948~1957*, London, 1981, p 2.

11 레바논의 "팔레스타인인은 '외국인'도 아니고 '내국인'도 아닌 불확정 범주로 분류됐고, 군 입대나 공직 진출에서 배제됐다."(Sayigh, 앞의 책, pp 111~112)

12 Sayigh, 앞의 책, pp 131~133, and Plascov, 앞의 책, pp 50~59.

13 Smith, 앞의 책, pp 115~116.

14 Smith, 앞의 책, pp 172~173. 사우디 유전의 팔레스타인 노동자들이 직면한 문제들을 환기시키는 설명은 Fawaz Turki, *The Disinherited*, New York, 1971, pp 85~92를 보라.

15 Fred Halliday, *Arabia Without Sultans*, London, 1974, pp 66~67.

16 Smith, 앞의 책, p 173~174.

17 Eric Rouleau, "The Palestinian Diaspora in the Gulf", in *Merip Report* number 132, May 1985, p 14.

18 Rouleau, 앞의 글, p 14.

19 1985년까지도 아랍에미리트의 법관 대다수는 팔레스타인인이었다. 그들은 언론인(인쇄 매체나 전자 매체에서 활동했다), 의사, 엔지니어, 건축가, 석유 회사와 사기업의 최고 경영진을 수없이 배출했다(Rouleau, 앞의 글, p 14).

20 David Lynn Price, *Oil and Middle East Security,* Beverly Hills, 1976, p 35.

21 Pamela Ann Smith, "The Palestinian Diaspora 1948~1985", in *Journal of Palestine Studies* number 57, Washington, p 95.

22 Smith, 앞의 책, pp 129~137.

23 역시 파타의 창립자인 칼리드 알하산에 따르면, 아라파트의 아버지는 후세이니 가문의 "가난한 층" 출신이었다. 그의 어머니는 예루살렘에서 가장 부유한 가문 중 하나였던 아부 사우드 가문 출신이었다(Alan Hart, *Arafat: Terrorist or Peacemaker?*, London, 1984, p 68[국역: 《아라파트》, 동양문화사, 1992]).

24 Alain Gresh, *The PLO: The Struggle Within*, London, 1988, p 25.

25 하트에 따르면, 살라 칼라프는 무슬림형제단의 "열광적인 멤버"였다(Hart, 앞의 책, p 86을 보라). 칼라프 자신은 결코 멤버는 아니었다고 주장했지만, 스스로 무슬림형제단에 "모종의 공감"을 느낀다고 말했다(Abu Iyad, *My Home, My Land*, New York, 1981, p 20). 칼릴 알와지르도 무슬림형제단과 연계가 있었다(Hart, 앞의 책, p 101을 보라).

26 아라파트는 "팔레스타인인이 아랍 정권들의 취약성과 부패 때문에 배신당했다"는 결론을 내렸다고 한다(Hart, 앞의 책, p 87).

27 Iyad, 앞의 책, p 38.

28 Hart, 앞의 책, p 127.

29 Iyad, 앞의 책, p 38.

30 Iyad, 앞의 책, p 39.

31 Hart, 앞의 책, p 127.

32 Price, 앞의 책, p 71.

33 Hallas, 앞의 책, p 125.

34 스탈린주의 이론은 새로운 것이 아니었다. 19세기에서 20세기로 전환하던 시기에 그것은 유럽의 모든 마르크스주의 경향의 관점이었다. 혁명적 변화에 '단계'가 필요하다는 개념을 거부한 레온 트로츠키의 연속혁명 이론은 1905년에 러시아에서 일어난 사건들로 입증됐고 1917년의 격변으로 다시 한 번 입증됐다. 그래서 '식민지'의 변혁에 대한 코민테른의 입장은 트로츠키의 관점에 기초한 것이었다. '단계'와 연속혁명에 관한 논쟁은 Hallas, 앞의 책, pp 7~28을 보라.

35 G G Kosach, "Formation of Communist Movements in Egypt, Syria and Lebanon in the 1920s and 1930s", in R Ulyanovsky(editor), *The Revolutionary Process in the East*, Moscow 1985, p 222에서 인용됨.

36 *Theses, Resolutions and Manifestos*, p 80.

37 중국공산당이 대중적 파업 운동에서 주도적 위치를 차지하고 있었음에도, 코민테른은 중국공산당에 '민주주의 요구'만을 할 것과 국민당의 부르주아 민족주의자들과 함께하는 '계급 블록'에 들어갈 것을 지시했다. 기회가 찾아오자마자 국민당은 파업의 중심지인 상하이에서 공산당 활동가와 노동자 투사 수천 명을 학살했다(Hallas, 앞의 책, pp 20~26과 Nigel Harris, *The Mandate of Heaven: Marx and Mao in Modern China*, London, 1978, pp 3~15를 보라).

38 Bagdash, *The Communist Party in the Struggle for Independence and National Sovereignty*, Beirut, 1944. Tony Cliff, *The Struggle in the Middle East*, London, 1967에서 인용됨.

39 1947년에 이집트에는 35만 명 이상의 공업 노동자들이 있었는데, 대부분 583개의 대공장에 고용돼 있었다(Joel Beinin and Lachary Lockman, *Workers on the Nile*, New Jersey, 1987, p 265를 보라). 노동계급 투쟁에 관한 기록은 제1차세계대전 전으로 거슬러 올라간다. 1924년에 영국이 양보하게 만든 대중적 반식민지 운동에서도 노동자들은 중요한 요소였다(Beinin and Lockman, 앞의 책, pp 48~121을 보라).

40 1930년대에 재등장한 공산주의 경향의 창립자 중 한 명인 앙리 쿠리엘이 한 말(Giles Perrault, *A Man Apart: The Life of Henri Curiel*, London, 1987, p 110을 보라).

41 1950년대 초에 공산당은 세 조직으로 분열했다. 자유장교단의 쿠데타가 일어났을 때, 그중 둘 — 노동자전위와 라야(깃발) — 은 장교들이 '파시스트 군사독재'를 수립한 것이라는 모스크바의 노선을 지지했다. 셋째 조직인 민족해방민주운

동(DMNL)은 '민족 민주 혁명'의 일부라면서 민족주의자들을 지지했다. 그 조직들 사이에서 정권의 성격을 둘러싼 논쟁은 계속됐고, 그것에서 발전한 분열과 혼란은 1950년대 내내 계속됐다(Joel Beinin, "The Communist Movement and National Political Discourse in Nasirist Egypt", in *Middle East Journal* volume 41, number 4, Washington, p 574).

42 Beinin, 앞의 글, p 577.

43 공산당은 사실상 1959년에 활동을 중단했다. 1964년에 이집트 정부는 협상을 제안했다. 공산당(1955년에 통합된 조직)을 해체하고 당원들이 유일 합법 정당인 나세르의 아랍사회주의연합에 가입하면 감옥에 있는 공산주의자들을 석방해 주겠다는 것이었다. 거래가 성사돼 당은 해체됐다. 그 뒤 10년 동안 투사들의 비공식·비밀 네트워크가 간헐적 활동을 계속했지만, '좌파'는 거의 사라져 버렸다.

44 기회는 오지 않았다. 오히려 공산당은 자기 주장을 굽히고 군대 내 민족주의자 중의 '진보적' 부류가 쿠데타를 수행하도록 허용했다. 대다수 당원들은 그런 선제 공격이 소련의 개입에서 비롯한 것이라고 생각했다. 1967년에 당은 격렬한 자기비판을 내놨다. "우리는 [1959년에 — 지은이] 역사적 기회를 놓쳤고 한 번뿐인 혁명적 상황을 허비해 민중에게 손해를 끼쳤다. … 우리 당은 상황의 주인이 됐고 … 내전과 외세 개입의 가능성을 무릅쓰고라도 나아가 권력을 장악했어야 했다. … 우리가 상황을 주도하면서 지체 없이 민중을 무장시키고, 급진적 농업 개혁을 수행하고, 대중의 이익을 확보하고, 쿠르드족에게 자치를 허용하고, 혁명적 방식으로 군대를 민주적으로 변모시켰다면, 우리의 정권은 놀라울 만큼 빠르게 광범한 지지를 얻었을 것이고 거대한 대중의 주도력을 해방시켰을 것이다. 그렇게 됐다면 수백만 명이 스스로 역사를 만들어 나갈 수 있었을 것이다."("An Attempt to Appraise the Policy of the Communist Party of Iraq in the Period July 1958~April 1956"라는 제하의 당 내부 회보. Hana Batatu, *The Old Social Classes and the Revolutionary Movements of Iraq*, Princeton, 1978, p 904에서 인용됨)

45 1963년 2월 8일에 바그다드 라디오에서 공산주의자들을 학살하기 위한 명령 13호를 방송했다. 그것은 다음과 같은 결론을 내렸다. "충성스런 국민의 아들들은 이 범죄자들에 대한 정보를 제공해 당국에 협력하고 이들을 절멸시켜야 한다." 공산당과 노동자 조직들이 저항했음에도 3000~5000명의 당원들이 학살됐다(U Zaher, "Political developments in Iraq", in *Saddam's Iraq*, London, 1986, p 32).

46 1940년대 말의 모스크바 '평화 전략'에 따라서 레바논공산당은 '평화 강령'의 동조자들을 획득하려는 노력에 착수했다. 좌파, 자유주의자, 피에르 제마엘을 포함한 극우파 정치인이 그 대상이었다. 제마엘이 유럽의 파시스트 조직을 모방해 창설한 레바논 팔랑헤당은 마론파의 우월성을 강조하는 인종차별 이론에 찌든 준

군사조직이었다(Walter Laquer, *Communism and Nationalism in the Middle East*, London, 1956, p 164를 보라).

47 Marshall, 앞의 책, pp 24~26을 보라.

48 팔레스타인은 중동 전역의 반제국주의자들에게 시금석이었다. 그러므로 1948년에 소련이 이스라엘 국가를 승인했을 때 대부분의 공산주의자들은 소스라치게 놀랐다. 그렇지만 이라크공산당은 노예처럼 소련의 노선을 추종했다. 이집트에서 공산주의적 경향을 띤 최대 조직 중 하나였던 민족해방민주운동도 시온주의 국가를 지지했다. 민족해방민주운동은 팔레스타인의 시온주의 존재를 결코 거부하지 않았으며 2민족 1국가를 주장했다(Benin and Lockman, 앞의 책, p 352 and Perrault, 앞의 책, pp 147~149를 보라).

49 J F Devlin, *The Baath Party: A History from its Origins to 1966*, Stanford, 1976, p 28.

50 같은 책, p 33.

51 J Nottingham, "A Study of the Ideology of Palestinian Nationalism", unpublished thesis, University of Durham, 1969, p 30.

52 *DFLP Bulletin*, number 33, Beirut, 1979, p 5.

53 Hart, 앞의 책, p 152.

7장 파타와 좌파

1 UNRWA report. *What Is the PLO?*, Beirut, 1972, p 91에서 인용됨.

2 파타는 팔레스타인해방기구에 조직원을 빼앗길지도 모른다고 생각하고 잠시 동안 그 지도부와 화해를 시도했다(Hart, 앞의 책, p 167을 보라).

3 이 습격은 사우라, 즉 '혁명'의 첫 번째 행동이었다. 1965년 이래로 이 용어는 팔레스타인인들이 무장투쟁, 동원, 팔레스타인 민중의 '각성', 가장 흔하게는 저항운동 그 자체를 가리킬 때 사용했다.

4 Iyad, 앞의 책, p 20.

5 Hart, 앞의 책, p 153.

6 Hart, 앞의 책, p 153.

7 Nottingham, 앞의 글, p 50.

8 Gresh, 앞의 책, p 15.

9 Hart, 앞의 책, p 123.

10 나중에 살라 칼라프는 파타가 이스라엘을 이길 수 있을 것이라는 "환상을 전혀 품지 않았다"고 주장했다. "그러나 우리는 무장투쟁이 세계 여론에 팔레스타인 문

제를 인식시키는 유일한 방법이라고 믿었다. 그리고 특히 우리가 만들어 내려고 애쓰는 민중운동 쪽으로 대중을 불러 모으는 유일한 방법이라고 생각했다."(Iyad, 앞의 책, p 35)

11 Hart, 앞의 책, p 157.

12 Iyad, 앞의 책, pp 68~69.

13 Iyad 앞의 책, p 55.

14 1967년 파타의 제1차 총회에 참석한 사람들의 견해에 대한 하트의 평가(Hart, 앞의 책, p 236을 보라).

15 Walid Kazziha, "Revolutionary Transformation in the Arab World: Habash and His Comrades From Nationalism to Marxism", London, 1975, pp 65~86을 보라.

16 1960년대 초 이래로 아랍민족주의운동 내부에 변화가 일어났다. 그때 일부 조직원들이 이집트와 시리아의 통일 실패를 분석하면서 좌파의 시각에서 나세르를 비판하기 시작했다. 처음에 하바시는 이 그룹을 '유치한 초좌파주의'라고 부르면서 비판했다(John K Cooley, *Green March, Black September*, London, 1973, p 143을 보라). 1967년에 결성된 해방인민전선은 부분적으로 이 하바시 그룹을 마르크스주의 쪽으로 끌어당긴 데 힘입은 결과였다. 사실 그것은 나이프 하와트마가 이끄는 조직원들의 더 급진적인 경향에 보조를 맞추기 위해 말로만 왼쪽으로 이동한 것이었다(Kazziha, 앞의 글, p 87을 보라).

17 이런 전망은 하바시와의 인터뷰에 기초한 것이다. "Why the PFLP?" in *PFLP Bulletin*, Beirut, number 33, pp 3~6.

18 민주전선은 1969년에 하바시 그룹과 하와트마 그룹의 격렬한 분쟁 뒤에 해방인민전선에서 분열해 나왔다. 하와트마 그룹은 '프롤레타리아 이데올로기'의 채택을 주장했다. 사실, 두 그룹은 동일한 급진적 민족주의의 많은 부분을 공유했다(Kazziha, 앞의 글, pp 87~91을 보라).

19 Nottingham, 앞의 글, p 151.

20 파타는 "퇴각하거나 도망가지 않는 사람들이 파타 내부에 있다는 사실을 아랍 민족에게 확신시킬 것"이라고 선언했다. "탱크 밑에서 죽자. 우리는 중동 역사의 방향을 바꿀 것이고, 아무도 우리를 비난하지 못할 것이다."(파타 지도자 하니 알하산. Hirst, 앞의 글, p 284에서 인용됨) 그 전투에서 팔레스타인인 사상자가 많았지만, 게릴라들이 이스라엘군과의 백병전에서 강력하게 저항했다는 사실은 엄청난 상징적 중요성이 있었다. 특히 팔레스타인인을 엄호하기 위해 이스라엘에 대포를 쏴 달라는 요청을 국왕 후세인이 거절했을 때 그랬다는 점에서 더 중요하다(Cooley, 앞의 책, pp 100~102를 보라).

21 Cooley, 앞의 책, p 101.

22 그 뒤 몇 주 동안 2만 명의 이집트인들이 페다인에 자원했다. 이라크인들도 1주일 만에 1500명이 자원했다(Hirst, 앞의 글, p 285).

23 팔레스타인해방군은 슈카이리 시절 팔레스타인해방기구가 창건했다. 팔레스타인해방군은 아랍 각국에서 '팔레스타인인' 군대를 모집해 각국 정부의 통제를 받도록 하려는 것이었다. 제대로 창설된 부대는 거의 없었지만, 일부 부대는 파타가 팔레스타인해방기구를 장악할 때 도움을 줬다. 팔레스타인해방군의 다른 부대들은 1970년대까지도 계속 팔레스타인해방기구에 반대하는 데 이용됐다.

24 Cooley, 앞의 책, p 112.

25 Hart, 앞의 책, p 304.

26 Iyad, 앞의 책, p 74.

27 Iyad, 앞의 책, p 81.

28 El Rayyes and Nahas, *Guerrillas for Palestine*, Beirut, 1974, p 39.

29 요르단 수도 암만의 주민 다수, 그리고 요르단 북부 인구의 다수가 팔레스타인 출신이었으며, 팔레스타인해방기구는 이런 지역에 기반을 두고 있었다. 그러나 팔레스타인 운동의 자신감이 성장한 데 자극받은 정치적 일반화 덕분에 일부 요르단 '본토인'도 급진화한 듯하다. 특히 동안의 토착민들이 그랬다. 이것은 후세인이 팔레스타인해방기구를 공격하기로 결심을 굳히게 된 한 가지 요인이었는지도 모른다.

30 해방인민전선이 9월 12일에 도슨 공항의 활주로에서 스위스항공, 트랜스월드항공, 영국해외항공 비행기를 폭파하자, 팔레스타인인의 전술에 대한 국제적 비난이 빗발쳤다(Cooley, 앞의 책, p 113, and William B Quandt, "Political and Military Dimensions of Contemporary Palestinian Nationalism", in Quandt, Jabber and Lesch, 앞의 책, pp 125~126을 보라).

31 Cooley, 앞의 책, p 114.

32 이스라엘과 미국은 팔레스타인해방기구에 맞서 후세인을 후원할 것이라는 점, 그리고 시리아가 팔레스타인인을 지원한다면 개입할 것이라는 점을 분명히 밝혔다. 그래서 시리아는 물러났고 팔레스타인인만 요르단과 싸우게 됐다.

33 Cooley, 앞의 책, p 117.

34 Iyad, 앞의 책, p 76.

35 같은 책, p 76.

36 같은 책, p 76.

37 살라 칼라프는 팔레스타인 운동이 파타의 전략에서 벗어났다고 결론지었다. 운동이 저지른 잘못은 "거듭된 판단 착오, … 어리석은 실수와 과도한 행동, … 도발 등

이다. 사태의 성격상, 대결은 불가피했다."(Iyad, p 74를 보라)

8장 영토 없는 국가

1 Smith, *Palestine and the Palestinians*, pp 141~142.

2 인트라은행의 지분 대부분을 쿠웨이트, 바레인, 레바논 정부가 매입하자, 그 은행의 옛 직원들과 팔레스타인 고객들은 다시 한 번 쓰라린 감정을 느꼈다. 그들 대다수는 팔레스타인해방기구에 투자하는 것이 자기들의 자본을 안전하게 지키는 최상의 방안이라고 결론지었다.

3 Hart, 앞의 책, pp 288~296.

4 같은 책, p 288.

5 Petran, 앞의 책, p 92. 맬컴 커가 내린 결론은 다음과 같다. 대부분의 걸프 국가들은 팔레스타인해방기구에 대한 자금 지원은 어려운 일이 아니라고 생각했다는 것이다. "사이카나 해방인민전선의 무신론자들이 아니라 알라를 두려워하는 파타의 게릴라들을 위해서라면 자국의 돈을 대주는 것도 손해는 아니었다. 그런 게릴라들은 요르단 왕정이 아니라 이스라엘에게 총구를 들이댔으며, 그들의 투쟁이 계속되더라도 아랍 사회를 불안정하게 만들지는 않았기 때문이다."(Malcolm H Kerr, *The Arab Cold War: Gamal Abd al-Nasir and His Rivals 1958~1970*, New York, 1971, p 139)

6 사이카는 시리아 바트당에서 활동하던 팔레스타인인 당원들 중심으로 1967년에 창설한 민중해방전쟁선봉대의 군사 조직이었다.

7 아랍해방전선은 이라크 바트당과 경쟁하던 시리아 바트당의 사이카 결성에 자극받아 1969년에 창설됐다. 팔레스타인인 활동가들이 많았던 사이카와 달리 아랍해방선선은 주로 이라크, 레바논, 요르단 출신 용병들로 이뤄져 있었다. 팔레스타인 난민촌에는 아랍해방전선 지지 세력이 전혀 없었다(El Rayyes and Nahas, 앞의 책, pp 55~58을 보라).

8 페트란은 다음과 같이 지적했다. "1967년 이후에 팔레스타인 저항운동이 자국 국민에게 미치는 영향력이 점점 더 커지자 아랍 정권들은 자국 내에 독자적 '팔레스타인 저항' 조직들을 만들었다. 그렇지만 그런 조직들은 팔레스타인의 대의와는 거의 무관했다. 그것을 만든 목적은 아랍권 내부에 갈등이 빚어졌을 때 자국 정부를 지지하게 만들고 진정한 저항이 자국 내에서 미치는 영향력을 억제하거나 제한하려는 것이었다."(Petran, 앞의 책, pp 92~93)

9 1973년 10월 전쟁 때 석유수출국기구는 유가를 배럴당 3.01달러에서 5.12달러로 70퍼센트 인상했다. 1973년 12월에는 또다시 128퍼센트 인상해 배럴당 11.65달러

로 만들었다. 게다가 전쟁 기간에 아랍 국가들은 미국과 네덜란드에 대한 석유 수출을 금지했다.

10 1967년에 파타는 팔레스타인의 일부만 '해방시킨다'는 생각을 거부했다. 1973년 11월에 발표된 파타의 성명서에도 그 전략적 목표가 "팔레스타인 전체의 해방과 민주 국가의 건설"이라고 나와 있다(Gresh, 앞의 책, pp 141~142를 보라).

11 1974년 1월에 파타는 점령지에 '민족 자치 정부'를 수립하겠다고 공개적으로 주장했다(Gresh, 앞의 책, pp 143을 보라).

12 사실, 민주전선의 나이프 하와트마는 '민족 자치 정부'를 공개적으로 주장한 최초의 인물이었다. 1973년 12월에 그는 "이스라엘 군대가 철수한 모든 지역에서 우리 민족의 독자적 존재를 확인하기 위한 … 투쟁"을 호소했다(Gresh, 앞의 책, p 139). 그것은 쉽게 말해서, 서안과 가자에 소국가를 건설한다는 생각을 팔레스타인해방기구가 받아들여야 한다는 뜻이었다. 그러나 민주전선은 그 문제를 운동 전체에 제기할 수는 없었다. 그래서 파타의 동의가 필수적이었다. 하와트마의 연설이 있은 지 몇 주 뒤에 파타는 그 문제를 제기해 팔레스타인해방기구 내에서 소국가 방안이 '합법적' 지위를 얻게 만들었다.

13 Hart, 앞의 책, p 379.

14 같은 책, p 379.

15 Iyad, 앞의 책, p 142.

16 1974년 2월에 팔레스타인해방기구 중앙위원회는 "시온주의자들한테서 뺏을 수 있는 모든 지역에 민족 자치 정부를 수립할 수 있는" 팔레스타인인들의 권리를 아랍과 국제사회가 승인해야 한다고 요구했다(Hart, 앞의 책, p 378을 보라). 1977년에야 아라파트는 팔레스타인민족회의의 공식적 위임을 받아 소국가 협상에 나설 수 있었다.

17 모로코의 라바트에서 열린 아랍 정상회담에서 1974년 10월 28일에 발표한 결의문. 다음 사항이 추가돼 있다. "이런 자치 정부가 수립된다면 아랍 국가들은 온 힘을 다해 이를 지지하겠다고 맹세한다."(T G Fraser, *The Middle East 1914-1979*, London, 1980, p 136을 보라)

18 Hart, 앞의 책, p 333.

19 아라파트는 다음과 같은 말로 연설을 끝맺었다. "저는 오늘 올리브 나뭇가지와 자유 투사의 총을 들고 왔습니다. 제 손에서 올리브 나뭇가지가 떨어지지 않게 해 주십시오. 다시 한 번 말씀드리지만, 제 손에서 올리브 나뭇가지가 떨어지지 않게 해 주십시오."(Fraser, 앞의 책, p 139)

20 Iyad, 앞의 책, p 147.

21 Sameer Y Ibrahim, "The Development and Transformation of the Palestine

National Movement", in Aruri, 앞의 책, p 409.

22 1973년 10월 전쟁 당시 미국과 네덜란드에 대한 석유 수출 금지 조치는 아랍 국가들이 공조 체제를 구축해 서방 경제에 엄청난 영향력을 미칠 수 있는 가능성을 보여 줬다. 그렇지만 그런 조치는 오래가지 않았고 반복되지도 않았다.

23 Petran, 앞의 책, pp 126~133을 보라. 레바논공산당의 어떤 당원은 나중에 다음과 같이 회고했다. "정부와 고용주들은 허둥거리고 있었다. 우리 좌파는 결정적 행동을 할 수 있는 조직력이 있는 유일한 세력이었다. 그렇지만 당은 그렇게 하려 하지 않았다. 당은 비의회적 행동이 '불법'으로 비칠까 봐 두려워했다. 그래서 우리는 아무것도 하지 않았고 기회는 지나가 버렸다. 그렇지만 당시는 '우리의 시절'이었다."(1986년 4월 카이로에서 레바논공산당 당원들과의 대화)

24 쿨리의 계산에 따르면, 레바논에는 내전 전에 적게 잡아도 약 20만 명의 팔레스타인인이 있었다. 이는 레바논 전체 인구의 7~8퍼센트였다. 레바논 인구에 관한 모든 수치는 신뢰성이 크게 떨어진다. 실제로는 팔레스타인인이 35만 명에 가까웠을 것이다(John K Cooley, "The Palestinians", in P Edward Haley and Lewis W Snider, *Lebanon in Crisis*, Syracuse, 1979, pp 21~54를 보라).

25 쿨리에 따르면, "이 기간에 아라파트와 팔레스타인해방기구는 카이로 협정(팔레스타인해방기구에 레바논의 팔레스타인 난민촌에 대한 관할권을 부여했으며, 1969년에 체결됐다)에 따라 레바논의 주권을 존중할 것이며 레바논 국내 문제에 개입하거나 어느 한쪽 편을 들지도 않을 것이라는 말만 되풀이했다."(Cooley, 앞의 글, p 35)

26 1976년 5월에 시리아군은 팔레스타인해방기구에 대한 전면 공격을 감행했는데, 이는 요르단 왕 후세인의 검은 9월 이래로 가장 무자비한 공격이었고 이스라엘군의 어떤 공격보다도 훨씬 더 큰 피해를 입혔다. 이스라엘 총리 이츠하크 라빈은 다음과 같은 논평을 냈다. "시리아는 지금 파타와 전쟁을 치르고 있다. 시리아군이 지난주에 레바논에서 살해한 파타 대원의 수는 이스라엘군이 2년 동안 살해한 수보다 더 많다."(Cooley, 앞의 글, p 41에서 인용됨)

27 팔레스타인 게릴라군이 약화될수록, 소집단들 내에서 아랍 정권들의 영향력은 강력해졌고 '용병'의 수도 더 늘어났다.

28 팔레스타인인 활동가들은 팔레스타인해방기구가 '레바논 병', 특히 자임에 대한 충성 증후군에 감염됐다고 생각했다(자임은 세습되는 부족 지도자들로서 레바논의 정치를 지배하고 있었다). 활동가들은 팔레스타인해방기구 지도자들을 레바논의 팔랑헤당 총수 피에르 제마엘이나 드루즈파 지도자 카말 줌블라트 같은 인사들과 비교했다(1981년에 베이루트에서 게릴라 활동가들과 나눈 대화).

29 팔레스타인해방기구 본부에는 베이루트의 안락한 생활로 인해 타락한 관료가 넘

쳐나고 있는 것처럼 보였다(1981년에 레바논의 시돈과 티레에서 해방인민전선과 민주전선의 조직원들과 나눈 대화).

30 미국 정부의 수치에 따르면, 8300명이나 되는 팔레스타인해방기구 투사들과 3600명의 팔레스타인해방군 및 시리아 군인들이 레바논을 떠났다(Petran, 앞의 책, p 282를 보라).

31 레바논인과 팔레스타인인 모두 학살의 피해자였다. 이스라엘 점령군은 그 학살을 암묵적으로 조장했다(Petran, 앞의 책, p 288과 Schiff and Ya'ari, 앞의 책, pp 250~285를 보라).

32 게릴라들은 주로 알제리, 튀니지, 남예멘, 수단으로 갔다. 그들은 모두 현지 주민으로부터 고립됐고, 무장 군인들의 통제를 받는 경우도 있었다. 예컨대, 튀니지에서 팔레스타인해방기구는 새로운 본부를 건설해도 좋다는 허가를 받았다. 그 본부는 명목상으로는 수도인 튀니스에 있었다. 그러나 실제로 팔레스타인해방기구의 사무실은 수도에서 35킬로미터 떨어진 외진 바닷가에 있었다.

33 아말은 레바논에서 시아파 대중의 이해관계를 대변하는 최초의 조직이었던 피박탈자운동에서 출현했다. 1970년대 말에 아말은 파타의 영향력 아래 있었지만, 레바논의 자료에 따르면 1980년대 초에는 아말 내에 파타를 지지하는 세력뿐 아니라 시리아, 레바논의 '제2국', 이란, 이스라엘에 충성하는 분파들이 있었다고 한다. 이것은 서로 경쟁하는 세력들이 레바논의 신생 조직을 조종하기 위해 얼마나 빨리 침투했는지를 보여 준다. 이런 정보는 대부분 1982년에 시아파를 포함한 남부 레바논의 활동가들과 나눈 대화를 통해 얻은 것들이다. 아말의 발전 과정은 Petran, 앞의 책, pp 263~267을 보라.

34 Petran, 앞의 책, p 362.

35 샤틸라 난민촌에서는 200명의 팔레스타인 청년들이 수천 명의 민병대를 물리쳤다(Petran, 앞의 책, p 363을 보라).

36 1986년에는 시돈 근처 아인알힐웨의 팔레스타인 난민촌만이 팔레스타인해방기구 주류파의 대중적 기반으로 남아 있었고(이 난민촌 주민은 약 5만 명이었다), 이들은 남부의 이스라엘군과 북동부의 시리아군으로부터 압박을 받고 있었다.

9장 점령지

1 시온주의 운동은 그 초기부터 팔레스타인을 에레츠 이스라엘, 즉 이스라엘 땅이라고 말해 왔다. 이 히브리어는 광대한 레반트 지역을 포괄했던 고대 전설 속의 유대 왕국을 가리키는 말이다. 시온주의자들은 전 세계의 유대인을 대신해서 자기들이 그 지역을 '개척'할 수 있는 자격을 부여받았다고 주장했다. 그 지역의 범위

는 시온주의 경향의 열망과 관심에 따라 변해 왔다. 1977년에 예루살렘에서 발간된 《카르타의 이스라엘 역사 지도》(Carta's Historical Atlas of Israel)를 보면 에레츠 이스라엘에 관한 반쯤은 공식적인 현대적 견해를 찾아볼 수 있다. 그 책에는 기원전 14~13세기에 유대 왕국이 다스렸던 지역을 표시한 일련의 지도가 나온다. 거기에는 레바논, 시리아의 대부분, 오늘날의 요르단, 팔레스타인 전역이 포함된다 (pp 8~10을 보라).

2 두 지역의 정착촌들은 요르단 계곡 최상의 경작지에 전략적 기반을 확보하기 위한 것이었다. 그 덕분에 수자원을 이용할 수 있게 됐고 요르단강 동안과 서안이라는 주요 거주 지역 사이에 장벽을 설치할 수 있게 됐다. 그 두 지역은 '안전 통로', 즉 알론로드에 의해 서로 연결됐다.

3 Ibrahim Matar, "Israeli Settlements and Palestinian Rights", in Aruri, 앞의 책, p 121. 대부분의 토지는 팔레스타인인 소유주한테서 빼앗은 것이었다. 1982년에 〈하아레츠〉의 기자는 이스라엘 농무부 차관에게 서안의 토지를 어떻게 획득했느냐고 질문했다. 차관은 웃으면서 대답했다. "다양한 방법이 있지요. 그 이상은 말씀드릴 수 없습니다."(*Merip Report* number 116, p 8에서 인용됨)

4 Matar, 앞의 글, p 120.

5 Peter Demant, "Israeli Settlement Policy Today", in *Merip Report* number 116, p 9.

6 Sarah Graham-Brown, "The Economic Consequences of the Occupation", in Aruri, 앞의 책, p 172.

7 *Middle East Report* number 152, p 26.

8 Matar, 앞의 글, p 120에서 인용됨.

9 같은 글, p 124에서 인용됨.

10 Joe Stork, "Water and Israel's Occupation Strategy", in *Merip Report* number 116, p 19.

11 같은 글, p 21.

12 같은 글, p 22.

13 농업의 45퍼센트를 용수로에 의존하고 있었던 가자가 받은 충격은 극히 심각했다. 만약 물 소비가 감소하지 않는다면, 대수층(帶水層)의 지하수가 소금물로 변할 수도 있다(Graham-Brown, 앞의 글, p 178).

14 관개 방식의 개선으로 일부 지역에서는 농업 생산성이 증가했다. 그렇지만 이스라엘의 수자원 정책 때문에 그런 발전은 대개 중단됐다(Graham-Brown, 앞의 글, p 177).

15 Sarah Graham-Brown, "Report from the Occupied Territories", in *Merip Re-*

port number 115, p 6.

16 Sara Roy, "The Gaza Strip: A Case of Economic De-Development", in *Journal of Palestine Studies*, number 54, pp 60~61.

17 Richard Locke and Anthony Stewart, *Bantustan Gaza*, London, 1985, p 21.

18 1948년 이전에는 시온주의자들의 배타적 경제가 공업 발전을 가로막고 있었다. 1960년대까지도 공업은 목재, 유리, 도자기, 식품 가공, 담배, 성냥 등 소규모 생산에 기반을 두고 있었다(Graham-Brown, 앞의 글, p 193을 보라).

19 Sheila Ryan, "Political Consequences of Occupation", in *Merip Report* number 74, January, 1979, p 3에서 인용됨.

20 Graham-Brown, 앞의 글, p 207.

21 같은 글, p 206.

22 Ryan, 앞의 글, p 6.

23 1977년까지 이스라엘은 25억~30억 이스라엘파운드의 이득을 봤다(*Merip Report* number 74, p 17에 인용된 이스라엘 신문 〈알하미슈마르〉의 보도).

24 Graham-Brown, 앞의 글, p 206.

25 이스라엘중앙통계국의 수치. Ryan, 앞의 글, p 7에서 인용됨.

26 가자에서는 영업 재개가 허용된 아랍 은행이 하나 있었지만, 오직 이스라엘 통화로만 영업을 할 수 있었다(Graham-Brown, 앞의 글, p 198).

27 Graham-Brown, 앞의 글, p 194.

28 같은 글, p 195.

29 *Financial Times*, 13 January 1988.

30 1960년대에 서안은 이스라엘과도 무역을 했지만, 대부분의 수출입은 요르단과의 거래였다. 1980년에는 수입의 88퍼센트와 수출의 59퍼센트가 이스라엘과의 거래였다. 가자의 경우에는 그 수치가 각각 91퍼센트와 76퍼센트였다(Graham-Brown, 앞의 글, p 204).

31 가자에서 이스라엘의 '철권 통치'는 1971년에 당시 군 참모총장 아리엘 샤론의 지휘 아래 처음으로 실시됐다(자세한 설명은 Locke and Stewart, 앞의 책, pp 11~12를 보라).

32 Ann Lesch, "Israeli Deportation of Palestinians From the West Bank and Gaza 1967~1970", in *Journal of Palestine Studies* number 30.

33 Salim Tamari, "Israel's Search for a Native Pillar: The Village Leagues", in Aruri, p 378. Moshe Ma'oz, *Palestinian Leadership on the West Bank*, London, 1984, chapter 8도 보라.

34 Tamari, 앞의 글, p 379.

35 Joost Hilterman, "Workers Under the Iron Fist", in *The Middle East*, London, May 1986, p 13.

36 Meron Benvenisti. Hugh Scofield, "A Study in Neglect", in *The Middle East*, August 1986, p 10에 기록됨.

37 *The Middle East*, August 1986.

38 *The Middle East*, August 1986.

10장 봉기

1 *Middle East Report* number 152, p 8.

2 에번이 〈뉴욕 타임스〉에 한 말. *Middle East International*, 20 January 1989, p 16에서 인용됨.

3 Sayigh, 앞의 책, pp 164~167.

4 *Middle East Report* number 152, p 13.

5 Major General Amram Mitzna. *Middle East Report* number 154, p 11에서 인용됨.

6 Palestine Human Rights Information Centre. *Palestine Solidarity*, London, number 36~37, p 6에서 인용됨.

7 Amnesty International, *Israel and the Occupied Territories: Administrative Detention During the Palestinian Intifada*, London, June 1989.

8 *The Guardian*, 9 December 1988.

9 1988년 1월에 '지금 평화를' 운동이 텔아비브에서 주최한 점령지 정책에 반대하는 집회에는 약 3만 명이 참여했다. 이는 이스라엘에서는 상당한 규모였지만, 1982년에 레바논 침공에 반대하는 '지금 평화를' 집회에 참석했던 대규모 군중에 비하면 소수에 불과했다. 이스라엘 정부에게 더 심각한 문제는 해외의 시온주의 지도자들이 비판의 목소리를 높이고 있다는 점이었다. 미국의 유대인 조직 지도자들이 너무 끈질기게 비판했기 때문에 뉴욕의 이스라엘 총영사는 그들이 "이스라엘의 적들을 도와주고 있다"고 비난했다(*The Jerusalem Post*, 13 February 1988).

10 *Middle East International*, 2 December 1988, p 23.

11 *Middle East International*, 18 November 1988, p 23.

12 *Middle East Report* number 154, p 8.

13 마르크스주의 전통에서 '이중권력'이라는 용어는 특수한 의미를 갖고 있다. 레온 트로츠키는 다음과 같이 썼다. "혁명이 역사적으로 준비되면 혁명이 일어나

기 직전에 다음과 같은 상황이 조성된다. 아직 국가의 주인이 되지는 못했지만 새로운 사회체제를 실현시켜야 하는 계급의 수중에 국가권력의 중요한 부분이 실제로 집중되는 반면, 공식 정부 기구는 여전히 옛 지배자들의 수중에 남아 있는 상황이 조성된다. 바로 그것이 모든 혁명의 초기에 나타나는 이중권력이다." (Leon Trotsky, *History of the Russian Revolution*, volume 1, London, 1967, p 203[국역: 《러시아 혁명사》, 아고라, 2017]) 인티파다 기간에는 그런 상황이 전혀 발생하지 않았다. 높은 수준의 팔레스타인 조직이 존재하기는 했지만, 봉기는 "국가권력의 중요한 부분을 그 수중에 집중시키지" 않았다.

14 *Democratic Palestine*, Damascus, number 29. p 7.

15 *Democratic Palestine* number 29. p 7.

16 Figure from the Bank of Israel, reported in *Mideast Mirror*, 1 June 1989, p 2.

17 *Jerusalem Post*, 23 January 1989.

18 *Middle East Report* number 154, p 15.

19 *Jerusalem Post*, 23 January 1989.

20 〈예루살렘 포스트〉는 감귤 수확에 동원된 학생들을 '아보다 이브리트', 즉 유대인 노동력이 되돌아온 것이라며 환영했다(*Jerusalem Post*, 30 January 1988). 이스라엘의 용역 업체들은 외국인 노동자 1만 명을 수입하겠다고 발표했다. 그들은 실업이 증가하면 이스라엘의 노동력 수요가 감소할 것이며 외국인 노동자 1만 명이면 팔레스타인 노동자들의 또 다른 파업에 대처하는 데 적당할 것이라고 주장했다(*Jerusalem Post*, 2 February 1988을 보라).

21 *Mideast Mirror*, 1 June 1989.

22 *Mideast Mirror*, 1 June 1989.

23 이스라엘 참모총장의 경제 보좌관인 준장 미카엘 나본이 제시한 수치(*Mideast Mirror*, 12 July 1989).

24 *Jerusalem Post*, 30 January 1989.

25 이스라엘에서 유대인 노동자들의 파업 투쟁 수준은 두드러지게 높았다. 특히 항만·운수 노동자, 그리고 보건과 교육을 비롯한 정부 부문의 노동자가 그랬다. 팔레스타인 노동자들이 거의 없었던 부문에서는 봉기 기간에도 파업이 계속됐다. 예컨대, 1988년 2월에는 보건·의료 노동자 1만 명이 작업 거부 투쟁을 벌여 전국의 32개 국립 병원이 마비됐다(*The Jerusalem Post*, 20 February 1988).

26 Machover and Orr, 앞의 글, p 91.

27 *The Guardian*, 9 December 1988.

28 팔레스타인공산당은 1982년에 요르단공산당에서 갈라져 나와 결성됐다. 오래전부터 서안에서 소수의 간부층을 유지하고 있었던 요르단공산당은 원조 팔레스타

인공산당의 잔류파인 민족해방동맹이 발전해 1951년에 결성한 당이다. 원조 팔레스타인공산당은 1943년에 아랍인 분파와 유대인 분파로 최종 분열했다. 1960년대 말부터 요르단공산당은 서안에서 게릴라 투쟁은 주요 쟁점이 아니라고 주장하면서 경제적·사회적 쟁점에 집중했다. 팔레스타인해방기구 활동가들의 격렬한 반대에도 불구하고 요르단공산당은 점령지에서 소국가를 건설해야 한다고 강력하게 주장했다. 1970년대와 1980년대 초에 요르단공산당은 서안에서 작지만 영향력 있는 기반을 구축할 수 있었고 인티파다가 시작됐을 때 신생 팔레스타인공산당은 중요한 동원력 구실을 하면서 통합봉기사령부에 참여할 수 있었다. 그렇지만 그 당은 팔레스타인해방기구가 운동을 주도하는 것을 받아들였다. Alain Gresh, "Palestinian Communists and the Intifada" (review article), in *Middle East Report* number 157, March-April 1989, pp 34~36을 보라.

29 *Middle East Report* number 154, p 21.

30 Phil Marshall, "Islam: Oppression and Revolution", in *International Socialism* number 2:40, London, 1988, pp 38~44를 보라.

31 *Jerusalem Post*, 6 February 1988.

32 무슬림형제단의 초기 활동에 관한 설명은 Richard P Mitchell, *The Society of the Muslim Brothers*, London, 1969를 보라. 최근의 사태 전개에 관해서는 *Middle East International*, 9 September 1988을 보라.

33 *Middle East International*, 9 September 1988.

11장 인티파다의 영향

1 1988년 11월 5일에 발표된 팔레스타인 독립국가 선언에는 다음과 같이 쓰여 있다. "점령된 팔레스타인 지역에서 거대한 전국적 봉기인 인티파다는 그 규모나 힘이 계속 커지고 있으며, 팔레스타인인들의 진실과 권리에 대한 의식을 이해와 실천이라는 더 높은 영역으로 고양시켜 줬다. … 인티파다와 그것의 뒤집을 수 없는 혁명적 충격 때문에 팔레스타인의 역사는 결정적 국면에 도달했다."(*Middle East International*, 18 November 1988)

2 1985년 4월 당시 카이로에 있었던 목격자의 증언.

3 *Middle East Report* number 152, p 51.

4 *Middle East Report* number 152, p 51.

5 *Middle East Report* number 152, p 51.

6 *Middle East Report* number 152, p 47.

7 *Middle East Report* number 152, p 47.

8 *Middle East Report* number 152, p 51.

9 *Middle East Report* number 152, p 52.

10 *Middle East Report* number 152, p 51.

11 *Middle East Report* number 152, p 51.

12 *Middle East Report* number 152, p 51.

13 *Mideast Mirror*, 10 February 1988.

14 *Mideast Mirror*, 10 February 1988.

15 *Middle East Report* number 152, p 52.

16 *Middle East Report* number 152, p 52.

17 심지어 가장 온건한 부르주아 분석가들조차 사다트 대통령이 도입한 경제정책(인피타, 즉 '문호 개방')의 충격을 말하지 않을 수 없었다. 1974년부터 시작된 이 정책은 이집트 사회에서 이미 심각한 불평등을 더 심화시켰다. 예를 들어 레이먼드 힌너부시에 따르면 1970년대 중반에 새로운 "기생 부르주아지"가 등장했으며, "상층의 눈에 띄는 소비 폭증은 계급 격차가 더 확대되는 것을 분명하게 인식시켜 줬으며, 부자는 더욱 부자가 됐고 가난한 사람은 더욱 가난해졌다."(Raymond A Hinnebusch Jnr, *Egyptian Politics Under Sadat*, Cambridge, 1985, p 70)

18 *Middle East Report* number 152, p 45.

19 *Middle East Report* number 152, p 45.

20 다른 많은 아랍 국가들과 마찬가지로 이집트에서도 변호사, 의사, 숙련공의 협회가 급진화한 프티부르주아지에게 중요한 정치 활동의 장이었으며, 좌파, 민족주의자, 이슬람 경향 사이의 투쟁의 장이었다. 판사들도 참가한 변호사 파업은 하루 동안 사법 체계를 마비시켰다. 이틀 뒤 의사 조합이 3000명이 모인 연대 집회를 카이로에서 조직했다(*Middle East Report* number 152, p 45와 *Mideast Mirror*, 4 January 1988).

21 Marshall, 앞의 글, pp 28~31을 보라.

22 1월 1일 마할라알쿠브라 사람 수백 명이 금요일 기도가 끝난 뒤에 모여 팔레스타인인 연대 시위를 벌였다. 집권당인 국민민주당의 지역 사무실 앞까지 행진한 다음에 그들은 이스라엘 국기를 불태웠다. 시위대 5명이 체포됐다(1988년 9월 런던에서 이집트 언론인이 한 보도. *Middle east Report*, number 152, p 45도 참고).

23 *Mideast Mirror*, 4 January 1988. 정부의 대응이 신경질적이었던 것은 이 시위가 주요 산업 중심지, 특히 마할라알쿠브라로 확산될 것에 대한 두려움을 잘 보여 준다. 이 도시는 1930년대 이래로 전투성을 보여 준 전력을 갖고 있으며, 좌파의 보루라는 명성을 누리고 있다.

24 *Mideast Mirror*, 4 January 1988.

25 *Mideast Mirror*, 5 January 1988.

26 *Mideast Mirror*, 12 January 1988.

27 *Mideast Mirror*, 11 January 1988.

28 *Mideast Mirror*, 12 January 1988.

29 *Mideast Mirror*, 12 January 1988.

30 *Mideast Mirror*, 12 January 1988.

31 *Middle east Report*, number 152, p 51.

32 *Mideast Mirror*, 1 February 1988.

33 이 정상회담은 봉기가 시작된 뒤 팔레스타인해방기구의 달라진 위상을 반영했다. [봉기 전인] 1987년 11월 정상회담에서 팔레스타인 문제는 주변화됐었다. 이제 팔레스타인은 다시 사태의 중심이 되면서 21개 아랍 국가들이 그해에 지지의 의미로 3억 5000만 달러를 제공했으며, 그 외에 개별 국가의 기부도 있었다(*The Independent*, 10 June 1988).

34 걸프에 대한 미국의 전략 분석은 "A Test of Strength", in *Socialist Worker Review*, number 104, London, December 1987, and Alex Callinicos, "Socialists and the Gulf War", in *Socialist Worker Review*, number 113, September 1988을 보라. 팔레스타인해방기구는 1979년 이란 국왕이 몰락한 뒤에 들어선 호메이니 정부를 지지했다. 사실 야세르 아라파트는 테헤란으로 와서 호메이니를 만난 첫 번째 외국 지도자였다. 그러나 1년도 안 돼 팔레스타인해방기구는 걸프전에서 이란에 맞선 이라크와 한편이 됐다.

35 1977년에 미국은 하루 860만 배럴을 수입했다. 1985년에 이 수치는 430만 배럴로 줄어들었다(*Time*, 14 April 1986).

36 미국에서는 중동의 공급자와 거리를 두는 움직임에 대해 대체로 만족스러워했다. 〈타임〉은 수입 감소를 지적하면서 다음과 같이 덧붙였다. "훨씬 더 잘된 일은 이 [감소한] 공급량의 많은 부분이 변덕스런 페르시아만 국가들보다는 멕시코나 영국처럼 새로이 확장된 공급처에서 들어왔다는 것이다."(*Time*, 14 April 1986)

37 미국 에너지부와 상무부의 통계. *Middle East Report* number 155, p 27~29에서 인용됨.

38 1985년에 미국은 하루 1570만 배럴이 필요했다. 1988년에 그 수치는 1770만 배럴로 늘어났다(미국 에너지부의 통계, in *Middle East Economic Digest*, 7 April 1989).

39 *Middle East Economic Digest*, 7 April 1989.

40 *Time*, 14 April 1986.

41 *Middle East Report*, number 155, p 28.

42 소비는 하루 1720만 배럴에서 1770만 배럴 사이에서 이뤄질 것이다. 국내 생산은 1992년에 850만 배럴로 떨어질 것이다(*Middle East Economic Digest*, 7 April 1989).

43 *Middle East Economic Digest*, 7 April 1989.

44 경기 침체기에 원유 탐사가 늦춰졌으며, 1980년대 중반에는 원유가가 1배럴당 10달러 이하로 떨어져 일부 지역에서는 탐사가 중단됐다. 북해나 중미와 같은 기존 유정에서도 새로운 시추가 거의 없었다. 동아시아에서도 중국 연안의 유정에서 나오는 원유가 일본과 동남아 경제에 공급될 것이라는 기대는 무너졌다. 값싸고 손쉽게 얻을 수 있는 걸프의 원유가 다시 한 번 주요 공급원이 되는 듯했다.

45 *The Independent*, 8 October 1988.

46 알제리의 국가자본주의 발전에 관한 설명으로는 Rachid Tlemcani, *State and Revolution in Algeria*, London, 1986, parts 3 and 4를 보라.

47 Jon Marks, "Opening up Algeria", in *The Middle East*, June 1985를 보라.

48 *The Independent*, 7 and 8 October 1988.

49 *Mideast Mirror*, 7 October 1988.

50 *Mideast Mirror*, 7 October 1988.

51 *Mideast Mirror*, 7 October 1988.

52 1986년 1월 튀니지의 여러 도시에서 기초 생필품 가격 인상에 항의하는 폭동이 일어났다. 몇 시간이 지나지 않아 모로코에서도 비슷한 시위가 벌어졌다. 두 나라에서 항의 시위대를 진압하기 위해 군대가 동원됐다(*The Middle East*, March 1986).

53 사우디아라비아의 신문 〈앗샤르크 알아우사트〉에 보도되고 *Mideast Mirror*, 10 October 1988에 기록됨.

54 *Mideast Mirror*, 10 October 1988.

55 *Mideast Mirror*, 10 October 1988.

56 *Mideast Mirror*, 11 October 1988.

57 *Mideast Mirror*, 12 October 1988.

58 *Mideast Mirror*, 10 October 1988.

12장 '사이비 국가'

1 *A Handbook to the Palestine Question*, Beirut, 1969, p 184.

2 *A Handbook to the Palestine Question*, p 188.

3 Gresh, 앞의 책, p 66.

4 같은 책, p 108.

5 같은 책, p 108.

6 같은 책, p 108.

7 그레시는 민주전선이 1969년에 급격히 좌경화했고 1970년 요르단에서는 팔레스타인인의 운동이 권력을 장악해야 한다고 호소했지만 1971년에는 '좌파'가 제거됐다고 지적하는 민주전선의 많은 정치국원들의 말을 인용한다(Gresh, 앞의 책, p 138).

8 민주전선은 '중간적' 또는 '이행기적' 슬로건을 종종 제기했다(Gresh, 앞의 책, p 140과 Fuad Faris, "A Palestinian State?", in *Merip Report* number 33, pp 3~27). 민주전선이 이런 단어를 사용하는 것은 서방의 좌파에게 민주전선이 '트로츠키주의'로 옮아가는 증거로 비치곤 했다. 그러나 이것은 전혀 진실이 아니다. 1960년대 말부터 민주전선이 트로츠키주의 전통을 자처하는 유럽 조직과 정기적 접촉을 했다는 사실, 그 원래의 맥락이나 의미와 상관없이 '트로츠키주의' 용어를 사용하려 한 사실의 반영일 수는 있지만 말이다.

9 Gresh, 앞의 책, p 147.

10 같은 책, p 147.

11 같은 책, p 148.

12 같은 책, p 148.

13 Iyad, 앞의 책, p 142.

14 야세르 아라파트는 사이드 함마미와 잇삼 사르타위 같은 중간 간부들을 이용해 소국가라는 해결책을 당시 주도적 '비둘기파'였던 우리 아브네리를 비롯한 이스라엘인들에게 퍼뜨렸다. 함마미는 1978년에 암살당했고, 사르타위는 1983년에 암살당했다(Gresh, 앞의 책, pp 144~145와 Hart, 앞의 책, pp 392~394)

15 Faiz Abu Rahma, former head of the Gaza Bar Association. *Middle East International*, 18 November 1988에서 인용됨.

16 *Mideast Mirror*, 3 March 1988.

17 *Mideast Mirror*, 22 March 1988.

18 해방인민전선의 지도자인 조지 하바시는 그 선언에 대해서 유보적 입장을 표명했지만 반대하지는 않았다.

19 바삼 아부샤리프는 1977년 8월에 베이루트에서 해방인민전선을 대표해 인터뷰했다(*International Discussion Bulletin* number 5, London 1977, p 5).

20 *The Independent*, 18 May 1989.

21 *Mideast Mirror*, 1 February 1989.

22 '충실한 자들의 동맹'인 구시에무님은 1974년 초민족주의적인 민족종교당에서 생겨났다. 이 조직은 영토에 대한 신성한 권리에 기초해 에레츠 이스라엘의 모든 지역에 정착촌 건설을 무제한으로 실행했다. 정착촌 건설(히브리어로 히트나할루트로, 그 의미는 '식민화'다) 방식은 토지를 무단 점유하고 정착에 반대하는 사람들에게 필요하다면 폭력적 탄압을 가하는 것이었다. 유대인 정착이 방해받지 않도록 점령지의 팔레스타인인을 '이주'시켜야 한다고 가장 일관되게 주장하는 자들 중에도 구시에무님 조직원이 있었다.

23 〈타임〉의 인터뷰 중에서. *Mideast Mirror*, 10 April 1989에서 인용됨.

24 샤론은 '요르단 선택' 방안을 가장 일관되게 주장한 인물이다. 요르단 선택 방안이란 팔레스타인 국가는 이미 요르단에 존재하며 이스라엘은 팔레스타인의 아랍계 주민들을 '부추겨' 요르단으로 가도록 해야 한다는 생각이다. 1989년 5월에 그는 아랍인들이 팔레스타인을 원한다면 "요르단에서 그것을 발견할 수 있다"고 지적했다. 그는 또 요르단의 인구는 팔레스타인인으로 이뤄져 있지만 "이 나라와 이스라엘 영토, 특히 유대와 사마리아[서안 지구 — 지은이]에 대한 모든 권리는 유대인에게 있다"고 주장했다(*The Times*, 19 May 1989).

25 *Mideast Mirror*, 4 January 1988.

26 Nadav Safran, "The Jordanian Option", in *Movement,* November 1984. Naseer Aruri, "The PLO and the Jordanian Option", in *Third World Quarterly*, London, October 1985, p 903에서 인용됨.

27 Mark A Heller, *A palestinian State: The Implications for Israel*, London, 1983, p 138.

28 *Mideast Mirror*, 20 February 1989.

29 *Middle East International*, 6 June 1989.

30 *A Handbook to the Palestine Question*, p 188.

31 Gresh, 앞의 책, p 66.

32 팔레스타인해방기구의 집행위원인 마무드 아바스(아부 마젠)에 따르면, 1989년 1월에 팔레스타인해방기구와 미국 대표는 한 가지 주제('테러리즘')만 논의했다(*Mideast Mirror*, 25 January 1989).

33 *Mideast Mirror*, 25 January 1989.

34 *Mideast Mirror*, 25 January 1989.

35 *Mideast Mirror*, 19 April 1989.

36 *Middle East International*, 28 April 1989.

37 *Middle East International*, 28 April 1989.

38 시위가 벌어질 당시 워싱턴을 방문하고 있던 국왕 후세인은 즉시 경제원조를

1500만 달러에서 3500만 달러로 늘려 줄 것을 요청했다. 미국 대통령 부시 1세는 군사원조도 1988년의 1000만 달러에서 1989년에는 4800만 달러로 올려 줬다(*The Guardian*, 21 April 1989).

39 이스라엘 신문 〈하아레츠〉의 보도(*Mideast Mirror*, 24 April 1989에서 인용됨).

40 *Middle East International*, 26 May 1989에서 인용됨.

41 *The Times*, 25 April 1989.

42 수백 명이 체포됐지만 팔레스타인해방기구는 의례적 항의조차 하지 않았다(*Middle East International*, 28 April 1989). 사실 팔레스타인 지도부는 요르단 국왕과 한편에 서 있었다. 〈가디언〉에 따르면, "후세인 왕은 '폭동을 잠재우는 데 결정적 구실'을 한 것에 대한 보답으로 팔레스타인해방기구에게 전례 없는 경의를 표하는 것이 적절하다고 봤다."(*The Guardian*, 8 May 1989)

43 *Middle East International*, 4 November 1988.

13장 팔레스타인과 아랍 혁명

1 해방인민전선과 민주전선이 대다수 공산당과 마찬가지 방식으로 소련과 연결된 것은 아니었지만, 둘 다 스탈린주의를 지향하고 있었음은 분명하다. 1960년대와 1970년대 초에 유일한 '팔레스타인' 공산당이었던 요르단공산당은 서안에서 활동하고 있었지만, 급성장하는 민족주의 운동에 거의 영향을 미치지 못했다. 그 한 가지 이유는 요르단공산당이 소련에 복종했기 때문일 것이다. 이때 소련은 팔레스타인인들의 무장 저항이 지닌 '테러리즘적' 성격 때문에 곤경에 처해 있었고, 1974년에는 요르단공산당의 지도적 당원이 모스크바의 《월드 마르크시스트 리뷰》에 쓴 글에서 "모든 권력은 총구에서 나온다"와 같은 "마오쩌둥주의나 트로츠키주의 사상과 슬로건"의 영향을 비판했다. 팔레스타인해방기구는 "모험주의적 행동"을 했다는 이유로 비난받았다(Galia Golan, *Yom Kippur and After: The Soviet Union and the Middle East Crisis*, Cambridge, 1977, p 235를 보라). 해방인민전선과 민주전선이 스탈린주의 전통을 대부분 받아들이기는 했지만, 적어도 스탈린주의의 직접적 압력을 받지는 않았다.

2 팔레스타인의 '신성한 대의'는 대중의 관심을 국내 문제에서 다른 방향으로 돌리는 상투적 수단이 됐다. 예컨대, 이집트에서 1960년대 초에 시리아와의 통일이 실패하고 경제 문제가 악화하자 언론은 이스라엘과의 전쟁이 진행 중이라고 갈수록 확언하기 시작했다. 한편 나세르 대통령은 새로 창설된 팔레스타인해방기구를 이용해 성장하고 있는 팔레스타인 민족주의 운동을 통제하려 했다(Raymond William Baker, *Egypt's Uncertain Revolution Under Nasser and Sadat*, Cam-

bridge, Massachusetts, 1978, pp 118~119).

3 물론 운동의 일부 부문들은 팔레스타인인들의 종속성을 심화시키기 위해 아랍 정권들이 특별히 만들어 낸 것들이었고, 심지어 '독립적'인 파타 안에도 다양한 아랍 자본들과 연결된 분파들이 있었다. 예컨대, 대부분의 팔레스타인 활동가들은 사우디아라비아에서 처음으로 무기와 재정 지원을 받아냈던 칼릴 알와지르가 그 뒤에도 계속 사우디 정부와 관계를 유지했다고 봤다. 1979~1989년에만 팔레스타인해방기구는 사우디에게서 8억 5000만 달러를 받았고, 1988년에 사우디의 파드 국왕은 팔레스타인해방기구에게 점령지 활동비 지원 명목으로 매달 602만 달러를 주겠다고 약속했다. 게다가 사우디는 아랍연맹을 통해서 돈을 제공하기도 했다(*Mideast Mirror*, 16 Feburary 1989).

4 Hart, 앞의 책, p 267.

5 같은 책, p 342.

6 같은 책, p 342.

7 트로츠키의 견해는 1906년에 출간된 《평가와 전망》에서 처음으로 나타났다. 그것은 더욱 발전해 23년 뒤에 출간된 《연속혁명》에 실렸다(Leon Trotsky, *The Permanent Revolution and Results and Prospects*, New York, 1969를 보라[국역: 《연속혁명 평가와 전망》, 책갈피, 2003]).

8 스탈린주의가 '단계'론을 재확립하게 되는 과정에 관한 간략한 설명은 Duncan Hallas, *Trotsky's Marxism*, London, 1979, 1장을 보라[국역: 《트로츠키의 마르크스주의》, 책갈피, 2010].

9 Hallas, *The Comintern*, 특히 5장을 보라.

10 이집트공산당은 제1차세계대전 뒤에 노동자 투쟁의 물결을 타고 결성됐지만, 머지않아 첫 번째 와프드당 정부의 민족주의자들에게 분쇄됐다. Beinin and Lockman, 앞의 책, pp 137~154.

11 *Theses, Resolutions and Manifestos*, pp 76~81을 보라.

12 "Abu Lutf Answers Questions", in I Kadi(editor), *Basic Political Documents of the Armed Palestinian Resistance Movement*, Beirut, 1969, p 102.

13 Roger Owen, "The Arab Economies in the 1970s", in *Merip Report* number 100~101, October-December 1981, p 4.

14 Joe Stork, "Ten Years After", in *Merip Report* January 1984, p 5.

15 E Longuenesse, "Strucutres Sociales et Rapports de Classe dans les Sociétés du Proche-Orient Arabe", in *Peuples Mediterranéens* number 20, Paris, 1982, p 167.

16 *World Bank Development Report*, Washington, 1983.

17 1980년대 중반에 바레인, 쿠웨이트, 리비아, 오만, 카타르, 사우디아라비아, 아랍 에미리트 같은 주요 노동력 수입국에는 350만 명의 이주 노동자들이 있었던 것으로 추산된다. 그중에서 180만 명은 아랍인이었고 그 대다수는 이집트 출신이었다(Susannah Tarbush, "The New Nomads: Manpower in the Gulf", in *The Middle East*, February 1983, pp 29~34).

18 International Labour Organisation, *Yearbook of Labour Statistics*, Geneva, 1981.

19 이란 혁명에서 노동자들이 한 구실을 알고 싶으면 Assef Bayat, *Workers and Revolution in Iran*, London, 1987, Phil Marshall, *Revolution and Counter-Revolution in Iran*, pp 38~52를 보라.

20 이집트 노동계급의 역사를 새롭게 조명한 연구서 두 권이 있다. Beinin and Lockman, *Workers on the Nile*과 Ellis Goldberg, *Tinker, Tailor and Textile Worker: Class and Politics in Egypt, 1930~1952*, Berkeley, 1986. 다른 아랍 국가들에 관해서는 아랍어나 다른 언어로 쓰인 문헌이 거의 없거나 전혀 없다.

21 Samir Amin, *The Arab Nation*, London, 1978, p 84.

22 같은 책, p 86.

23 에릭 데이비스가 Goldberg, *Tinker, Tailor*의 서평에서 쓴 말. *Middle East Report* number 156, pp 40~41.

24 Davis, 앞의 글, p 41.

25 식민 통치 시기에 아랍 노동자들은 반제국주의 운동에서 중요한 구실을 했다. 특히 이집트 노동자들이 그랬다. Beinin and Lockman, 앞의 책, 특히 3, 4, 5, 9, 10, 11장을 보라.

26 Mahmud Hussein, *Class Conflict in Egypt: 1945~1970*, New York, 1973, p 74.

27 이라크에 대해서는, Batatu, 앞의 책, p 904를 보라. 사우디아라비아에 대해서는 Halliday, 앞의 책, pp 66~67을 보라.

28 베이닌은 1950년대에 이집트의 운동이 외관상 침묵을 지켰음에도 노동쟁의 수준이 여전히 매우 높았음을 보여 준다. 1952~1958년에 연평균 쟁의(모든 형태의 분규를 포함한) 건수는 4만 5635건이었다. 이는 산업 투쟁이 대규모로 벌어졌던 1945~1951년의 3배나 되는 것이었다. 그렇지만 이것은 주로 지역 차원의 노동쟁의였고 나세르 정권에 대한 일반화된 저항운동으로 나아가지는 못했다(Joel Beinin, "Labour, Capital and the State in Nasserist Egypt", in *International Journal of Middle East Studies*, Utah, February 1989, volume 21, number 1, p 77).

29 이집트 사태에 관한 설명은 N Lachine, "Class Roots of the Sadat Regime", in *Merip Report* number 56, April 1977, pp 3~7, and *International Socialism*,

number 1:76, March 1977을 보라.

30 이 모든 나라는 '자유화' 정책을 도입했다. 이에 따라 이집트와 알제리에서는 수입 중개상과 위탁 판매인이 등장했고 국내 부르주아지가 급속하게 성장했으며 대중은 점점 가난해졌다. 그 때문에 나타난 한 가지 결과는 대규모 반정부 시위가 폭발했다는 것이다.

31 이란 혁명에 뒤이어 이란과 이라크에서는 쿠르드족의 운동이 부활하고 이라크 야당이 되살아났으며, 사우디아라비아·바레인·쿠웨이트에서는 (주로 시아파) 반정부 조직들이 나타났다. 이 때문에 걸프 지역 전체가 불안정해졌으며 이런 불안정성은 1988년에 걸프 전쟁에서 이란이 패배하고 나서야 겨우 막을 내렸다.

32 Hart, 앞의 책, p 354.

33 살라 칼라프는 다음과 같이 시인했다. "특정 국가 내에서 투쟁이 벌어지면, 우리는 종종 그 나라 정부와 우리의 관계를 보호하기 위해 그 정부에 맞서 싸우는 대중과 우리의 관계를 희생시킨다."(Iyad, 앞의 책, p 222)

34 오래전부터 파타는 팔레스타인인이 주변적이라는 사실을 이용해 팔레스타인 문제에 대한 마르크스주의적 입장의 적용 가능성에 문제를 제기해 왔다. 1969년에 살라 칼라프는 팔레스타인 운동에 대한 해방인민전선·민주전선의 '마르크스주의적' 분석을 비판했다. 그는 다음과 같이 논평했다. "카를 마르크스가 팔레스타인 민중 사이에서 나타난 난민 계급 문제를 논의한 적이 있는가? 팔레스타인 난민들은 전에는 자기 나라에서 일하던 노동자였지만 이제는 실업자다. … 계급 노선에 따라 정의할 수 없는 … 난민이라는 계급이 존재한다."(Kadi, 앞의 책, p 68을 보라) 해방인민전선·민주전선 역시 그 문제를 의식하고 있었다. 1968년의 8월 강령에서 해방인민전선 내의 반대파(머지 않아 민주전선으로 떨어져 나갈 것이었다)는 팔레스타인 운동의 약점이 부분적으로는 "팔레스타인 문제의 모순이 빚어낸 결과이며 분산된 팔레스타인 주민 중에 비생산적인 사람이 많기 때문"이라고 주장했다("The August Programme", in R Stetler (editor), *Palestine: The Arab-Israeli Conflict*, San Francisco, 1972, p 198).

35 *Middle East International*, 26 May 1989.

36 Hart, 앞의 책, p 335.

2000년 인티파다

1 Suzanne Goldenberg, "Israeli Arabs Enraged By Underclass Life", *The Guardian*, 6 October 2000.

2 Israeli human rights organisation B'tselem: http://www.btselem.org/

3 ITN news broadcast, 12 October 2000.
4 N Chomsky, *Powers and Prospects*, London, 1996, p 133.
5 Foundation for Middle East Peace(FMEP), *Report on Israeli Settlement in the Occupied* Territories, September/October 2000, http://www.fmep.org/
6 E Said, "The End of Oslo", *The Guardian*, 12 October 2000.
7 노르웨이의 비밀 협상에 참석한 사람들이 먹고 마신 음식을 비롯해서 그 협상에 관한 자세한 설명은 J Corbin, *Gaza First*, London, 1994를 보라.
8 N Chomsky, *The Fateful Triangle: The United States, Israel and the Palestinians*, London, 1983, p 41.
9 H Cobban, *The Palestinian Liberation Organisation: People, Power and Politics*, Cambridge, 1984, p 61.
10 P Marshall, *Intifada*, London, 1989, p 132[국역: 《팔레스타인의 저항: 이스라엘과 제국주의에 맞서 해방은 어떻게 가능한가》, 책갈피, 2021].
11 P Bennis, From Stones to Statehood: The Palestinian *Uprising*, London, 1990, p 25.
12 M Heller and S Nusseibeh, *No Trumpets, No Drums: A Two-State Settlement of the Israeli-Palestinian Conflict*, London, 1991, p 13.
13 R I Friedman, *The False Prophet: Rabbi Meir Kahane From FBI Informant to Knesset Member*, London, 1990, p 262.
14 N Chomsky, *Powers and Prospects*, p 148.
15 협상에 관련된 모든 문서는 이스라엘 외무부 웹사이트(www.israel.org/mfa)에서 구할 수 있다.
16 N Chomsky, *The Fateful Triangle*, p 48.
17 S Zedana, "Construction In The Territories Is Frozen, And It Continues At Full Speed", *Ma'ariv*, 18 August 2000.
18 FMEP, *Report on Israeli Settlement*, September/October 2000.
19 "Tampering with Jerusalem", *The Economist*, 27 June 2000, p 46.
20 FMEP, *Report on Israeli Settlement*, November/December 1999.
21 A Hass, *Ha'aretz*, 12 July 2000, cited in FMEP, *Report on Israeli Settlement*, September/October 2000.
22 FMEP, *Report on Israeli Settlement*, September/October 2000.
23 O Patrasborg, "The New Craze — A Vacation Home With An Option For Compensation", *Yediot Aharanot*, 29 September 2000.

24 US State Department, *1997 Human Rights Report: The Occupied Territories*, www.state.gov/www/global/human_rights/1997_hrp_report/occterr.html

25 정착민들은 골드스타인을 '순교자'로 숭배하고 있다. 키리앗아르바에 사는 정착민들은 골드스타인의 무덤에 그를 추모하는 촛불을 켜 놓았다. D Sharrock, "Israelis Face Clash Over Killer's Grave", *The Guardian*, 26 February 1998을 보라.

26 www.palestine-net.com/misc/durra/crimes.html

27 "Comment", *The Observer*, 19 April 1998.

28 www.israel.org/mfa/go.asp?mfah00pq0.

29 Economic and Social Commission for Western Asia (ESCWA), *Transboundary Water Resources in the ESCWA Region: Utilisation, Management and Co operation*, New York, 1998.

30 수질에 관한 자료의 출처는 ESCWA, *Groundwater Quality Control and Conservation in the ESCWA Region*, New York, 1999, p 45. 미국의 음용수 기준은 www.epa.gov/ogwdw/mcl.html을 보라.

31 J Bulloch and A Darwish, *Water Wars: Coming Conflicts in the Middle East*, London, 1993, p 47.

32 ESCWA, *Groundwater Quality Control*, p 22.

33 J Bulloch and A Darwish, 앞의 책, p 57.

34 Palestinian Central Bureau of Statistics(PCBS), *Al-Nakba Report*, http://www.pcbs.org/

35 ESCWA, *Impact of the Peace Process on Selected Sectors: Textiles and Electronics Industries*, New York, 1997, p 7.

36 Public Information Office, *UNRWA In Figures*, Gaza, 1997 and 2000.

37 PCBS, *Al-Nakba Report*.

38 ESCWA, *Impact of the Peace Process*, p 10.

39 PCBS, *Al-Nakba Report*.

40 S Hanafi, "Investment by the Palestinian Diaspora in the Manufacturing Sectors of the West Bank and Gaza Strip", in ESCWA, *Proceedings of the Expert Group Meeting on the Impact of the Peace Process on Selected Sectors*, Amman, 1997, p 206.

41 ESCWA, *Impact of the Peace Process*, p 39.

42 R A Shaban, "Palestinian Industrial Development and the Peace Process", in ESCWA, *Proceedings of the Expert Group*, p 193.

43 같은 글.

44 Declaration of Principles, Article VIII. 전문은 www.israel.org/mfa를 보라.

45 US State Department, 앞의 책.

46 이스라엘의 인권 단체인 베첼렘(B'tselem)의 기록에 따르면, 1987년 이후 이스라엘군에게 살해된 미성년자(18세 미만)는 285명이다. http://www.btselem.org/를 보라.

47 Amnesty International, "MDE 15 July 1997". http://www.amnesty.org/를 보라.

48 R Bolton, "The State of the Media and Journalism in the Palestinian Territories", *The Media Report*, 4 February 1999, available at www.abc.net.au/rn/talks.

49 같은 글.

50 E Barak, "Remarks to the National Security College", 17 August 2000, www.israel.org/mfa.

51 E Said, 앞의 글.

52 ESCWA, *Impact of the Peace Process*, p 7.

53 이 주제에 관한 논의를 제대로 알고 싶으면 C Harman, "The Prophet and the Proletariat", *International Socialism* 64, Autumn 1994, pp 3~63을 보라[국역: 《이슬람주의, 계급, 혁명》, 책갈피, 2011].

고립의 종식? 팔레스타인과 아랍 혁명

1 이 글의 초고를 읽고 논평해 준 앤 알렉산더, 알렉스 캘리니코스, 엘리 마플릿, 존 로즈, 앨런 와츠에게 감사한다.

2 Ma'an News 2014.

3 Faheem and Thomas 2014.

4 Mozgovaya/Haaretz 2011.

5 Benn 2010.

6 Benn 2010.

7 Barghouti 2011, p56.

8 Khalidi 2014.

9 Khalidi 2014.

10 나크바는 아랍어로 참사나 재앙을 뜻하는 말로, 1948년 아랍·이스라엘 전쟁과 이스라엘에 의한 팔레스타인인들의 추방을 뜻하는 말로 널리 쓰인다.

11 Ibrahim 1982, p48.

12 파타(Fatah)는 팔레스타인 민족해방운동을 의미하는 Harakat al-Tahrir al-Watani al-Filastini의 머리글자를 역순으로 나열한 것인데, 코란에서는 '시작'이나 '승리'를 뜻한다.

13 파타의 정치 전략의 변천과 불간섭 원칙에 대해서는 Schulz 1999를 보라.

14 Hart 1989, p157.

15 시리아·이라크·리비아 정부는 팔레스타인해방기구 내 다양한 그룹을 후원했다. 이후 시리아는 사이카, 팔레스타인해방인민전선총사령부(PFLP-GC), 팔레스타인해방전선, 팔레스타인민중투쟁전선 등 여러 분파를 후원한다.

16 Hart 1989, p286.

17 Hart 1989, p286.

18 레바논에서 벌어진 사태에 대한 훌륭한 설명은 Sayigh 1979를 보라.

19 팔레스타인 민족주의의 지도자들은 보통 운동 내에서 누구의 아버지라는 가명으로 불렸다(아부 다우드는 다우드의 아버지라는 뜻이다).

20 Hart 1989, p304.

21 Rabbani and Hajjar 1988, p26.

22 Johnson and O'Brien 1988.

23 Hanieh 2013, p105.

24 Johnson and O'Brien 1988.

25 Mideast Mirror 1988b.

26 Mideast Mirror 1988a.

27 Marshall 1989, pp167~168.

28 Mideast Mirror 1988c.

29 팔레스타인 자치 정부는 팔레스타인 인구의 20퍼센트가 사는 서안 지구의 3퍼센트(A지역)만 '직접' 통치했다. 팔레스타인 인구의 70퍼센트가 사는 서안 지구의 24퍼센트(B지역)는 팔레스타인 자치 정부와 이스라엘이 공동으로 통치했다. 서안 지구의 70퍼센트(C지역)는 여전히 이스라엘이 전적으로 통치했는데, C지역 내에는 고립된 팔레스타인인들의 지역이 227곳 있었다. Gorenberg 2007, pp370~373; Hanieh 2013, pp107~109를 보라.

30 Central Bureau of Statistics, Statistical Abstract of Israel, 1992-2006 and List of Localities, the Populations, and Symbols, 1995-2005. Statistical Yearbook of Jerusalem, Jerusalem Institute for Israel Studies, 1991-2004. FMEP(Foundation for Middle East Peace), 2007에서 인용됨.

31 BBC News 1998.

32 Yiftachel 2005, p128.

33 Quoted in Davidi 2000.

34 곧 이집트와 요르단에 세워진 특화산업단지에서는 특정한 이스라엘의 투입물을 포함한 제조업 제품을 무관세로 미국에 수출할 수 있었다.

35 Hanieh 2013, p104.

36 Hanieh 2013, p110.

37 Hanieh 2013, p110.

38 1984년 튀니스에서 내가 칼릴 알와지르("아부 지하드"로 불린 유명한 파타 지도자)를 인터뷰했을 때 그는 도시 외곽의 작고 가구도 별로 없는 집에 숨어서 생활했다. 1988년에 그는 거기서 이스라엘 특공대에게 살해됐다. 살라 칼라프("아부 이야드")도 1991년 튀니스에서 같은 운명을 맞았다.

39 Hanieh 2013; Abunimah 2014를 보라.

40 Hilal 1998, p124.

41 Farsakh 2002, p13.

42 Ellman and Laacher 2003, p11.

43 Farsakh 2002, p13.

44 Ellman and Laacher 2003, p39.

45 10년 동안 노동자 30만여 명이 이런 방식으로 충원됐지만 그중 20만 명이 허가를 취소당해 불법 이주 노동자가 됐다. Ellman and Laacher 2003, pp7, 19.

46 Farsakh 2002, p20.

47 Usher 1998, p148.

48 Usher 2006는 이 수치가 추정치라고 한다.

49 El Fassed 2006; Rose 2008.

50 Usher 1998, p155. 이스라엘 총리 이츠하크 라빈은 일간지 〈예디오트 아하로노트〉(1993년 9월 7일 자)에서 이렇게 말했다. "팔레스타인인들은 우리가 하던 일을 더 잘 해낼 것이다. 그들은 나름의 방식으로 팔레스타인을 다스릴 것이며 (이 점이 더욱 중요한데) 이스라엘군 병사들이 해야 할 일을 하지 않아도 되게 할 것이다." Usher 1998, p154에서 인용됨.

51 Kuttab 2013.

52 International Monetary Fund 2003.

53 Andoni 2004.

54 Hanieh 2013, p116.

55 이슬람저항운동(Harakat al-Muqawamah al-'Islamiyyah)의 머리글자를 딴 하마

스(Hamas)는 아랍어로 "열광"을 의미하며, 정치적 맥락에서 더 정확하게 번역하면 "열정"이라는 뜻이다.

56 Robinson 2004.

57 Robinson 2004, pp125~126.

58 Milton-Edwards and Farrell 2010, p163.

59 "Palestine Papers", Rose 2008을 보라.

60 Palestinian National Authority 2007, p19.

61 www.rawabi.ps/about.php를 보라.

62 Silver 2012.

63 타리크 다나는 팔레스타인 자치 정부 경제부 장관에게서 얻은 증거를 근거로 팔레스타인 기업가들이 서안 지구와 요르단 계곡의 이스라엘 정착촌에 투자했다고 보도했다. Dana 2014a.

64 Dana 2014a.

65 Abunimah 2014, p85.

66 Dana 2014a.

67 UNCTAD(United Nations Conference on Trade and Development) 2013, p6.

68 Marfleet 2013.

69 Hinnebusch 2012. 요르단에서는 이보다 더 미적지근한 시도가 있었다. Baylouny 2008을 보라.

70 Khalidi 2014.

71 Khalidi 2014에서 인용됨.

72 Dana 2014b.

73 Barghouti 2011, pp56~57.

74 Almeghani 2011.

75 Almeghani 2011.

76 Almeghani 2011.

77 Almeghani 2011.

78 Naami 2011.

79 Yaghi 2011.

80 United Press International 2012.

81 Al-Ghoul 2013.

82 Diab 2014.

참고 문헌

고립의 종식? 팔레스타인과 2011년 아랍 혁명

Abunimah, Ali 2011, "The Revolution Continues after Mubarak's Fall", *Electronic Intifada*, (12 February), http://tinyurl.com/n3lpuam

Abunimah, Ali 2014, *The Battle for Justice in Palestine: The Case for a Single Democratic State in Palestine* (Haymarket).

Al-Ghoul, Asmaa 2013, "Palestinian Activists Bemoan Their Lost Arab Spring", *Al Monitor* (18 January), www.al-monitor.com/pulse/originals/2013/01/palestine-failed-arab-spring.html

Almeghani, Rami 2011, "Gaza Celebrates Fall of Mubarak", *The Electronic Intifada* (12 February), www.electronicintifada.net/content/gaza-celebrates-fall-mubarak/9229

Andoni, Lamis 2004, "All for Reform", *Al-Ahram Weekly*, number 701 (29 July-4 August), http://weekly.ahram.org.eg/2004/701/re52.htm

Barghouti, Omar 2011, *Boycott, Divestment, Sanctions: The Global Struggle for Palestinian Rights* (Haymarket).

Baylouny, Anne Marie 2008, "Militarizing Welfare: Neo-liberalism and Jordanian Policy", *Middle East Journal*, volume 62, number 2.

BBC News 1998, "West Bank Withdrawal Postponed" (16 November), http://news.bbc.co.uk/1/hi/world/middle_east/215434.stm

Benn, Aluf 2010, "Prayer for the Health of the Rais", *Haaretz* (26 May), www.haaretz.com/print-edition/opinion/prayer-for-the-health-of-therais-1.292269

Dana, Tariq 2014a, "The Palestinian Capitalists That Have Gone Too Far", *Jadaliyya* (23 January); http://tinyurl.com/qg4t9pp

Dana, Tariq 2014b, "The Beginning of the End of Palestinian Security Coordination with Israel?", *Jadaliyya* (4 July), http://tinyurl.com/pxpyhyy

Davidi, Efraim 2000, "Globalization and Economy in the Middle East", *Palestine-Israel Journal*, volume 7, numbers 1 and 2.

Diab, Khaled 2014, "An Insane Alliance: Israel and Egypt against Gaza", *Haaretz* (8 August), www.haaretz.com/opinion/.premium-1.609595

El Fassed, Arjan 2006, "Who is Mohammad Dahlan?", *Electronic Intifada* (20 December), www.electronicintifada.net/content/who-mohammad-dahlan/6627

Ellman, Michael, and Smain Laacher 2003, *Migrant Workers in Israel: A Contemporary Form of Slavery* (Euro-Mediterranean Human Rights Network & International Federation for Human Rights), www.fidh.org/IMG/pdf/il1806a.pdf

Faheem, Kareem, and Merna Thomas 2014, "Egypt Flattens Neighborhoods to Create a Buffer With Gaza", *New York Times* (29 October), http://tinyurl.com/qxxky6h

Farsakh, Leila 2002, "Palestinian Labor Flows to the Israeli Economy: A Finished Story?", *Journal of Palestine Studies*, volume 32, number 1.

FMEP 2007, "Israeli Settler Population, 1972-2006", http://tinyurl.com/nzzxaxy

Gorenberg, Gorshom 2007, *Occupied Territories: The Untold Story of Israel's Settlements* (I B Tauris).

Hanieh, Adam 2013, *Lineages of Revolt: Issues of Contemporary Capitalism in the Middle East* (Haymarket).

Hart, Alan 1989, *Arafat, a Political Biography* (University of Indiana Press).

Hilal, Jamil 1998, "The Effect of the Oslo Agreement on the Palestinian Political System", in George Giacaman, and Dag Jørund Lønning (eds) *After Oslo: New Realities*, Old Problems (Pluto Press).

Hinnebusch, Raymond 2012, "Syria: from 'Authoritarian Upgrading' to Revolution?", *International Affairs*, volume 88, issue 1.

Ibrahim, Saad Eddin 1982, *The New Arab Social Order: A Study of the Social Impact of Oil Wealth* (Westview Press).

IMF 2003, "IMF Audit Reveals Arafat Diverted $900 Million to Account under his Personal Control", *Electronic Intifada* (20 September), http://tinyurl.com/pmhepq5

Johnson, Penny, and Lee O'Brien 1988, "The West Bank Rises Up", *Middle East Report*, number 152, www.merip.org/mer/mer152/west-bank-rises

Khalidi, Raja 2014, "The Economics of Palestinian Liberation", *Jacobin* (15 October), www.jacobinmag.com/2014/10/the-economics-of-palestinian-liberation/

Kuttab, Daoud 2013, "The Return of Mohammed Dahlan", *Al Monitor* (30 October), www.al-monitor.com/pulse/originals/2013/10/mohammad-dahlan-fatah-plo-abbas-uae.html

Ma'an News 2014, "25 Years after Berlin Wall Fall, Activists Break Open Israeli Wall, (8 November), www.maannews.net/eng/ViewDetails.aspx?ID=738413

Marfleet, Philip 2013, "Mubarak's Egypt — Nexus of Criminality", *State Crime*, volume 2, number 2.

Marshall, Phil 1989, *Intifada: Zionism, Imperialism and Palestinian Resistance* (Bookmarks).

Mideast Mirror 1988a, 4 January.

Mideast Mirror 1988b, 12 January.

Mideast Mirror 1988c, 10 October.

Milton-Edwards, Beverley, and Stephen Farrell 2010, *Hamas: The Islamic Resistance Movement* (Polity Press).

Mozgovaya, Natasha/Haaretz 2011, "Barak: Israel facing Regional 'Earthquake' and Diplomatic 'Tsunami'", *Haaretz*, (23 March), http://tinyurl.com/6kggejy

Naami, Saleh 2011, "Israel: A border intifada would 'paralyse' our army", *Ahram Online* (6 June), http://tinyurl.com/khkstjy

PNA 2007, *Building a Palestinian State: Towards Peace and Prosperity* (17 December), www.papp.undp.org/en/aboutundp/Prdp.pdf

Rabbani, Mouin, and Lisa Hajjar 1988, "Israel and the Palestinians, 1948-1988", *Middle East Report*, number 152, http://merip.org/mer/mer152/israel-palestinians-1948-1988

Robinson, Glenn 2004, "Hamas as Social Movement", in Quintan Wiktorowicz (ed), *Islamic Activism: A Social Movement Theory Approach* (Indiana University Press).

Rose, David 2008, "The Gaza bombshell", *Vanity Fair* (April), http://tinyurl.com/yvlntu

Sayigh, Rosemary 1979, *Palestinians: From Peasants to Revolutionaries* (Zed).

Schulz, Helena Lindholm 1999, *The Reconstruction of Palestinian Nationalism: Between Revolution and Statehood* (Manchester University Press).

Silver, Charlotte 2012, "Leaked Documents show PA Outsourced Palestinian Land and Rights to Turkish Firm", *Electronic Intifada* (19 September), http://tinyurl.com/ovcq85s

UNCTAD 2013, "Report on UNCTAD Assistance to the Palestinian People: Developments in the Economy of the Occupied Palestinian Territory" (8 July), www.unctad.org/meetings/en/SessionalDocuments/tdb60d3_en.pdf

UPI 2012, "Sabahi Aims to Support Palestine" (6 May), http://tinyurl.com/jwg7cxg

Usher, Graham 1998, "The Politics of Internal Security: The Palestinian Authority's New Security Services", in George Giacaman, and Dag Jørund Lønning (eds) *After Oslo: New Realities, Old Problems* (Pluto Press).

Usher, Graham 2006, "Hamas Risen", *Middle East Report*, number 238, www.mafhoum.com/press9/272P9.htm

Yaghi, Mai 2011, "Jubilation in Gaza as Hamas hails Mubarak Ouster", Ma'an News Agency (11 February), www.maannews.net/eng/ViewDetails.aspx?ID=359157

Yiftachel, Oren 2005, "Neither Two States Nor One: The Disengagement and 'Creeping Apartheid' in Israel/Palestine", *The Arab World Geographer/Le Géographe du Monde Arabe*, volume 8, number 3.

찾아보기

ㅇ

팔레스타인의 저항
이스라엘과 제국주의에 맞서 해방은 어떻게 가능한가

지은이 | 필립 마플릿
옮긴이 | 이정구

펴낸이 | 김태훈
편집 | 이진화
본문 디자인 | 고은이
펴낸곳 | 도서출판 책갈피
등록 | 1992년 2월 14일(제2014-000019호)
주소 | 서울 성동구 무학봉15길 12 2층
전화 | 02) 2265-6354
팩스 | 02) 2265-6395
이메일 | bookmarx@naver.com
홈페이지 | chaekgalpi.com
페이스북 | facebook.com/chaekgalpi
인스타그램 | instagram.com/chaekgalpi_books

첫 번째 찍은 날 2021년 7월 26일

값 20,000원

ISBN 978-89-7966-208-5

잘못된 책은 바꿔 드립니다.